中华历代先贤论政德

时鑑　著

山东大学出版社

图书在版编目(CIP)数据

中华历代先贤论政德/时鑑著．—济南：山东大学出版社，2018.9

ISBN 978-7-5607-6143-5

Ⅰ.①中…　Ⅱ.①时…　Ⅲ.①政治—谋略—箴言—汇编—中国—古代　Ⅳ.①D691

中国版本图书馆 CIP 数据核字(2018)第 206358 号

责任编辑：王桂琴

封面设计：牛　钧

出版发行：山东大学出版社

社　址　山东省济南市山大南路 20 号

邮　编　250100

电　话　市场部(0531)88364466

经　销：新华书店

印　刷：济南龙玺印刷有限公司

规　格：720 毫米×1000 毫米　1/16

25.75 印张　474 千字

版　次：2018 年 9 月第 1 版

印　次：2018 年 9 月第 1 次印刷

定　价：88.00 元

前言

qianyan

《中华历代先贤论政德》一书，经过作者近三年的呕心沥血，终于要和读者见面了。在这令人激动的时刻，我坐下来为本书写作一篇前言。回顾沉浸在写作本书的日子里，外面大路上的车辆喧嚣之声始终不绝于耳，但我却"两耳不闻窗外事"，一心将注意力集中于遥远的过去，和古代先贤们对话，讨论修身养德、"治国、平天下"的精微哲理。

记得1974年春天，我和山东省汶上县南旺公社三里堡村十几位男女青年，相约骑车近100公里赶到曲阜，参观刚刚开放的古建筑孔庙。在大成殿门楣上，有一幅巨大的匾额吸引了我，上面是四个大字"生民未有"。当时不理解什么是"生民"，多少年以后才知道，这句话源出自《孟子·公孙丑上》"自有生民以来，未有如孔子者"。意思是自从有了人类以来，没有出现过像孔子那样的圣人。

当时虽然不懂"生民未有"的意思，但在读书中对格言警句开始留意并抄写，逐渐积累，文学知识相对丰厚，这也是我在高考恢复后，作为一个没进过中学门的小学带帽（小学办初中）毕业生，之所以敢于参加高考，并能考进全国重点大学山东大学历史系的一个重要原因。由于我本人的这段经历，我深深相信，长期积累并念读背诵格言警句，对人的一生会起到不可估量的作用。基于这样的理解，我这本书的另一个名字，就是《中华历代先贤格言警句》。

一句格言可以改变人的命运，一个警句可以铸就辉煌的人生。格言警句，就是指一些名人或普通人说的、写的，经过实践所得出的结论或建议，以及思考人生和警世治世的比较有名的词句。名言警句易于流传，是浓缩的精华，是经过千锤百炼之后沉淀的大智慧。格言警句，言简意赅，是众人汇成的睿智，可以作为人们的行为规范，是指导人生走向成功之路的法宝，时刻激励人们在前进的征程中不断取得新的进步。几千年来沉淀积存下来的格言警句，对于丰富人们的知识，铸就人们的品格，陶冶人们的情操，无可替代，历久弥新。

古今中外，都有格言警句出现并流传下来，但白话文普及之后和经过白话文翻译的国外名言警句，说的话比较直白，我们都能看得懂，听得懂。譬如马克思中学时代关于人生的一段名言："如果我们选择了最能为人类福利而劳动的职业，那么，重担就不能把我们压倒，因为这是为大家而献身；那时我们所感到的就不是可怜的、有限的、自私的乐趣，我们的幸福将属于千百万人。我们的事业将默默地、但是永恒发挥作用地存在下去，而面对我们的骨灰，高尚的人们将洒下热泪。"再如古希腊柏拉图名言："一切背离了公正的知识都应叫作狡诈，而不应称为智慧。"

在古今中外格言警句中，现代人最难懂的，就是用古汉语保存的中国古代圣贤留下来的语句，譬如《黄帝内经》"智者察同，愚者察异"，如果不加注解、译文和解读，就不太容易精确理解其中的哲理意蕴。所以，把中国古代格言警句做一个梳理，并加以注解、翻译和评析就显得很有必要。毫无疑问，笔者这部《中华历代先贤论政德》就是在这方面作出的努力。

国无德不兴，人无德不立。国靠德兴，人靠德立。为官从政就要有政德，就要讲政德。政德，有学者理解为政事和德行，这实际是对政德的错误理解，这种理解把政事和德行分割开来，对立起来。而政德应当是统一的，从政就要讲政德，没有德行的人就没有资格从政。这也是《周易》所阐述的根本道理。在《周易》作者看来，乾卦天，有元亨利贞四德，坤卦地，也有元亨利贞四德。天为父，坤为母，父母有元亨利贞四德，父母所创造的万物都有元亨利贞四德，这就是《周易》代表幼苗刚刚萌芽的第三卦屯卦卦辞“屯，元亨利贞”。天下万物都有元亨利贞四德，作为自然界万物之灵长的人，自然也有元亨利贞四德。所谓的“元”，其实就是“善”的意思，“人之初，性本善，性相近，习相远”，人的四德也被后来的“习”给渐渐隐去了。而那些能够修身养德，能够保有元亨利贞四德的人，才有资格成为官员，这就表现为代表“统治治理”的第十九卦临卦卦辞“临，元亨利贞”。所以，为政者必须有政德，这从3000年前的《周易》中就有明确的警示。

为政者要有政德，从黄帝那里就已经开始自觉强调，这就是本书“德治篇”篇首所讲的“慎德、仁义、仁智”。而在古代论著中强调政德重要作用的，最早可见于《左传・昭公四年》：“先王务修德音以亨神人，不闻其务险与马也。”“恃此三者（险要地势，优良战马，邻国有灾），而不修政德，亡于不暇，又何能济?”这是说如果凭借险要地势、优良战马和邻国有灾这三个方面，而不修政德，就会招致灭亡。《孔子家语・入官》所说“政德贯乎心，藏乎志，形乎色，发乎声”，既是政德在官员从政中的体现，也是对官员行使权力提出的要求。

有鉴于此，中国古代圣贤非常重视修身养德，重视为政者之政德，流传下很多有价值的思想，值得我们当今社会特别是党政领导干部加强学习。在这方面，习近平总书记给我们作出了表率。习近平在担任总书记后的首次记者见面会上，就表示要“与人民心心相印、与人民同甘共苦、与人民团结奋斗，夙夜在公”。而“夙夜在公”这个典故，就是出自《诗经・召南・采蘩》。

党的十八大之后，人们逐渐发现，习近平总书记在讲话和文章中，对各种典故可以说随手拈来，出神入化。譬如在比利时《晚报》发表的署名文章中讲到：“‘智者求同，愚者求异。’中欧要本着相互尊重、平等相待、求同存异、合作共赢的态度去加强对话和沟通，寻求利益最大公约数，共享机遇，共迎挑战。”而“智者求同，愚者求异”，就出自于古老的《黄帝内经》这部经典著作。

2014 年 3 月 18 日，习近平总书记在河南省兰考县委常委扩大会议上发表了 1.1 万字的讲话，其中就有 20 余次用典。如“见贤思齐”出自《论语·里仁》，“善作善成”语意源自于《史记·乐毅列传》，“知其不善，则速改以从善”出自黎靖德《朱子语类》卷二十一，“生于忧患，死于安乐”出自《孟子·告子下》，“郡县治，天下安”语意源于东汉荀悦的《前汉纪》，“位卑未敢忘忧国”出自陆游诗《病起书怀》，“稳坐钓鱼台”语意源于司马迁《史记·齐太公世家》，“取法于上，仅得为中；取法于中，故为其下”出自李世民《帝范·崇文》，“箪食壶浆”出自《孟子·梁惠王下》，“正人必先正己，正己才能正人”语意源于《论语·子路》，“头上三尺有神明”出自清代清官叶存仁拒贿诗，“势利之交，难以经远”出自诸葛亮《四论·论交》，“以势交者，势倾则绝；以利交者，利穷则散”出自王通《中说·礼乐》，“出淤泥而不染”出自周敦颐《爱莲说》，“宁静以致远，淡泊以明志”出自诸葛亮《戒子书》，“鱼和熊掌不可兼得”出自《孟子·告子上》，“天网恢恢，疏而不漏”语意源自于《老子》第七十三章，“千里之堤，溃于蚁穴”出自韩非《韩非子·喻老》，“从善如登，从恶如崩”出自《国语·周语下》，“不以恶小而为之”出自刘备《敕后主刘禅诏》，“与民共其乐者，人必忧其忧；与民同其安者，人必拯其危”出自陈寿《三国志·魏书》，“一丝一粒，我之名节；一厘一毫，民之脂膏。宽一分，民受赐不止一分；取一文，我为人不值一文。谁云交际之常，廉耻实伤；倘非不义之财，此物何来”出自张伯行《禁止馈送檄》。

其实习近平总书记在任浙江省委书记时为《浙江日报》写的 200 多篇短评《之江新语》中，就有很多用典之处。如 2004 年 1 月 5 日《心无百姓莫为“官”》一文，全文仅 300 多字，就有 5 处用典，增加了文章的说服力和感染力，极具启迪意义。

2015 年，人民日报社特别组织编写《习近平用典》一书，旨在对习近平总书记重要讲话（文章）引用典故追根溯源，并就其现实意义进行解读，以期帮助广大党员干部深入学习习近平总书记重要讲话（文章）精神，准确理解习近平总书记的思想精髓。这部书收典135则，分为13篇。据书中介绍，主创团队为编写该书，搜集了时间跨度长达27年的习近平所有著述及重要讲话、文章，包括《摆脱贫困》《干在实处走在前列》《之江新语》《习近平谈治国理政》及其2007年以来发表的重要讲话、文章。每则典故解读、释义相结合，解读部分阐述习近平用典的现实意义，释义部分解说古典名句的出处和义理。

《习近平用典》由人民日报社社长杨振武主持编写，他在为该书所作《序》中阐述了习近平总书记善于用典的特点和魅力："党的十八大以来，习近平总书记的一系列重要讲话、文章、访谈等，形成了独具个性的风格，人们爱听、爱读、爱看，海外媒体纷纷称之为'习式风格'。问渠哪得清如许，为有源头活水来，习近平的语言之所以引人入胜，一个重要原因就在于他善于运用古代典籍、经典名句。从诸子百家到唐诗宋词，从孔夫子到毛泽东，旁征博引、画龙点睛，总是给人以思想启迪、精神激荡。"

为了帮助党政领导干部学习中国优秀传统文化，更全面掌握中国优秀传统文化的精髓，笔者响应习近平总书记在山东济宁视察时倡导的"继承和弘扬中华传统文化，弘扬中华传统美德"讲话精神，在中国古代文化典籍中披沙拣金、爬梳剔抉、参互考寻，搜集整理古典名句586则，分为24篇，各篇题目顺序，是基于儒家"修身、齐家、治国、平天下"的理念来编排的。其中前14篇，包括修身、立志、信念、学习、惜时、思辨、笃行、孝悌、交友、诚信、改过、义利、情操、爱国篇，主要是修身养德内容，是每个人、每个君子都应具备的理念；后10篇，包括为政、民本、爱民、德治、法治、礼贤、纳谏、廉政、警诫、天下篇，主要是"治国、平天下"的内容。学而优则仕。毫无疑问，党政领导干部是人民公仆，是社会公众人物，不能把自己等同于普通老百姓，首先要以身作则，在修身养德上严格要求自己，在个人修养以及道德行为规范上，都应该比普通民众要求高。这就是我之所以把本书定名为《中华历代先贤论政德》的主要原因。

在写作本书过程中，笔者深深感受到中华历代先贤一颗颗激情跃动的心，感受到历代先贤用生命修身养德的心路历程，感受到历代先贤为追求人类美好理想而付出的勤奋和艰辛。所有这些，都让我感受到温暖，感受到力量，感受到激动，感受到热血沸腾。我由此坚信，人生善性仁德义行的修养体验永无止境，让我们每一个人，在这条光辉大道上，朝着最高境界奋力而行！笔者愿以此与诸位读者共勉！

时　鑑

公元 2017 年 6 月 16 日

目录

mulu

修 身 篇

xiushenpian

慎德，仁义，仁智。

——黄帝

黄帝

黄帝(前2717～前2599年)，生于寿丘(今山东曲阜东北)，古华夏部落联盟首领，五帝之首，被尊为“中华人文初祖”。史载黄帝因有土德之瑞，故号黄帝。黄帝本姓公孙，居轩辕之丘，号轩辕氏，因建都于有熊，亦称有熊氏。

黄帝以战胜炎帝、蚩尤，统一华夏部落的伟绩载入史册。黄帝在位期间，播百谷草木，大力发展生产，始制衣冠、建舟车、制音律、创医学等，为肇始华夏文明做出了巨大贡献。

原文：黄帝曰："余闻上古有真人者，提挈(qiè)天地，把握阴阳，呼吸精气，独立守神，肌肉若一，故能寿敝天地，无有终时，此其道生。中古之时，有至人者，淳德全道，和于阴阳，调于四时，去世离俗，积精全神，游行天地之间，视听八达之外，此盖益其寿命而强者也，亦归于真人。其次有圣人者，处天地之和，从八风之理，适嗜欲于世俗之间。无恚嗔(huì chēn)之心，行不欲离于世，被服章，举不欲观于俗，外不劳形于事，内无思想之患，以恬愉为务，以自得为功，形体不敝，精神不散，亦可以百数。其次有贤人者，法则天地，象似日月，辨列星辰，逆从阴阳，分别四时，将从上古合同于道，亦可使益寿而有极时。"

注释：本文出自《黄帝内经·素问·上古天真论》。

(1)真人：上古传说中的成仙得道之人。(2)提挈：掌控。(3)肌肉：筋肉，筋骨肌肉。(4)敝：通"蔽"，盖覆，引申为等同。(5)去世离俗：离开世俗。(6)八达：八方通达。八方，东、西、南、北、东南、西南、西北、东北八个方向。(7)八风：称赞、讥讽、毁谤、誉美、利财、衰损、苦难、快乐八种机遇。(8)恚：愤怒。嗔：对人不满。

译文：黄帝说："我听说上古时代有称为'真人'的人，他能够掌握自然规律，掌控天地阴阳变化，能够调节呼吸，吸收精纯的清气，超然独处，令精神守持于内，锻炼身体，使筋骨肌肉与整个身体达到高度的协调，所以他的寿命同于天地而没有终了的时候，这是他修道养生的结果。中古时候有称为'至人'的人，他具有醇厚的道德，能全面地掌握养生之道，和于阴阳四时的变化，离开世俗社会生活的干扰，积蓄精气，集中精神，使其远驰于广阔的天地自然之中，让视觉和听觉的注意力守持于八方之外，这是他延长寿命和强健身体的方法，这种人与真人相仿。其次有称为'圣人'的人，能够安处于天地自然的正常环境之中，顺从八风的活动规律，使自己的嗜欲同世俗社会相应，没有恼怒怨恨之情，行为不离开世俗的一般准则，穿着装饰普通纹采的衣服，举动也没有炫耀于世俗的地方。在外，他不使形体因为事物而劳累；在内，没有任何思想负担，以安静、愉快为目的，以悠然自得为满足，所以他的形体毫不衰老，精神也不耗散，寿命也可达到百岁左右。其次有称为'贤人'的人，能够依据天地变化，仿照日月升降，辨别星辰位置，以顺从阴阳的消长和适应四时的变迁，追随上古真人，使生活符合养生之道，这样的人也能增益寿命，但有终结的时候。"

评析：黄帝，少典氏国君次子，生于寿丘(今山东曲阜东北)，号轩辕氏。建都于有熊(今河南新郑)，卒后葬于桥山(今属陕西黄陵)。黄帝战胜炎帝、蚩尤、刑天，四方诸侯莫不宾从，华夏一统，天下太平。黄帝讲求养生之学，曾与岐伯探讨养生之道，由此形成《黄帝内经》，成为中华传统医学四部经典之首。黄帝在此处讲了真人、至人、圣人、贤人的养生之道，其关键在于与天地交融，仁德修身。《黄帝内经》的最大特色是“药理与事理相合，医法与心法不二”。医者读之可得古代医学之精髓；仁者读之可明“天地之间，万物皆备，莫贵于人”之哲理；智者读之可悟“上穷天地，下极地理，远取诸物，更相问难”之智慧；为政者读之可修己正身，“淳德全道”，“外不劳形于事，内无思想之患”，以服务于社会、造福于民众。

原文：故曰：知之则强，不知则老，故同出而名异耳。智者察同，愚者察异；愚者不足，智者有余。有余而耳目聪明，身体轻强，老者复壮，壮者益治。是以圣人为无为之事，乐恬憺（dàn）之能，从欲快志于虚无之守，故寿命无穷，与天地终，此圣人之治身也。

注释：本文出自《黄帝内经·素问·阴阳应象大论》。

（1）知之：知道调摄，养生。（2）强：强健，身体强壮健康。（3）老：衰老。（4）同出：出生相同。（5）名异：结果不同。（6）恬憺：恬淡，清净淡泊。（7）从欲快志：顺从欲望快乐志趣。（8）虚无之守：没有干扰的环境。

译文：所以说：知道养生的人身体就强健，不知道养生的人身体就容易衰老；本来是同样的身体，结果却出现了强弱不同的两种情况。懂得养生之道的人是智者，他们能够注意共有的健康本能；不懂得养生之道的人是愚者，他们只知道强弱异形。不善于养生的人，常感不足；而重视养生的人，就常能有余。有余则耳目聪明，身体轻强；即使已经年老，亦可以身体强壮；当然本来强壮的，身体就变得更好了。所以圣人不做勉强的事情，不胡思乱想，有乐观愉快的旨趣，常使心旷神怡，保持着宁静的生活，所以能够寿命无穷，尽享天年。这是圣人的养生方法啊。

评析：这段文字先是列举了懂得养生之道和不懂养生之道的区别，即智者和愚者的差别，也就是“知之则强，不知则老”。第二部分探讨了智者和愚者的根本区别，在于智者“察同”，愚者“察异”。智者能从不同事物中找出共同的东西，即规律性；而愚者却只关注事物的差别，即疏于本质而只重视形式。《易》有变易和不易，愚者关注的是变易，追求事物形式上的变化，而忽视了本质的东西；智者则从事物的变易中找到规律性的东西。譬如营销模式，现在很多人侧重于寻找或者“发明”“创新”许多新的模式，却不知道只有营销模式有利于消费者才是其能够发展壮大的根本。第三部分总结了圣人（智者）的养生方式，那就是“为无为之事，乐恬憺之能，从欲快志于虚无之守”。党政领导干部修身养德，就要学习智者，学习圣人，以德为本，把复杂的问题简单化，恬淡乐观，心旷神怡——如此不仅可以养生，而且可以明白做人处事之根本方法而受用无穷。

原文：曰若稽古，帝尧曰放勋。钦明文思安安，允恭克让，光被四表，格于上下。克明俊德，以亲九族。九族既睦，平章百姓。百姓昭明，协和万邦。黎民于变时雍。

注释：本文出自先秦《尚书·虞书·尧典》。

(1)曰若：发语词，一作“越若”“粤若”。(2)稽古：述古，考察、叙述古代事情。(3)放勋：唐尧的名字。(4)钦：敬事节用。(5)明：明察。(6)文：经天纬地，善治天下。(7)思：道德纯备。(8)安安：温和，宽容。(9)允：诚信。(10)恭：不懈于位，恪尽职守。(11)克：能够。(12)让：礼让，让贤。(13)被：及，覆盖。(14)四表：四海之外。(15)格：至。(16)上下：天地。(17)俊：大。(18)九族：自高祖至玄孙。一说父族四，母族三，妻族二。(19)平：通“辨”。(20)章：明。(21)百姓：百官族姓。(22)黎：众。(23)于：代。于变：相递变化。(24)时：善。(25)雍：和睦。

译文：考查古代传说，帝尧名叫放勋。他恭敬节俭，明察是非，善于治理天下，道德纯备，宽宏温和，诚实尽职，能够让贤，光辉普照四面八方，以至于天上地下。他能够明察有才有德的人，使同族人亲密团结。族人亲密和睦了，又明察和表彰有善行的百官。百官政事考查清楚，又协调诸侯各国的关系。天下民众也因此相递变化友善和睦起来了。

评析：这是中国上古典籍对唐尧的描述。唐尧作为天子，几乎集一切美德于一身。这表明，有德者可得天子之位，可拥有天下；天地四方，百官及各诸侯都受到唐尧德性光辉的照耀。唐尧时代是儒家推崇向往的时代，唐尧作为修身养德的典范，载入中华民族的史册，成为为政者在道德品质、治国理政等方面努力效法的榜样。

原文：克勤于邦，克俭于家。

注释：本文出自先秦《尚书·虞书·大禹谟》。

(1)克：能够。(2)勤：勤劳。(3)邦：国家。(4)俭：俭朴。

译文：能够勤劳为国家，能够俭朴操办家事。

评析:这是虞舜赞扬大禹的一句话,意思是称赞大禹既能为国家辛勤操劳,又能勤俭持家。传说大禹为治水,三过家门而不入,可谓克勤于邦;大禹做了天子尚能"卑小宫室,损薄饮食,土阶三等,衣裳细布",可见其"克俭于家"不是虚言。勤劳俭朴,是中华民族的传统美德,对培养崇高志向,造就优良品质具有重要意义和作用。

原文:圣人择可言而后言,择可行而后行。偷得利而后有害,偷得乐而后有忧者,圣人不为也。故圣人择言必顾其累,择行必顾其忧。故曰:"顾忧者可与致道。"

注释:本文出自春秋管仲《管子·形势解》。

(1)择:选择。(2)偷:苟且。(3)顾:回顾,顾虑。(4)累:连带。

译文:圣人总是选择好可以说的话然后才说,选择好可以做的事然后才做。苟且得到好处而后来会有祸患,苟且得到快乐而后来会有忧虑,圣人是不做这种事情的。圣人"择言"一定要考虑其后顾之累,"择行"一定要考虑其后顾之忧。所以说:"顾及忧患的人,可以和他一起探求治国之道。"

评析:三思而后言,三思而后行。所思者,话当说不当说,事当做不当做。话当不当说,事当不当做,不仅要考虑当时情况,还要考虑其后会不会有祸害,其后会不会有忧虑。能够这样三思而后言、三思而后行,且能考虑未来祸患忧虑的,这样的人就是圣人了。为政者首先要加强个人修养,努力使自己成为这样的圣人,其次要与这样的圣人交友,共同探讨治国之要道,安世之良策。

原文:知人者智,自知者明。胜人者有力,自胜者强。知足者富,强行者有志。不失其所者久,死而不亡者寿。

注释:本文出自春秋老聃《老子》第三十三章。

(1)知:知道,认识,了解。(2)自胜:战胜自己。(3)强:刚强,果决。强行者:坚持身体力行的人。(4)所:处所。不失其所:不丧失其本性。

译文:能了解、认识别人叫作智慧,能认识、了解自己才算聪明。能战胜别人的人有力量,能克制自己弱点的人才算刚强。知道满足的人是富有的人,坚持力行、努力不懈的人是有志向的人。不丧失其本性的人就能坚持长久,身虽死而名声仍存留于世的,才算是真正的长寿。

评析:知人,并不是简单的认识,而是认知一个人的全部,包括本质,能够有这样的知人本领，才是真正的智者。对自己也是如此，人贵有自知之明，这说明很多人并不真正认识自己，所以，能够知道自己是谁，知道自己想要什么，知道如何实现自己的梦想，这样的人才是聪明明智的人。人最难的是改正自己的弱点，只有能够控制自己欲望情绪的人，才是真正的强者。知足者常乐，知足者心灵是富足的。有志向的人都会为实现自己的目标坚忍不拔，不丧失其精神家园的人会因他们心灵富足才能活得长久。有的人虽然死去，但他的精神长存，这样的人才是真正的长寿。老子在本章强调了精神修养的问题，他认为个人的精神修养，可以使人具有智、明、力、强、富、志、久、寿等优秀品格，具有积极的意义。

原文：晏子至，楚王赐晏子酒，酒酣(hān)，吏二缚一人诣(yì)王。王曰："缚者曷(hé)为者也？"对曰："齐人也，坐盗。"王视晏子曰："齐人固善盗乎？"晏子避席对曰："婴闻之，橘生淮南则为橘，生于淮北则为枳，叶徒相似，其实味不同。所以然者何？水土异也。今民生长于齐不盗，入楚则盗，得无楚之水土使民善盗耶？"王笑曰："圣人非所与熙也，寡人反取病焉。"

注释：本文出自春秋晏婴《晏子春秋·内篇·杂下》。

(1)酒酣：酒喝得正高兴的时候。(2)曷：通"何"，什么。(3)诣：到。(4)坐盗：因偷盗而犯罪。(5)善盗：善于偷盗，习惯于偷盗。(6)淮南：淮水之南。(7)熙：快乐，笑。与熙：与之开玩笑。(8)取病：自取其辱。(9)晏子：晏婴，齐国大夫。

译文：晏子来到了楚国，楚王请晏子喝酒，正喝得高兴的时候，两名公差绑着一个人到楚王面前来。楚王问道："绑着的人是干什么的？"公差回答说："这个齐国人犯了偷窃罪。"楚王看着晏子问道："齐国人本来就善于偷东西吗？"晏子离开席位回答道："我听说这样一件事：橘树生长在淮河以南的地方就是橘树，生长在淮河以北的地方就是枳树，只是叶子相像罢了，果实的味道却不同。为什么会这样呢？是因为水土条件不相同啊。现在这个人生长在齐国不偷东西，一到了楚国就偷起来了，莫非楚国的水土让百姓喜欢偷东西吗？"楚王笑着说："圣人是不能同他开玩笑的，我反而自取其辱了。"

评析：这个故事很有意思，楚王设了一个局，想要看晏子的笑话。于是在请晏子喝酒的时候，让小吏绑了一个偷东西的齐国人上来，然后以戏谑的口吻问晏子："齐人固善盗乎？"晏子不动声色，讲了一个"橘生淮南则为橘，生于淮北则为枳"的现象，以此说明齐国人"长于齐不盗，入楚则盗"，是因为楚国水土的缘故。楚王自愧不如，不得不承认"圣人非所与熙也"。"橘生淮南则为橘，生于淮北则为枳”，这说明环境对人的影响很重要。党政领导干部要保持清正廉洁的品格，不仅要重视自身修养，慎重交友，避开灯红酒绿、纸醉金迷的场所，也是至关重要的。

原文：曾子曰：“吾日三省（xǐng）吾身：为人谋而不忠乎？与朋友交而不信乎？传不习乎？”

注释：本文出自《论语·学而》。

（1）曾子：曾参，孔子弟子。（2）省：检查，反省。（3）谋：谋划，做事。（4）传：老师所传授的知识。（5）习：温习，践行。

译文：曾子说：“我每天都要从三个方面反省自己：替别人做事尽心了吗？与朋友交往做到重守信义了吗？老师所传授的知识贯彻在实际行动中了吗？”

评析：曾子在这里说自己每天都要多次反省自己，特别是在为人忠、交友信、践行学问三个方面，严格自律，为人们修学、修身、交友、处事树立了榜样。荀子说：“君子博学而日参省乎己，则知明而行无过矣”；朱熹说：“日省其身，有则改之，无则加勉”；这些言论与曾子“日三省吾身”，都是儒家所一再强调的“慎独”思想。君子慎独，且能反省自身，这才是修身最难做到的啊！

原文：子贡问曰：“有一言而可以终身行之者乎？”子曰：“其‘恕’乎！己所不欲，勿施于人。”

注释：本文出自《论语·卫灵公》。

（1）子贡：端木赐，孔子弟子。（2）一言：一个字。（3）恕：宽恕。

译文：子贡问孔子：“有没有一个字可以终身奉行的呢？”孔子回答说：“那大概就是恕吧！自己不愿意的，不要强加给别人。”

评析：“恕”是什么意思呢？我们经常说宽恕，用的就是这个字的本意。待人宽厚，自己不想听的，自己不想要的，自己不想做的，就不要强加于别人。子贡不愧是孔子的大弟子，能够提出这样一个根本性的问题。孔子回答“恕”字可以终身奉行，这个回答也证明曾子对同门解释之正确。更重要的是，孔子在这里对恕作了具体解释：“己所不欲，勿施于人。”恕，仁也。孔子“己所不欲，勿施于人”这八个字，既体现了恕道，又是实现仁爱的基本途径。

原文:棘(jí)子成曰:“君子质而已矣,何以文为?”子贡曰:“惜乎夫子之说君子也!驷不及舌。文犹质也,质犹文也,虎豹之鞟(kuò)犹犬羊之鞟。”

注释:本文出自《论语·颜渊》。

(1)棘子成:卫国大夫。(2)质:品质,实质性的东西。(3)文:修饰,表面的东西。(4)夫子:对大夫的尊称。(5)驷:拉一辆车的四匹马。驷不及舌:话一说出口,就收不回来了。(6)鞟:去掉毛的皮,即革。

译文:棘子成说:“君子只要具有好的品质就行了,要那些表面的仪式干什么呢?”子贡说:“真遗憾,夫子您这样谈论君子。一言既出,驷马难追。本质就像文采,文采就像本质,都是同等重要的。去掉了毛的虎、豹之皮,就如同去掉了毛的犬、羊之皮,两者有什么不一样呢。”

评析:卫国大夫棘子成认为君子只需具有好的品质就可以了,不需注重外在的表现。子贡对棘子成说出这样的话感到遗憾,然后用虎豹之皮和犬羊之皮作比较,指出如果虎、豹、犬、羊去掉了毛,那么其皮就没有什么区别了。所以,良好的本质一定要有适当的表现形式,否则,本质再好,没有好的表现形式,也不会被人们所认可。这里“驷不及舌”,是说话一出口,就是四匹马驾的车也追不上了。其本意是奉劝棘子成出言谨慎,话不要轻易说出口。后人以此演变为成语“一言既出,驷马难追”,用于表示说话人的诚信,即说话算数。

原文:子曰:“吾十有五而志于学,三十而立,四十而不惑,五十而知天命,六十而耳顺,七十而从心所欲不逾矩。”

注释:本文出自《论语·为政》。

(1)十有五:十五,十五岁。(2)立:自立于世。(3)惑:困惑,迷惑。(4)天命:上天意志,自然规律。(5)耳顺:听什么都不觉逆耳。(6)逾矩:超出规矩。

译文:孔子说:“我十五岁立志于学习;三十岁能够按照礼仪要求自立于世上;四十岁能不被外界事物所迷惑;五十岁懂得了天命;六十岁能正确对待各种言论,不觉得不顺;七十岁能随心所欲而不越出规矩。”

评析:孔子在这里讲述了自己一生学习和修养的过程。15 岁正值青春年华,知道学习的重要性,于是立志好好学习,做明道的大学问;30 岁已经学有所成,开始设教授徒;40 岁明白了道的内涵与外延:仁为本、礼为用,不再被外界各种繁杂事物而困扰迷惑;50 岁认识到客观自然规律,由此明白了自己的使命所在;60 岁对各种言论都能知其所本,对反对自己甚至嘲讽自己的话也都能宽容;

70 岁已经从必然世界进入到自由世界，自在无碍而不会超越规矩，这才是达到了圣人的最高境界。孔子一生好学，正是这种好学精神成就了孔子。孔子一生仁德修身，这种品德将永远是人们效法的榜样。

原文：司马牛忧曰："人皆有兄弟，我独亡。"子夏曰："商闻之矣：死生有命，富贵在天。君子敬而无失，与人恭而有礼，四海之内皆兄弟也。君子何患乎无兄弟也？"

注释：本文出自《论语·颜渊》。

(1)司马牛：司马耕，字子牛，孔子弟子。(2)忧：忧虑，忧愁。(3)亡：没有。(4)子夏：卜商，孔子弟子。(5)何患：哪怕。哪里用得着担心。

译文：司马牛忧愁地说道："别人都有好兄弟，单单我没有。"子夏安慰说："我听说过：死生听之命运，富贵由天安排。君子都是谨慎地要求自己不出差错，对待别人辞色恭谨，合乎礼节，天下之大，到处都是好兄弟——君子又何必担忧没有好兄弟呢？"

评析：司马牛之兄桓魋(tuí)在宋国做大司马，曾砍树威胁孔子。司马牛不以其为兄，但又因没有兄弟而忧愁。子夏劝慰说：死生有命，富贵在天，这是承认命运。但子夏又鼓励司马牛严格修身，礼敬他人，如此则四海之内皆兄弟也，君子何愁没有兄弟呢？

原文：子曰："苟正其身矣，于从政乎何有？不能正其身，如正人何？"

注释：本文出自《论语·子路》。

(1)苟：如果，假使。(2)正：端正。(3)从政：从事政治。(4)何有：哪有什么困难呢？(5)正人：使人端正。

译文：孔子说："如果端正了自身的行为，管理政事还有什么困难呢？如果不能端正自身的行为，怎么能使别人端正呢？"

评析：孔子这句话说了两层意思：第一层，为政者首先要正己，自己正了，处理政事就容易了。第二层，正人先正己，自己要想让别人端正，首先就要端正自身的行为。励志学上有句话，叫作"改变自己，不是改变别人"，说的和孔子这段话是一个道理。一个人改变的不是别人，而是自己，当我们学会改变自己的时候，别人才可能会因为我们的改变而改变。有句墓志铭说得好："如果起初我只改变自己，接着我就可以依次改变我的家人。然后，在他们的激发和鼓励下，我也许就能改变我的国家。再接下来，谁又知道呢，也许我连整个世界都可以改变。”——引自英国威斯敏斯特大教堂地下室圣公会主教墓碑碑文

原文：子贡问曰：“何如斯可谓之士矣？”子曰：“行己有耻，使于四方，不辱君命，可谓士矣。”曰：“敢问其次。”曰：“宗族称孝焉，乡党称弟焉。”曰：“敢问其次。”曰：“言必信，行必果，硁硁(kēng)然小人哉！抑亦可以为次矣。”

注释：本文出自《论语·子路》。

(1)何如：怎么样。(2)行己：自己做事，自我修养。(3)四方：各国。(4)宗族：有血缘关系的、由一个姓氏组成的社会单位。(5)乡党：乡亲，同乡。(6)信：守信用。(7)果：果断，坚决。(8)硁硁：浅薄固执的样子。

译文：子贡问：“怎么样才可以叫作士呢？”孔子说：“自己做事时有知耻之心，出使外国各方，能够完成君主交付的使命，可以叫作士。”子贡说：“请问次一等的呢？”孔子说：“宗族中的人称赞他孝顺父母，乡党们称他尊敬兄长。”子贡又问：“请问再次一等的呢？”孔子说：“说到一定做到，做事一定坚持到底，不问是非地固执己见，那是小人啊。但也可以说是再次一等的士了。”

评析：士的标准是什么？孔子认为，“士”首先是有知耻之心、不辱君命的人，能够担负一定的国家使命。其次是孝敬父母、尊敬兄长的人。再次才是“言必信，行必果”的人。孔子所培养的就是具有前两种品德的“士”。后世成语“言必信，行必果”已经成为一个褒义词，意思是说了就一定守信用，做事一定要办得到。各级党政领导干部，要树立正确的权力观、地位观、利益观，说实话、干实事，敢做为、勇担当，言必信、行必果，为全社会作出榜样和表率。

原文：子曰：“见贤而思齐焉，见不贤而内自省也。”

注释：本文出自《论语·里仁》。

(1)贤：贤人，有才德的人。(2)思：想。(3)齐：向……看齐。(4)内：内心。(5)自省：自我反省。

译文：孔子说：“看见有德行才干的人，就要向他学习；看见没有德行才干的人，就要内心自我反省是否有和他一样的缺点错误。”

评析：世上总有贤人和奸佞(ning)，有君子和小人，遇到这两种人，应该怎么办？孔子回答说：“遇到贤人君子，就要想着如何向他看齐，虚心向他学习，让自己具备更好的道德修养与学问。遇到奸佞小人，就要从内心反省自己，看看

自己是否有类似缺点错误。”善于学习别人的优点，勇于改正缺点避免错误，这才是一个人进德修身不断进步的最好方法。

原文：不厚其栋，不能任重。重莫如国，栋莫如德。

注释：本文出自春秋左丘明《国语·鲁语上》。

(1)厚：厚重，粗壮。(2)栋：屋中正梁，栋梁。(3)任重：负重。(4)重：重要。(5)栋：栋梁之才。

译文：不选择粗大的木料做栋梁，就不能承受沉重的压力。重要事情莫过于国家，栋梁之才莫过于德行。

评析：这段文字是《国语·鲁语》中子叔声伯辞谢封邑时所说。鲁大夫子叔声伯公孙婴齐去晋国谢罪，晋国大夫郤犨(xì chú)苦成叔想请晋君封给他城邑以示笼络，子叔声伯谢辞不受。回国后，大夫鲍国问子叔声伯为什么拒受城邑？子叔声伯回答说：“我听说，不是粗大的栋梁，不能承担重压。最重的压力莫过于国家，最好的栋梁莫过于有德了。郤犨想插手晋、鲁两个国家的事务却又没有很高的德行，他的地位不会长久，败亡就在眼前。”不修养自己的德行，就不能承担治国重任。所以，党政领导干部一定要修德为本，在不同层级、不同岗位、不同职务上历练自己，使自己成长为能治国理政的栋梁之材。

原文：古之欲明明德于天下者，先治其国；欲治其国者，先齐其家；欲齐其家者，先修其身；欲修其身者，先正其心；欲正其心者，先诚其意；欲诚其意者，先致其知。致知在格物，物格而后知至，知至而后意诚，意诚而后心正，心正而后身修，身修而后家齐，家齐而后国治，国治而后天下平。自天子以至于庶人，壹是以修身为本。

注释：本文出自先秦《礼记·大学》。

(1)欲：想要。(2)明明德：彰显光明的德性。(3)齐：管理。(4)致知：获得知识。(5)格物：探究事物。(6)庶人：百姓。(7)壹是：都是。

译文：古代那些要想在天下弘扬光明正大品德的人，必须先要治理好自己的国家；要想治理好自己的国家，必须先要管理好自己的家庭和家族；要想管理好自己的家庭和家族，必须先要修养自身的品性；要想修养自身的品性，必须先要端正自己的心思；要想端正自己的心思，必须先要使自己的意念真诚；要想使自己的意念真诚，必须先要使自己获得知识；获得知识的途径在于认识、研究万事万物。通过对万事万物的认识、研究后才能获得知识；获得知识后意念才能真诚；意念真诚后心思才能端正；心思端正后才能修养品性；品性修养后才能管理好家庭和家族；管理好家庭和家族后才能治理好国家；治理好国家后天下才能太平。从天子到百姓，人人都要以修养品德为根本。

评析：这段文字论述了格物致知、诚意正心与修身齐家治国、明德于天下的关系。君子的最大理想是在天下彰显光明德性，如何能做到这一点？前提是先治国，先治国的前提是先齐家，先齐家的前提是先修身，先修身的前提是先正心，先正心的前提是先诚意，先诚意就要先获得知识。如何获得知识？那就要格物，要研究事物的内在规律。从格物说起，那就是格物才能够致知，致知才能够意诚，意诚才能够修身，修身才能够齐家，齐家才可以治国，国家治理了，天下也就太平了。所以，从君主到百姓，都要以修身为立身做事之根本。修身齐家治国平天下，作为仁人志士的坚定理想、不懈追求和坚守的信条，对中国社会产生了深远的影响。

原文：天命之谓性，率性之谓道，修道之谓教。道也者，不可须臾离也；可离，非道也。是故，君子戒慎乎其所不睹，恐惧乎其所不闻。莫见乎隐，莫显乎微。故君子慎其独也。

注释：本文出自战国子思《中庸·天命章》。

(1)天命：天赋。上天赋予的自然禀赋。(2)性：上天赋予人的本性。(3)率：遵循。率性：遵循本性。(4)道：人的本性的外在表现形式。(5)修：修养，推行。(6)须臾：片刻，一会儿。(7)睹：看到。(8)见：通“现”，显现。(9)隐：暗处，看不见的地方。(10)慎其独：独处时仍然谨慎其所思所行。

译文：人的自然禀赋叫作性，顺着人的本性行事叫作道，按照道的原则修养叫作教。道是人们片刻不可离开的，如果可以离开，那就不是道了。所以，品德高尚的人在没有人看见的地方也是谨慎的，在没有人听见的地方也是有所戒惧的。越是隐蔽的地方越是明显，越是细微的地方越是显著。所以，品德高尚的君子在一人独处的时候也是谨慎的。

评析：这段文字是《中庸》的第一章，本章文字解释了什么是性：天命之谓性，人的自然禀赋就是性；什么是道：率性之谓道，遵循人的本性行事叫作道；什么是教：修道之谓教，按照道的原则修养叫作教。道是人们不可须臾离开的，要想按照道的原则修养自身，就要随时随地谨慎自己的言行，即使在没有人自己独处的地方时候也要如此。“莫见乎隐，莫显乎微。故君子慎其独也。”君子慎其独，是儒家倡导的修身境界，我们每一个党的领导干部，无论在什么情况下，都应以“慎独”严格要求自己。

原文：原浊者流不清，行不信者名必惰。名不徒生而誉不自长。功成名遂，名誉不可虚假，反之身者也。务言而缓行，虽辩必不听。多力而伐功，虽劳必不图。慧者心辩而不繁说，多力而不伐功，此以名誉扬天下。言无务为多而务为智，无务为文而务为察。故彼智无察，在身而情，反其路者也。

注释：本文出自战国墨翟《墨子·修身》。

(1)原：通“源”，源头。(2)浊：浑浊。(3)信：诚信，诚实。(4)惰：通“堕”，损坏。(5)反之身者：从自己身上检查，躬身自问。(6)务：致力于。(7)伐：自夸。(8)慧者：聪慧的人。(9)情：为“惰”之误。(10)路：为“务”之误。(11)墨翟：墨子，战国思想家，主张兼爱、非攻。

译文：源头混浊水流不会清澈，行为无信的人名声必受损害。声誉不会无故产生，也不会自己增长。功成了必然名就，名誉不可虚假，必须反求诸己。专尚空谈而行动迟缓，即使能言善辩也没人听信。出力多而自夸功劳，虽劳苦而不可取。聪明人心里明白而不多说，努力做事而不夸说自己的功劳，因此名誉扬于天下。言谈不求多而求睿智，不图文采而讲求明察。所以，既无智慧又不能审察，加上自身的懒惰，那就与当务之事背道而驰了。

评析：墨家与儒学在修身这个问题上观点基本一致，即修身是立身行事之本。如何修身？墨翟认为，第一要诚信，第二不尚空谈，第三及时行动，第四要睿智，第五要明察，第六要自我反省。这六条既是修身的原则，也是践行的准则。“慧者心辩而不繁说，多力而不伐功”，具有大智慧的人用心把事情弄明白，不需要说得太多就能让人听得懂，做了很多事情却不自夸其功，能这样做的人就可以名扬天下了。

原文：爱人者，人亦从而爱之；利人者，人亦从而利之；恶人者，人亦从而恶之；害人者，人亦从而害之。

注释：本文出自战国墨翟《墨子·兼爱中》。

(1)人：他人，别人。(2)亦：也。(3)从：跟从。(4)利：有利。

译文：爱别人的人，别人也会跟从而爱他；有利于别人的人，别人也会跟从而有利于他；憎恶别人的人，别人也会跟从而憎恶他；损害别人的人，别人也会跟从而损害他。

评析:墨子所讲的兼爱,就是要做到爱别人就要像爱自己一样,果真如此,则国不相攻,家不相乱。因为,你爱别人,别人就会爱你;你做有利于别人的事,别人也会做有利于你的事。你厌恶别人,别人也就会厌恶你;你损害别人,别人也会损害你。既然这样,你又何必厌恶、损害别人呢?人与人之间,大家都抱着爱人利人的态度待人做事,社会就和谐平安了。

原文:孟子谓宋勾践曰:"子好游乎?吾语子游。人知之,亦嚣嚣;人不知,亦嚣嚣。"曰:"何如斯可以嚣嚣矣?"曰:"尊德乐义,则可以嚣嚣矣。故士穷不失义,达不离道。穷不失义,故士得己焉;达不离道,故民不失望焉。古之人,得志,泽加于民;不得志,修身见于世。穷则独善其身,达则兼善天下。"

注释:本文出自战国孟轲《孟子·尽心上》。

(1)宋勾践:人名,事迹不详。(2)游:游说。(3)嚣嚣:自在得意的样子。(4)泽:恩泽。

译文:孟子对宋国人勾践说:"你喜欢游说吗?我告诉你游说的态度。人家理解,我悠然自得无所求;人家不理解,我也悠然自得无所求。"宋勾践问道:"怎样才能做到悠然自得无所求呢?"孟子说:"崇尚德,爱好义,就能悠然自得无所求。所以士人穷困时不丧失义,得志时不背离道。穷困时不丧失义,所以士人能保持自己的操守;得志时不背离道,所以不会使百姓失望。古代的人,得志时,施给人民恩泽;不得志时,修养品德立身在世。穷困时,独自保持自己的善性,显达时则要把善性推广给天下人。"

评析:为实现自己的抱负,就要与人交流沟通,交流沟通的结果不外乎两者,一是接受,一是拒绝。君子对此的态度是得之不喜,不得不恼,保持自得其乐的平常心。为什么能做到自得其乐?这是因为君子尊德乐义,心中有仁德义行,不管外在际遇如何,都能保持内心的安详快乐。所以君子独处时会保持善性,显达时则能推广善性,造福天下。"穷则独善其身,达则兼善天下",富含"内圣外王"儒学哲理,成为古今仁人志士立身处世的座右铭。

原文:孟子曰:"有天爵者,有人爵者。仁义忠信,乐善不倦,此天爵也;公卿大夫,此人爵也。古之人修其天爵,而人爵从之。今之人修其天爵,以要人爵;既得人爵,而弃其天爵,则惑之甚者也,终亦必亡而已矣。"

注释:本文出自战国孟轲《孟子·告子上》。

(1)天爵:天赐爵位。(2)人爵:人授爵位,一个人因功或因袭荫被授予的爵位。(3)仁义忠信:道德层面。(4)公卿大夫:官职等级。(5)要:邀,以此得到,借此得到。(6)弃:丢弃。

译文:孟子说:"有天赐的爵位,有人给的爵位。向往仁德义行,对人忠诚信实,乐于行善而不知疲倦,这就是天爵;公卿大夫,这些是人爵。古代的人修养他的天爵,而人爵就随天爵来了。现在的人修养天爵,是用它来获取人爵;一旦得了人爵,就丢弃了他的天爵,那是实在太糊涂了,最终他的人爵也一定会丧失的。"

评析:孟子把爵位分为天爵和人爵两类。天爵,即仁义忠信、乐善不倦,人人可以自修其身而得之。人爵是公卿大夫。天爵既修,人爵随之而来。而现在的人,修天爵是为了得人爵,得到人爵,就忘了天爵,见利忘义,贪污腐化,最后人爵也失去了,这些人不是糊涂虫吗?

原文:故木受绳则直,金就砺则利,君子博学而日参省乎己,则知明而行无过矣。

注释:本文出自战国荀况《荀子·劝学》。

(1)木:木材。(2)绳:沾墨的线。(3)金:金属质地的刀剑。(4)砺:磨刀石。(5)利:锋利。(6)知明:智慧明达。(7)行:行为。(8)过:过失,过错。

译文:所以,木材经过墨线校正就能做成直材,金属刀剑拿到磨刀石上磨过就锋利了,君子广泛地学习而且每天对自己多次检查省察,就能智慧明达,行为没有过错了。

评析:荀子这段话用木材经过墨线划过才能做成直木,金属刀剑经过磨砺才能锋利这两个人们日常司空见惯的事例,说明君子只有博学而日参省乎己,才能智慧明达,行为做事没有过失过错了。这就说明,学习一定要博学,博学才能智慧,不受蒙蔽;博学的同时还要一日三省,经常反思检查自己,这样才能明达。这句话与孔子"学而不思则罔,思而不学则殆"、曾子"一日三省吾身"颇为相通,值得人们深思之、笃行之。

原文:古之所谓士仕者,厚敦者也,合群者也,乐可贵者也,乐分施者也,远罪过者也,务事理者也,羞独富者也。

注释:本文出自战国荀况《荀子·非十二子》。

(1)士仕:担任官职的读书人。(2)厚敦:忠厚老实。(3)合群:与百姓能合在一起。(4)可贵:可尊贵,有道德的人。(5)分施:分别施于恩惠。(6)务事理:研究事物的道理。(7)羞独富:以独自富有为耻辱。

译文:古时候所说的做官的人,他们是忠厚老实的人,是能与民众合群的人,是乐于尊重有道德修养的人,是乐于给人恩惠的人,是远远离开罪过的人,是努力研究事物道理的人,是以个人独自富有为耻辱的人。

评析:荀子所描述的古之士仕者,就是担任官职的读书人。他们品德厚敦、与人合群,尊重有道德的人,乐于分施财物,远离罪恶过失,努力研究事理,羞于独自富有。这样的人是为政者的表率。与此相反,荀子揭露“今之所谓士仕者”,他们“污漫(欺骗诈伪)”“贼乱(破坏捣乱)”“恣睢(恣肆放荡)”“贪利(贪图私利)”“触抵(触犯法网)”,是一群“无礼义而惟权势之嗜”的人。两者高下立判,为政者当以古之士仕者为榜样,以今之士仕者为鉴戒,做一个于国家、民族、社会、民众有益的“士仕者”。

原文:能胜强敌者,先自胜者也。

注释:本文出自战国商鞅《商君书·画策》。

(1)胜:战胜。(2)强敌:强大的敌人。(3)自胜:自己战胜自己。

译文:能战胜强大敌人的人,一定是能自己战胜自己的人。

评析:老子也说过类似的话,叫作“胜人者有力,自胜者强”。只有战胜自己的人,才能成为强者。面对强敌,或者面对某种场景,人们往往会产生恐惧,而这种恐惧很多都是自己心理的作用。所以,要战胜强敌,首先要战胜自己内心的恐惧,然后才能战胜强者成为胜利者。做其他事情也是这样,首先应该树立坚定的信心,努力超越自己,克服自身的缺点与不足。首先战胜自己,然后才能无往而不胜。

原文:得道之人,贵为天子而不骄倨,富有天下而不骋夸,卑为布衣而不瘁摄,贫无衣食而不忧慑,悬乎其诚自有也,觉乎其不疑有以也,桀乎其必不渝移也,循乎其与阴阳化也,匆匆乎其心之坚固也,空空乎其不为巧故也,迷乎其志气之远也,昏乎其深而不测也,确乎其节之不庳(bēi)也,就就乎其不肯自是,鹄乎其羞用智虑也,假乎其轻俗诽誉也。以天为法,以德为行,以道为宗。与物变

化而无所终穷，精充天地而不竭，神覆宇宙而无望。

注释：本文出自秦代吕不韦《吕氏春秋·下贤》。

(1)倨：傲慢。骄倨：骄横倨傲。(2)骋：放纵。夸：奢侈。(3)瘁摄：失意屈辱，忧伤屈服貌。(4)忧慑：忧愁恐惧。(5)桀：通“杰”，杰出。(6)空空：通“悾悾”，诚实的样子。(7)迷：通“弥”，远。(8)庳：低下。(9)鹄：通“浩”，大。(10)假：通“遐”，远。(11)望：一说为“埒(liè)”之误。埒：围墙，引申为边界。

译文：得道的人，即使贵为天子也不会骄横傲慢，即使富有天下也不会放纵自夸，即使卑为普通百姓也不会感到失意屈辱，即使贫困到无衣无食也不会忧愁恐惧。他诚恳坦率，为人真诚而胸有大志；他明觉事理，遇事不疑从不迷惑；他卓尔不群，立场从不动摇；他遵循法则，随着阴阳一起变化；他坦白直率，意志坚定；他忠厚淳朴，不做诈伪之事；他志向远大，高远无边；他思想深邃，深不可测；他刚毅坚强，节操高尚；他谦虚谨慎，不肯自以为是；他光明正大，耻于运用智巧；他胸襟宽广，蔑视世俗的褒贬毁誉。他以天为法则，以德为品行，以道为根本，随万物变化而无所终极。他的精气充满天地而从不衰竭，他的精神覆盖宇宙而没有边界。

评析：《吕氏春秋》在这里讲述了一个得道的人。得道之人贵而不骄，富而不夸，卑而不辱，贫而不忧，立场坚定，诚恳坦荡，忠厚淳朴，思想深邃，谦虚谨慎，从不因境遇而改变自己的心志。得道之人以天为法，以德为行，以道为宗。得道之人实际上是一种古代先贤所向往的最理想的人格。为政者修养自身，就要以此为激励，严格要求自己，以得道之人思想言行自励自律，不断提升自己思想境界，把成为“得道之人”作为自己的一生追求。

原文：建大功于天下者，必先修于闺门之内；垂大名于万世者，必先行之于纤微之事。

注释：本文出自西汉陆贾《新语·慎微》。

(1)闺门：家门，内室的门。闺门之内，比喻小的范围。(2)垂：流传下去。(3)纤微：细小。

译文：凡是在天下建立大功业的人，一定是先把家里的事情做好；名声流传千古的人，一定要先从微小的事情做起。

评析：“建大功于天下者，必先修于闺门之内”，实际上就是儒学关于“修身、齐家、治国平天下”的另一种说法。欲成大事，建大功业，一定要从小的方面注意自己的修养，把闺门之内的事情做好了，才能建功立业。名流万世的人，一定要从小事做起，不可好高骛远。陆贾后面举伊尹和曾子两个人的事迹说明这个道理。从作者所述伊尹的事迹看，陆贾这句话还含有人尽管所处低微，仍当“怀帝王之道”“图八极之表”的雄心壮志的意思。

原文：人主之居也，如日月之明也，天下之所同侧目而视，侧耳而听，延颈举踵而望也。是故非澹薄无以明德，非宁静无以致远，非宽大无以兼覆，非慈厚无以怀众，非平正无以制断。

注释：本文出自西汉刘安《淮南子·主术训下》。

(1)人主：人之主，君主。(2)延颈：伸长脖子。(3)举踵：抬起脚跟。(4)澹薄：淡泊。(5)兼覆：恩泽广被，无所遗漏。(6)制断：明断是非。(7)刘安：西汉淮南王，国都寿春。招门客一同撰写《鸿烈》(后世称《淮南子》)。

译文：君主所处的地位，就像天空中的日月一样发出明亮的光芒，天底下的人都侧目仰视、侧目恭听、伸长脖子抬起脚跟来眺望。所以，君主只有淡泊才能显示美德，只有宁静才能维持久远，只有宽大才能容纳一切，只有仁慈才能怀拥民众，只有公正才能明断是非。

评析：上行下效，在上者一言一行，都被天下人所关注，所以，在上者务必要谨言慎行。淮南王刘安在这里讲了在上者修身的五个标准：第一，澹薄；第二，宁静；第三，宽大；第四，慈厚；第五，平正。宽大，就是要有博大的胸怀，这样才能包容万物；慈厚，就是要有慈爱淳厚的心，这样才能仁爱民众；平正，就是裁断事理要公平正直，这样才能无所偏袒。澹薄，一作淡泊，如诸葛亮“非淡泊无以明志，非宁静无以致远”。澹薄和宁静，不只是对上位者所说，就是每一位有志向的社会公民，也应以此自警自励。

原文：人必其自爱也，而后人爱诸；人必其自敬也，而后人敬诸。

注释：本文出自西汉扬雄《法言·君子》。

(1)必：必须，一定。(2)自爱：爱护自己的身体，珍惜自己的名誉。(3)诸：之于，之乎，代指前面“人”。(4)自敬：自己敬重自己。(5)扬雄：字子云，蜀郡成都(今四川省成都市郫县)人，少壮时喜辞赋，晚年潜心向学，研究哲理，成为西汉一代大儒。

译文：人一定要自爱，而后才能被他人所爱；人一定要自尊，而后才能被他人尊敬。

评析：一个人要想得到别人的爱，得到别人的尊敬，最重要的，首先要自己珍惜自己，自己看重自己。一个人要做到自尊自爱，就要在品格、行为上严格要求自己，这样才能得到别人的尊敬。我们每一个人，都无法选择自己的出身，但英雄不论出处，人生在世，不论其出生何处，地位高低，境遇如何，最应该做到的，就是自尊自爱，自立自强。

原文：古人以宴安为鸩毒，亡德而富贵谓之不幸。

注释：本文出自东汉班固《汉书·景十三王传》。

(1)宴：通"晏"，安逸。宴安：安逸，安乐。(2)鸩毒：用鸩鸟羽毛浸泡在酒中制成的毒酒。(3)亡德：丧失道德，没有道德。

译文：古代人把贪图安逸享乐看作如同饮毒酒自杀一样致命；把没有道德而富贵显达当作一件十分不幸的事情。

评析：人们现在常用温水煮青蛙的故事说明贪图安逸最后丧生的道理。水开始升温的时候，青蛙觉得很舒服，但当水温升起来时，再想跳出来已经不可能了。宴乐安逸也是这个道理，看起来好像很惬意，但在这个环境中丧失意志，最后就像饮下鸩酒一样，丧失生命。没有道德的人，特别是不讲道德、通过欺骗等歪门邪道谋得富贵的人，其实不幸的很。德不配位，这样的人有了钱财就会财大气粗，盛气凌人，沉溺放恣，最后财尽人亡。班固用汉初"诸侯王以百数，率多骄淫失道"的事例，说明了这个道理。

原文：君子不患位之不尊，而患德之不崇；不耻禄之不夥(huǒ)，而耻智之不博。

注释：本文出自南朝宋范晔《后汉书·张衡传》。

(1)位：职位，官阶。(2)夥：多。(3)智：学识。(4)张衡：字平子，南阳(今河南省南阳市)人，东汉太史令，天文学家。

译文：君子不忧虑地位不够尊贵，忧虑的是自己德行不够崇高；不耻于俸禄不够多，耻于自己学识不够渊博。

评析：张衡是东汉科学家，发明浑天仪等仪器，当时有人嘲笑他不能在仕途上飞黄腾达，面对这些"闲余者"的讥讽，张衡写下《应闲》这篇文章，表明了自己无意于功名利禄的崇高志向。君子不患地位高低，俸禄多少，君子所应担心忧虑的是自己德行不够崇高，羞耻的是自己学识不够渊博。张衡十分蔑视和憎恶那些为了升官发财而不择手段,“怀丈夫之容,而袭婢之态”的趋炎附势者。他说:“捷径邪至,我不忍以投步;干进苟容,我不忍以歙(xī)肩。”“得之不休,不获不吝。”意思是有些人把邪门歪道当成升官的捷径,我却不愿迈出一步;取悦权贵以求富贵的人,我绝不同他为伍。不以正道而得,我就是不得也不以为耻。张衡这些话犹如江河怒涛,激荡山河,充分显示出科学家的铮铮铁骨。

原文:夫君子之行,静以修身,俭以养德。非淡泊无以明志,非宁静无以致远。夫学须静也,才须学也,非学无以广才,非志无以成学。淫慢则不能励精,险躁则不能治性。年与时驰,意与日去,遂成枯落,多不接世,悲守穷庐,将复何及!

注释:本文出自三国蜀诸葛亮《诫子书》。

(1)行:品行,操守。(2)静:宁静。(3)俭:勤俭,俭朴。(4)淡泊:恬淡寡欲,淡泊名利。(5)明志:表明自己崇高的志向。(6)宁静:安静,集中精神。(7)致:达到。远:高尚的思想境界。致远:实现远大的目标。(8)淫:过甚,过多。淫慢:放纵怠慢。(9)励精:奋发向上。(10)险躁:冒险、暴躁。(11)治性:通“冶性”,陶冶性情。(12)枯落:枯枝落叶。(13)接世:接触社会,承担责任。(14)穷庐:贫寒的房屋。(15)将复何及:又怎么来得及,还能怎么样呢。

译文:有道德修养的君子,其品行节操,是靠内心安静精力集中来修养身心的,是靠俭朴的作风来培养品德的。不看轻世俗的名利,就不能明确自己的志向,不心志宁静就不能实现远大的理想。学习必须专心致志,增长才干必须刻苦学习。不努力学习就不能增长才智,不明确志向就不能在学习上获得成就。追求过度享乐和怠惰散漫就不能振奋精神,轻浮暴躁就不能陶冶性情。年华随着光阴流逝,意志随着岁月消磨,最后就像枯枝败叶那样,对社会没有任何用处。守在自家穷酸的茅屋里,徒自悲伤叹息,还有什么用呢?

评析:这篇《诫子书》是诸葛亮 54 岁时写给 8 岁儿子诸葛瞻的,这也是诸葛亮对自己一生经历的总结。一个人只有心灵安静、勤奋俭朴、淡泊名利、心志宁静,刻苦学习,才能修身养德,成就学问,增长才干,实现远大的志向。诸葛亮告诫儿子要珍惜时间,不能让岁月消磨自己的意志,要做一个于社会有用的人。“非淡泊无以明志,非宁静无以致远。”诸葛亮用一生实现了“淡泊明志”“宁静致远”的高度统一。作为一个有志于“接世”的君子,唯有保有心灵的宁静,才能走入喧嚣,面对各种诱惑和险阻,以坚实和坚韧的自我去影响世界、改变世界。

原文:立德之本,莫尚乎正心,心正而后身正,身正而后左右正,左右正而后朝廷正,朝廷正而后国家正,国家正而后天下正。故天下不正修之国家,国家不正修之朝廷,朝廷不正修之左右,左右不正修之身,身不正修之心。所修弥近而所济远,禹汤罪己其兴也勃焉,正心之谓也。心者神明之主,万理之统也。动而不失正,天地可感,而况于人乎,况于万物乎。夫有正心必有正德,以正德临民,犹树表望影,不令而行。

注释:本文出自西晋傅玄《傅子·正心篇》。

(1)立:树立。(2)尚:崇尚。(3)正:端正。(4)修:修正。(5)左右:身边的人。(6)弥:更加。(7)济:有益。(8)临:面对,面临,从上往下看。(9)树表:树立表率。(10)望影:看到背影,望其项背。(11)傅玄:字休奕。北地郡泥阳县(今陕西铜川)人,西晋文学家、思想家。

译文:树立仁德的根本,没有比端正内心世界更高尚的了。内心世界端正了,然后自身就端正了;自身端正了,身边的人也就端正了;身边的人端正了,朝廷就端正了;朝廷端正了,国家就端正了;国家端正了,整个天下就端正了。所以,天下不端正就修正国家,国家不端正就修正朝廷,朝廷不端正就修正身边的人,身边的人不端正就修正自身,自身不端正就修正内心。所修正得越近而越对远处有益,夏禹商汤引咎自责,他们的兴盛就很迅速,这就是说的端正内心。心灵,是神明的主人,万种事理的统帅。行动不离开心正,天地也会为之感动,何况于人呢?何况于物呢?有端正的心就有端正的仁德,凭借端正的仁德治理民众,就好像树立了表率,让人们有了榜样,这样,不用下命令,身边的人也会跟着行动起来。

评析:《正心》是西晋傅玄的一篇政论文章。傅玄这段文字讲了立德与正心的关系,内心端正了,天下都端正了;天下不端正,最根本的还是要修正内心。心者,神明之主,万理之统;心正行正,可感动天地万物。由此可见,为政者正心修身与治国理政有不可分割的关系。特别是最后"以正德临民,犹树表望影,不令而行"一句,则是对孔子"其身正不令而行"的最好注解。

原文:勿以恶小而为之,勿以善小而不为。惟贤惟德,能服于人。

注释:本文出自晋陈寿《三国志·蜀书·先主传》。

(1)为:做。(2)惟:只有,唯独。(3)服:佩服,敬佩。(4)陈寿:字承祚,巴西安汉(今四川省南充市北)人,西晋史学家。

译文：不要以为恶事很小就去做，不要以为善事很小而不去做。只有贤明仁德，才能让人对你心悦诚服。

评析：这是蜀汉皇帝刘备临终时对儿子刘禅的遗言，可谓情真意切。刘备告诫儿子，不要认为一件坏事很小，就可以去做；也不要认为一件善事很小，就不去做。只有自己做到贤明仁德，才能得到人们的真心拥护。刘备这句遗训对我们党政领导干部也有警戒作用，一个人的腐败变质往往是从小的恶事开始。作为党政领导干部，修身、用权、律己，谋事、创业、做人，贯穿工作生活的方方面面，严和实是一件一件事情、一点一点修为积累起来，必须落细落小，从小事做起，多积尺寸之功，常须防微杜渐。

原文：为山者基于一篑(kuì)之土，以成千丈之峭；凿井者起于三寸之坎，以就万仞(rèn)之深。

注释：本文出自北齐刘昼《刘子·崇学》。

(1)为山者：堆土造山的人。(2)基于：开始于。(3)篑：盛土的筐子。(4)峭：陡直的岩壁。(5)三寸之坎：很浅的小坑。(6)仞：古代计量单位，周制八尺，汉制七尺。万仞：比喻极深。(7)刘昼：字孔昭，渤海阜城(今河北阜城)人，科举不第，有《高才不遇传》四卷、《刘子》十卷传世。

译文：堆土造山的人，从一筐子土开始，就这样堆成了千丈高的峭壁高山；挖井的人，从很浅的小坑开始，就这样挖成了万仞深井。

评析：老子有言："天下大事，必作于细；天下难事，必成于易。"任何事情都是从小处做起，然后一直坚持下去，最后而成其大。一个人小时候和其他孩子好像没有区别，但他勤于读书学习，认真思考，学以致用，长期坚持不懈，必能成其大器。一个人，力量有限，但他借助一个平台，借助复制倍增的力量，就能实现自己所梦想的宏伟目标。任何事情，都是这个道理，开始不嫌其小，关键看其是否符合社会发展规律。所以，一个人应该培养自己的洞察力，见微知著，才能认清趋势，成就一番事业。

原文：当择圣主为师，毋以吾为前鉴。取法于上，仅得为中；取法于中，故为其下。自非上德，不可效焉。

注释：本文出自唐太宗李世民《帝范·崇文》。

(1)择：选择。(2)取法：以……为标准。(3)上：上等。(4)《帝范》：唐太宗李世民为子女所撰的一部论述人君之道的政治文献。

译文：你应当选择圣明的君王为老师，不要以我为前车之鉴。以上等为效法标准，只能收到中等的效果；以中等为效法标准，只能收到下等的效果。我不是最高的德行，所以不可效法。

评析：《帝范》是唐太宗李世民亲自为子女撰写的一部政论著作。李世民在书中教导子女要选择圣明的君王为师，认为"自非上德，不可效焉"。在这段文字中，李世民提到一个原则，这就是"取法于上"。言外之意，李世民是希望子女以尧、舜、文王等圣明君主为榜样，做一个贤明的君主。"取法于上"这个说法古已有之，如《孙子兵法》就有"求其上，得其中；求其中，得其下；求其下，必败"之说。一个人无论做事还是治学，都应取法于上，确立远大目标，然后制定具体方法步骤，一步步达致目标，如此方可成就一番事业。

原文：和以处众，宽以接下，恕以待人，君子人也。

注释：本文出自北宋林逋(bū)《省心录》。

(1)和：和气，温和。(2)处：交往，相处。(3)接：接待。(4)恕：宽恕。(5)林逋：字君复，钱塘(今浙江省杭州市)人，北宋隐逸诗人，终身不仕，死后宋仁宗赐谥"和靖先生"。

译文：和气地与众人相处，宽厚地接待下人，以宽恕的态度对待有过失的人，这样做的人，就可以称得上是君子了。

评析：这句话是讲君子待人接物应有的态度。人要养成宽容的美德，宽厚和气地对待周围的人，包括自己的下属都要和颜悦色，能够宽谅他人无心之过，让人有改过向上的机会，这才是君子之行。这种宽容、宽和、宽恕的态度，用来处理现实生活中的人际关系，无疑是有益的。

原文：君子之修身也，内正其心，外正其容。

注释：本文出自北宋欧阳修《欧阳修全集·辩左氏》。

(1)内：对内，自身。(2)正：端正。(3)外：外表。(4)容：容貌。

译文：君子提高自身修养的方法是：对内，使自己的思想端正；对外，使自己的仪容整洁。

评析：白居易《续座右铭》中有一句话"养内不遗外"，和欧阳修说的是一个意思。修身，是儒家的根本要求，但容貌仪表也是一个不容忽视的方面。我们尽管不讲以貌取人,但仪表整洁不仅是对自己的爱护,也是对别人的尊重,很难想象一个蓬首垢面、衣冠不整的人会有很高的修养。特别是在人民群众生活较为富足的情况下,内正其心,外正其容,更是共产党人坚守精神家园的客观需要。在世情、国情、党情深刻变化,“四大考验”和“四大风险”依然存在的情况下,共产党人只有内正其心,外正其容,才能永葆政治本色,以巨大的精神凝聚力和感召力,带领全国人民走向更美好的明天。

原文:以爱己之心爱人,则尽仁。

注释:本文出自北宋张载《正蒙·中正》。

(1)以:用。(2)爱己之心:爱自己的心。(3)尽:达到极限。

译文:如果一个人能够像爱自己那样用心爱别人,那么,他就可以说完全达到了仁人的境界。

评析:孔子说:“克己复礼,天下归仁矣。”一个人能够用爱自己的心对待别人,那本质上就是在“克己复礼”,所以,以爱己之心爱人,就达到了仁的最高境界。由儒家经典表现出的儒家仁爱思想,以“仁”为根基,以“爱人”为主旨,是民族精神的重要组成部分,体现了中华民族优秀伦理道德的本质,至今仍有重要的现代价值,值得我们吸取继承和发扬光大。

原文:人君所以修其心、治其身者也,修其心,治其身,而后可以为政于天下。

注释:本文出自北宋王安石《洪范传》。

(1)人君:君主。(2)为政:理政。(3)王安石:宋神宗时宰相,著名改革家。(4)《洪范传》:王安石为《尚书·洪范篇》所作传注,是王安石重要的唯物主义哲学著作。

译文:君主之所以要修其心、治其身,是因为只有修其心,治其身,然后才可以理政治国平定天下。

评析:“修身、齐家、治国、平天下”,这是儒家所推崇的道德理想。要做事,先做人,修身齐家治国平天下这九个字四件事,其中以德修身最为重要。王安石把修身细化为两件事:修其心,治其身。心为神之主,正人先正心,心正了,然后才可以治其身。用什么修其心?用什么治其身?以仁德修其心,以诚信治其身,心怀仁德,身讲诚信,如此则可以理政治国平天下矣。

原文:麤缯(cū zēng)大布裹生涯,腹有诗书气自华。厌伴老儒烹瓠(hù)叶,强随举子踏槐花。囊空不办寻春马,眼乱行看择婿车。得意犹堪夸世俗,诏黄新湿字如鸦。

注释:本文出自北宋苏轼《和董传留别》。

(1)麤:粗。麤缯:粗制的丝织品。(2)大布:麻织粗布。(3)腹有诗书:胸有诗书,比喻学业有成。(4)气:气质。(5)华:华美。(6)瓠叶:瓠瓜的叶子,典出《诗经·小雅·瓠叶》"幡幡瓠叶,采之亨之"。(7)踏槐花:暮春槐花落地,正是举子们进京赶考的时间。(8)寻春马:典出孟郊《登科后》"春风得意马蹄疾"。(9)择婿车:唐宋进士放榜之日,官贾之家女儿乘车选婿。(10)得意:因黄榜得中而春风得意。(11)诏黄:黄纸诏书。(12)字如鸦:黑字如黑色的乌鸦。(13)董传:字至和,洛阳(今河南洛阳)人,时为新科进士。

译文:粗衣劣布伴随着你的生涯,腹中有诗书气质自然光华照人。已经过厌了陪伴老儒烹制瓠叶清谈的日子,坚决随从举子们踏上赶考的槐花路。口袋里没有钱不能置办寻春看花的马,但能看到令人眼花缭乱的选婿车辆。科考得中仍然可以向世俗之人夸耀,黄色诏书上乌鸦鸦的黑字写着你的名字。

评析:这是苏轼写给新科进士董传的一首留别诗,诗中记述了董传科举考中进士前后的经过。其中"腹有诗书气自华"一句特别为读者所欣赏。腹有诗书气自华,是因为经过学习而满腹经纶,一个人因勤于读书而改变了气质,这种气质不因身穿粗布麻衣而遮盖,因为它发自于高尚的品格和高雅脱俗的神采。全面研读苏轼这首诗,可以看出诗中之"气",不是简单地指读书所带给人的儒雅之气,更是指诗人苏轼所推崇的在面对人生的失意和困窘时的乐观豁达的态度。

原文:一德立而百善从之。

注释:本文出自北宋杨时《河南程氏粹言·论道》。

(1)德:道德,品德。(2)从:跟从。(3)杨时:字中立,号龟山先生,北宋学者,程颢弟子,有"程门立雪"典故。

译文:一个人树立了仁德,各种善性就会相随而来。

评析:立德为立身之本。一个人,无论做什么事,都要先确立自己的道德观,有了高尚的情操,各种善行就会相应产生。这是说明个人品德修养之重要。从另一种角度解释,这句话的意思是,个人道德风范一旦建立,自身素养就会提高，推己及人，良好的社会风气就会随之而来。

原文：小善不足以蔽身，勿以小善而自怠；小恶不足以灭身，勿以小恶而自暇。

注释：本文出自北宋黄晞（xī）《聱（áo）隅子·道德》。

（1）蔽身：掩护自身。（2）怠：懒怠，怠惰。（3）暇：闲散，放松。（4）黄晞：字景微，福建建安（今福建建瓯）人，北宋学者，以道学闻名。

译文：小的善行不足以维护自身，但不要因为是小善就懒得去做；小的恶行虽不足以丧生，但不要因为是小恶就放开去做。

评析：黄晞讲的这段话，可以说是对刘备遗言“勿以善小而不为，勿以恶小而为之”的进一步扩展。一件小的善事，不足以增添自己的名誉，但君子对此不可懈怠，仍要全力去做。一件小的坏事，做了对自身也没有大的影响，但君子绝不可放纵自己。黄晞在同一篇文章里还说过一句话：“小善渐而大德生，小恶滋而大怼（duì）作。”说的也是这个意思，小的善事逐渐积累，就会形成大的美德；小的坏事如果让其滋生，就会导致巨大的凶险。所以，君子修身养德，一定要重视小事细节，这是培养高尚德行的重要方法。

原文：节俭朴素，人之美德；奢侈华丽，人之大恶。

注释：本文出自明代薛瑄《薛文清公读书录》。

（1）节：节约。（2）俭：勤俭。（3）美：好。（4）奢侈：挥霍浪费。（5）薛瑄：字德温，号敬轩。明代思想家，文学家，官至礼部左侍郎。

译文：节约勤俭、质朴本真，是人的高尚品德；挥霍浪费、贪图奢华，是做人最大的罪恶。

评析：这句话用比照的手法，称赞节俭朴素的做法是人之美德，奢侈华丽则为人之大恶。表明了作者对节俭朴素之美德、奢侈华丽之大恶爱憎鲜明的人生态度。节俭朴素不仅是人之美德，也是中华民族的“传家宝”。中国共产党提倡的艰苦朴素的工作作风，就是节俭朴素美德的具体体现。

原文：一粥一饭，当思来处不易；半丝半缕（lǚ），恒念物力维艰。

注释：本文出自清代朱柏庐《朱子治家格言》。

(1)粥:米粥,稀饭。(2)缕:线。(3)恒:经常,持久。(4)物力:物资,资财。(5)维:是,乃。物力维艰:财物来之不易。

译文:一碗粥一碗饭,应当想到来处不容易;半根丝半根线,要经常想到得来是多么得艰难。

评析:朱柏庐这句家训告诫子孙要时刻注意勤俭节约,不要铺张浪费。穿衣吃饭是极平常的事情,一粥一饭一丝一缕,更言其小,区区小数,所值几何?一般人往往不加珍惜,随意糟蹋。朱柏庐却从这细小物件说起,警醒子孙爱惜财物要从小事做起,养成勤俭节约的良好习惯。朱柏庐这句治家格言,与唐代诗人李绅《悯农》诗"锄禾日当午,汗滴禾下土。谁知盘中餐,粒粒皆辛苦",有异曲同工之妙,成为人们珍惜粮食、物力的警言格句。2013年,一位热心公益人士提出用餐"光盘行动",带动大家珍惜粮食、吃光盘子中的食物,得到从中央到民众的支持,成为2013年十大新闻热词、网络热度词汇,最知名公益品牌之一。其中所蕴含的勤俭节约的理念与先贤之主张如出一辙。

立志篇

lizhipian

咨！四岳。朕在位七十载，汝能庸命，巽朕位？

——唐尧

唐尧

唐尧（约前 2377～前 2259 年），名放勋，因封地号陶唐氏，中国上古时期方国联盟首领、“五帝”之一。尧为帝喾之子，母为陈锋氏。15 岁辅佐兄长帝挚，20 岁代挚为天子，定都平阳。

唐尧命羲和测定推求历法，制定四时成岁，测定春分、夏至、秋分、冬至，颁授农耕时令。唐尧设置谏言之鼓，让天下百姓尽其言；立诽谤之木，让天下百姓攻击他的过错。唐尧晚年没有把帝位传给儿子丹朱，而是咨四岳，选定虞舜为帝位继承人，开创了禅让制度。

原文:象曰:"巽乎水而上水,井;井养而不穷也。改邑不改井,乃以刚中也。汔(qì)至亦未繘(yù)井,未有功也。羸(léi)其瓶,是以凶也。"

注释:本文出自《易传·井卦·象传》。

(1)象:"彖者,断也。"彖传,彖辞,是孔子对《周易》卦象和周文王卦辞作出的解读文字。(2)巽:巽卦。巽乎水:巽为木,木生水。(3)邑:城邑。(4)刚:阳爻。中:居中。刚中:刚健中正。(5)汔:接近。(6)繘:用绳汲取井水。(7)羸:倾覆,毁坏。

译文:《彖传》上说:"巽木生水,水源源不断地涌出来,这就是水井。井水养人的功德没有穷尽。城邑村庄可以改移,水井不可迁移,这象征井卦中九二、九五刚健中正的美德。汲水时绳子还没有离开井口,这说明此时汲水还没有成功。碰坏水瓶,这就意味着凶险。"

评析:巽为木,木生水,这就是"巽乎水";水源源不断地涌出,这就是"上水"。能让人顺利地把水从地下深处汲上来,这就是水井。水井的作用就是养人,人们世代受益,这一功用无穷无尽,这就是井德。城邑可以搬迁,但一口井却无法搬走,水井这种不可迁移的特性,充分彰显了九二、九五阳爻刚健中正的美德。凡事都可以以小见大,以事明理。我们可以把汲水看成是在做一项事业,汲水的目的是为了让人们喝到井里的水,如果汲水的绳子还没有离开井口,我们能说汲水这件事成功了吗?当水瓶已经离开井口,却被我们不小心碰坏了——没有了汲水的工具,我们将无法喝到赖以生命的水,这难道还不是凶险吗?孟母断杼教子,让儿子孟轲懂得了学习不可以中止的道理;李白从老奶奶铁棒磨针这件事上明白了凡事要持之以恒的道理,我们能从汲水这件事情上悟出什么深刻的道理呢?在此劝诫 12 岁的少年读者,现在你已经到了立志的年龄了!"才须学也,非学无以成才,非志无以成学",俊逸少年,其努力之!

原文:子曰:"三军可夺帅也,匹夫不可夺志也。"

注释:本文出自《论语·子罕》。

(1)三军:上、中、下三军,或左、中、右三军,步、车、骑三军。军队统称。(2)匹夫:普通百姓只能夫妻相匹配,故称匹夫。(3)夺志:夺去志向。

译文:孔子说:"一个国家的军队,可以夺去它的主帅;但一个人即使是普通百姓,他的志向也是不能被强迫改变的。"

评析:春秋时各诸侯国彼此交战,三军主帅被敌方夺去的情况时有发生,这不仅是因为“三军虽众，人心不一”，也是因为胜败乃兵家常事。军事战争总会有一方输一方赢，战败方主帅被擒也是常有的事。孔子这句话的着眼点是说匹夫之志不可夺也。人怕无志，一个普通平民只要立下志向，就会成为融入到他血液中的东西。21世纪初有一本励志书，书名是《不要让别人偷走你的梦想》，匹夫之志既不可夺，当然也不能被人“偷”走了。一个人，不论面对任何外力和困难挫折，始终保有自己的志向和梦想，才是最最重要的。

原文：养志法灵龟。养志者，则心气之思不达也。有所欲，志存而思之。志者，欲之使也。欲多志则心散，心散则志衰，志衰则思不达也。故心气一则欲不偟(huáng)，欲不偟则志意不衰，志意不衰，则思理达矣。

注释：本文出自先秦鬼谷子《鬼谷子·本经阴符七术》。

(1)养志：修心养智。(2)法：效法，模仿。(3)灵龟：用来占卜的龟。(4)心气：神智。(5)偟：彷徨，徘徊不定。(6)鬼谷子：本名王诩，又名王禅，号玄微子，春秋末战国初时人，纵横学派创始人。

译文：修养心志的办法是效仿灵龟。修养心志是由于思虑还没有通达。如果一个人有什么欲望，就会在心中想着如何去满足。所以说心志不过是欲望的使者。欲望多了，心神就会涣散，意志就会消沉。意志消沉，思虑就无法通达。因此，心神专一，欲望就不会过多；欲望不多，意志就不会消沉；意志不消沉，思想脉络就会畅通。

评析：鬼谷子这段话讲述了修养心志的办法。鬼谷子认为，人们欲望不可过多，欲望多了，心志就会涣散，心志涣散意志就会消沉，意志消沉思路就不会通达。所以，做事情，干事业，一定要专心致志。当今世界，各种纷乱事物吸引并扰乱着人们的注意力，一个人要做成一件事，就要一心一意，心无旁骛(wù)，这样才能思路通达把事情做好，才能真正有所成就。

原文：孟子曰：“舜发于畎(quǎn)亩之中，傅说(yuè)举于版筑之间，胶鬲(gé)举于鱼盐之中，管夷吾举于士，孙叔敖举于海，百里奚举于市。故天将降大任于是人也，必先苦其心志，劳其筋骨，饿其体肤，空乏其身，行拂乱其所为，所以动心忍性，曾益其所不能。人恒过，然后能改；困于心，衡于虑，而后作；征于色，发于声，而后喻。入则无法家拂(bì)士，出则无敌国外患者，国恒亡。然后知生于忧患而死于安乐也。”

注释:本文出自战国孟轲《孟子·告子下》。

(1)舜:虞舜。(2)畎:田间水沟。畎亩:田间,田地。(3)傅说:商王武丁时贤臣。(4)胶鬲:商周时贤人,助周武王灭商。(5)管夷吾:管仲的名字。(6)孙叔敖:楚庄王时官拜令尹。(7)百里奚:秦穆公时主持国政。(8)是人:这个人。(9)动心:内心受到惊动。忍性:使意志坚强,忍通"韧",有使坚韧的意思。动心忍性:比喻历经困苦而磨炼身心,不顾外界阻力,坚持下去。(10)曾:通"增"。曾益:增加。(11)恒:总是,经常。人恒过:人总是会犯错误。(12)困于心:心志遭困苦、受限制。(13)衡:通"横",阻塞。(14)征:征兆。征于色:表现在脸上。(15)法家:明法度的大臣。(16)拂:通"弼"。拂士:辅弼大臣。

译文:孟子说:"舜在田野之中兴起为王,傅说从筑墙的工匠中被提拔出来,胶鬲从卖鱼盐的小贩中被提拔出来,管夷吾从狱官手中释放后被提拔出来,孙叔敖在海边隐居时被发现提拔出来,百里奚在市场自卖为奴后被发现重用。所以上天要把重大的担子加给这个人,必定要先使他的心志受磨砺,使他的筋骨受劳累,使他的肌体受饥饿,使他的身体受困乏,使他每做一事都受干扰、被打乱,以此来使他心理受到震动、性格变得坚韧,增加他所缺少的才能。一个人常有过失,然后才能改正;心志遭困苦,思虑被阻塞,才能发愤有为;表露在脸色上,抒发在言语中,才能使人了解。国内没有执法的大臣和辅佐君主的士人,国外没有势均力敌的国家和外患的威胁,国家常常会灭亡。这样,就能明白忧患中能获得生存、安乐中会招致灭亡的道理了。"

评析:英雄不问出处。历史上很多英雄人物都出身贫寒,自幼饱受苦难。为什么会这样?孟子说这是上天要让一个人承当大任,就要让其承受各种苦难,以磨砺其心志,增益其所不能。孟子这段话既是对历史现象的总结,也是非常好的励志名言,激励着很多仁人志士在艰难困苦中仍能不屈不挠,努力拼搏以达成自己的人生目标。最后一句"生于忧患而死于安乐",启迪我们培养孩子,绝对不能娇生惯养,让其不谙(ān)世事,易于受骗上当。只有让孩子经受一些考验,才能使他们内在力量逐渐成长,如此方可成就大器。另外,"生于忧患而死于安乐"一句,对为政者居安思危也有重要警醒作用。

原文:志不强者智不达,言不信者行不果。

注释:本文出自战国墨翟《墨子·修身》。

(1)志:志向,意志。(2)强:坚强。(3)智:智慧,才智。(4)达:通达。(5)言:说的话。(6)信:诚信,信用。(7)行:行为,行动。(8)果:结果,果敢。

译文:意志不坚强的人,他的智谋就不会通达;说话不讲信用的人,他所做的事情就不会有结果。

评析:志不强者智不达,从另一个角度理解,就是志强者智必达。一个人首先要有坚定的志向,有了坚定的志向,就会有排除万难实现志向的毅力,就会发挥出不可思议的潜力。言不信者行不果,这实际上就是说,一个人说话一定要守信用、讲诚信,否则,行动就不会得到预想的结果。

原文:古之君子守道以立名,修身以俟(sì)时,不为穷变节,不为贱易志,惟仁之处,惟义之行。

注释:本文出自西汉桓宽《盐铁论·地广》。

(1)守道:坚守道义。(2)俟时:等候时机。(3)变节:改变气节。

译文:古代的君子遵守道义来树立名声,修养身心来等待时机,不因为穷困而改变节操,不因为贫贱而改变志向,只有仁德才是所住的地方,只有道义才是所做的行为。

评析:这段文字是贤良文学对古代君子的评介,君子立名凭的是坚守道义,以德修身作为立身之本,自己有了立身之本,才能把握时机建功立业。君子甘于贫穷,"不为穷变节,不为贱易志",以仁德为居所,以道义为行事准则。君子这种安身立命的修身原则,值得我们深入思考,身体力行。

原文:丈夫志四海,万里犹比邻。恩爱苟不亏,在远分日亲。

注释:本文出自三国魏曹植《赠白马王彪》。

(1)丈夫:大丈夫。(2)四海:整个中国。(3)比邻:近邻。(4)苟:如果。(5)不亏:没有减少。

译文:大丈夫志在四海,即使相距万里也像邻居一样。只要兄弟眷爱的情分没有减少,分开到远方反而会觉得更加亲近。

评析:曹魏文帝黄初四年(223 年)四月,曹植与二哥任城王曹彰、异母弟白马王曹彪一起入洛阳朝见长兄曹丕,不久曹彰暴死,曹植与曹彪七月返回封国途中被迫分离,曹植内心悲愤怨恨,写下这首千古不朽的诗篇。全诗分七部分,这是第六部分中的诗句。诗句有豪放乐观之气魄,又有兄弟亲爱思念之情谊;有志在四海之志向,又有劝慰儿女情长之柔情。刚柔相济,情志兼备,读来令人既荡气回肠,又情深意长。唐代诗人李白在《上安州裴长史书》中有"大丈夫必有四方之志”，即化用“丈夫志四海”意境，而成为励志名句。

原文：将军前在南阳，建此大策，常以为落落难合，有志者事竟成也！

注释：本文出自南朝宋范晔《后汉书·耿弇(yǎn)传》。

(1)将军：此指耿弇。(2)落落难合：事情很邈远，很难实现。(3)耿弇：字伯昭，扶风茂陵(今陕西兴平)人，东汉开国名将。

译文：将军之前在南阳，建议这么大的策略，我总认为很邈远，难以实现。如今看来，这真是有志向、有抱负的人，一定能做成大事啊！

评析：这段话是东汉光武帝刘秀称赞耿弇时所说。当时更始帝刘玄派人拜刘秀为萧王，耿弇以“天下至重，不可令它姓得之”劝止，光武帝最终能称帝得天下，耿弇实有“建此大策”之功。“有志者事竟成”六个字，既是光武帝对自己称帝功业的感叹，也是对耿弇“建此大策”的赞许。有志者事竟成，成为人们自励互勉的千古名言。明代胡寄垣以此写成一副对联：“有志者事竟成，破釜沉舟，百二秦关终属楚；苦心人天不负，卧薪尝胆，三千越甲可吞吴。”清代蒲松龄引为镇纸铭联，成为人们广为传颂的励志格言。

原文：君子见机，达人知命。老当益壮，宁移白首之心？穷且益坚，不坠青云之志。酌贪泉而觉爽，处涸(hé)辙以犹欢。

注释：本文出自唐代王勃《滕王阁序》。

(1)见机：预见时机，把握机遇。(2)达人：通达之人。(3)益：更加。壮：强壮。(4)宁移：难道改变。(5)白首：白头，年老。(6)酌：斟酒，饮酒。(7)贪泉：相传饮此泉水，廉者亦贪。(8)涸辙：干涸的车辙沟，比喻穷困的境地。(9)王勃：字子安，古绛州龙门(今山西河津)人，与杨炯、卢照邻、骆宾王并称“初唐四杰”。(10)滕王阁：位于江西省南昌市赣江畔，江南三大名楼(另两座是黄鹤楼、岳阳楼)之一。

译文：君子能够知道把握时机，通达的人知道自己的命运。年纪虽然老了，但志气应当更加旺盛，怎能在白头时改变心志？境遇虽然困苦，但节操应当更加坚定，决不能抛弃自己的凌云壮志。即使喝了贪泉的水，心境依然清爽廉洁；即使身处于穷困的境地中，胸怀依然开朗愉快。

评析：什么样的人是君子达人？王勃在《滕王阁序》回答说：君子能见机，达人能知命。他们老了精神会更加旺盛，白首也不会改变自己的心志。身处穷困，志向会更加坚定，决不会坠掉青云之志。他们喝了贪泉的水依然廉洁清爽，身处干涸的辙沟，仍然心情欢乐。君子达人的高尚节操激励着人们，不要因年华易逝和处境困顿而自暴自弃。作者王勃此时正处怀才不遇之境，仍有这般情怀，确实难能可贵。

原文：我有迷魂招不得，雄鸡一声天下白。少年心事当拏（ná）云，谁念幽寒坐呜呃。

注释：本文出自唐代李贺《致酒行》。

（1）迷魂：执迷不悟。（2）招不得：难以改变。（3）拏：同“拿”。（4）呜呃：唉声叹气。（5）李贺：字长吉，河南福昌（今河南宜阳）人，唐代诗人。

译文：我有迷失的魂魄，无法招回，雄鸡一叫，天下大亮。少年人应当有凌云壮志，谁会怜惜你困顿独处，唉声叹气呢？

评析：唐宪宗元和初，李贺参加进士考试，不料却因父亲“晋肃”名讳被剥夺考试资格，由此而心灰意冷。这时一位友人请他饮酒，并用主偃父、马周之事迹开导，这四句即李贺在听从友人劝解后的自白。“我有迷魂招不得”，是说在友人开导前自己心智迷顿，不得排解；“雄鸡一声天下白”表现作者在接受友人开导后，心情豁然开朗，对前景充满了期望。后两句“少年心事当拏云，谁念幽寒坐呜呃”，是对自己前一段时期颓废心情的反思和自责。正是这种对旧我的批判，表现出作者不甘沉沦、积极进取的志向，使全诗具有了积极向上的思想色彩，也把读者带进了乐观豪迈的境界。

原文：古之立大事者，不惟有超世之才，亦必有坚忍不拔之志。昔禹之治水，凿龙门，决大河而放之海。方其功之未成也，盖亦有溃冒冲突可畏之患；惟能前知其当然，事至不惧，而徐为之图，是以得至于成功。

注释：本文出自北宋苏轼《晁错论》。

（1）超世：杰出不凡，异乎寻常。（2）坚忍：坚定柔韧。坚忍不拔：意志坚定，不可动摇。（3）溃：水冲破堤。（4）冒：冲犯。（5）冲突：水流急奔猛闯。

译文：自古以来凡是做大事业的人，不仅有出类拔萃的才能，也一定有坚忍不拔的意志。从前大禹治水，凿开龙门，疏通黄河，使洪水东流入海。当整个工程尚未完成之时，可能也有决堤、漫堤等可怕的祸患发生，只是他事先就预料到会这样，祸患发生时就不惊慌失措而能从容地治理它，所以能够最终取得成功。

评析：人无志不立，事无志不成。要成就伟大的事业，首先要有杰出不凡的才能，更要有坚忍不拔的志向。这是被无数事实证明了的道理。苏轼在这里举大禹治水的事例，具体说明立大事者的成功经过。大禹治水，是立其志；"凿龙门，决大河而放之海"，是实现志向的步骤。在治水过程中，肯定会有"溃冒冲突可畏之患"，而大禹早已事前预料，当祸患发生时能临危不惧，徐为之图，这种从容不迫更能彰显大禹超世之才。为政者就应向大禹那样，立坚忍不拔之志，培养增长超世之才，以成就为国为民之宏大抱负。

原文：立志欲坚不欲锐，成功在久不在速。

注释：本文出自南宋张孝祥《于湖集·论体治札子·甲申二月九日》。

(1)欲：需要，应当。(2)锐：急切。(3)张孝祥：字安国，号于湖居士，历阳乌江简州(今安徽乌江)人，南宋爱国词人。

译文：确立志向应坚定而不是急于求成，成功在于坚持下去而不在于迅速见效。

评析：张孝祥这句话很有哲理，立志关键是要坚定不移、身体力行，而不是要急功近利；做事成功要有长期的思想准备，而不可能一蹴而就。成功的秘诀在于持之以恒，短暂的辉煌不能说明什么，能够持续长久才是真正的辉煌。现实社会中有很多"欲锐""在速"的事例，他们心浮气躁，都想以最快的方式获得成功，总幻想不劳而获或者说少劳多获的成功，殊不知这种心态是极其有害的，往往会阻碍成功，有时甚至会物极必反，付出更大的代价。

原文：何不夜投将军扉，劝上征鞍鞭四夷。沧海可填山可移，男儿志气当如斯。

注释：本文出自南宋刘过《盱眙行》。

(1)何不：为什么不？(2)将军：抗金将军。(3)扉：门。(4)上：皇帝，朝廷。(5)四夷：中国周边少数民族。(6)刘过：字改之，号龙洲道人。吉州太和(今江西泰和)人，南宋文学家，四次科举不第而布衣终身。(7)盱眙：盱眙县，今属江苏淮安。

译文：为什么不深夜敲开抗金将军的门扉，共同商讨朝廷征伐四夷的大计。浩瀚的大海可以填平，崇峻的高山可以搬移，热血男儿的志向气概就应当是这个样子。

评析:刘过一生四次科举不第,布衣终身,但他却志向高远,将建功立业、留名青史的愿望付诸笔端,由此写出许多慷慨激昂的诗篇。刘过这首《盱眙行》用纪实笔法开始:“车徐行,马后驰,天寒游子来盱眙。”然后发出感慨:“功名邂逅未可知,生身毕竟要何为。”由此引发进一步的思考和行动:“何不夜投将军扉,劝上征鞍鞭四夷。”接着用移山填海比喻男儿志气,表现出诗人立志报效国家、壮心不已的英雄气概。

原文:志不立,天下无可成之事,虽百工技艺,未有不本于志者。今学者旷废隳(huī)惰,玩岁愒(kài)时,而百无所成,皆由于志之未立耳。故立志而圣,则圣矣;立志而贤,则贤矣。志不立,如无舵之舟,无衔之马,漂荡奔逸,终亦何所底乎?

注释:本文出自明代王守仁《教条示龙场诸生》。

(1)百工:各个行业。(2)本于志:以志向为根本。(3)旷废:荒废,耽误。(4)隳惰:懈怠。(5)愒:荒废。(6)王守仁:字安伯,号阳明,浙江余姚(今浙江余姚)人,明代思想家。

译文:志向不确立,天下就没有可以成功的事情,即使是各行各业的技能手艺,也没有一项不是以志向为出发点的。如今求学之人懒散怠慢,荒废时日,最终一事无成,都是由于志向没有确立罢了。所以立志成为圣人,就可以成为圣人;立志成为贤人,就可以成为贤人。志向不确立,就像没有方向的船,就像没有笼头的马,到处飘荡奔驰,终究达不到目标。

评析:明武宗正德元年(1506年),王阳明时年35岁,因上书救戴铣(xiǎn)等人得罪宦官刘瑾,廷杖后被贬为贵州龙场驿丞。学子闻之而来求学,王阳明因此作《教条示龙场诸生》以为训示,全文分立志、勤学、改过、责善四部分,此处引文为“立志”前半部分。王阳明这段话论述了立志的重要性:人贵立志,志不立,天下无可成之事。立志当存高远,要立志成圣成贤,这样才能成为圣人贤人。在讲述立志重要性的同时,王阳明也从反面举例,说明不立志则百无所成,由此发出“终亦何所底乎”的感慨。

原文:人之好名者,其等有三:有好闾(lǘ)阎之名者,有好士大夫之名者,有好圣贤之名者,同为名而品第殊矣。惟利亦然,有好目睫之利者,好终身之利者,好子孙数十世之利者。好闾阎之名与目睫之利者,众人也;好士大夫之名与

终身之利者，君子也；好圣贤之名与子孙数十世之利者，圣贤也。人之所异者，惟其所好名利者，有远近大小之不同而已矣。

注释：本文出自明代庄元臣《叔苴(jū)子外编》卷二。

(1)好：喜好，追求。(2)闾阎：门户里巷，平民百姓。(3)目睫：眼睛睫毛，眼前小事。(4)庄元臣：字忠甫，明代归安(今浙江湖州)人，进士出身。

译文：人们中间喜好名声的人，可分为三类人：一类是喜好村街里的名声，一类是喜好士大夫的名声，一类是喜好圣贤人的名声。他们都是喜好名声，但品味高低就大有悬殊了。追求利也是这个道理。有的人喜好追求眼前小利，有的人喜好追求自己一生之利，也有人喜好追求子孙几十代之利。喜好村街里的名声与追求眼前小利的，是一般众人；喜好士大夫的名声与追求自己一生之利的，是谦谦君子；喜好圣贤之名声与追求子孙几十代之利的，是圣贤之人。人们之所以会有差异，只是在于其喜好追求的名利，有远近大小的不同罢了。

评析：庄元臣这段文字分析了人们追求名声利益喜好的三个等次，最下等的就是在乡里留下好名声，心为眼前小利所动，这样的人不过就是一般庸人罢了。高一等的是在朝堂之上留下好名声，追求的是自己一生的利益，这样的人可以称之为君子。最高等次是以圣贤之名声为喜好，以为子孙几十代谋利益为追求，这样的人自己就已经是圣贤之人了。这里列出三种人、三种喜好、三种追求，三种心胸格局，三种精神境界，我们每一个人都可以对号入座，选择自己的人生究竟怎样度过。

原文：一息尚存，此志不容少懈；十手所指，吾心安可自欺。

注释：本文出自明代程登吉《幼学琼林·身体》。

(1)一息：一呼一吸，一口气。(2)懈：松懈。(3)程登吉：字允升，明末西昌(今江西新建)人，编撰幼儿启蒙读物《幼学琼林》，与《三字经》《千字文》并列，对后世教育事业产生很大影响。

译文：只要还存有一口气息，所立下实现志向的愿望不容许有半丝松懈；十双手指着自己，我的心怎么敢欺骗自己呢？

评析：有志者立长志，无志者常立志。所以，人们立下志向，就要有实现志向的毅力。只要志向还没有实现，哪怕只还有一口气，也要坚持不懈，拼搏不止。一个人如果树立了志向，却不付诸行动，没有坚决实现志向的毅力，那立下再多的志向也没有什么意义。程登吉后半句话的意思是说，当一个人独处一室的时候，也要当作有许多人监视着一样，不做坏事不生恶念，不自欺欺人。

原文:贫不足羞,可羞是贫而无志;贱不足恶,可恶是贱而无能;老不足叹,可叹是老而虚生;死不足悲,可悲是死而无闻。

注释:本文出自明代吕坤《呻吟语》。

(1)贫:贫穷,贫寒,清贫。(2)羞:羞耻。(3)恶:厌恶,讨厌。(4)吕坤:字叔简,归德府宁陵(今河南宁陵)人。明代文学家、思想家。

译文:贫穷不足以让人感到羞耻,让人感到羞耻的是身处贫穷却没有志向。地位卑贱的人并不让人厌恶,让人厌恶的是地位卑贱却毫无能力。年纪老迈不足以让人叹息,让人可叹的是年纪老了而虚度人生。死亡不足以让人悲伤,让人悲伤的是一个人到死没有让世人知道自己。

评析:吕坤这段话提到四种人生常见现象:贫、贱、老、死。在一般人看来,这四种现象的确令人羞耻、令人厌恶、令人叹息、令人悲伤,但吕坤却认为这四种现象并不足以羞、不足以恶、不足以叹、不足以悲。身处贫穷可悲的是没有志向,志向不是富人的专利,任何人不论其地位高低、身份贵贱、境遇如何,都有立志的权力,都有梦想的权力,如果一个人只是因为自己处境贫寒、地位卑贱、年纪老迈甚至面临死亡,而不树立志向,不敢拥有自己的梦想,不敢追求自己的梦想,这才是最可让人羞耻、让人厌恶、让人叹息、让人悲伤的啊。

原文:大抵学而不勤,勤而不久,久而不精,皆立志不坚之所致也。

注释:本文出自清代石成金《传家宝》。

(1)大抵:大都,一般来说。(2)精:精深。(3)石成金:字天基,号醒庵愚人,江苏扬州人,清代著名养生学家。《传家宝》:石成金辑录的一部教人如何处世、生活的著作,包括"涉世方略""福寿真经"等内容。

译文:大凡学习不勤奋,勤奋而不能持久,持久却达不到精深的情况,都是因为树立志向不坚定而造成的。

评析:石成金在这里用递进关系的排比句,列举了学习中经常出现的三种情况:第一是学习不勤奋,第二是勤奋不持久,第三是学习既勤奋又持久,但却不能学到精髓。这三种情况归根于一点,就是"立志不坚之所致"。前两种情况自不必说了,为什么第三种情况也与立志不坚有关呢?这是因为人只有立志坚定,才会勤于探索,勤于思考,才能学到精髓。那些看起来很勤奋而又持久的人,只不过是一种表面现象,他们没有坚定的志向,学习没有目标,不能学思结合、学用结合，所以学习再勤再久也只能是徒劳无益。

原文：心志要苦，意趣要乐，气度要宏，言动要谨。

注释：本文出自清代金缨《格言联璧·持躬》。

(1)心志：意志，志气。(2)苦：痛苦，吃苦耐劳。(3)意趣：意味和情趣。(4)宏：宽宏，恢宏。

译文：要让自己的意志受到艰苦磨炼，要让自己从所选择的志趣中得到快乐，自己的气度要恢宏，自己的一言一行都要谨慎。

评析：一个人确立远大的志向，先要有吃苦的准备，还要主动寻找磨炼自己的机会，这样才能让自己尽快成长、成熟起来。这是第一句。第二句意思是说人们选择一个行业，确定一个事业，一定要从中寻找到乐趣，好知者不如乐知者，只有从中得到乐趣，才能成为行业的翘楚，才能成就一番事业。第三句，无论做什么事，都要和人打交道，无论是与人相处，还是作为管理人员，都要气度宽宏，有雅量才能容得下人，人们才愿意与你合作共事。第四句，无论说话做事，一定要谨慎，说话前要知道自己想说什么，表达一个什么观点；做事前要想到自己为什么做这件事，把问题想得周全一些，这样，说话做事就能从容不迫，就容易实现自己最初设定的目标。

原文：志之所趋，无远勿届，穷山复海不能限也。志之所向，无坚不入，锐兵固甲不能御也。

注释：本文出自清代金缨《格言联璧·学问》。

(1)趋：向往。(2)届：到达。(3)穷山复海：形容山极高海极阔。(4)限：限制。(5)无坚不入：没有什么坚硬的东西不能进入。(6)锐兵固甲：精锐的军队牢固的铠甲。(7)御：防御。

译文：人的志向所向往的，没有什么遥远的地方不能达到，即使山再高海再阔也不能作为限制。人的志向所向往的，没有什么坚硬的东西不能进入，即使是精锐的军队、牢固的铠甲，也无法抵御。

评析：俗语云："有志者，事竟成。"一个人能否取得事业的成功，关键是看有没有立下志向。"天下无不可为之事，只怕立志不坚。"一个人首先要确立远大的志向，这个志向"无远勿届，穷山复海不能限也"。有了远大的志向，即可"无坚不入，锐兵固甲不能御也"。人与人的区别其实就在于立不立志，所立志向是否足够远大。有了远大志向，就要付诸行动，不言放弃，不断探寻前进的道路，才能达到理想的彼岸，攀上成功的巅峰。

原文：男儿志兮天下事，但有进兮不有止，言志已酬便无志。

注释：本文出自晚清民国梁启超《志未酬》。

(1)志：志向。(2)兮：语助词。(3)止：停止，困顿。(4)酬：实现。(5)梁启超：字卓如，号任公，又号饮冰室主人，近代政治家、思想家。

译文：男儿以国家世界的大事业作为志向，只有前进而不能困顿。如果谁说自己已经实现了志向，那他就是失去了志向。

评析：诸葛亮说过，"夫志当存高远"。梁启超在这篇《志未酬》中写道："世界进步靡有止期，吾之希望亦靡有止期。"由此可见，梁启超所言"志兮天下事"，已经涵盖世界之大了。梁启超感叹"任龙腾虎跃以度此百年兮，所成就其能几许"，谁如果认为自己壮志已酬，那他就一定没有了志向。所以人们在实现壮志的征途中只能有进无止，一息尚存，志不稍懈。

信念篇

xinnianpian

咨，十有二牧。曰：食哉惟时，柔远能迩，敦德允元，而难任人，蛮夷率服。

——虞舜

虞舜

虞舜(约前 2277～约前 2178 年)，姚姓，妫氏，名重华，字都君，谥曰“舜”，中国上古时代部落联盟首领。虞舜为颛顼帝六世孙，五世祖穷蝉成为平民。从小受父亲瞽叟、后母和异母弟象的迫害，屡经磨难，仍和善相对，孝敬父母，由此闻名于世。后被四岳推荐给尧，受禅称帝。虞舜选贤任能，举用“八恺”“八元”等治理民事，放逐“四凶”，任命大禹治水，完成了尧未竟的盛业，后禅位给大禹。

原文:天行健,君子以自强不息。“潜龙勿用”,阳在下也。“见龙在田”,德施普也。“终日乾乾”,反复道也。“或跃在渊”,进无咎也。“飞龙在天”,大人造也。“亢龙有悔”,盈不可久也。“用九”,天德不可为首也。

注释:本文出自《易传·乾卦·象传》。

(1)天行健:天的运行刚强劲健。(2)自强不息:自强,自己奋发图强;息,停止。自己奋发图强,永不松懈。(3)潜龙:潜在水底的蛟龙。(4)见龙在田:巨龙出现在田野。(5)或跃在渊:或跃腾上进,或退居深渊。(6)无咎:没有过失。(7)亢龙:过于刚劲的龙。(8)用九:乾卦六爻全为“九”。(9)天德:天的美德。

译文:天的运行刚劲强健,君子自己奋发图强没有休止。“巨龙潜入水中暂时停止施展才用”,是说阳气初生居位低下。“巨龙出现在田野”,是说美德昭著布施天下。“整天强劲刚健”,是说可以反复行道。“或腾跃上进或退处深渊”,是说审时度势行动没有过失。“巨龙高飞上天”,是说有仁德的大人可以奋起大展雄才。“巨龙过于亢进将会有所悔恨”,是说过于刚健就会衰退而有悔过之意。“乾卦六爻全为九”,是说天的美德是不居首位。

评析:这段文字是孔子关于《周易》乾卦的一个说明。卦爻初九为“潜龙勿用”,九二为“见龙在田”,九三为“君子终日乾乾”,九四为“或跃在渊”,九五为“飞龙在天”,上九为“亢龙”,用九为“见群龙无首”。《象传》分别对这些卦爻作了具体说明。如“上九”卦,爻辞为“亢龙有悔”,说明过于强健就会遭受挫折,反映了物极必反的哲学意蕴。“用九”卦,爻辞为“群龙无首,吉”,表现出君子不居首功的美德。这段文字首句“天行健,君子以自强不息”,则表现出中华民族不懈的精神追求和坚毅的个性品质。这句话和坤卦《象传》“地势坤,君子以厚德载物”共同激励着中华民族一代代仁人志士刚劲强健,忍辱负重,书写出一页又一页、一卷又一卷、一部又一部惊天地、泣鬼神的不朽传奇。

原文:象曰:“否终则倾,何可长也。”

注释:本文出自《易传·否卦·象传》。

(1)象传:孔子《易传》中的一篇。有大象传、小象传之分。大象传,共64条,《周易》每卦1条,内容为君子从卦象中领悟到的道理。小象传,共386条,是孔子对周公爻辞所作的解读。本条为否卦上九爻辞象传。(2)终:终点,终极。(3)何:怎么。(4)长:长久。

译文:《象传》上说:“否闭不通的现象达到终极就会倾覆,怎么能会长久呢?”

评析：否卦上九爻辞为“上九，倾否，先否后喜”，意思是否卦到上九爻，闭塞不通的现象已经彻底倾覆。上九曾经为社会阻塞不通而忧虑，现在则为闭塞不通的现象已经终结而内心喜悦。事物发展就是如此，回旋曲折，物极必反，否极泰来，事物达到极点就会向其相反的方向转化。特别是社会现象，正义的力量终究会战胜邪恶，即使在社会阻塞不通的时候，不是还有“初六其志在君，六二忍辱负重，九四受命无咎”吗？所以，身处逆境一定要坚定信念：人间自有公道在，乌云过去必然阳光灿烂。这时君子要修德养性，人穷道亨，总会等到否极泰来的那一天。这就是生活中的辩证法。

原文：子曰：“‘见善如不及，见不善如探汤。’吾见其人矣，吾闻其语矣。‘隐居以求其志，行义以达其道。’吾闻其语矣，未见其人也。”

注释：本文出自《论语·季氏》。

(1)见善：看到善念善行。(2)不及：赶不上。(3)探汤：把手伸进热水里。(4)行义：实行仁义。

译文：孔子说：“‘看到善良的行为，就担心达不到；看到不善良的行动，就好像把手伸到开水中一样赶快避开。’我见到过这样的人，也听到过这样的话。‘以隐居避世来成就自己的志向，依照道义而贯彻自己的主张。’我听到过这种话，却没有见到过这样的人。”

评析：孔子这段话说了两种境界，第一种境界“见善如不及，见不善如探汤”，孔子听人说过这样的话，也见过这样做的人。第二种境界“隐居以求其志，行义以达其道”，孔子只是听人说过，但却没有见到真正这样做的人。第二句话不太容易理解：“隐居以求其志”，其实就是说一个人不受外界诱惑，潜心学习以达成其“志于学”的志向，譬如颜渊身居陋巷不改其乐，董仲舒三年不窥园就是这样的人；“行义以达其道”，一个人不论其地位如何，不论处于何时何地，都应坚守道义，贯彻自己的信念主张，这样的人孔子当时或许没有亲眼见到，或许是感叹这样的人不多，但纵观中华五千年历史，这样的人数不胜数，正是这些人挺起了中华民族的脊梁。

原文：谚曰：“从善如登，从恶如崩。”

注释：本文出自春秋左丘明《国语·周语下》。

(1)谚：谚语。民间口头广泛流传的短语。(2)从：顺从。(3)登：登山。

(4)崩:崩塌。(5)左丘明:本名丘明,为鲁国太史,有《左氏春秋》传世。

译文:有句谚语说:“顺随善良就像登山一样艰难,顺随恶行就像山崩地裂一样迅速坠落。”

评析:这是卫国大夫彪傒劝阻单国国君单穆公在成周筑城建都时引用的一句古谚。它形象地说明了人们从恶容易从善难的道理。从善,就如登山一样,要一步步走上去,才能登到山之巅峰。这其中贯穿着坚持和持久,不坚持,不持久,则不能成就从善之路。从恶如崩,其一可以理解为一旦从恶,人的道德水准就像山体崩塌一样,造成不可挽回之恶果。其二是从恶非常容易,一念之间,可能铸下大错。所以,不仅为政者,即使是每一位社会公民,也应以此为人生箴言,从善如流,疾恶如仇,一心向善,坚持善念善行,切不可为一时之利、一时之快而丧失做人准则。

原文:大学之道,在明明德,在亲民,在止于至善。知止而后有定,定而后能静,静而后能安,安而后能虑,虑而后能得。物有本末,事有终始。知所先后,则近道矣。

注释:本文出自先秦《礼记·大学》。

(1)大学之道:大学的宗旨。“大学”一词在古代有两种含义:一是“博学”的意思;二是相对于小学而言的“大人之学”。这种含义其实也有“博学”的意思。(2)明明德:弘扬光明正大的品德。(3)亲:通“新”,革新、弃旧图新。亲民即新民:使人弃旧图新、去恶从善。(4)知止:知道目标所在。(5)得:收获。

译文:大学的宗旨在于弘扬光明正大的品德,在于使人弃旧图新,在于使人达到最完善的境界。知道应达到的境界才能够志向坚定;志向坚定才能够镇静不躁;镇静不躁才能够心平气和;心平气和才能够思虑周详;思虑周详才能够有所收获。每样东西都有根本有枝末,每件事情都有开始有终结。明白了这本末先后始终的道理,就接近事物发展的规律了。

评析:《礼记》为儒家经典十三经之一,由西汉礼学家戴圣对秦汉以前礼仪著作加以辑录,编纂而成,共 49 篇。《大学》为《礼记》第 42 篇,由北宋程颢、程颐兄弟抽出单列,并编次章句,此处文字即出自《大学》首章。这段文字内容第一是儒学三纲,即明德、新民、止于至善。它既是《大学》的纲领旨趣,也是儒学“垂世立教”的目标所在。第二是一个完整的思维运行过程:止—定—静—安—虑—得。知道止于至善这个目标,信念就能坚定,信念坚定就能镇静,镇静就可心神安定,心安才能思虑,思虑周详才能有所得。第三是万事万物皆有本末终始，弄明白其本末终始先后顺序，就接近于掌握了事物发展的根本规律。

原文：大道之行也，天下为公，选贤与(jǔ)能，讲信修睦。故人不独亲其亲，不独子其子，使老有所终，壮有所用，幼有所长，矜(guān)、寡、孤、独、废疾者皆有所养，男有分，女有归。货恶其弃于地也，不必藏于己；力恶其不出于身也，不必为己。是故谋闭而不兴，盗窃乱贼而不作，故外户而不闭，是谓大同。

注释：本文出自先秦《礼记·礼运》。

(1)大道：政治上的最高理想。(2)行：施行。(3)为：是。(4)与：通"举"，推举，选举。(5)讲信：讲求诚信。(6)修睦：修治和睦。(7)独：单独。(8)亲：以……为亲。(9)亲：父母。(10)终：终老，终其天年。(11)养：供养。(12)矜：通"鳏"。老而无妻。(13)寡：老而无夫。(14)孤：幼而无父。(15)独：老而无子。(16)废疾：残疾。(17)分：职分，职业，职守。(18)归：指女子出嫁。(19)谋：奸邪之谋。(20)闭：杜绝。(21)兴：发生。(22)盗：强盗。窃：偷窃。乱：造反。贼：害人。(23)作：兴起。(24)外户：大门。(25)是谓大同：这就是最好的和平社会。

译文：在大道施行的时代，天下是人们所共有的，选举贤德和有才能的人，讲求诚信，修治和睦气氛。所以人们不只是奉养自己的父母，不只是抚育自己的子女，要使老年人能终其天年，中年人能为社会效力，年幼的孩童能顺利地成长，使老而无妻的人、老而无夫的人、幼年丧父的孩子、老而无子的人、残疾人都能得到供养。男子有事做，女子有归宿。对于财货，人们憎恨把它扔在地上的行为，却不一定要自己私藏；人们都愿意为公众之事竭尽全力，而不一定为自己牟私利。因此奸邪之谋不会发生，盗窃、造反和害人的事情不发生。所以大门都不用关上了，这就是大同理想社会。

评析：大同社会是孔子描述的一个理想社会，这个社会与其说是孔子对尧舜盛世的描述，不如说是孔子对未来社会的向往和追求。大同社会最突出的特点是"大道之行，天下为公"，在这个社会里，管理人员是推选出来的贤德能人，社会成员个个讲信修睦，不独亲其亲，不独子其子，老人、壮年、幼儿乃至鳏、寡、孤、独、残疾人都能各得其所，生活无忧。这个社会没有奸诈虚伪，男有分，女有归，谋闭而不兴，盗窃乱贼而不作。这是一幅多么美好的社会景象啊！孔子这个大同理想社会给2000多年以来的仁人志士点燃了一盏明灯，照耀着人们在漫漫长夜中奋力前行。大同社会所追求的就是社会成员人人平等，社会公平公正，文明和谐。当今时代已经初步奠定了实现大同理想社会的经济基础。为政者要秉承“大道之行，天下为公”理念，以仁德修身，勤政廉政，公平公正，果能如此，实现大同理想社会当可期矣！

原文：诚之者，择善而固执者也。博学之，审问之，慎思之，明辨之，笃行之。有弗学，学之弗能，弗措也。有弗问，问之弗知，弗措也。有弗思，思之弗得，弗措也。有弗辨，辨之弗明，弗措也。有弗行，行之弗笃，弗措也。人一能之，己百之。人十能之，己千之。果能此道矣，虽愚必明，虽柔必强。

注释：本文出自战国子思《中庸·问政章》。

(1)审：详细，慎重。(2)笃：切实，坚持。(3)弗：不。(4)措：停止，放下。

译文：真正有诚心的人，就是选择了善德并且能够坚持实行到底的人。广泛地学习，反复地咨询，慎重地思考，明确地辨析，切实长期地实践。要么不学，如果学了，一定要学会，学不会则绝不放弃；要么不问，如果问了，就要问明白，不明白则绝不放弃；要么不思考，如果思考了，一定要透彻，不透彻就绝不放弃；要么不辩论，如果辩论了，一定要辩论清楚，不清楚则绝不放弃；要么不实践，如果实践了，一定要达到目标，达不到目标则绝不放弃。别人用一分力办到的事，我要用一百分的力去办；别人用十分的力能办到的事，我要用一千分的力去完成。如果真能按这种方法，一个愚笨的人就有了大智慧，一个柔弱的人也会变得十分强大。

评析：这句话有四层意思。第一层是心城，一个人要心诚，选择善德并坚决实行到底，这是根本目标。第二层是学习步骤，广学、咨询、思考、辨析、实践。第三层是坚持不懈，学、问、思、辨、行，这五个方面，要么不做，要做就要做个彻底。第四层是下别人不能下的苦功夫，人一己百，人十己千。按照这四层意思去做，就是愚笨之人、柔弱之人，也能取得大的成就。以诚心为本，确立目标，学问思辨，身体力行，这就是做人之根本，做学问之诀窍，也是为政之要道。做人、治学、为政，于此不可不知，不可不明，不可不践行也。

原文：孟子曰：“君子所以异于人者，以其存心也。君子以仁存心，以礼存心。仁者爱人，有礼者敬人。爱人者，人恒爱之；敬人者，人恒敬之。有人于此，其待我以横逆，则君子必自反也：我必不仁也，必无礼也，此物奚宜至哉？其自反而仁矣，自反而有礼矣，其横逆由是也，君子必自反也：我必不忠。自反而忠矣，其横逆由是也，君子曰：‘此亦妄人也已矣。如此，则与禽兽奚择哉？于禽兽

又何难焉?'是故君子有终身之忧,无一朝之患也。乃若所忧则有之:舜,人也;我,亦人也。舜为法于天下,可传于后世,我由未免为乡人也,是则可忧也。忧之如何?如舜而已矣。若夫君子所患则亡矣。非仁无为也,非礼无行也。如有一朝之患,则君子不患矣。"

注释:本文出自战国孟轲《孟子·离娄下》。

(1)人:常人,一般人。(2)存心:在心,居心,心里怀有意念。(3)仁:仁爱,仁德。(4)礼:礼仪,礼义,礼乐。(5)其:他。(6)横逆:蛮横拂逆。(7)自反:自我反思。(8)此物:这个物件,这种事情。(9)奚:为什么。(10)宜:正好。(11)由是:由于这个,因为这个。仍然如此。(12)择:选择,区别。(13)难:为难,计较。(14)乃若:至于。(15)为法于天下:为天下人所效法。(16)由:通"犹",犹如,仍然。(17)若夫:至于,如果这样。(18)一朝之患:一时的忧患。

译文:孟子说:"君子之所以与常人不同,是因为他保存在心里的思想不同。君子把仁爱保存在心里,把礼义保存在心里。仁人爱人,有礼的人尊敬人。爱人的人,别人就一直爱他;尊敬人的人,别人就一直尊敬他。假设有个人,他以粗暴蛮横的态度对待我,那么君子必定会反省自己:我对他一定还有不仁的地方,无礼的地方,要不这种事情怎么会发生在我身上呢?反省后自己更加做到仁了,反省后自己更加有礼了,那人的粗暴蛮横仍然如此,君子必定再反省:我待他一定还不够忠敬。经过反省,做到了自己更加忠敬,那人的粗暴蛮横还是这样,君子就会这样想:'这不过是个狂妄之徒罢了。像他这样,同禽兽有什么区别呢?对于禽兽我又有什么可计较的呢?'所以君子有终身的忧虑,没有一时的担心。君子终身忧虑的是:舜是人,我也是人;舜给天下的人树立了榜样,影响可以流传到后世,我却仍然不免是个平庸的人,这是值得忧虑的。忧虑了怎么办?像舜那样去做罢了。至于说到君子一时所担心的,那是没有的。不仁爱的事不干,不合礼义的事不做。即使有一时的祸患,君子也不认为值得担心忧虑了。"

评析:君子存心,这是孟子提出的一个重要概念。存心,存什么于心?君子将仁爱、礼义存在于心。同时,存在这里还有反省、考察的意思。一个人对君子蛮横不讲理,君子就反复反省自己,不仁了吗?无礼了吗?忠敬了吗?这些都做到了,问题原来出在对方身上,对方为什么会这样做?是因为他是一个狂妄之徒,心中没有仁,没有礼,其与禽兽何异?既然如禽兽一般,那还与他计较什么呢?君子做到爱人、敬人,反馈的是被爱、被敬,所以君子没有一朝之患,而有终身之忧。所忧者,是与舜同样生而为人,为什么不能像舜一样作出一番事业来呢？既然有此忧虑，那就行动起来，像舜那样去做罢了。

原文：朝发轫于苍梧兮，夕余至乎悬圃。欲少留此灵琐兮，日忽忽其将暮。吾令羲和弭节兮，望崦嵫而勿迫。路曼曼其修远兮，吾将上下而求索。

注释：本文出自战国屈原《离骚》。

(1)朝：早晨。(2)轫：阻止车轮转动的木头。车开动时，须将其抽走。发轫：开始，出发。(3)苍梧：山名，舜死后所葬之处。(4)悬圃：神话中地名。(5)灵琐：神仙居处的宫门。(6)羲和：驾驭日车的神。(7)弭节：驻节，停车。(8)崦嵫：山名，日落的地方。(9)曼曼：同"漫漫"，时间长久空间广远的样子。(10)修：长。(11)求索：探求，追求。

译文：早晨从苍梧启程，傍晚到达了悬圃。想在宫门前稍稍休息一会，可是太阳倏忽而过天很快就要黑了。我请求羲和停止前进，崦嵫虽然已在眼前，还是不要靠近它了吧！摆在我们面前的路程是那样的长，那样的远，但我已下定决心，将为寻求真理而上下追求探索。

评析：屈原这几句诗是对自己一天行程的形象描述：早晨发轫于苍梧，傍晚到达了悬圃，途中曾因疲劳想在灵琐逗留休息一会，但天色已晚，不得不加快了行程。我请求羲和能不能停下您的车子，不要让太阳下山，因为前面的道路还是那么的漫长，我要努力寻求自己心中的目标。诗人这句"路曼曼其修远兮，吾将上下而求索"，成为千百年来仁人志士激励自己为寻求真理而百折不挠的精神支持。

原文：石可破也，而不可夺坚；丹可磨也，而不可夺赤。坚与赤，性之有也。性也者，所受于天也，非择取而为之也。豪士之自好者，其不可漫以污也，亦犹此也。

注释：本文出自秦代吕不韦《吕氏春秋·诚廉》。

(1)破：打碎。(2)坚：坚硬。(3)丹：丹朱，朱砂。(4)赤：红色。(5)性：本性。(6)择取：选择。(7)吕不韦：战国末年卫国濮阳(今河南安阳)人。著名商人、政治家、思想家，官至秦国丞相，主持编纂《吕氏春秋》。

译文：石头虽然可以被打碎，但却不能改变它固有的坚硬；朱砂虽然可以被研磨，但却不能改变它自身的红色。因为这坚硬与红色，是它们的天赋秉性所有。物质的本性，是天生所固有的，不会因为人的选择而使其改变。豪杰之士所固守的某种品质，不能被玷污改变，也如同这石头和红颜色一样。

评析：坚硬是石头的本性，红色是朱砂的本性，本性就是上天所赋予某种物体的本性，本性是天然具备的秉性，不会因为人们的主观意愿而改变。《吕氏春秋》用石头的坚硬、朱砂的红色，来比喻和说明豪杰之士所固守的信念，也是天然具备的禀赋，不因外界的环境所改变。斯大林说过，共产党人是用特殊材料制成的人。对共产主义理想的坚定信念，就是共产党人所天然具备的禀赋。面对风云变幻的国际局势，面对各种意想不到的困难挫折，共产党人就应坚定自己的信念，不断在实现共产主义理想的旗帜上书写出新的篇章。

原文：夫坏崖破岩之水，源自涓涓；干云蔽日之木，起于葱青，禁微则易，救末者难。人莫不忽于微细，以致其大；恩不忍诲，义不忍割，去事之后，未然之明镜也。

注释：本文出自南朝宋范晔《后汉书·丁鸿传》。

(1)坏崖破岩：毁坏崖岸冲破岩石。(2)涓涓：细小的水流。(3)干云：触及云彩。(4)蔽日：遮蔽阳光。(5)木：树。(6)葱青：指幼嫩的树苗。(7)救末：挽救于祸患之后。(8)忽于细微：忽略于微小。(9)未然：未发生之前。(10)范晔：字蔚宗，顺阳(今河南南阳市淅川县)人，南朝宋代史学家。

译文：冲毁堤岸破坏岩石的大水，其源头是细小的水流；高耸入云、遮蔽天日的大树，起始于幼嫩的树苗。在灾祸之初，可以轻易地加以禁绝，而到了灾祸之末，则难以挽救。人们无不是因为疏忽了微小的祸端，以致酿成大祸。出于恩情而不忍教诲，由于仁义而不忍割爱，而事过之后，再看灾祸发生前的迹象，便昭如明镜了。

评析：这段文字出自东汉名儒丁鸿写给汉和帝的奏疏。奏疏以“坏崖破岩之水，源自涓涓；干云蔽日之木，起于葱青”两种自然现象，得出“禁微则易，救末者难”的结论。指出人们往往忽视微小的东西，以致其形成大势。丁鸿针对窦太后及其兄长大将军窦宪把持朝政大权的现实，用“恩不忍诲，义不忍割”八个字警醒汉和帝对窦氏不要顾念恩义。汉和帝接到奏章后即痛下决心，免去窦宪官职，窦氏一族倒台。“禁微则易，救末者难”这句话告诉我们，源头治理非常重要，不论是个人修养，还是改进作风，都应当防微杜渐，把问题消灭在萌芽状态。

原文：病骨支离纱帽宽，孤臣万里客江干。位卑未敢忘忧国，事定犹须待阖

(hé)棺。天地神灵扶庙社，京华父老望和銮(luán)。出师一表通今古，夜半挑灯更细看。

注释：本文出自南宋陆游《病起书怀》。

(1)病骨：疾病的身体。(2)支离：衰残瘦弱的样子。(3)孤臣：孤立无助或不受重用的远臣。(4)江干：江边，江岸。(5)忘忧：忘却忧虑。(6)阖棺：盖棺。(7)庙社：宗庙和社稷，国家朝廷。(8)京华：京城。(9)和銮：天子的车驾。(10)出师：诸葛亮《出师表》。(11)挑灯：拨动灯火，点灯。亦指在灯下。(12)陆游：字务观，号放翁，南宋爱国诗人。

译文：带病的身体虚弱消瘦，以致头上的纱帽也显得宽大了，我孤单一人客居在距京城万里之外的成都江边。虽然职位低微却从未敢忘记忧虑国事，判定一个人所做的事仍要等到盖棺才能得出结论。希望天地神灵保佑国家社稷，汴梁百姓都日夜企盼着君主御驾亲征收复失落的河山。诸葛孔明的传世之作《出师表》忠义之气万古流芳，已经是半夜时分我仍然在挑灯细细品读。

评析：《病起书怀》作于宋孝宗淳熙三年(1176 年)四月，陆游时年 52 岁。被免官后移居成都城西南的浣花村，因病卧床 20 多天，病愈后写成《病起书怀》二首，这是第一首。诗中描写了自己凄凉的境遇，但更多的是抒发心中忧国忧民的情怀：自己身份卑微，但仍以忧国为本心，盼望能早日实现统一大业。为实现祖国统一，年过半百的陆游身体力行，不顾大病初愈的身体，半夜时分仍在挑灯细读诸葛亮《出师表》，此情此景，令人动容。特别是一句“位卑未敢忘忧国”，成为后世许多忧国忧民的寒素之士用以自警自励的名言。

原文：地位清高，日月每从肩上过；门庭开豁，江山常在掌中看。

注释：本文出自南宋朱熹为福建漳州白云岩书院所题楹联。

(1)地位：社会地位。(2)日月：时间。(3)江山：国家，国家大事。

译文：学者地位清高，两袖清风可昭日月；门庭开阔豁朗，江山时局如在掌中。

评析：这是宋代理学大师朱熹在任福建漳州知州时，为其创办的白云岩书院撰写的一副对联。这副楹联典出唐宣宗李忱七律《百丈山》：“大雄真迹枕危峦，梵宇层楼耸万般。日月每从肩上过，山河长在掌中看。仙峰不间三春秀，灵境何时六月寒。更有上方人罕到，暮钟朝磬碧云端。”这首诗作于李忱为光王游览江西奉新百丈山大雄峰之时，表现出欲君临天下的雄心。朱熹引其颔(hàn)联，第一句前加“地位清高”，是说书院学子地位清贫高傲，肩上承担着天下之重任；后一句加“门庭开豁”，写景中寓意眼界开阔，鼓励学子时时关注国家时局。作为党的领导干部，就要有“日月每从肩上过，江山常在掌中看”的思想境界，干事创业，带领人民群众为实现中国梦而努力奋斗。

原文：白发萧萧卧泽中，秖(zhǐ)凭天地鉴孤忠。厄穷苏武餐毡(zhān)久，忧愤张巡嚼齿空。细雨春芜上林苑，颓垣夜月洛阳宫。壮心未与年俱老，死去犹能作鬼雄。

注释：本文出自南宋陆游《书愤(其二)》。

(1)萧萧：头发花白稀疏。(2)泽：水泽，此指绍兴镜湖。(3)秖：通“祗”，仅仅。(4)孤忠：忠贞自持，不求人体察的节操。(5)厄穷：艰难困苦。(6)苏武：字子卿，汉武帝时以中郎将身份持节出使匈奴，被扣留 19 年之久。(7)毡：毛毡。(8)忧愤：忧虑悲愤。(9)张巡：蒲州河东(今山西省永济市)人，中唐安史之乱固守睢阳，城破骂贼而死。(10)嚼齿：咬碎牙齿。(11)春芜：碧绿的春草。(12)颓垣：残颓的墙垣。(13)鬼雄：鬼中雄杰。

译文：我白发稀疏躺卧在镜湖水泽中，只能任凭天地鉴别我的一片忠贞。苏武处于困境长时间吃毛毡充饥，张巡因忧愤而咬碎牙齿自尽。上林苑碧绿的春草在细雨中摇曳，洛阳宫的颓垣残壁在夜月下静卧。我悲壮的心志没有与年龄一起老去，就是死了也要在鬼域中成为英雄。

评析：这是陆游 73 岁时在山阴镜湖所作。当时陆游已经白发稀疏，时不我待，年老体衰，已经无力驰骋沙场建功立业，只能任凭天地鉴察自己一片忠贞之心。想到历史上苏武、张巡处于逆境之中的悲烈壮举，再联想到上林苑和洛阳宫已是断壁残垣，任风雨飘摇。在思绪万千中念及自己，虽然年纪老迈，却仍然有雄心壮志，在现实人世已经难有作为，但死后也要做鬼中豪杰。这一信念用“壮心未与年俱老，死去犹能作鬼雄”作简练表述，语气激昂，情绪悲壮，充分表现出“亘古男儿一放翁”(梁启超语)的英雄本色。

原文：人可回天地之心，天地不能夺人之心。大丈夫行事，论是非不论利害，论逆顺不论成败，论万世不论一生。志之所在，气亦随之。气之所在，天地鬼神亦随之。

注释：本文出自南宋谢枋得《与李养吾书》。

(1)回：回转。(2)行事：做事。(3)论：评判，衡量。(4)气：气节。(5)谢枋得：字君直，号叠山，信州弋阳（今江西弋阳）人，南宋诗人，宋亡后因拒绝在元朝做官，绝食殉国。（6）李养吾：南宋人，事迹不详。

译文：人可以回转天地心意，但天地却不可剥夺一个人的心志。大丈夫做事，要分辨是非对错而不是看对自己有利还是有害，分辨是逆势顺势而不是看结果是失败还是成功，分辨是不是万世之名而不是一生功利。志向所在的地方，气节也随之而往；气节所在的地方，就是天地鬼神也会随之而往。

评析：“人可回天地之心，天地不能夺人之心。”这句话反复吟诵，有荡气回肠之气势。大丈夫做事，论大是大非而不论个人利害，论顺势逆势而不论成功失败，论千秋万世而不是一生功利得失，这种是非观让人心胸豁然开朗，格局瞬间提升。志向所在，气节随之；气节随之，天地鬼神随之，这种铿锵有力、掷地有声的语气给人以可回天地之心的坚定信念。读之诵之，让人热血沸腾，豪气干云，心中增添无穷力量。谢枋得作为南宋一代大儒，著名爱国诗人，其志向、气节、胆识的确不同凡响。

原文：古今之成大事业、大学问者，罔不经过三种之境界。“昨夜西风凋碧树。独上高楼，望尽天涯路”，此第一境界也。“衣带渐宽终不悔，为伊消得人憔悴。”（欧阳永叔）此第二境界也。“众里寻他千百度，蓦然回首，那人却在灯火阑珊处。”（辛幼安）此第三境界也。此等语皆非大词人不能道。然遽以此意解释诸词，恐晏、欧诸公所不许也。

注释：本文出自民国王国维《人间词话》之二。

（1）凋：凋落。（2）碧树：碧绿的树木。（3）伊：她。（4）消：消瘦。（5）众里：众多人群里面。（6）阑珊：将近，稀落。（7）晏：晏殊。（8）欧：欧阳修。（9）王国维：晚清民国年间著名学者。

译文：自古以来，凡是成就大事业、大学问的人，必须经过三种境界：“昨晚西风乍起，碧绿的树木都凋零了，我独自登上高楼，望尽了通往远方的路。”这是第一种境界。“日夜相思，容貌憔悴，衣带一天天宽松，人一天天消瘦，但是，为了她，我将至死而无怨无悔。”这是第二种境界。“在人群里找了她千百遍，蓦然间一回头，却发现她站在灯火寥落的角落里。”这是第三种境界。这种语句，如果不是大词家、大手笔，无论如何是写不出来的。但是，如果用这种意思解释以上几首词，恐怕要遭到晏殊、欧阳修诸公的反对。

评析：王国维在这里引用三首古词讲述了古今成就大事业、大学问的人，所必然经过的三种境界。第一境出自晏殊《蝶恋花》：“槛菊愁烟兰泣露，罗幕轻寒，燕子双飞去。明月不谙离恨苦，斜光到晓穿朱户。昨夜西风凋碧树，独上高楼，望尽天涯路。欲寄彩笺兼尺素，山长水阔知何处。”第二境出自柳永《凤栖梧》：“伫倚危楼风细细。望极春愁，黯黯生天际。草色烟光残照里，无言谁会凭栏意，拟把疏狂图一醉。对酒当歌，强乐还无味。衣带渐宽终不悔，为伊消得人憔悴。”第三境出自辛弃疾《青玉案》：“东风夜放花千树。更吹落，星如雨。宝马雕车香满路。凤箫声动，玉壶光转，一夜鱼龙舞。蛾儿雪柳黄金缕。笑语盈盈暗香去。众里寻它千百度，蓦然回首，那人却在，灯火阑珊处。”三种境界，三种意境。第一种，只有勇于登高远望才能寻找到自己要达到的目标，只有不畏惧孤独寂寞，才能探索有成。第二种，努力拼搏无怨无悔，为了寻求真理或者追求自己的理想，废寝忘食、夜以继日，就是憔悴、消瘦了也不会后悔。第三种，经过长期的努力奋斗而无所收获，踏破铁鞋无觅处，得来全不费工夫，乃恍然间由失望到愿望达成的欣喜。第三种境界看起来似乎是“蓦然回首”的偶然，但实际则是经历前两种境界之后的必然。

学习篇
xuexipian

予有言：人视水见形，视民知治不。

——成汤

成汤子履

成汤(约前1670～前1587年)，即商汤，子姓，名履，又名天乙，是虞舜司徒契的第十四代孙。夏王朝末年，王室内部矛盾日益尖锐，成汤征葛侯，伐夏桀，灭掉夏国建立商朝，书写了朝代更替的历史。史称“商汤革命”。

成汤要求臣属“有功于民，勤力乃事”，主张“宽以治民”，国力日渐强盛。《诗经·商颂·殷武》称：“昔有成汤，自彼氐羌，莫敢不来享，莫敢不来王，曰商是常。”

成汤立国29年，享年100岁而崩。

原文：蒙，亨。匪我求童蒙，童蒙求我。初筮（shì）告，再三渎（dú），渎则不告。利贞。

注释：本文出自殷周《周易·蒙卦》周文王卦辞。

（1）蒙：卦名，其本义是指草木萌芽后开始茁壮成长的状态。草木开始覆盖遮蔽大地，所以引申为蒙蔽、蒙昧、不明事理。本卦坎下艮上，坎为水，艮为山，泉水流出被高山阻隔，不知流向何处，因此有阻塞不通、蒙昧不明之象，所以卦名为山水蒙。有学者解释为山下有水，水气蒸腾雾蒙蒙的，视线看不清楚，所以叫蒙。（2）匪：通"非"，不是。（3）童蒙：幼稚、蒙昧的童子。（4）初筮：第一次卜筮占卦。（5）渎：亵（xiè）渎，轻慢。

译文：蒙卦象征启蒙，亨通通顺。不是我去求蒙昧的童子，而是蒙昧的童子来求我开导。第一次向我请教，我就会耐心告诉他。如果一而再、再而三地问，这就是轻慢的态度。态度轻慢，我就不会再回答他的问题。启蒙，有利于纯正。

评析：蒙卦用一个字解释，就是"亨"；在卦辞的后面又补充两个字"利贞"。蒙卦为什么会亨通？为什么会利贞？因为对童蒙的启蒙教育就是一件让人明理通达、固守纯正之道的事业，所以称之为"亨"，称之为"利贞"。孔子说过："不愤不启，不悱不发。"这是孔子教育思想的一个重要特点。学生没有疑惑，我不会主动开导他；学生有了问题来向我请教，我一定尽我所知把道理给他讲清楚。如果这个学生自己不思考，就一个问题多次来向我请教，这是学生对老师、对知识的亵渎，所以我就不会再告诉他了。从卜筮的角度来说，有三不卜的原则："不义不卜，不疑不卜，不诚不卜。"不是做好事不要卜筮，不是真正有疑惑不要卜筮，不是诚心诚意不要卜筮。根据这三条来卜筮，所以卜筮是灵验的。但求卦者对第一次占卜结果有怀疑，这就违背了一个"诚"字，再要求占卜第二次、第三次，只能是亵渎神灵，没有什么意义了。学生想求知，这是好事，可以请教老师；学生有了问题自己想不通，这是有所疑惑，可以请教老师；学生诚心诚意来请教老师，老师解疑释惑，这是老师的本分。如果这个学生一再问同一个问题，说明他没有开动脑筋认真思考，对于这样的学生干脆"不告"。这其实是启蒙教育的一个重要方法。

阅读参考：孔子在中国历史上首创启发式教学法。他主张"不愤不启，不悱不发；举一隅，不以三隅反，则不复也"。意思是不到学生冥思苦想都想不通的时候不去开导他，不到学生心里明白但不知如何表达时不去启发他，简单地说就是教育要掌握时机，因势利导，在对方努力后再给予帮助。直接的帮助反而会使对方产生不爱思考的坏习惯。我告诉他一个角落如何而他不能推知其他三个角落如何，我就不再告诉他了，让他自己弄清楚再说。后半句意思是举出一个角为例来告诉学习的人，而他不能推断其他三个角如何，就不用再教他了。因为他没有用心思考。现实中也确实有这种情况，当对方对某个问题不感兴趣时，你就不要再说了，否则只会适得其反，不仅不会产生任何效果甚至会引起别人的反感。孔子就是这样要求学生积极思考，善于推论，闻一知二，举一反三。

——时鑑《至圣孔子传》，中国社会出版社 2015 年版

原文：子曰："学而不思则罔，思而不学则殆。"

注释：本文出自《论语·为政》。

(1)思：思考。(2)罔：迷茫。(3)殆：危险。

译文：孔子说："只是学习而不思考就会迷惑而无所得；只是思考而不学习，那就会陷入迷茫，这样就危险了。"

评析：孔子在这里说的是一种读书方法。一味读书而不思考，就会被书本牵着鼻子走，而失去自己主见，所谓"尽信书不如无书"，即指此意。学习如果没有自己的见解，学得再多不过就是一个书橱而已。从另一方面说，如果一味空想却不去进行实实在在的学习和钻研，则终究是沙上建塔，一无所得。学习与思考是相辅相成的，缺一不可，只有把学习和思考结合起来，才能学到切实有用的真知。西方哲人康德说过："感性无知性则盲，知性无感性则空。"这与孔子的"学而不思则罔，思而不学则殆"可以说是惊人的相似。可见，人类在知识的学习和获取上，不论地域、种族之差异，其根本性原则往往是一致的。

原文：子曰："知之者不如好之者，好之者不如乐之者。"

注释：本文出自《论语·雍也》。

(1)知：知道。(2)好：喜好，爱好。(3)乐：以……为乐。

译文：孔子说："学习知识或本领，知道它的人不如喜爱它的人接受得快，喜爱它人的不如对其有兴趣的人接受得快。"

评析：孔子在这里提出学习的三层境界：知、好、乐。关于学习，了解怎么学习的人，不如爱好学习的人；爱好学习的人，又不如以学习为乐的人。所以，培养学习兴趣才是最好的学习方法。

原文:子曰:“温故而知新,可以为师矣。”

注释:本文出自《论语·为政》。

(1)温故:复习学过的知识。(2)知新:体悟、知道新的东西。(3)为师:当别人的老师。

译文:孔子说:“在温习旧知识时,能在其中有新的体会、新的发现,这样的人就可以当老师了。”

评析:“温故而知新”是孔子对我国教育学的重大贡献之一。孔子告诉我们,一定要不断温习已学过的知识,并从温习中发现新的东西,这样就有资格当老师了。温故为什么能知新?这是因为:第一,在温习旧知识时,会产生新的体会,这有利于掌握、巩固已经学过的知识,从而更容易接受并吸收新的知识。第二,温习旧的知识,可以从中发现原来没有意识到的知识,理解原来没有理解的道理,“书读百遍,其义自见”,说的就是这个道理。第三,温习旧的知识,可以举一反三,触类旁通。温故而知新,是为人师的基本素质和基本要求。其实,人类的发展,具体到每个民族、每门学科,都是在温故而知新的进程中不断曲折前进上升的。

原文:子曰:“三人行,必有我师焉。择其善者而从之,其不善者而改之。”

注释:本文出自《论语·述而》。

(1)行:行走。(2)我师:我的老师。(3)择:选择。(4)从:顺从。

译文:孔子说:“在一起行走的三个人,其中必定有一人是我的老师。我选择他善的方面向他学习,看到他不善的方面就对照改正自己的缺点。”

评析:圣人学无常师,善学众人才能成为圣人。无论是谁,只要有长处,就要向他学习;即使这个人有不善的方面,也要把他当作反面教材,用于警醒自己,不要有同样的行为和错误,或避免犯类似的错误。

原文:子曰:“由!诲女知之乎?知之为知之,不知为不知,是知也。”

注释:本文出自《论语·为政》。

(1)由:仲由,字子路,孔子弟子。(2)诲:教诲。(3)女:你。(4)知:知道,智慧。

译文:孔子说:“仲由啊,我教给你的都知道了吗?知道就是知道,不知道就是不知道,这就是智慧啊!”

评析:孔子告诉子路说,人在面对自己不知道的事情时,一定要本着实事求是的态度，知道就是知道，不要不懂装懂、弄虚作假。学习也是一样，遇到不明白的问题就要虚心向人请教。现在常用这句名言提醒人们用老实的态度对待知识问题，来不得半点虚伪和骄傲。要养成踏实认真的学习态度、实事求是的作风，避免鲁莽虚荣的习气。有位著名学者在百家讲坛提出不同意见，他说这句话的正确理解是：有些人是能够让他知道的就让他知道；有些人是不能让他知道的，或者说是根本不能理解的，那就不要让他知道。这就是聪明。

原文：子曰："君子食无求饱，居无求安，敏于事而慎于言，就有道而正焉，可谓好学也已。"

注释：本文出自《论语·学而》。

(1)食：饮食，吃饭。(2)居：居住。(3)敏：勤快敏捷。(4)就：主动接近，俯就。(5)有道：有道德的人。

译文：孔子说："君子不会在饮食及居住环境上追求安饱，努力勤快地做事而且谨慎地说话，又能主动地向行为高尚的人请求教导指正，这样就可以称得上是好学的人了。"

评析：孔子这是谈论为学应该有的精神与态度，从修身角度讲了"生活"与"学习"的关系。"食无求饱，居无求安"是说如果注重追求物质上的安饱，便容易因陷于物欲而失其应有的向学之志。一个贪图饱食终日和生活安逸的人，是不可能潜心刻苦学习、钻研学问的。与此相反，一个致力于刻苦学习、钻研学问的人，往往是不会有时间和精力过多顾及饮食是否满足、生活是否安逸的。孔子还讲了学习中"敏事""慎言""择师"与"正己"的关系，并且指出这是一个人"好学"的特征。"就有道而正焉"，强调的是要选择品德高尚、学识渊博的老师并向其求教，以求其指正。孔子向师襄子学琴，向老子问道，都是对"就有道而正焉"的最好注解。现实生活中有许多人都认识到：人生能够遇上一位或几位好的老师，是人生之大幸；不遇名师或遇名师不学，则是人生的最大悲哀！如果"我眼本明，因师而瞎"，则就更是悲哀中之更大悲哀了。

原文：子曰："默而识(zhì)之，学而不厌，诲人不倦，何有于我哉！"

注释：本文出自《论语·述而》。

(1)默：沉默，不说话。(2)识：记。(3)厌：厌倦，厌烦。(4)诲：教诲。(5)倦：疲倦。(6)何有于我：于我何有，于我有何。

译文:孔子说:"默默地记住所学的知识,学习不觉得厌烦,教人不知道疲倦,这对我来说,哪一样做到了呢?"

评析:这是孔子自谦的话,实际上也是孔子对自己的严格要求。有学者把"何有于我哉"翻译成"在我这里有什么困难呢"?"默而识之",是说学习要专心致志;"学而不厌",是说学无止境,永不满足;"诲人不倦",是说教育弟子不觉疲倦。"学而不厌,诲人不倦"是孔子教育方法的侧面反映,这对中国教育思想的形成与发展产生了很大的影响。毛泽东提倡这种学与教的正确态度,说:"学习的敌人是自己的满足,要认真学习一点东西必须从不自满开始。对自己'学而不厌',对人家'诲人不倦',我们应取这种态度。"

原文:子曰:"学而时习之,不亦说(yuè)乎?有朋自远方来,不亦乐乎?人不知而不愠(yùn),不亦君子乎?"

注释:本文出自《论语·学而》。

(1)时:时常,经常。(2)习:复习,践习。(3)亦:也。(4)说:通"悦",快乐。(5)愠:心中怨恨。

译文:孔子说:"学习后经常复习,不也很快乐吗?有朋友从远方来相聚切磋(cuō),不也很快乐吗?别人不理解我,我不会因此而怨恨恼怒,这不就是有德行的君子吗?"

评析:孔子的这句话有三层意思:第一,人生在世,必须要学习才能有知识,有知识才能成长为人才;在学习方法上,温习和复习是非常重要的。孔子说:"温故而知新,可以为师矣!"只有巩固所学知识,才能有助于理解新的知识。掌握了这个学习方法,就可以为人师了。第二,人学习是为了做事,做事就要结交志同道合的朋友,朋友们经常在一起交流学习心得,特别是远方的朋友也慕名来一起探讨学问,这不是很快乐的事情吗?第三,一个人有学识,有志向,但往往不被人理解,在这种情况下,没有任何怨恨,而是保持内心的安详快乐,这样就可以称之为君子了。有学者认为"学"是觉悟的意思,按此解释,这句话可翻译为:觉悟得道了就要不断地实践,这是很快乐的事情;志同道合的朋友知道你学有成就并从远方来向你学习,这是很快乐的事情;自己觉悟了,得道了,但却没有人知道,如果这样你还既不发牢骚,心里也没有怨恨,这才算得上是君子啊!

原文:子贡问曰:"孔文子何以谓之'文'也?"子曰:"敏而好学,不耻下问,是

以谓之‘文’也。”

注释：本文出自《论语·公冶长》。

(1)子贡：端木赐，孔子弟子。(2)孔文子：孔圉(yǔ)，卫国大夫，谥号为“文”。(3)敏：聪敏。(4)耻：羞耻。

译文：子贡问孔子，孔圉为什么谥号为“文”呢？孔子回答说：“他聪敏而又爱好学习，并且不以向不如自己的人请教为耻。因此用‘文’作他的谥号。”

评析：子贡在这里问卫国大夫孔圉为什么叫作“文”，一般通常解释是子贡问为什么给孔圉上谥号为“文”。所谓“谥号”，是有地位的人去世后，朝廷根据他们的生平事迹与品德修养，评定褒贬，而给予一个寓含善意评价、带有评判性质的称号。孔子在回答子贡时肯定孔圉能够“敏而好学，不耻下问”，认为给他这个谥号是适当的。子贡自恃其才，喜欢“方人”，孔子借其问而因势利导，指出不耻下问才符合“文”的内涵。孔子因材施教，于此可见一斑。现在有人认为“文”字不是谥号，而是成名的意思，如此理解，则本句翻译为：子贡问老师：“孔文子凭什么作为而成名的？”孔子回答说：“(孔圉)敏而好学，不耻下问，他(孔文子)就是这样做而成名的。”两种解释相比较，还是前者更符合子贡所问本意。

原文：发然后禁，则扞(hàn)格而不胜。时过然后学，则勤苦而难成。杂施而不孙，则坏乱而不修。独学而无友，则孤陋而寡闻。燕朋逆其师，燕辟废其学。此六者教之所由废也。

注释：本文出自先秦《礼记·学记》。

(1)发：事情发生。(2)扞格：互相抵制。(3)时过：时机错过。(4)不孙：没有秩序。(5)坏乱：混乱。(6)燕朋：不正经的朋友。(7)燕辟：贪图玩乐享受。

译文：如果等到错误发生以后才去禁止，就要遭到抵触而不易纠正。如果时机错过以后才去学习，学起来就会劳苦不堪难有成就。如果不知顺应自然，胡乱施教，教育工作就会陷入混乱的境地不能获得成效。如果单独学习而没有朋友，就会见解狭隘见闻不广。如果交友不慎，就会违背师长的教诲。如果沉湎于玩乐享受，就会荒废学业。这六点就是教育荒废失败的原因。

评析：学习，不是一时一日之功，而是一个由小到大、由偏到全、由狭到博、循序渐进的系统工程。这里讲了六条教育废止的原因：第一是不能学之于错误发生之前，第二是学习错过时机，第三是学习没有顺序，第四是学习没有同学，第五是交友不慎，第六是贪图玩乐享受。这六条都很重要，但最重要的莫过于有几个相互激励、切磋、问难的同学好友，有这样的同学好友，其他几条错误完全可以避免。

“独学而无友，则孤陋而寡闻”，这是为学习者应当重视的一条经验之谈。

原文：虽有嘉肴，弗食不知其旨也；虽有至道，弗学不知其善也。是故学然后知不足，教然后知困。知不足，然后能自反也；知困，然后能自强也。故曰：教学相长也。

注释：本文出自先秦《礼记·学记》。

(1)嘉肴：一作佳肴，美味饭菜。(2)弗：不，没有。弗食：没有吃过。(3)旨：通“脂”，美味。(4)至道：极高的道。(5)教：教授学生。(6)困：困顿，不通达。(7)反：反省。(8)自强：自己发奋图强。

译文：虽然有美味佳肴，如果不吃，就不会知道它的美味；虽然有极好的道理，如果不学，就不会知道它的美妙。所以，学习之后才能知道自己的不足，教过学生以后才能知道自己学识有困顿的地方。知道自己的不足，这样才能自我反省而更好地学习；知道自己困顿的地方，这样才能自强不息地求得进步。所以说，教和学是相互促进增长的。

评析：这段话首先用品尝佳肴比喻学习至道，让人容易明白。然后讲学习不仅能知道至道的妙处，还能知道自己的不足，知道自己的不足才会自我反省，更热情地投身于学习中去。再次，是说教授学生对自己知识的提升也有好处。这就是教学相长的道理。由学能知善，到学能知不足，再到教然后知困，最后到教学相长，作者一环紧扣一环，把学习的重要性及教学相长的道理讲得明明白白。

原文：不登高山，不知天之高也；不临深溪，不知地之厚也；不闻先王之遗言，不知学问之大也。

注释：本文出自战国荀况《荀子·劝学》。

(1)先王：古代圣王。(2)遗言：遗训，前代留下的言语、训示。

译文：不攀登高山，就不知道天有多高；不下临深溪，就不知道地有多厚；不聆听古代君王的遗训，就不知道学问的广博。

评析：这是一个富于哲理的排比句：不登上高山，就不知道天有多高；不亲临深溪，就不知道地有多厚；不懂得先前帝王的遗训，就不知道学问的渊博。天是不是很高？地是不是很深？只有登上高山、面临深溪，才会有更深刻的体验。古代君王所留遗训，都是一生乃至一个时代经验教训的总结，包含着丰富的哲理和人生感悟，只有多学、多看、多闻先王之遗言，才能知道古代学问是如此的博大精深。中华传统文化就是先王之遗言，也是老祖宗给我们留下的宝贵财富，只有珍惜努力并从传统文化中汲取精神食粮，我们才能有智慧、有能力屹立于世界民族之林。

原文：积土成山，风雨兴焉；积水成渊，蛟龙生焉。积善成德，而神明自得，圣心备焉。故不积跬(kuǐ)步，无以至千里；不积小流，无以成江海。骐骥一跃，不能十步；驽(nú)马十驾，功在不舍。锲(qiè)而舍之，朽木不折；锲而不舍，金石可镂(lòu)。

注释：本文出自战国荀况《荀子·劝学》。

(1)积：堆积，聚积。(2)焉：指代词，在哪里。(3)渊：深水，潭。(4)神明：精神和智慧，聪明睿智。(5)备：具备，完备。(6)跬步：半步，举足一次为跬，两次为一步。(7)骐骥：千里马，骏马。(8)驽马：劣马，走不快的马。(9)十驾：十天路程。(10)功：成功。(11)不舍：不停止，不放弃。(12)锲：用刀刻。(13)镂：雕刻。

译文：土堆积起来成为山陵，风雨就从那里兴起；水流汇积起来成为深渊，蛟龙就在那里生长。积累善行，形成良好的品德，就会得到最高的智慧，具备圣人的思想境界。所以，不积累每一小步，就不能远至千里；不汇集细流，就不能形成江海。骏马跳跃一次，不能有十步远；劣马拉车走十天，也能走得很远，它的成功在于不停止。拿刀刻东西，中途停止，腐朽的木头也不能刻断；不停地刻下去，金石也能雕刻成功。

评析：荀子这段话讲了学习持之以恒的重要性。和积土成山、积水成渊一个道理，一个人的文化知识是一天天积累起来的，积累多了，见多识广，融会贯通，就成了饱学之士。善行也是如此。《太上感应篇》有言："一日有三善，三年天必降之福。""三善"就是：眼善，看世界一切都是美好的；语善，对身边所有人都说好话；行善，帮助、鼓励、赞美人，包括对动物、植物都怀有一颗善心。如此积累三年，就会形成良好习惯，就会"神明自得，圣心备焉"。荀子举了四个日常生活中显而易见的例子来佐证自己的观点，使得说理更加透彻明晰。积土成山，积水成渊，这句话在《荀子·儒效篇》也出现过一次，其原文为："积土而为山，积水而为海。"以此说明"涂之人百姓，积善而全尽，谓之圣人"，即使是普通老百姓，只要积累善行达到尽美尽善的程度，就可以称之为圣人了。可见，做圣人并不难，唯在坚持学习，坚持行善而已。

原文：君子进，则能益上之誉而损下之忧。不能而居之，诬也；无益而厚受之，窃也。学者非必为仕，而仕者必如学。

注释：本文出自战国荀况《荀子·大略》。

(1)进：入仕做官。(2)上：上位者，此指君主。(3)下：下位者，此指民众。(4)诬：欺骗。(5)窃：盗窃。

译文：君子入朝做官，就能增加君主的荣誉而减少民众的忧患。没有才能而身居官位，就是行骗；对君主民众毫无裨益而享受优厚的俸禄，就是盗窃。学习的人不一定都是为了去做官，而做官的人一定要努力学习。

评析："君子进则能益上之誉，而损下之忧"，这句话也见之于《大戴礼记·曾子制言中》。《荀子》这段文字说了两层意思：第一，君子为什么做官？荀子做出回答说：君子做官就要"益上之誉而损下之忧"，不能做到这两点，那就是欺骗，就是盗窃。欺骗、盗窃，为人所不齿，故君子所不为也。第二，学习知识不一定非要走做官这一条路，但做官的人一定要努力学习。这就要求为官者一要做事，二要学习。在现实生活中，有为官者尸位素餐、怠政懒政，也有为官者借口事务繁忙而疏于学习，党的领导干部对这两种现象应当引以为戒。

原文：孟子曰："贤者以其昭昭使人昭昭，今以其昏昏使人昭昭。"

注释：本文出自战国孟轲《孟子·尽心下》。

(1)贤者：贤明有才德的人。(2)其：他的。(3)昭昭：清楚明白。(4)昏昏：昏暗糊涂。

译文：孟子说："贤人用自己清楚明白的道理使别人也清楚明白，现在的人却要用连他自己都糊里糊涂的道理去使人清楚明白。"

评析：贤者使人昭昭，是因为自己已经清楚明白；庸者昏暗糊涂，自己还没有明白，却乱说一通，想让别人弄个明白，这不太可笑了吗？师者，传道、授业、解惑者也。作为一个教师，作为一个学者，作为一个为政者，自己首先要把问题搞明白，然后再用浅显的语言把其本质性、规律性的东西讲明白，以己昭昭使人昭昭，如此，社会教化之易行，当可立见矣！

原文：子曰："不学而好思，虽知不广矣；学而慢其身，虽学不尊矣。不以诚立，虽立不久矣；诚未着而好言，虽言不信矣。美材也，而不闻君子之道，隐小物

以害大物者，灾必及身矣。”

注释：本文出自西汉韩婴《韩诗外传》卷六。

译文：孔子说：“不学习而喜欢思考，虽能知道一些道理，却无法广博透彻；只知道学习却不重视自身的修养，即使学到了知识也不会有高尚的品格。不以真诚待人处事，即使别人一时相信，也不会长久的。不具诚信却爱说话，即使说破了嘴，也是没有人会相信的。虽天生聪敏，但不知为君子的道理，这种贪图小利而害大义的人，灾难必定是会降临在他身上的。”

评析：孔子这段话有三层意思：第一要学思结合，德知结合。学习是思考的源泉，思而不学就会停止成长的脚步。学习要不断反省自身，不断用仁德提高自身，如果只是学习知识却不懂得提升自身道德修养，即使学问再大也不会有高尚的情操。第二要以诚立身。不以诚待人，人们就不会相信，相信了也不会长久；不以诚待人，话说得再好也没有人相信。第三要遵行君子之道。如果不遵行君子之道，即使再有才能也不能做成大事，甚至招致灾祸。所以，要把学、思、德、诚结合起来，只有这样，才能真正提高为政者自身修养和学识，提升党员领导干部的理解力、转化力、创造力和执行力。

原文：究天人之际，通古今之变，成一家之言。

注释：本文出自西汉司马迁《报任安书》。

(1)究：研究，探究。(2)天人：天道与人道，自然与人。(3)际：边际，交际，关系。(4)通：弄通。(5)言：言论，结论，学说。

译文：探究天道与人道之间的关系，弄通从古到今的各种变化，形成了一家的言论。

评析：司马迁将上自轩辕黄帝，下至他所处汉武帝时代，历经三千年的“天下放失旧闻”，“略考其事，综其终始，稽其成败兴坏之纪”，写成一部《史记》，的确实现了他“究天人之际，通古今之变，成一家之言”的初衷。读史明智。司马迁这句话也告诉我们，读历史书籍，最重要的就是要“究天人之际，通古今之变”。只有掌握社会发展规律，才能更好地开辟未来。

原文：书犹药也，善读之可以医愚。

注释：本文出自西汉刘向《说苑》。

(1)书：书籍。(2)犹：好似，相同。(3)善读：善于读书。

译文:书籍就好像良药,善于读书可以医治愚昧这种疾病。

评析:刘向这句话只有11个字,却说明了三个道理:第一,书籍就像可以治病的药物。第二,书籍是专门治疗愚昧这种疾病的药物;第三,书籍能够治疗愚昧疾病,最为关键的是要“善读”。如何善读?第一,要选书,选好书来读;第二,读书要思考,读书不思考,书就成了死书;第三,读书要善于联系,触类旁通,举一反三,并能学以致用,不然,读得书再多,自己只能是个书虫,或者是个会走动的书橱而已。“书犹药也”“可以医愚”,这是说读书的重要性,但“善读”二字才是这句话的重中之重。读好书,善读书,应当是我们在读书时需要注意的两条原则。

辨析:“书犹药也,善读之可以医愚”这句话,凡引用者均指其出自西汉刘向《说苑》一书,但《说苑》各篇中都找不到这句话。

原文:讯问者,智之本;思虑者,智之道也。

注释:本文出自西汉刘向《说苑·建本》。

(1)讯:问。讯问:严肃认真地盘问。(2)智:智慧。(3)本:根本。(4)思虑:思索考虑。

译文:严肃认真地向别人提出问题,这是增长智慧的根源;认真思索考虑,这是增长智慧的途径。

评析:人非生而知之,要想获得知识就要勤于学习。但学习时会遇到自己弄不懂的问题,这就要向别人询问;认识一件事情也是这个道理,向别人询问是弄明白这件事情最便捷的方法。人的智慧就是在别人的解疑答难中得到增长。从另一层意思说,如果没有经过认真思考,有一点问题就找人询问,这样做只能助长自己思想的懒惰;还有一层意思,如果问了别人,就人云亦云、盲从盲信,不去思考分辨也是不对的。所以,只有自己经过认真思考还弄不明白的问题,要及时找人问讯;向人问讯了,自己还要思考分辨其中的道理。这样,思问结合,问思结合,才是增长智慧最好的木源和途径。

原文:学所以益才也,砺所以致刃也,吾尝幽处而深思,不若学之速;吾尝跂而望,不若登高之博见。故顺风而呼,声不加疾而闻者众;登丘而招,臂不加长而见者远。故鱼乘于水,鸟乘于风,草木乘于时。

注释:本文出自西汉刘向《说苑·建本》。

(1)学:学习。(2)益才:增进才能。(3)砺:磨砺。(4)致刃:使其锋利。(5)幽处:幽静的地方,独处。(6)跂:通“企”,踮起脚尖。(7)乘:趁着,就着,借助。

译文:学习才能增进才华,磨砺才能使其锋利,我曾尝试独处思考问题,但不如通过学习掌握得快;我曾试过踮起脚尖向远处眺望,但不如站在高处看得广阔。所以顺着风大喊,声音不用很大但却能使很多人听见;登上小山挥舞手臂,手臂没有变长但是能让远处的人看见。所以鱼要在水中游弋,鸟要乘风才能飞翔,草木要在合适的时候才能生长。

评析:这段文字与荀子的《劝学》中的一段文字“吾尝终日而思矣,不如须臾之所学也;吾尝跂而望矣,不如登高之博见也。登高而招,臂非加长也,而见者远;顺风而呼,声非加疾也,而闻者彰”有相似之处。意思是讲学习的重要性,通过学习,可以益才,可以致刃。学习有助于思考,学习有助于博见。学习就像风,把声音传向远方;学习就像山丘,让人站得更高。一个人对于学习,就像鱼对于水,鸟对于风,草木对于时令,须臾不可离开。学习既然如此重要,我们的党、我们的国家、我们的民族、我们的干部,都要大兴学习之风,这样才能使干部增长才干,才能使我们的事业兴旺发达。

原文:夫儒生之业,《五经》也,南面为师,旦夕讲授,章句滑习,义理究备,于《五经》可也。《五经》之后,秦、汉之事,不能知者,短也。夫知古不知今,谓之陆沉,然则儒生,所谓陆沉者也。《五经》之前,至于天地始开、帝王初立者,主名为谁,儒生又不知也。夫知今不知古,谓之盲瞽。《五经》比于上古,犹为今也。徒能说经,不晓上古,然则儒生,所谓盲瞽者也。

注释:本文出自西汉王充《论衡·谢短》。

(1)《五经》:《诗经》《尚书》《易经》《礼记》《春秋》合称。(2)南面:坐北面南。(3)章句:章节字句。(4)滑习:非常熟悉。(5)义理:经义理论。(6)究备:探究完备。(7)陆沉:陆地下沉。泥古而不解世事。(8)瞽:无目曰瞽。盲瞽:盲人瞎子,不明事理。(9)王充:字仲任,会稽上虞(今属浙江)人,东汉唯物主义哲学家。

译文:儒生的主业是五经。面朝南边做老师,早晚讲课,把经书的章节字句背得滚瓜烂熟,道理讲得十分完备,在通晓五经这点上,是不错的。春秋战国之后,秦、汉的事情,他们是不知道的,这就是短处。了解古代不了解现在,称为愚昧无知,那么儒生就只能称作愚昧无知的人了。春秋战国之前,到天地开辟,帝王开始设立，君主的名字是谁，儒生更不知道。了解现在不了解古代，称为瞎子。春秋战国时代跟上古相比，就像是今天跟春秋战国时代相比一样。只能说解经书，不通晓上古，那么儒生就是称作瞎子的人。

评析：近代黄遵宪说过："识时贵知今，通情贵阅世。"王充这段话说的就是这个道理。《五经》由春秋战国时儒家整理而成。汉武帝时"独尊儒术"，《五经》作为儒家经典，儒生"南面为师，旦夕讲授，章句滑习，义理究备"，但却不知战国之后秦汉之事，王充讥讽为"陆沉"；儒生不知春秋之前上古之事，王充讥讽为"盲瞽"。管仲有言："疑今者，察之古；不知来者，视之往。万事之生也，异趣而同归，古今一也。"为学，贵贯通古今，既要避免"陆沉"，又要防止"盲瞽"，这才是融会贯通、掌握规律的研究方法。

原文：自中朝贵玄，江左称盛，因谈余气，流成文体。是以世极迍邅（zhūn zhān），而辞意夷泰，诗必柱下之旨归，赋乃漆园之义疏。故知文变染乎世情，兴废系乎时序，原始以要终，虽百世可知也。

注释：本文出自南朝梁刘勰《文心雕龙·时序》。

（1）中朝：朝中，朝廷。此指晋朝。（2）贵玄：看重玄学。（3）江左：长江以南。（4）流成：形成。（5）迍：道路难行。邅：难以行进。迍邅：艰难。（6）柱下：老子。（7）漆园：庄子。（8）文变：文风改变。（9）时序：时世，时代。（10）原始：探究。（11）要终：本始。（12）刘勰：字彦和，南北朝梁代著名文学批评家。

译文：自从晋朝看重文学清谈，到东晋偏安长江以南后便更为流行了，这种清谈玄学的风气影响到了文学，便形成了一种新的文风。所以世道虽然极度艰难，而文辞却写得平静宽缓，诗歌一定以老子、庄子的思想作为宗旨和归宿，辞赋只能是老子、庄子著作义理的解释。所以知道文章的变化受到时代情况的感染，不同文体的兴衰和时代的兴衰有关，探究它的开始，总归它的终结，即使是百世的文学流变也是可以推知的。

评析：《文心雕龙》是南朝梁文学批评家刘勰写的一部文学理论专著。这段文字介绍了玄学的兴起及其对文学的影响。玄学尚清谈，推重老子、庄子，而同一时期的文学作品，尽管时势动荡，民生维艰，但文辞却与作者窘境相反，写得平静宽缓，诗歌、辞赋均与老庄思想、义理密切关联。刘勰因此得出结论："文变染乎世情，兴废系乎时序。"文学作品与时代有非常密切的关系，不同文体的兴衰与时代的兴衰相关联。当今中国处于前所未有的盛世，各族人民在党的领导下正在为实现中国梦而团结奋斗，相信我们的文艺工作者和各条战线的工作者，一定会在各自不同的工作岗位上，书写出无愧于时代的宏伟篇章。

原文：古人学者必有师，师者，所以传道受业解惑也。人非生而知之者，孰能无惑？惑而不从师，其为惑也，终不解矣。生乎吾前，其闻道也固先乎吾，吾从而师之；生乎吾后，其闻道也亦先乎吾，吾从而师之。吾师道也，夫庸知其年之先后生于吾乎！是故无贵无贱无长无少，道之所存，师之所存也。

注释：本文出自唐代韩愈《师说》。

(1)学者：求学的人。(2)道：原则，知识，真理，规律。(3)受：通“授”。传授。(4)业：学业。(5)惑：疑难问题。(6)闻道：懂得道理，掌握规律。(7)师之：以他为老师。(8)庸：岂，哪。(9)韩愈：字退之，河南河阳(今河南省孟州市)人，唐代文学家、思想家。

译文：古代求学的人一定有老师。老师是传授道理、教授学业、解释疑难的人。人不是生下来就懂得知识和道理的，谁能没有疑惑？有了疑惑而不向老师求教，那他对于疑惑的问题，就始终不能解决。出生比我早的人，他懂得道理本来比我早，我跟从并向他学习；比我出生晚的人，他懂得道理如果比我早，我也跟从他学习，而且把他当作老师。我学习的是真理和知识，哪里计较他生年比我早还是晚呢？所以，不论地位贵贱，不论年纪大小，道理存在的地方，也是老师存在的地方。

评析：韩愈这段话讲述了老师的作用：传道授业解惑。韩愈认为，人非生而知之，一定会有疑惑的地方，这就需要向老师求教。闻道有先后，不论闻道的人地位贵贱、年纪大小，都可以成为老师。此即所谓“道之所存，师之所存也”。老师的职责是传道授业解惑，一个人有了疑惑就要求教老师，闻道者人人都可成为我的老师。这就是韩愈在《师说》中给我们讲述的道理。

原文：业精于勤，荒于嬉；行成于思，毁于随。

注释：本文出自唐代韩愈《进学解》。

(1)业：学业。(2)精：精进，精深。(3)勤：勤奋。(4)荒：荒废。(5)嬉：嬉戏，玩乐。(6)思：思考。(7)随：随从，盲从。

译文：学业的精进由于勤奋，而荒废由于游荡玩乐；做事成功是由于思考，做事失败是因为盲从别人。

评析：学业要想精深，要想掌握一门学问，靠得就是一个“勤”字。韩愈还有一句关于勤以治学的名联:“书山有路勤为径,学海无涯苦作舟。”韩愈把“勤”与“苦”联系在一起,由此可见学习需要一种自律精神,不然就会因耽于嬉戏而荒废学业。与学相对的,还有一个“行”字,精深学业是为了“行”,行就是做事,做事怎样才能成功?韩愈回答是“成于思,毁于随”,做事之前一定要认真思考,这是做事成功的根基,千万不可盲从跟随。韩愈此语中的“行”字,也有学者解释为德行,如“古诗文网”对“行成于思,毁于随”的译文就是:“德行的成就由于思考,而败坏由于因循随便。”

原文:君子之学必日新,日新者日进也。不日新者必日退,未有不进不退者。

注释:本文出自北宋程颢、程颐《二程遗书》卷二五。

(1)进:进步。(2)退:退步。(3)二程:程颢、程颐兄弟,河南洛阳人,北宋思想家、教育家。

译文:君子学习,每天都应该发现新的东西,每天有新的见解,这才算是进步。如果每天学习没有猎取新的东西,那么便可以说是倒退了,没有进步也没有退步的情况是没有的。

评析:古人十分强调“日新”的概念,与商汤王“苟日新,日日新,又日新”这句话相比较,二程这句话在强调“日新”的同时,还提出了“日进”的概念,每天有创新,每天有进步。与此同时,二程还提到如果不“日新”的害处,那就是“日退”,不能“日新”“日进”,那就意味着自己在倒退。当今时代,日新月异,我们更要激励自己“日新”“日进”,与日俱进,与时俱进,做一个紧随时代步伐的前行者。

原文:人若志趣不远,心不在焉,虽学无成。

注释:本文出自北宋张载《经学理窟·义理》。

(1)志趣:志向情趣。(2)焉:这里。(3)张载:字子厚,大梁(今河南开封)人,北宋理学创始人之一,因定居陕西郿县横渠镇,世称横渠先生。(4)《经学理窟》:张载所著一部理学著作,含“周礼”“诗书”“宗法”“礼乐”“气质”“义理”等13篇。

译文:一个人如果志向情趣不够远大,用心不在学习上,即使他读书学习,也不会有什么成就。

评析：要想学有所成，首先要明确学习目标，明确了学习目标，学习就有了积极性，有了积极性，学习才会专心致志，学习专心致志，就会勤于思考，最后成就学业。所以，一个人志趣是否远大，对能否成就学业十分重要。张载《经学理窟·学大原下》有一句话，叫作“志小则易足，易足则无由进”，说的也是这个意思：志向小则容易满足，容易满足就不会再进步了。

原文：为学须觉今是而昨非，日改月化，便是长进。

注释：本文出自南宋黎靖德《朱子语类》卷八。

(1)为学：治学。做学问。(2)是：对，正确。(3)化：变化。

译文：做学问必须常常觉悟到今天比昨天有所进步，有所超越，日有所改，月有所变，就是有所长进。

评析：“今是而昨非”，可直译为“今天是对的，而昨天是错的”，但这样未免太生硬了，也不符合作者的本意，所以此处意译为“今天比昨天有所进步”。朱熹这句话给我们的启示是：做学问应日新月异，不断吸收新成果，用不断变化的社会实践来衡量自己的认识是否正确，脑子里必须有“今是而昨非”的观念，这样学业才能有所进步。

原文：玉不琢，不成器；人不学，不知义。

注释：本文出自南宋王应麟《三字经》。

(1)器：器皿。(2)义：礼义，义理。(3)王应麟：字伯厚，南宋官员、学者，相传《三字经》为其所著。(4)《三字经》：与《百家姓》《千字文》并称为“三大国学启蒙读物”。相传为南宋王应麟首作，明清有所增删。

译文：玉不打磨雕刻，不会成为精美的器物；人如果不学习，就不懂得知识和道理，不能成才。

评析：玉和石头不同，是因为它包含了潜在的有用成分和价值。但玉要实现其价值，就要经过匠人的打磨加工和精雕细琢，否则就会像一块石头一样，不能展现其光彩。人和玉一样，每个人都有成为杰出人才的潜质，但如果不重视学习，不像玉一样经历磨炼，就不可能成为一个对社会有用的人。学习和磨炼是人们成长的阶梯，一个人不可能十全十美，总是在克服缺点、纠正错误的过程中不断进步，成长成熟起来的。

原文：犬守夜，鸡司晨。苟不学，曷为人。蚕吐丝，蜂酿蜜。人不学，不如物。

注释：本文出自南宋王应麟《三字经》。

(1)犬：狗。(2)司：掌管。司晨：报晓。(3)曷：通“何”，怎么。

译文：犬能守夜看家，鸡能打鸣报晓，人如果不学习，怎么能称得上是人呢？蚕能吐丝，蜂能酿蜜，人如果不学习，就连动物都不如。

评析：《三字经》这段话用犬守夜、鸡司晨、蚕吐丝、蜂酿蜜这四种动物为人类做出贡献的事例，得出“苟不学，曷为人”“人不学，不如物”的结论，可谓对比鲜明，说理精彩。人和动物的最大区别，就是人能学习、会学习，一个人如果不学习，生活没有目标，整天浑浑噩噩，无所事事，这还怎么称得上是人呢？一个人不通过学习掌握报效社会的本事，那他的确连动物也不如了。“读万卷书，行万里路”，应当成为每一个人的志向抱负。

原文：胆欲大，心欲小；智欲圆，行欲方。大志非才不就，大才非学不成。学非记诵云尔，当究事所以然，融于心目，如身亲履(lǚ)之。南阳一出即相，淮阴一出即将，果盖世雄才，皆是平时所学。志士读书当知此。不然，世之能读书能文章，不善做官做人者最多也。

注释：本文出自明代郑心材《郑敬仲摘语》。

(1)胆：胆量。(2)圆：圆通。(3)方：方正，堂堂正正。(4)记诵：默记背诵。(5)究：探究。(6)所以然：所以如此。(7)南阳：诸葛亮，曾躬耕南阳(今河南南阳)。(8)淮阴：淮阴侯韩信。(9)郑心材：字敬仲，号思泉，明浙江海盐(今浙江海盐)人，屡试不第。年五十，始以荫补官。官至应天府治中。治中为正五品，负责处理府内各项庶务。

译文：一个人做事要胆大，有魄力，但考虑事情又要心细、周密；用智要圆通灵活，但行为要端正大方。大的志向只有才干才能成就，而大的才干只有勤奋学习才能取得。读书并不是能记能背，而要探究事物的所以然，在心目中融会贯通，就像亲自实践一样。隐居在南阳的诸葛亮一出山就任丞相，淮阴的韩信一出山就拜为大将，他们果然都是盖世雄才，这都是平时善于学习的结果。一个有远大志向的人在读书时应当知道这些。不然的话，世上能读书、能写文章，却不善于做官、不善于做人的人就太多了。

评析：胆大心细，智圆行方，是一个有才干、有志向的人所应具备的特点。作者写到这里笔锋一转，讲到学习对成就一个人事业的重要性，然后谈论如何治学:“学非记诵云尔,当究事所以然,融于心目,如身亲履之。”学习是长期的积累,只有平时勤学、善学,才能积累出将入相的才能,就像诸葛亮、韩信一样,一旦被重用,就大显身手,施展才华。郑心材强调,志士就要像韩信、诸葛亮那样把书读活,学以致用,不然,只是会读书写文章,却不善做官、做人,这样的人又对社会有什么用处呢?

原文:学贵得师,亦贵得友。

注释:本文出自清代唐甄《潜书·讲学》。

(1)贵:以……为贵。(2)友:朋友,学友。(3)唐甄:字铸万,号圃亭,四川达县人,明末清初思想家、政论家。

译文:学习贵在有一个好老师,有一个好朋友也很重要。

评析:人生学习路上,有一个好的老师非常重要。师者,传道、授业、解惑也。学生从老师这里可以学到知识,可以解除心中的疑惑,更重要的,是可以学到很多做人的道理。有很多大成就者,往往是大学、中学,甚至是小学老师的一句话,影响了自己的一生。学习贵在得友,学习上的好朋友也至关重要,甚至有着举足轻重的地位。朋友间的相互切磋、相互鼓励、相互提携,每日精进,可以促进学习和掌握知识。所以,励志学有句名言,叫作人生三大憾事:遇良师不学,遇良友不交,遇良机不握。人生三大憾事,良师益友占了两条,由此可见“学贵得师,亦贵得友”的重要性。

原文:学如弓弩(nǔ),才如箭簇(cù)。识(zhì)以领之,方能中鹄(gǔ)。善学邯郸,莫失故步。善求仙方,不为药误。我有禅灯,独照独明。不取亦取,虽师勿师。

注释:本文出自清代袁枚《续诗品·尚识》。

(1)弓弩:古代射击兵器,是一种装有臂的弓。(2)箭簇:箭头。(3)识:记住。(4)领:领悟。(5)鹄:箭靶的中心,箭靶。(6)禅灯:禅灯是一种采用高丽窍石制成的石灯。(7)袁枚:字子才,号简斋,钱塘(今浙江杭州)人,清代诗人、散文家、文学评论家。

译文:学问好比弓弩,而才能就像箭头,学问记住并且加以领悟,才能像射箭一样射中靶心。善于学习邯郸步子的人,不要失去原来的步子。善于寻求仙方的人,不会被一般药材所迷误。我有一盏禅灯,可以独照独明。不效法也是效法，虽然有师从但不会完全效仿。

评析：袁枚这段话讲述了如何做学问的道理，学问是工具，才能是箭簇，学问和才能的结合点就是记住学问并能够领悟其中道理，这样才有助于运用实践并发挥效用。邯郸学步本来是讥讽一个人一味模仿别人，结果把原来自己会的本事也失去了。袁枚反其意而用之，指出善学者不仅学到新的本事，同时也没有丢失原来的本事。善于寻求仙方的人，绝不会降低自己的追求；我既然有禅灯这样的灯具，就要坚持并发扬自己的长处。“不取亦取，虽师勿师”，这就是效仿和学习的辩证法。这段文字篇幅不长，但值得反复诵读，仔细玩味其中哲理。

惜时篇

xishipian

乾，元，亨，利，贞。

——周文王

周文王姬昌

周文王(前1152～前1056年)，姬姓，名昌，殷末为西伯，勤于政事，发展生产，礼贤下士，广罗人才，势力日益强盛。殷纣王为压制西伯侯势力，将姬昌囚禁于羑里。姬昌在羑里被拘7年，其间研究殷商《连山易》，推演六十四卦，以乾卦为首，写出《周易》。周文王所写为《周易》六十四卦卦辞，其四子周公旦为《周易》撰写爻辞。姬昌次子姬发，克商建周，追谥父亲姬昌为周文王。

原文:子在川上曰:“逝者如斯夫,不舍(shě)昼夜。”

注释:本文出自《论语·子罕》。

(1)子:孔子。(2)川上:河边。(3)逝者:消逝的时光。(4)斯:这,指河水。(5)夫:语气词。(6)舍:止息。

译文:孔子站在湍急的河岸边上说:“逝去的时光就像这流水啊,不分昼夜地向前流淌。”

评析:南怀瑾先生很看重孔子这句话,他说:“这两句话的文学气息非常重,全部《论语》中,最富于哲学意味的,也就是这两句话。”他引用道家、佛家学说对这句话作了许多阐述,并从《易经》引申出孔子是教我们“要效法水不断前进”,“满足于今日的成就,即是落伍”。我们这里还是把流水看作时光,孔子是在叹息时光如流水,告诫弟子们要珍惜这稍纵即逝的时光,抓紧学习,抓紧自身修养,抓紧做应该做的事情!孔子这句话修辞巧妙,语言简约精粹,更增加了它形式上的力量,使之具有千古不朽的生命力。

原文:人生天地之间,若白驹之过隙,忽然而已。

注释:本文出自战国庄周《庄子·知北游》。

(1)白驹:白色骏马,此处指太阳。(2)隙:缝隙。(3)忽然:迅速突然的样子。

译文:人活在天地宇宙之间,就像一匹白色骏马穿过细小的隙缝之间,只是一眨眼而已。

评析:这是庄子借老子与孔子的对话,讲述自己对至道的看法。在庄子看来,人生就像白驹过隙,不过很快的一刹那间,所以至道不能闻听,闻听不如塞住双耳,这就是最大的得道(道不可闻,闻不若塞。此之谓大得)。后世人们用“白驹过隙”作为成语,比喻时间过得很快,光阴易逝。正因为如此,所以人们更要珍惜时间,努力拼搏,为这个世界的进步繁荣作出自己应有的贡献。

原文:夫日回而月周,时不与人游,故圣人不贵尺之璧而重寸之阴,时难得而易失也。禹之趋时也,履遗而弗取,冠挂而弗顾,非争其先也,而争其得时也。

注释:本文出自西汉刘安《淮南子·原道训》。

(1)日回:太阳每天回来一次。(2)月周:月亮每月周转一次。(3)不贵:不以……为珍贵。(4)璧:美玉。(5)重:重视,看重,珍惜。(6)阴:光阴。(7)时:时间,时光。(8)趋时:追随时间。(9)履:鞋子。(10)刘安:西汉皇族,世称淮南王,思想家、文学家。

译文:日月不停地运转,时间不停地流逝而不迁就人。所以道德完备的圣人不看重一尺长的玉璧而珍重一寸光阴,因为时机难得而易失。夏禹为追随时机,鞋子掉了也顾不上拾取,头巾挂落了也顾不上回头看,他并不是和谁在争先后,只是争得时机而已。

评析:俗语云:一寸光阴一寸金,寸金难买寸光阴。《淮南子》这篇文字说的就是这个意思:日月周转,时不我待,圣人重一寸光阴而不重盈尺之璧。作者以大禹为例,记述大禹为争得时机,“履遗而弗取,冠挂而弗顾”。圣人尚且惜阴如金、贵阴轻玉,何况吾辈乎?南朝周兴嗣作《千字文》,将《淮南子》这段话的意思简练成八个字:“尺璧非宝,寸阴是竞。”东晋名将陶侃(陶渊明曾祖父)也常语人曰:“大禹圣者,乃惜寸阴,至于众人,当惜分阴,岂可逸游荒醉,生无益于时,死无闻于后,是自弃也。”

原文:少而好学,如日出之阳;壮而好学,如日中之光;老而好学,如炳烛之明。炳烛之明,孰与昧行乎?

注释:本文出自西汉刘向《说苑·建本》。

(1)日出之阳:早晨的太阳。(2)日中之光:中午的阳光。(3)炳烛:点燃蜡烛,今作“秉烛”。(4)孰与:比……怎么样。(5)昧:黑暗。昧行:在黑暗中行走。

译文:少年的时候喜好学习,如同初升太阳的阳光一样;中年的时候喜好学习,就像正午太阳的阳光一样;晚年的时候喜好学习,就像把蜡烛点燃一样明亮,点上蜡烛和暗中走路究竟哪个好呢?

评析:这段文字是盲人乐师师旷对晋平公说的一段话。年已70岁的晋平公向师旷表示自己想要学习的愿望,但担心是不是太晚了。师旷说为什么不点蜡烛呢?晋平公认为师旷是在取笑自己,师旷因此说了这么一番话:“少年学习,就像初升的太阳;中年学习,就像中午的阳光;晚年学习,就像点燃蜡烛。与其在黑暗中行走,何如点上蜡烛照明。”晋平公因此赞同师旷的说法。师旷这段话形象说明了“只要学习就不晚”的道理。年轻人、中年人要重视学习,这就不必说了,就是老年人,也要“活到老,学到老”。现在一些领导干部因年龄原因退居幕后,容易有失落感,如果通过读书学习来充实自己,这不是一副很好的良药妙方吗?

原文:岁不我与,时若奔驷;有来无反,难得易失。

注释:本文出自西晋束皙《束广微集·玄居释》。

(1)岁:岁月,时间。(2)与:等待,参与。(3)驷:同驾一辆车的四匹马,或套着四匹马的车。(4)反:通“返”。(5)束广微:名束皙,字广微。西晋文学家、学者。博学多闻,性沉退,不慕荣利。享年40岁。卒时,元城(今河北省大名县一带)市里为之废业。文集七卷,已佚失,明张溥辑有《束广微集》。

译文:岁月不会停下来等待我,时间就像奔腾的四匹骏马。只有一路前来却没有回头重来,时间就是那么难以得到却又容易失去。

评析:“岁不我与”四个字,最早见于《论语·阳货》,原文是“日月逝矣,岁不我与”。背景是阳虎劝孔子出仕,叹息时间岁月在不停地流逝,我们不能再等待下去了。“时若奔驷”四个字,则有《庄子·知北游》“人生天地之间,若白驹之过隙,忽然而已”的意境。束皙以“岁不我与,时若奔驷”这两句话为据,引发出自己对时光的感叹:“有来无反,难得易失。”——从而更容易得到人们对作者理念的认同。束皙本人就是珍惜时光的典范,“夜兼忘寐之勤,昼骋钻玄之思,旷年累稔”,史书称赞其少年“好学不倦,人莫及”,后因一篇《玄居释》被关内侯张华赏识而为世人所知。

原文:盛年不再来,一日难再晨。及时当勉励,岁月不待人。

注释:本文出自东晋陶潜《杂诗八首》之一。

(1)盛年:少年,青壮年。(2)及时:抓紧时间。(3)陶潜:字元亮,一字渊明,世称靖节先生,浔阳柴桑(今江西九江)人,东晋文字家、散文家。

译文:精力充沛的年岁不会再重新来过,就像一天之中只能有一个早晨。人在年轻的时候,要勉励自己及时努力,否则,岁月一去不回,它是不会停下来等人的。

评析:少年过去了,青年过去了,壮年过去了,人的一生就是单行道,少年青年壮年,过去了就不会再来,就像一天难得有一个早晨一样,一晃眼,早晨就过去了。懂得岁月的短暂,就要勉励自己抓紧时间,学习学习再学习,努力努力再努力,勤奋勤奋再勤奋,岁月不会逗留等待我们,抓紧时间学习,抓紧时间工作,“莫等闲,白了少年头,空悲切”!

原文:洛阳城东桃李花,飞来飞去落谁家?洛阳女儿惜颜色,坐见落花长叹息。今年花落颜色改,明年花开复谁在?已见松柏摧为薪,更闻桑田变成海。古人无复洛城东,今人还对落花风。年年岁岁花相似,岁岁年年人不同。

注释:本文出自唐代刘希夷《代悲白头翁》。

(1)惜:珍惜。(2)松柏摧为薪:松柏被砍伐作柴薪。用典《古诗十九首》:"古墓犁为田,松柏摧为薪。"(3)桑田变成海:典出《神仙传》:"麻姑谓王方平曰:'接待以来,已见东海三为桑田。'"(4)无复:不再。(5)刘希夷:字庭芝,汝州(今河南汝州)人,进士出身,唐朝诗人。

译文:洛阳城东开满桃花李花,飞来飞去不知落在谁家?洛阳城内女子珍惜自己娇美的容貌,坐在院中看见落花而长声叹息。今年桃花梨花凋零颜色衰减,明年花开时节又有谁能看见这繁花似锦的美景?已经看见干枯的松柏被砍下来作为柴薪,又听说桑田几次变成汪洋大海。逝去的古人已经不再悲叹洛阳城东凋零的花朵,而今人却依旧对着随风凋零的落花而伤怀。一年年一岁岁繁花似锦的景象何曾相似,一岁岁一年年看花之人却不相同。

评析:刘希夷这首乐府诗是一首咏叹青春易逝、富贵无常的名篇。全篇由年少女子写到白发老翁,限于篇幅,此处只引用其前半部分。诗篇写美貌女子看到满天飞舞的桃花李花,悲叹花儿因凋零而改变颜色,而自己到明年还不知在什么地方。繁花今年落了明年还会再有,而人却因一年年的岁月容颜变色,渐渐老去。作为一个人,活在世上,就要像繁盛的桃花李花一样,尽管容易凋零颜色易改,更要珍惜短暂的生命,活出一番精彩,干出一番事业。

原文:时不与兮岁不留,一叶落兮天地秋。况白露之夜遥,听阴虫之啾啾(jiū)。且鸣因夜急,思以秋苦;始趯趯(tì)而缘阶,转而喓喓(yāo)入户。

注释:本文出自唐代李子卿《听秋虫赋》。

(1)不与:不参与,不等待。(2)阴虫:秋虫,蟋蟀之类。(3)啾啾:小声。(4)趯趯:跳动。喓喓:虫鸣声。见《诗经·召南·草虫》:喓喓草虫,趯趯阜螽。(5)户:屋内。(6)李子卿:进士出身,唐朝诗人。

译文:时不我待啊岁月不为我留下,一片树叶落下天地秋色开始。何况白露节气夜色更长,听到蟋蟀声声鸣叫。而且因夜色鸣叫得更加急迫,由此想到秋天的苦楚。蟋蟀开始时沿着台阶跳跃,到后来喓喓鸣叫着进入屋内。

评析:这段文字节选自李子卿《听秋虫赋》。诗人一开始就感叹时光无情的流逝，一叶知秋，更何况白露节气漫长的秋夜。在这秋风萧瑟的时候，诗人听到了蟋蟀的叫声。蟋蟀，在中国古代诗词里很早就作为秋天的代名词，同时也是夜虫的代表。诗人由蟋蟀的鸣叫感受到秋天的苦楚悲凉，由此也更关注蟋蟀的命运："始趯趯而缘阶，转而嘤嘤入户。"继而又生发出一番悲秋感物的浩叹。"时不与兮岁不留，一叶落兮天地秋。"与其悲叹时光的流逝，不如抓住眼前，多做一些有益于社会进步的事情吧。

原文：天落白玉棺，王乔辞叶县。一去未千年，汉阳复相见。犹乘飞凫(fú)舄(xì)，尚识仙人面。鬓发何青青，童颜皎如练。吾曾弄海水，清浅嗟(jiē)三变。果惬(qiè)麻姑言，时光速流电。与君数杯酒，可以穷欢宴。白云归去来，何事坐交战。

注释：本文出自唐代李白《赠王汉阳》。

(1)天落白玉棺：典出《后汉书·方术传》："后天下玉棺于堂前，吏人推排，终不动摇。"(2)王乔：东汉叶县县令，自己沐浴躺入玉棺，"盖便立覆。宿昔葬于城东，土自成坟"。(3)汉阳：唐朝汉阳县，即今湖北武汉汉阳区。(4)飞凫：飞翔的野鸭。(5)舄：鞋子。(6)皎如练：皎洁如白色绸缎。(7)嗟：嗟叹。(8)惬：合乎，恰当。(9)麻姑：道教神话女仙。(10)王汉阳：汉阳县令，生平不详。李白另有《早春寄王汉阳》诗一首。

译文：天上落下白玉棺，王乔入棺辞叶县。一去接近上千年，今天汉阳再相见。仍然脚穿飞凫鞋，尚且认得仙人面。鬓发为何仍清秀，童子颜面白如练。我曾戏弄沧海水，嗟叹清浅三次变。果然如同麻姑言，时光快速似闪电。与君且饮数杯酒，可以尽情共欢宴。白云深山归又来，为何贫富牵挂心？

评析：这是李白与汉阳王县令会面时写的一首诗。李白把王县令比作东汉叶县县令王乔，先是叙述王乔成仙的一段故事，然后描述千年后与王县令的再次见面的情况：王县令还穿着飞凫鞋，鬓发乌青，童颜鹤面。诗人这千年时间也曾戏弄海水，看着海水清浅三次。由此感叹正像仙人麻姑所说，时间如同闪电一样快速流逝。现在与王县令喝酒欢饮，就像陶渊明那样归去来兮，但是你为什么还要为百姓的生计操心呢？全诗内容均为写仙人故事，最后却落脚"何事坐交战"这五个字，突出了汉阳王县令为民操劳的感人情怀。本处引用此诗"时光如流电"五个字，表现出作者对时光流逝的感叹，同时也强烈感受到时间的无情飞逝，由此更让人增加了抓紧时间的紧迫感。

原文:读书不觉已春深,一寸光阴一寸金。不是道人来引笑,周情孔思正追寻。

注释:本文出自唐代王贞白《白鹿洞二首》其一。

(1)春深:深春,春末,晚春。(2)道人:白鹿洞道士。(3)引笑:引人发笑,逗笑。(4)周情:周公之情思。(5)孔思:孔子之思想。(6)追寻:深入钻研。(7)王贞白:字有道,号灵溪,信州永丰(今江西广丰)人,唐末著名诗人。

译文:专心读书不觉已到晚春,每一寸光阴就像一寸黄金珍贵,如果不是道人过来逗笑,我的思绪还在周公、孔子的精义思想中苦苦追寻。

评析:什么时候时间过得最快?就是当一个人专注于某项工作中,觉得时间过得最快。诗人王贞白就是如此,他每天专注于读书,不知不觉春天很快就要过完了。由此诗人感叹时间就像金子一样珍贵。而诗人写诗的当天也是如此,诗人正在苦苦追寻探索周公、孔子的精义思想,这时白鹿洞的道士却跑来逗笑。王贞白有感而发,于是写下这首诗篇。一寸光阴一寸金,作为诗人对时间的感悟,已经被后人广泛传颂,并加上七个字成为一句完整的名言警句:一寸光阴一寸金,寸金难买寸光阴。金钱有价,时间无价。无论是为政者还是莘莘学子,以及每一位有志者,抓紧时间学习,抓紧时间工作,抓紧时间做事,这才不会虚度自己的人生。

原文:三更灯火五更鸡,正是男儿读书时。黑发不知勤学早,白首方悔读书迟。

注释:本文出自唐代颜真卿《劝学诗》。

(1)三更:晚上第三个时辰,即子时,午夜12点。(2)五更:寅时,凌晨3～5时。(3)鸡:鸡叫。(4)黑发:年轻人。(5)白首:白头,老年人。(6)颜真卿:字清臣,生于京兆(今陕西西安),唐代官员,书法名家。

译文:每天三更灯火五更鸡叫的时候,正是男孩子读书的最好时间。少年时代不知道早早勤奋学习,到老的时候就会后悔自己读书太晚了。

评析:东晋名将祖逖有个典故,叫"闻鸡起舞",是说他听到鸡叫就起床练剑。颜真卿除了五更鸡叫,又加上三更灯火,这实际上几乎是要子弟通宵读书了。除了时间上的规定,颜真卿还以黑发、白首相对照,说明了少年时代勤学的重要性。有道是"书到用时方恨少"。青少年就要早读书、勤读书、多读书,这样才不会到老年悔恨自己少年时代没有好好读书了。

原文:击石乃有火,不击元无烟。人学始知道,不学非自然。万事须己运,他得非我贤。青春须早为,岂能长少年。

注释:本文出自唐代孟郊《劝学》。

(1)乃:才。(2)元:通"原",原本。(3)知:知道,掌握。(4)道:自然规律,各种知识。(5)自然:天然。(6)运:运作,运用。(7)孟郊:字东野,湖州武康(今浙江德清)人,唐代诗人。

译文:击打石头就会出现火花,不击打就连烟也不会冒出。人只有通过学习才能掌握各种知识,不学习决不会自然天成。任何事情都需要自己应用实践,别人得到的不是我自己的才能。青春时期就要趁早努力,一个人难道能会永远是少年吗?

评析:孟郊这首《劝学》诗很有哲理。诗人用击石生火的浅显道理,说明人只有通过学习才能掌握各种知识,人非生而知之,不学习决不会成为一个有知识的人。诗人强调动手实践对掌握知识的重要性,任何事情都要自己亲手去做,这样才能增长自己的才能。掌握知识、增长才干除了要学习、要实践之外,诗人还强调了时间的重要性,学习就要趁青春年华,一个人不可能永远处在少年时代,所以要认识到学习的紧迫性,抓紧学习,让自己早早成为一个对社会有用的栋梁之才。这首劝学诗虽是诗人孟郊对当时青少年的劝诫,至今读来仍不失为一篇绝佳的劝学诗。

原文:何事居穷道不穷,乱时还与静时同。家山虽在干戈地,弟侄常修礼乐风。窗竹影摇书案上,野泉声入砚池中。少年辛苦终身事,莫向光阴惰寸功。

注释:本文出自唐代杜荀鹤《题弟侄书堂》。

(1)何事:为什么,什么事。(2)居穷:居处穷困。(3)家山:家乡的山,故乡。(4)常修:经常修习。(5)寸功:极小的功劳。(6)杜荀鹤:字彦之,自号九华山人。池州石埭(今安徽石台)人。进士出身,为晚唐诗人,在朱温梁朝为翰林学士。

译文:虽然住的屋子简陋但道却依然丰盈,尽管外面战乱纷纷但和世道平静时没有不同。家乡已经成为干戈纷争的地方,可是弟侄仍然经常修习礼乐教化。窗外竹子摇动的影子在书桌上摇摆,野外泉水叮咚响声在砚池中回荡。年轻时读书辛苦是关系终身的大事,不要在匆匆逝去的光阴中有丝毫的懒惰。

评析:这是杜荀鹤题写在侄子书房墙上的一首七律诗。在破陋的书房里,侄子一心向学求道,尽管家乡干戈纷争,外面战乱纷扰,但侄子却能潜心研习礼乐教化。窗外摇曳的竹叶、叮咚的山泉给书房增添了静谧的气氛。作为一个少年人,就应该不管外面如何混乱,都要爱惜光阴,丝毫不放松自己的努力,因为这是有益终身的大事。"少年辛苦终身事,莫向光阴惰寸功",与"少壮不努力,老大徒伤悲"异曲同工,不仅少年人,就是作为成年人,也应爱惜光阴,抓紧读书充电,如此才能有益终身,无愧人生。

原文:岂如车马尘,鬓发染成霜。三者孰苦乐,子奚勤四方。乃云慕仁义,奔走不自遑。始知仁义力,可以治膏肓。有志诚可乐,及时宜自强。

注释:本文出自北宋欧阳修《送慧勤归余杭》。

(1)岂如:难道就如。(2)鬓发:头发。(3)三者:居室、饮食、山水。(4)奚:为什么。(5)乃:你。(6)遑:闲暇。(7)膏肓:将死难治疾病。(8)慧勤:释慧勤,北宋高僧,著名文字家。

译文:怎么就像车马飞扬的尘土,出门将头发染成了白霜。余杭、汴州的居室、饮食、山水,这三者哪个苦哪个乐,一眼就可以分辨,先生您为什么还要四方辛勤劳碌呢?你回答说是因为羡慕实行仁义,才四处奔走使自己没有闲暇时间。于是我这才知道仁义的力量,原来可以治疗世间难医的疾病。您有这样的志向的确让人感到欣慰,您更要及时践行,自强不息。

评析:欧阳修《送慧勤归余杭》,用慧勤语气,叙述了杭州宫室佛屋的奢侈华丽,南方饮食的精致甘美,东南山水的清秀芳香,反衬北方居室如燕巢,饮食吃枯粟,至于山水景色更是难寻难觅,倒是北方的尘土,出门就把头发染成白霜,因此力劝欧阳修与之一起南下到余杭,并对欧阳修奔波四方感到难以理解。欧阳修回答是:因为自己羡慕并实行仁义,才"奔走不自遑"。慧勤对欧阳修的志向表示赞赏,并鼓励欧阳修要"及时宜自强"。这段对话式的描写,既表明了欧阳修"慕仁义"的志向,又强调了应当及时践行、自强不息的重要性。

原文:青青园中葵,朝露待日晞(xī)。阳春布德泽,万物生光辉。常恐秋节至,焜(kūn)黄华叶衰(cuī)。百川东到海,何时复西归?少壮不努力,老大徒伤悲。

注释:本文出自北宋郭茂倩《乐府诗集·相和歌辞·长歌行》。

(1)葵:一种蔬菜名称。(2)朝露:清晨露水。(3)晞:天亮,阳光照耀。(4)阳春:温暖的春天。(5)布:布施,赐予。(6)德泽:恩惠。(7)秋节:秋季。(8)焜:光亮,光明。焜黄:花木凋落枯黄。(9)华:同“花”。(10)川:大的河流。(11)少壮:青少年时代。(12)老大:老年时代。(13)郭茂倩:字德粲,北宋郓州须城(今山东东平)人,纂辑《乐府诗集》百卷传世。(14)长歌行:汉乐府曲牌名。

译文:园中的葵菜青青郁郁,葵叶上的露水等待着天亮。春天的阳光把温暖布满大地,万物都焕发出勃勃生机。常常担心秋天的季节,美丽的花叶就会枯黄、衰败。百条江河奔腾着向东流入大海,什么时候才能西流回来?一个人年少时如果不珍惜时间努力向上,到老只能白白地悔恨与悲伤了。

评析:《长歌行》是一首劝诫世人惜时奋进的名篇。诗篇以景开始,把葵菜、朝露、阳春、百川都注入以情,给拟人化了。同时也用朝露易干、花叶易枯、百川东流比喻时间的短暂和不可逆转,由此生发“少壮不努力,老大徒伤悲”的感叹,激励人们要珍惜青年时代,紧紧抓住随时间飞逝的生命,奋发努力,趁少壮年华有所作为。南宋抗金名将岳飞《满江红·写怀》,一句“莫等闲,白了少年头,空悲切”,与“少壮不努力,老大徒伤悲”有异曲同工之妙,只是更增加了悲壮慷慨的激昂色彩。

原文:少年易学老难成,一寸光阴不可轻。未觉池塘春草梦,阶前梧叶已秋声。

注释:本文出自南宋朱熹《劝学诗》。

(1)少年易学老难成:少年学习容易,年纪大了学习就难了。又一说法是“少年易老学难成”:青春年少容易老去,学问却很难成功。(2)未觉:尚未醒觉。(3)梧叶:梧桐叶子。(4)秋声:叶子在秋风中沙沙作响的声音。

译文:少年时学习容易,老了学习就难有成就,所以年轻人对每一寸光阴都要珍惜。没看见池塘边春草发生时做的梦还没有醒来,台阶前梧桐叶子已经在秋风里沙沙作响了。

评析:这首诗是一首逸诗,相传为朱熹所作,最早发现并盛传于日本,传回国内后亦不胫而走。这首诗劝人向学,抑或为作者自勉,内容是说少年时代应珍惜时间,抓紧学习,不然年纪大了就是再想学习也是很难成功了。诗的后半部分用青草春梦对应梧叶秋风,对仗十分工整,比喻生动鲜明,不仅给人留下深刻印象,让人感受到时间流逝的紧迫感,而且增加了全诗劝勉努力学习的分量,读来让人回味无穷,不愧为一首劝学佳作。

原文:明日复明日,明日何其多?我生待明日,万事成蹉跎(cuō tuó)。世人苦被明日累,春去秋来老将至。朝看水东流,暮看日西坠。百年明日能几何?请君听我明日歌!

注释:本文出自明代钱鹤滩《明日歌》。

(1)复:再一次,又一个。(2)何其:多么。(3)待:等待。(4)蹉跎:光阴虚度。(5)累:带累,使受害。(6)几何:多少。(7)钱鹤滩:名钱福,字与谦,号鹤滩。明末清初华亭(今上海松江)人,著有《鹤滩集》。他根据明代画家文嘉《今日诗》改写为《明日歌》,流传甚广。

译文:总是一个明天啊又一个明天,明天是何等的多呀!我们这一生如果天天等待明天,那就只能光阴虚度,永远一事无成。世上的人都苦于被明天所拖累,一天一天,春去秋来,不知不觉晚年就要来到了。每天早晨看着河水向东流逝,傍晚看着太阳向西边落下去。日子就像这流水和夕阳一样,日日夜夜地流转不停。就算能活到100岁,又有多少个明天可以指望呢?请各位都来听听我的《明日歌》吧!

评析:世上人做事,总是喜欢说"且待明日"四个字,这其实是一种拖延和借口。凡事当做即做,绝不可迟延,更不可推迟到明天。钱鹤滩这首诗七次提到"明日","明日复明日,明日何其多",几百个明天就是一年,一万个明天,三十年的好时光就不知不觉地过去了。诗人痛惜"世人苦被明日累,春去秋来老将至",告诫和劝勉人们不要把任何计划和希望寄托在未知的明天。今天才是最宝贵的,人的生命是单行道,只有紧紧抓住今天,才能有充实的明天,才能有所作为,有所成就。如果只是想着"明日复明日",到头来只会落得个"万事成蹉跎",一事无成,悔恨莫及。因此,无论做什么事都应该牢牢铭记:一切从今天开始,一切从现在开始。

附:明代画家文嘉《今日诗》:今日复今日,今日何其少!人生百年几今日,今日不为真可惜!若言姑待明朝至,明朝又有明朝事。为君聊赋《今日诗》,努力请从今日始。

原文:一年之计在于春,一生之计在于勤,一日之计在于寅。春若不耕,秋无所望;寅若不起,日无所办;少若不勤,老无所归。

注释:本文出自明代无名氏《白兔记·牧牛》。

(1)计:计划,安排。(2)寅:寅时,凌晨3点至5点。(3)归:归属。

译文:一年最重要的计划是在于春天,一生最重要的计划在于勤快,一天最重要的计划在于寅时。春天如果不耕种,秋天就会收成无望;寅时如果不起床,白天的事情就无法做完;少年时代如果不勤快做事,到了老年就会无所归宿。

评析:时间重要,时间段更重要,制订计划,实现计划,都要突出一个"早"字,一个"勤"字。一年四季,最重要的是在春季,春耕秋收,一年的生计就有了指望。一生想要达到的计划一定会很远大,但要实现这些计划,关键就在于勤快做事,特别是少年时代,要勤于学习,勤于做事,否则就会老无所归。无论一年还是一生,关键是在做好当下每一天,这就要早作打算,早作计划,早作安排。早到什么时候?凌晨寅时就要起床,迎接开始新的一天。

辨析:"一年之计在于春",这句话最早出自南朝梁萧绎《纂要》,原文是"一年之计在于春,一日之计在于晨"。

原文:春兰未了夏兰开,万事催人莫要呆。阅尽荣枯是盆盎(àng),几回拔去几回栽。

注释:本文出自清代郑燮《题盆兰依蕙图》。

(1)春兰:兰花一种,春天开放。(2)夏兰:别名蕙兰、九节兰,兰花一种,夏天开放。(3)呆:发呆。(4)盆盎:盆和盎,较大的容器。

译文:春兰还没有开尽,夏兰就已迫不及待地盛开。这寓意着万事万物都在催促人们不要发呆。看尽花枝繁荣枯寂的是盆盎,多少回拔去了枯枝,多少回又栽上了新绿。

评析:春兰和夏兰都属于兰花,但开放的时间却不相同。诗人郑燮看到春兰、夏兰依次开放的景象,联想到人生何尝不是如此,一代老人还未凋零,一代新人茁壮成长,所以人们要珍惜时间,抓紧时间做事,没有时间闲坐发呆,也不要闲坐发呆。盆盎好似天地不语,阅尽了人世间的繁华寂寥,然而让人们坚定信念的是:尽管一代老人终会老去,但一代新人终会成长起来。正所谓"长江后浪推前浪,一代更比一代强"。郑燮这首诗意在警醒人们,要抓紧时间,珍惜时光,像兰花一样,恰当其时,就要盛开,就要无愧这春光,无愧这夏日!

辨析:第一,"春兰未了夏兰开,万事催人莫要呆",一作"春兰末了夏兰开,万事催人莫要呆",有学者认为是南宋诗人刘克庄诗句。因查阅刘克庄诗词没有这句诗,故不取。第二,有记载郑燮《题盆兰依蕙图》原诗为"春兰未了夏兰开,画里分明唤阿呆。阅尽荣枯是盆盎(àng),几回拔去几回栽"。笔者意为"画里分明唤阿呆”诗意不明，故不取。

原文：志士惜年，贤人惜日，圣人惜时。

注释：本文出自清代魏源《默觚(gū)·学篇》。

(1)志士：有志向的人，有坚决意志和节操的人。(2)惜：爱惜，珍惜。(3)魏源：字默深，号良图，湖南邵阳隆回金潭人。近代启蒙思想家，学者。

译文：有志向的人，爱惜时间，以年来计算；有才德的贤人，爱惜时间，以天来计算；而圣贤的人，爱惜时间，以小时来计算。

评析：魏源以珍惜时间为划分人群标准，把人分为三种：珍惜时间以年计算，可以称之为志士；珍惜时间以天计算，这样的人就是贤人；若珍惜时间以小时计算，这样的人才可称得上圣人。这是说，越有才德有智慧的人，越懂得时间之宝贵。石成金《传家宝》有句话，叫“志高品高，志下品下”，一个人要想做成一番事业，就要像圣人那样，惜时如金。另外，作者也告诉我们一个道理，不要轻易打扰别人，浪费别人的时间。鲁迅先生就说过这样的话：浪费别人的时间，就等于谋财害命。

思辨篇

sibianpian

先王贵诚信。诚信者，天下之结也。

——管仲

管仲

管仲(约前 723～前 645 年),周穆王的后代,姬姓,管氏,名夷吾,字仲,谥敬,颍上(今安徽颍上)人。管仲早年辅佐齐国公子纠,曾为帮助公子纠箭射公子小白。后齐公子小白夺得国君之位,是为齐桓公。齐桓公不计前嫌,任管仲为相。管仲重视发展生产,推行政治改革,尊礼重法,富国强兵,外交上尊王攘夷,帮助齐桓公成为春秋霸主。孔子感叹说:“管仲相桓公,霸诸侯,一匡天下,民到于今受其赐。微管仲,吾其被发左衽矣。”

原文:惟有道者能备患于未形也,故祸不萌。

注释:本文出自春秋管仲《管子·牧民》。

(1)备:防备。(2)萌:萌生,发生。(3)管仲:姬姓,名夷吾,管氏,字仲,春秋齐国政治家、军事家、经济学家。

译文:只有有道的人,才能防备祸患于未成形之前,所以灾祸就不会发生。

评析:所谓"有道者",就是掌握事物发展规律的人,他们能在祸患未发生之前就察觉其端倪,所以能及时采取防范措施,避免灾祸的发生。中国共产党是马克思列宁主义、毛泽东思想武装起来的政党,洞察世界发展大势是中国共产党的优势所在,党政领导干部要认真学习马克思主义认识论和方法论,提高对问题的观察能力、分析能力和解决能力,特别是要提高政治敏锐性和政治鉴别力,始终保持立场坚定,头脑清醒,真正做到"备患于未形"。

原文:以家为乡,乡不可为也;以乡为国,国不可为也;以国为天下,天下不可为也。以家为家,以乡为乡,以国为国,以天下为天下。毋曰不同生,远者不听;毋曰不同乡,远者不行;毋曰不同国,远者不从。如地如天,何私何亲?如月如日,唯君之节!

注释:本文出自春秋管仲《管子·牧民》。

(1)为:治理。(2)生:通"姓"。(3)毋:不要。

译文:按照治家的要求治理乡,乡不能治好;按照治乡的要求治理国,国不能治好;按照治国的要求治理天下,天下不可能治好。应该按照治家的要求治家,按照治乡的要求治乡,按照治国的要求治国,按照治天下的要求治理天下。不要因为不同姓,不听取外姓人的意见;不要因为不同乡,不采纳外乡人的办法;不要因为不同国,而不听从别国人的主张。像天地对待万物,有什么偏私偏爱?像日月普照一切,才算得上君主的气度。

评析:不能用治家的办法治理乡,也不能用治乡的办法治理国家,也不能用治理国家的办法治理天下。这就是具体情况具体分析。应当按照治家的办法治家,按照治乡的办法治乡,按照治国的办法治国,按照治天下的办法治理天下。家、乡、国、天下,层级不同,治理的要求也肯定不同。另外,要善于听取并采纳外姓人、外乡乃至外国人的好建议和方法。这样才没有偏私偏爱,这样才是君主的气度。

原文：天地不仁，以万物为刍(chú)狗；圣人不仁，以百姓为刍狗。天地之间，其犹橐籥(tuó yuè)乎？虚而不屈，动而愈出。多言数穷，不如守中。

注释：本文出自春秋老聃《老子》第五章。

(1)天地不仁：天地无所谓仁，也无所谓不仁。(2)刍狗：古代祭祀时用草扎成的狗。(3)橐籥：古代鼓风吹火用的器具。(4)虚：空虚。(5)屈：竭，穷尽。(6)中：虚静无为。明代王纯甫注："中也者，中也；虚也，无也，不可言且名者也。"

译文：天地是无所谓仁慈的，它没有仁爱，对待万事万物就像对待刍狗一样，任凭万物自生自灭。圣人也是没有仁爱的，也同样像对待刍狗那样对待百姓，任凭人们自生自灭。天地之间，岂不像个风箱一样吗？它空虚而不枯竭，越鼓动就越会发出风来。政令繁多反而更加使人困惑，还不如保持虚静无为。

评析：老子所讲"天地不仁""圣人不仁"，前者还比较好理解，就是天地无所谓仁慈，也无所谓不仁慈，天地对待万物，就像对待刍狗一样，一视同仁，生存还是死亡都有其自然规律。后者就不太好理解，"圣人不仁，以百姓为刍狗"，这实际是要求圣人也要像天地一样，不要过于关注百姓的生死，所谓"关心则乱"，就是这个道理。老子拿橐籥作比喻，主张政令不宜过于繁多，即使出于所谓的仁爱之心，也会让百姓感到困惑和不安，还不如虚静无为顺其自然，让百姓休养生息，安居乐业。

原文：图难于其易，为大于其细。天下难事，必作于易；天下大事，必作于细。是以圣人终不为大，故能成其大。夫轻诺必寡信，多易必多难。是以圣人犹难之，故终无难。

注释：本文出自春秋老聃《老子》第六十三章。

(1)图：图谋，谋划。(2)细：细小。(3)易：轻视。(4)犹：同"猷"，谋划。

译文：图谋困难大的事业，先从容易地方着手；办大事，先从细小事上开始。天下难事必须先从容易的事上开头，天下大事必须先从细小事上起步。所以圣人始终不做大事，所以才能成就大事。一个人如果轻易许诺，那他一定缺乏诚信；如果每每把事情看得很容易，一定会遇到很多困难。因此，圣人总是把事情的困难考虑得很充分，所以到最后便没有困难了。

评析：任何事情，必起于易，必起于小。事物的发展，就是一个由易到难，由小到大，由量变到质变的过程，这就是生活中的辩证法。圣人懂得这个道理，看起来好像做的都是实实在在的小事，没有轰轰烈烈，干成的却都是大事业。事情的难易也是如此，不要轻易作出承诺，如果作出承诺而没有实现就会造成信用的损失。很多事情往往看起来很容易，做起来却很困难。圣人做事之前总是先把困难考虑清楚，这样做起来就没有什么困难了。

原文：其安易持，其未兆易谋。其脆易泮(pàn)，其微易散。为之于未有，治之于未乱。

注释：本文出自春秋老聃《老子》第六十四章。

(1)安：安定。(2)持：把持。(3)兆：征兆。(4)泮：散，分解。

译文：事物局面安定时容易保持和维护，问题没有出现迹象时容易想法对付，脆弱的东西容易消解，细微的物体容易散失。做事情要在它尚未发生以前就处理妥当，治理国政要在祸乱没有产生以前就早作准备。

评析：凡事必起于微小，事情发生必有征兆。一个优秀的领导者，就要善于把握大局，观察细微，对苗头性、倾向性的问题了然于胸，把问题遏制于萌芽之中。与此同时，一个优秀的领导者，也要善于发现新事物，顺应潮流，顺应趋势，这样才能带领人民群众，昂首阔步，不断夺取新的胜利。

原文：信言不美，美言不信。善者不辩，辩者不善。知者不博，博者不知。圣人不积，既以为人己愈有，既以与人己愈多。天之道，利而不害；圣人之道，为而不争。

注释：本文出自春秋老聃《老子》第八十一章。

(1)信：诚实，真实。(2)美言：漂亮的话，恭维话。(3)知：通“智”，智慧。(4)博：博杂。(5)为人：给人做事。(6)与人：给予别人。(7)利：使万物得利。

译文：诚实的话不漂亮，漂亮的话不真实。善良的人不巧说，巧说的人不善良。真正有智慧的人不博杂，知识博杂的人不是真有智慧。圣人是不存占有之心的，而是尽力照顾别人，他自己也更为充足；他尽力给予别人，自己反而更丰富。自然的规律是让万事万物都得到好处，而不伤害它们。圣人的行为准则是，做什么事都不跟别人争夺。

评析：老子这段话充满了辩证哲理。诚实的话往往很直白、朴实，没有华丽的辞藻；华丽的语言则往往不能反映真实情况。善良的人往往不会巧言令辩，能花言巧语的人则很少是善良之辈。真正有智慧的人往往是精通一门知识，说起来什么都头头是道的人不一定有大智慧。说到这里，四个字点题："圣人不积。"圣人不会占有什么，他尽力帮助了别人，自己更会充足；他真心给予别人，自己反而更丰富。这是为什么呢？大自然的法则本来就是利于万物而不是伤害它们。圣人明白这个道理，所以他们的行为准则就是"为而不争"。"为人已愈有""与人已愈多"，"利而不害""为而不争"，感悟并践行这些人生哲理，我们的生活就会更美好，更快乐，更有内心幸福的感觉。

原文：齐侯至自田，晏子侍于遄(chuán)台，子犹驰而造焉。公曰："唯据与我和夫！"晏子对曰："据亦同也，焉得为和？"公曰："和与同异乎？"对曰："异。和如羹焉，水火醯醢(xī hǎi)盐梅以烹鱼肉，燀(chǎn)之以薪。宰夫和之，齐之以味，济其不及，以泄其过。君子食之，以平其心。君臣亦然。君所谓可而有否焉，臣献其否以成其可。君所谓否而有可焉，臣献其可以去其否。是以政平而不干，民无争心。故《诗》曰：'亦有和羹，既戒既平。鬷嘏(zōng gǔ)无言，时靡有争。'先王之济五味，和五声也，以平其心，成其政也。声亦如味，一气，二体，三类，四物，五声，六律，七音，八风，九歌，以相成也。清浊，小大，短长，疾徐，哀乐，刚柔，迟速，高下，出入，周疏，以相济也。君子听之，以平其心。心平，德和。故《诗》曰：'德音不瑕。'今据不然。君所谓可，据亦曰可；君所谓否，据亦曰否。若以水济水，谁能食之？若琴瑟之专一，谁能听之？同之不可也如是！"

注释：本文出自春秋左丘明《左传·昭公二十年》。

(1)齐侯：齐景公，姜姓，名杵臼，齐后庄公的异母弟，在位时有名相晏婴辅政。史书记载他"好治宫室，聚狗马，奢侈，厚赋重刑"。(《史记·齐世家》)；《论语·季氏》记述"齐景公有马千驷，死之日，民无德而称焉"。齐景公能纳谏，在位58年，国内形势相对稳定。(2)田：田猎。(3)晏子：晏婴，字仲，谥平，春秋时齐国大夫，历任灵公、庄公、景公三世。他是一位重要的政治家、思想家、外交家，以有政治远见和外交才能、作风朴素闻名诸侯。传说晏子五短身材，"长不满六尺"，貌不出众，但足智多谋，刚正不阿，为齐国昌盛立下了汗马功劳。(4)遄台：地名，在今山东临淄附近。(5)子犹：齐国大夫梁丘据，子犹为其字。(6)醯：醋。醯醢：用肉、鱼等加上调料做成的酱。(7)燀：烧、煮。(8)济：增加，添加。(9)泄：减少。过：过分，过重。(10)鬷：通"奏"，进献。嘏：通"假"，神灵。鬷嘏：进献神灵时的祈祷。(11)五味：指酸、甜、苦、辣、咸五种味道。(12)五声：指宫、商、角、徵、羽五个音阶。(13)一气：空气，指声音要用气来发动。(14)二体：指舞蹈的文舞和武舞。(15)三类：指《诗》中的风、雅、颂三部分。(16)四物：

四方之物，指乐器用四方之物做成。(17)六律：指用来确定声音高低清浊的六个阳声，即黄钟、太簇、姑洗(xiǎn)、蕤(ruì)宾、夷则、无射(yì)。(18)七音：指宫、商、角、徵、羽、变宫、变徵七种音阶。(19)八风：八方之风。(20)九歌：可以歌唱的九功之德，即水、火、木、金、土、谷、正德、利用、厚生。

译文：齐景公从打猎的地方回来，晏婴在遄台随侍。梁丘据闻听马上驱车前来诣见。齐景公高兴地感叹说："只有梁丘据跟我和协啊！"晏婴在旁说："梁丘据和您不过是相同而已，哪里能称得上和协呢？"齐景公惊讶地问："和协与相同不一样吗？"晏婴回答说："两者是不一样啊。和协好像做羹汤，用水、火、醋、酱、盐、梅来烹调鱼和肉，用柴火烧煮。厨工加以调和，使味道适中，味道不够就增加调料，味道太过就减少调料。君子食用这种羹汤，用来平和心性。国君和臣下之间的关系也是这样。国君所认为可以的，而其中又含有不可以的；臣下进言指出其中不可以的，而使可以的更加完备。国君所认为不可以的，而其中包含有可以的，臣下进言指出其中可以的，而去掉不可以的。因此政事平和，不违背礼仪，民众没有争夺之心。所以《诗》烈祖篇说：'有着美味调和的羹汤，五味具备浓度适足。神灵来享无所指责，上下不急心平气和。'先王调匀五味，协和五声，是用来平静他的内心，完成政事的。声音也像味道一样，是由一气、二体、三类、四物、五声、六律、七音、八风、九歌，互相组成的。是由清浊、大小、短长、缓急、哀乐、软硬、快慢、高低、出入、疏密，互相调节的。君子听了，内心平静。内心平静德行就和协。所以《诗》狼跋篇说：'德音没有瑕疵。'现在梁丘据却不是这样。国君所认为可以的，梁丘据也说可以；国君认为不可以的，梁丘据也说不可以。像清水调剂清水，谁能食用它？如果用琴瑟老弹一个音调，谁能够听下去？相同不可以的道理，就像这样！"

评析：晏婴所讨论的"和"与"同"，典型地代表了中国人的思维特点和方式。和与同，表面上看起来很相似，它们的表现有一致性，但在实质上，它们完全不同。同，是绝对的一致，没有变动，没有多样性。因此，它代表了单调、沉闷、死寂，它也没有内在的活力和动力，不是一个具有生命力的东西，也不符合宇宙万事万物起源、构成、发展的规律性。和，却是相对的一致性，是多中有一，一中有多，是各种相互不同、相互对立的因素通过相互调节而达到的一种统一平衡。因此，它既不是相互抵消、溶解，也不是简单地排列组合，而是融合不同方面构成一个和谐统一的新整体。它保留了各个因素的特点，又不让它们彼此抵消，因而是一个具有内在活力、生命力、再生力的整体。

原文:子曰:“危者,安其位者也;亡者,保其存者也;乱者,有其治者也。是故君子安而不忘危,存而不忘亡,治而不忘乱,是以身安而国家可保也。《易》曰:‘其亡其亡,系于苞桑。’”

注释:本文出自《易经·系辞下》。

(1)子:孔子。(2)苞桑:桑树之本。

译文:孔子说:“处于危险中的,常常是那些安于现状的人;而最终灭亡的也是那些苟且求生的人;天下大乱,就蕴含在天下大治之中。所以,有道德、学问的人,在安定时不会忘记潜伏的危机,在生存时不会忘记灭亡的危险,在天下大治时不会忘记大乱的隐患,这样,可以使自身安全,国家也能保住。《周易》说:‘(国家)将要灭亡了,赶快打牢根基吧。’”

评析:孔子这句话充满了哲理,总结导致国家政权危亡的原因,正是那些安于其位的人,却不知自己正处在危险之中;那些被灭亡的王朝,都曾经自认为江山永固;那些陷于混乱的政权,也都有过万事整治的过去。它们危险、消亡、混乱的根由是什么呢?就是不能居安思危,不能“存而不忘亡,治而不忘乱”。所以为政者要时刻警惕,时刻提醒自己,“其亡其亡”,赶快打牢政权根基,这样才能像系结于丛生的桑树一样安然无恙。

原文:神农氏没,黄帝、尧、舜氏作,通其变使民不倦,神而化之,使民宜之。《易》穷则变,变则通,通则久,是以自天佑之,吉无不利。

注释:本文出自《易经·系辞下》。

(1)神农氏:上古帝王。(2)没:去世。(3)作:兴起。

译文:神农氏去世以后,黄帝、唐尧、虞舜相继兴起,他们会通改变过去的做法,让民众没有疲倦;在实践中神妙地更革优化,使其更适宜于民众。《周易》所讲述的道理就是事物发展至穷极就会发生变化,变化就能开拓畅通,畅通就能长久,所以能够从天上降下福佑,吉祥而没有不利的地方。

评析:《易经》系辞这段话讲述了黄帝、尧、舜之所以兴起的原因,就是因为他们能“通其变”“神而化之”,这就证明《周易》所云“穷则变,变则通,通则久”是亘古不变的真理。懂得这个道理,我们就能在遇到困难甚至绝境时不是悲观失望、怨天尤人,而是积极主动寻找改变的方法,这样才能达到“山重水复疑无路,柳暗花明又一村”的意境。

原文:他山之石,可以攻玉。

注释:本文出自《诗经·小雅·鹤鸣》。

(1)他山:别的山。(2)攻:治,加工,雕琢。

译文:别的山上的石头,可以用来雕琢玉石。

评析:学者理解《鹤鸣》之主旨大有径庭,朱熹、王夫之等人把它看作隐喻,全诗用比体,“不道破一句,三百篇中创调也”。也有学者认为这其实就是一篇写实诗歌。内容就是歌咏鹤在鸣,鱼在游,檀树高大,楮(chǔ)树矮小。全诗20行,分为两段,前后两段文字基本相同。第一段最后两行为“他山之石,可以为错”,第二段最后两行为“他山之石,可以攻玉”。把他山之石当作错,来雕刻玉器,就是这四句诗的本意。后世把“他山之石,可以攻玉”作为成语,意思是比喻别国的贤才可为本国效力,也比喻能帮助自己改正缺点的人或对自己提出的批评意见。此外还有一种比喻,就是做事情要善于借助别人的经验教训来纠正自己或发展自己。

原文:荡荡上帝,下民之辟(bì)。疾威上帝,其命多辟(pì)。天生烝(zhēng)民,其命匪谌(chén)。靡不有初,鲜(xiǎn)克有终。

注释:本文出自《诗经·大雅·荡》。

(1)荡荡:渺茫的样子,法度混乱,昏庸放荡。(2)辟:通“陛”,君王。(3)疾威:暴虐。(4)辟:通“僻”,邪僻。(5)烝:众。(6)谌:诚信。(7)靡:不。(8)初:开始。(9)鲜:少。(10)克:能。

译文:骄纵放荡的上帝啊,他是下民的君王。凶暴残虐的上帝啊,政令邪僻太反常。上天生养众百姓,政令反复无诚信。万事开头都做得很好,很少能有坚持到底。

评析:《荡》是一首政治讽刺诗,作者借指斥上帝开始,怨天恨地,看似矛头指向殷纣王,实则讽喻当世昏庸而贪暴的周厉王。周厉王凶残暴虐,政令反复无常,人们苦不堪命。历史上像周厉王这样的君王还真有不少,初即位时还能循规蹈矩,到了后来就肆无忌惮,最终也没有什么好下场。后世对“靡不有初,鲜克有终”有新的解读,引用时往往侧重于告诫人们为人做事要善始善终,不可荒废懈怠。

原文:有子曰:“礼之用,和为贵。先王之道,斯为美;小大由之,有所不行。知和而和,不以礼节之,亦不可行也。”

注释:本文出自《论语·学而》。

(1)有子:有若,孔子弟子。(2)用:应用。(3)和:和谐。(4)小大:大事小事。(5)知:知道。(6)节:节制。

译文:有子说:“礼的应用,以和谐为贵。古代君王的治国方法,最可宝贵的地方就在这里。但不论大事小事,如果只是按和谐的办法去做,有的时候就行不通。这是因为一味追求和谐,不以礼来节制和谐,也是不可行的。”

评析:有若在这里讲了礼与和的关系。儒家主张“以和为贵”“以礼节和”。和谐是礼仪的形式,也是礼节的目的;和谐,要有节制,无原则的和谐,往往只是是非不分的一团和气。只有用礼来节制和谐,这样的和谐才能促进社会进步。

原文:子曰:“知者乐水,仁者乐山。知者动,仁者静。知者乐,仁者寿。”

注释:本文出自《论语·雍也》。

(1)知者:智慧的人。(2)乐:喜欢,以……乐。(3)仁者:仁德的人。(4)动:活动。(5)静:沉静,沉稳。(6)乐:快乐。(7)寿:长寿。

译文:智慧的人喜欢水的品格,仁德的人喜欢山的品格。聪明的人喜欢活动,仁德的人喜欢沉静。智慧的人善于从生活中感到乐趣,仁德的人能够长寿健康。

评析:孔子这句话说明仁德智慧的人有活泼、沉稳之分。相对而言,活泼的人更喜欢水的流动,沉稳的人则喜欢山的沉静。不快乐就不会长寿,长寿是因为健康,不健康也就不会快乐,所以,仁德智慧的人其实都会快乐而长寿的。

原文:子曰:“君子和而不同,小人同而不和。”

注释:本文引自《论语·子路》。

(1)和:和谐,融洽。(2)同:相同,同流合污。

译文:孔子说:“君子讲求与周围的人和谐相处,但不会不讲原则同流合污;小人则是追求表面的完全一致,却不讲求内心真正的和谐。”

评析:君子能和身边的人做到关系很融洽,却又有自己的独立思想,坚持自己的德行,不和世俗同流合污。这是“和而不同”。小人没有自己独立的思想,没有原则地或媚俗,或唯上司马首是瞻。这就是“同而不和”。

原文:子曰:“人无远虑,必有近忧。”

注释:本文出自《论语·卫灵公》。

(1)远:长远。(2)虑:思虑。(3)近:近前。(4)忧:忧患。

译文:孔子说:“人如果没有长远的考虑,一定会有眼前的忧患。”

评析:凡事预则立,不预则废。做事之前要先有周详的准备,才能保证把事情做得圆满。做事是这样,做人也是这样,作为一个国家更是这样。做人修身进德,要有长远的目标,要有实现目标的规划,这样才不会为琐碎事情阻挡前进的脚步;有了长远的规划,就不会为眼前的困难所担忧。

原文:敖不可长,欲不可从,志不可满,乐不可极。

注释:本文出自先秦《礼记·曲礼上》。

(1)敖:通“傲”,傲慢,骄傲。(2)从:通“纵”,放纵。

译文:傲慢的念头不可滋长,欲望不可放纵,心志不可自满,享乐不可达到极致。

评析:“敖不可长”,这句话很好理解。人一傲慢,就会目中无人;人一骄傲,就会停下前进的脚步。人的欲望很多、很大,但关键是要克制自己的欲望,而不是放纵欲望,为所欲为。后面两句富有哲理辩证意义,人应该志存高远,但不切实际的志向就可能是苦难的根源。快乐是幸福的体现,但过度的快乐就会乐极生悲。唐代吴兢《贞观政要》也有这样的警示:“乐不可极,极乐则哀。欲不可纵,纵欲成灾。”掌握了人生的辩证法,我们就会生活得更加潇洒,我们的人生就会更加精彩。

原文:凡事预则立,不预则废。言前定则不跲(jiá),事前定则不困,行前定则不疚,道前定则不穷。

注释:本文出自先秦《礼记·中庸》。

(1)预:通“豫”,预计,熟虑。(2)立:成立,成功。(3)废:失败。(4)言:说话。(5)定:确定,有准备。(6)跲:绊倒,失言。(7)困:困难。(8)行:行事。(9)疚:内疚,疚愧。(10)不穷:通顺。

译文:任何事情,事前有准备就可以成功,没有准备就要失败。说话先有准备,就不会辞穷理屈站不住脚;做事先有准备,就不会遇到困难挫折;行事前计划先有定夺,就不会发生错误后悔的事;做事前掌握了事物规律,就不会有行不通的地方。

评析：这段文字反复阐述了“预”的重要性，说话前要有准备，做事前要有准备，行动前要有准备。有了准备，才不会失言，才不会遭遇挫折，才不会内心疚愧。特别重要的是，如果做一件事情之前，充分掌握了规律性、根本性的东西，就会所向皆通，一切顺利。所以，我们做任何事，一定要先进行调查研究，弄清事情的本质和规律，这样我们才会掌握主动权，永远立于不败之地。

原文：汤之《盘铭》曰：“苟日新，日日新，又日新。”

注释：本文出自先秦《礼记·大学》。

(1)汤：商汤，商朝开国君主。(2)盘铭：盘子上的铭文。(3)苟：如果，假如。

译文：商汤王刻在洗澡盆上的箴言说：“如果能够一天新，就应保持天天新，新了还要更新。”

评析：中国是具有创新精神的国度，中华民族是富有创新精神的民族。创新，是中华民族思想观念的精髓。商汤王刻在盘子上的铭文，仅用9个字，就表现出中华民族的创新理念。苟日新，一天的开始，就是全新的一天；日日新，天天都是新的，是因为我们天天都在创新；又日新，创新不会停止，每天都在前一天的基础上实现新的创新。创新是一个人、一个民族、一个国家无限发展的原动力，我们要牢记先贤教诲，每天创新，永远创新，我们每个人，我们中华民族，我们国家，将会更加美好，无比美好！

原文：夫兵形象水，水之行避高而趋下，兵之形避实而击虚；水因地而制流，兵因敌而制胜。故兵无常势，水无常形。能因敌变化而取胜者，谓之神。故五行无常胜，四时无常位，日有短长，月有死生。

注释：本文出自春秋孙武《孙子兵法·虚实》。

(1)兵行：用兵规律。(2)因地：根据地形。(3)制流：制约流向。(4)五行：金木水火土。(5)四时：春夏秋冬四季。(6)死生：死魄（初一朔日）和生魄（十五望日）的循环交替。(7)孙武：字长卿，春秋齐国人，著名政治家、军事家，有“兵圣”之誉。

译文：用兵的规律有如流水的规律。流水的规律是避开高处趋向低处；用兵的规律是避开实处攻击虚处。水流根据地形的高低决定流向，用兵根据敌情不同采取应变制胜的方略。战争没有固定不变的态势，流水也没有固定不变的流向。能随着敌情发展变化而采取灵活变化的措施取胜的人，才称得上是神秘莫测的高明者。所以五行相克没有常胜的，四时也是没有不更替的，日照的时间也有短有长，月亮也有圆有缺。

评析：孙武是我国古代著名军事家，著有《孙子》一书。孙子在这段文字中，用流水的特性比喻作战用兵规律，给人以耳目一新之感，且易于通晓明白。这段文字所讲述的关键，就是“兵无常势，水无常形”，掌兵者因此要“因地而制流”“因敌而制胜”。要做到因地、因敌，就要了解地势和敌情。为政者也是如此，要作出正确决策，就必须了解民情、了解社情、了解国情、了解世情，更要了解所要解决问题的具体情形，随时根据情势的变化作出正确的判断和对策，这样才能保证能因变化而取胜，成为优秀杰出的领导者。

原文：见骥一毛，不知其状；见画一色，不知其美。

注释：本文出自战国尸佼《尸子》。

(1)骥：良马，千里马。(2)状：形状。(3)画：图画。(4)一色：一种颜色。(5)尸佼：战国时人，曾为商鞅门客。(6)《尸子》：尸佼所著，原著已佚失。

译文：只见到千里马身上的一根毛，是不能知道千里马的形状的；只见到画上的一种颜色，是不能知道图画之美的。

评析：我国古代有一个成语叫作“管窥之见”，意思是从小孔里、缝隙中看东西，当然看不到事物的全貌。尸佼这句话也是这个道理，看到千里马的一根毛，你无法想象这匹马的形状；看到图画的一种颜色，你无法欣赏这幅画的美景。所以，我们做任何事情，都要从历史的联系的观点分析、洞察事物的全貌，这样才能作出正确的决策，找到正确的方法。

原文：(陈相)曰：“从许子之道，则市贾不贰，国中无伪；虽使五尺之童适市，莫之或欺。布帛长短同，则贾相若；麻缕丝絮轻重同，则贾相若；五谷多寡同，则贾相若；屦(jù)大小同，则贾相若。”(孟子)曰：“夫物之不齐，物之情也。或相倍蓰(xǐ)，或相什百，或相千万。子比而同之，是乱天下也。巨屦小屦同贾，人岂为之哉？从许子之道，相率而为伪者也，恶能治国家？”

注释：本文出自战国孟轲《孟子·滕文公上》。

(1)许子：许行，主张农家学说，奉行神农氏为开山始祖。(2)市贾：市场销售价格。(3)不贰：没有二价。(4)相若：相等。(5)屦：用麻葛做成的鞋子。

(6)相倍蓰:相差五倍。(7)恶:疑问词,哪里。

译文:陈相说:"如果依照许子的学说实行,那么市场上物价就不会有两样,国中就没有弄虚作假的;即使叫一个小孩子上市场买东西,也不会有人欺骗他。布和绸长短相同,价钱就一样;麻线丝绵轻重相同,价钱就一样;各种粮食数量相同,价钱就一样;鞋子大小相同,价钱就一样。"孟子说:"物品千差万别,这是客观情形。它们的价值有的相差一倍、五倍,有的相差十倍、百倍,有的相差千倍万倍。你把它们放在一起等同看待,这不过是扰乱天下罢了。做工粗糙的鞋与做工精良的鞋同一个价钱,人们难道还肯制作做工精良的鞋吗?依从了许子的主张,便会使大家一个接一个地干虚假欺骗的勾当,哪里还能治理好国家?"

评析:陈相认为,按照许行的办法,天下就再无弄虚作假之事。什么产品只要数量一致,价格就一致,这看起来实在是太公平了。孟子一句"物之不齐,物之情也",强调了事物的差异性,彻底击中了许行理论的要害:任何物品,都会有质量上的差别,怎么能以数量相同就确定价格相同呢?优质产品卖不出好价格,只能打击能工巧匠的积极性和创造性,试问长此以往,社会如何发展,如何进步?许行理论不过是扰乱天下罢了。看社会种种乱象,劣质产品盛行于市、劣币驱逐良币的事情发生的还少吗?

原文:孟子曰:"离娄之明,公输子之巧,不以规矩,不能成方圆。"

注释:本文出自战国孟轲《孟子·离娄上》。

(1)离娄:黄帝时人名。(2)公输子:公输般,鲁国工匠。(3)规矩:圆规矩尺。(4)方圆:方形圆形。

译文:孟子说:"即使有离娄那样的眼力,公输子那样的巧技,不靠圆规和曲尺,也画不出(标准的)方形和圆形。"

评析:工欲善其事,必先利其器。工具和方法是成事的关键。离娄是黄帝时代视力最好的人;公输子即公输般,又称"鲁班",是春秋时代著名的工匠。孟子以这两个人举例,是说即使他们这样优秀,离开圆规矩尺,也画不出标准的方形和圆形。由此可见工具和方法的重要性。

原文:且夫水之积也不厚,则其负大舟也无力。覆杯水于坳(ào)堂之上,则芥为之舟。置杯焉则胶,水浅而舟大也。风之积也不厚,则其负大翼也无力。故九万里,则风斯在下矣,而后乃今培风;背负青天而莫之夭阏者,而后乃今将图南。

注释：本文出自战国庄周《庄子·逍遥游》。

(1)且夫：表示再说一层道理。(2)负：载。(3)覆：倒。(4)坳：洼下。坳堂，堂上低洼之处。(5)芥：小草。(6)胶：粘住，指不能动。(7)大翼：巨大的翅膀。(8)斯：于是。(9)风在下：风在大鹏之下。(10)而后乃今：然后才……(11)培：凭，凭借，依赖。培风：乘风。(12)夭：摧折。阏：通“遏”。夭阏：拦阻。(13)图南：计划向南飞。(14)庄周：字子休，宋国蒙人，战国时期的思想家、文学家，道家学派代表人物之一。

译文：再说如果水的积聚不深厚，那么它负载大船就没有力量。倒一杯水在堂上低洼的地方，那么只能拿小草作船，放上一只杯子就不能动了，是水太浅而船太大的缘故。风的积聚如果不大，那么它承负巨大的翅膀就没有力量。所以大鹏飞上九万里的高空，风就在它的下面，然后才能乘风。背负青天，没有什么能阻碍它，然后才打算往南飞。

评析：做任何大事，必须先从基础做起。正像水积之不厚，就无法承载大舟；风积之不厚，就不能承负大翼，人如果没有足够的知识积累，就不可能做成自己想要做的事业。水积之厚、风积之厚的过程，对于人来说，就是一个学习的过程，是一个积累经验的过程。就像培风背负青天的大鹏一样，没有什么能够阻挡“图南”的宏图。一个人知识广阔了，经验丰富了，就奠定了做大事的基础。所以君子欲成大事，必先从学习开始，必先从基础做起。

原文：凡天下万里皆有是非，吾所不敢诬。是者常是，非者常非，亦吾所信。然是虽常是，有时而不用；非虽常非，有时而必行。故用是而失，有矣；行非而得，有矣。是非之理不同，而更兴废，翻为我用，则是非焉在哉？观尧、舜、汤、武之成，或顺或逆，得时则昌；桀、纣、幽、厉之败，或是或非，失时则亡。五伯之主亦然。

注释：本文出自战国尹文子《尹文子·大道上》。

(1)是者：对的事，正确的事。(2)非者：错误的事。(3)翻：反复。(4)尧、舜、汤、武：唐尧、虞舜、商汤、周武王。(5)桀、纣、幽、厉：夏桀、殷纣、周幽王、周厉王。(6)五伯：春秋五霸。(7)尹文子：战国时齐国人，稷下学派之一，善用寓言说事喻理。

译文：天下纵横万里，各种事情都有个是非标准，我对此不敢欺骗隐瞒。正确的东西总是正确的，错误的东西总是错误的，对此我也深信不疑。然而正确的东西尽管总是正确的，但有时却不被采纳；错误的东西尽管总是错误的，但有时却必须实行。所以说有时采用正确的做法却遭到失败，有时实行错误的做法反而会获得成功。正确与错误虽然道理不同，而社会兴旺衰败的更替变换，翻来覆去为我所用，那么是非的标准又在哪里呢？观察唐尧、虞舜、商汤、周武王成功的经验，不论他们是采用受禅的做法或是采用夺权的做法，只要顺应了时代发展趋势的需要就昌盛；观察夏桀、商纣、周幽王、周厉王失败的教训，不论他们是采用正确的做法或错误的做法，只要违背了时代发展趋势的要求就失败。春秋五霸的兴衰也同样是这个道理。

评析：尹文子这段文字论述了事物的是非标准问题，作者承认凡事都有一个是非标准。但在实际运用时却有可能按照正确的标准去做事，得到的是失败的结果；按照错误的标准去做事，得到的却是成功的结果。这是怎么一回事呢？尹文子在分析尧舜禹汤之成、桀纣幽厉之败得出结论是：得时则昌，失时则亡。我们姑且不去讨论尹文子说理过程有无逻辑或概念等方面的问题，但其结论“得时则昌，失时则亡”的确值得我们重视。时，是一个不断变动的客观存在，所谓此一时彼一时也，很多事情会随着时间的推移发生由量到质的变化，是非标准也会发生相应的变化。认识到这一点，我们才不会固执己见，而是具体情况具体分析，随时调整不适应形势发展的办法和措施，如此才能立于不败之地。

原文：**千丈之堤，以蝼蚁之穴溃。百尺之室，以突隙之熛(biāo)焚。故曰：白圭之行堤也塞其穴，丈人之慎火也涂其隙。是以白圭无水难，丈人无火患。此皆慎易以避难，敬细以远大者也。**

注释：本文出自战国韩非《韩非子·喻老》。

(1)蝼蚁：蝼蛄、蚂蚁。(2)突隙：烟囱上的裂缝。(3)熛：飞迸的火星。(4)行堤：巡视河堤。(5)丈人：老年人。(6)敬细：重视细小方面。(7)远大：远离大的灾祸。(8)韩非：新郑(今河南郑州)人，思想家，战国法家代表人物。

译文：千丈长的大堤，因蝼蚁的洞穴而溃决；百尺高的房屋，因烟囱裂缝中迸出的火星而焚毁。所以说，白圭巡视河堤要注意堵塞洞穴，老年人防火要把泥涂在烟囱的缝隙上。因此白圭所治理的地方没有水灾，老年人所住的地方没有火灾。这就是谨慎地对待容易的事情以避免发生更大的困难，认真对待细小的事情以远离更大的灾祸。

评析：千丈大堤，百尺之室，可以说得上是庞然大物了，但却能毁于蝼蚁之穴，焚于突隙之熛。生活经验丰富的白圭和老年人懂得这个道理，所以他们能防患于未然。防患其实很容易，堵塞蝼蚁之穴，涂填烟囱缝隙，这就叫作“慎易以避难，敬细以远大者”。现实社会中有很多这样的例子，很多事情往往开始并不重视，以致最后酿成大患而后悔不迭。所以为政者既要有远大眼光，又要洞察入微，把一切祸患遏制于萌芽之中。

原文：物固莫不有长，莫不有短，人亦然。故善学者，假人之长以补其短。故假人者遂有天下。

注释：本文出自秦代吕不韦《吕氏春秋·用众》。

(1)物：事物。(2)假：凭借。(3)补：弥补。(4)吕不韦：姜姓，吕氏，卫国濮阳(今河南安阳)人，官至秦国丞相，招揽门客编著《吕氏春秋》。

译文：世上万物无不有长处，无不有短处，人也是这样。所以那些善于学习的人，都是借助别人的长处来弥补自己的短处。正因为如此，吸取借用别人长处的人，就能拥有天下。

评析："物固莫不有长，莫不有短"，这是客观存在的事实。懂得这个道理，就不要看不起无能之人，就不要厌恶无知之人。无能无知之人，也有他的长处。懂得这个道理，就上了更高的一个层次。善于学习的人，就是善于看到世上万物包括每一个人的长处，善于借助别人的长处来弥补自己的不足。善于向一切人、一切事物学习，这样的人就是圣贤。他们即使拥有天下，也就丝毫不让人感到惊奇了。

原文：聪者听于无声，明者见于未形，故圣人万举万全。

注释：本文出自西汉司马迁《史记·淮南衡山列传》。

(1)聪者：听力好的人。(2)明者：视力好的人。(3)万举万全：做一万次事一万次成功，做什么事都能成功。

译文：听力好的人能在无声时听出动静，视力好的人能在未成形前看出征兆，所以最智慧、最有道德的圣人做事总是万无一失。

评析：这是西汉淮南国中郎伍被(pí)对淮南王刘安说的一段话。淮南王密谋叛乱，征求伍被意见，伍被认为汉朝天下无事，不可轻言起兵。淮南王刘安不听伍被劝告，仍积极谋划反叛，最后因朝廷洞察刘安谋反，伍被到官府自首，终因受牵连被杀。伍被在劝说淮南王时所说"聪者听于无声，明者见于未形，故圣人万举万全"，可谓先见之明，可惜淮南王刘安没有听从而一意孤行，最后落得个身败名裂的下场。

原文：前事之不忘，后事之师。

注释：本文出自西汉刘向《战国策·赵策一》。

(1)前事：以前的事情。(2)师：借鉴。(3)刘向：字子政，汉朝宗室，西汉经学家、文学家、思想家。

译文：不忘记以前的事情，把它当作后面事情的教训。

评析：这句话出自赵襄子谋臣张孟谈之口。前483年，智伯联合韩、魏两家，包围赵襄子已经3年，张孟谈主动请缨，说服韩、魏两家倒戈，灭掉智伯，分其土地，形成韩、赵、魏三家鼎力的局面。张孟谈向赵襄子辞行，赵襄子极力挽留，张孟谈说："臣主权均，未之能美；前事之不忘，后事之师。"君主与臣子权力相等，这并不是好事，于是他辞去官职和封地，隐居他地，安度晚年。现在人们把"前事之不忘，后事之师"减略为"前事不忘，后事之师"，提醒人们记住过去的教训，以作后来的借鉴。

原文：古今不同俗，何古之法？帝王不相袭，何礼之循？

注释：本文出自西汉刘向《战国策·赵策二》。

(1)俗：习俗，风俗，民俗。(2)袭：沿袭，承袭。

译文：自古至今，习俗都不相同，我们要效法哪一个时候的法令呢？帝王的礼法也不是世代相承的，我们要遵循谁的礼法呢？

评析：赵武灵王要实行"胡服骑射"，大臣赵造提出不同意见，认为"圣人不易民而教，知者不变俗而动"。赵武灵王针对赵造的观点，指出古今习俗并不相同，因此不能效法古代的法令制度；帝王礼法应根据具体情况进行变革，不能盲目遵循前代帝王的礼法。礼法的目的只是"利其民而厚其国"，古代圣人只是"因其事而制礼"，没有亘古不变的礼法。礼法的作用也是有条件的，因而也是有限的。"乡异而用变""事异而处易"，礼法有必要随着时代的变化发展而改变。赵武灵王不仅阐明了变革礼法的道理和原则，而且通过对形势的分析，指出了变法的迫切性。

原文：千人同心，则得千人之力；万人异心，则无一人之用。

注释：本文出自西汉刘安《淮南子·兵略训》。

(1)同心：同心同德。(2)力：力量。(3)用：用处，使用。

译文：一千个人同心同德，就能得到一千人的力量；一万个人离心离德，那就会连一个人的力量也不可以使用。

评析：做成一件大事，要靠很多人的团结合作才能完成。战争也是这样，如果上下齐心，同仇敌忾，就能以少胜多，赢得战争的胜利。作者以殷纣王与周武王的战争举例，殷纣王拥兵百万，但百万士兵离心离德；周武王起兵三千，但三千士兵同心同德，最后以殷纣王的失败、周武王的胜利结束这场战争。所以，做任何事情，能够让大家团结一心，这才是最重要的。

原文：文学曰："明者因时而变，知者随世而制。孔子曰：'麻冕，礼也，今也纯，俭，吾从众。'故圣人上贤不离古，顺俗而不偏宜。鲁定公序昭穆，顺祖祢(mí)，昭公废卿士，以省事节用，不可谓变祖之所为而改父之道也？二世充大阿房以崇绪，赵高增累秦法以广威，而未可谓忠臣孝子也。"

注释：本文出自西汉桓宽《盐铁论·忧边》。

(1)文学：西汉政府从各地召集的贤良文学，是在盐铁会议中与大夫桑弘羊论战的一方。(2)明者：聪明的人。(3)因时：随着时间的变化。(4)麻冕：用麻布做的帽子。(5)上贤：尚贤。(6)顺俗：顺应时俗。(7)偏宜：偏向时宜。(8)崇绪：崇尚业绩。(9)桓宽：字次公，西汉汝南郡(今河南上蔡西南)人，著有《盐铁论》。(10)《盐铁论》：汉昭帝始元六年(前81年)，西汉政府为是否废除盐铁专营和酒类专卖召开会议进行辩论，本书即桓宽所做会议记录。

译文：文学说："聪明的人，随着时间的变化而改变策略；有智慧的人，按照当世的情况来制定统治的方法。孔子说：'过去的礼帽用缁布做，这是合乎周礼的；今天大家都用丝绸，因为这样节省，我同意大家的意见。'所以圣人崇尚贤人不和古代的礼节相违背，顺应时俗不过于迎合时宜。鲁定公依照昭穆制度，按照顺序安排闵公和僖公的位置，把颠倒了的位置再颠倒过来；鲁昭公废掉卿士来节省开支，这都不能说是改变了祖先的行为，背离了父辈的成规。但是，秦二世扩建阿房宫以继承先人的业绩，赵高增加秦朝的法律以扩大威望，这不可以说是忠臣孝子吧！"

评析：贤良文学为废除盐铁专营提出自己的观点和论据，认为"明者因时而变，知者随世而制"，并举出三个例子来支持论点：第一，孔子为节俭赞同用丝绸帽子替代麻布帽子。第二，鲁定公按昭穆制度改变闵公和昭公牌位位置，昭公为节省开支废除卿士。第三，秦二世和赵高因沿袭祖制而致国灭，则是从反面证明，沿袭祖制未必就是忠臣孝子。盐铁会议以废除盐铁专营而告终。应当说，盐铁专营在汉武帝时起到了集中财力、强大国力的作用，但长期执行这一制度也给西汉社会带来了很多弊端。从这个意义上说，贤良学士主张废除盐铁专营、与民休息，是值得肯定的。有学者认为贤良文学主张废除盐铁专营是保守派，而主张继续保持盐铁专营制度的桑弘羊是改革家。笔者对此不敢苟同。

原文：在上者不受虚言，不听浮术，不采华名，不兴伪事。言必有用，术必有典，名必有实，事必有功。

注释：本文出自东汉荀悦《申鉴·俗嫌》。

(1)虚言：虚假动听的语言。(2)浮术：不切实际的技艺。(3)华名：浮华的名声。(4)伪事：虚伪的事情。(5)荀悦：字仲豫，颍川颍阴（今河南许昌）人。东汉史学家、政论家，思想家，作《申鉴》五篇。

译文：在上位者不要接受虚妄的言论，不要相信不切实际的方法，不谋取浮华的名声，不能做虚伪的事情。说出的话一定要有用，采用的技艺一定要有根据，获取的名声一定要与功绩相匹配，做事就一定要作出成效来。

评析：如何辨别虚假不实的语言？辨别虚言的标准就是言必有用；如何辨别不切实际的技艺？辨别浮术的标准就是术必有典。如何辨别浮华的名声？辨别华名的标准就是名必有实。如何辨别虚伪的事情？辨别伪事的标准就是事必有功。荀悦在这里说的上位者四个不取，概括起来就是虚、假、浮、伪，这四种情况于世无用，所以必须坚决杜绝，彻底摈弃。

原文：和羹(gēng)之美，在于合异；上下之益，在能相济。

注释：本文出自西晋陈寿《三国志·夏侯玄传》。

(1)羹：汤。(2)合异：调和。(3)益：好处。(4)济：帮助。(5)陈寿：字承祚，巴西郡安汉县（今四川南充）人。西晋史学家，著有《三国志》65卷。

译文：美食佳肴，在于能够调和各种不同的滋味；良好的上下级关系，在于彼此之间能够相互学习，取长补短。

评析：五味调料，酸甜苦辣咸。任何一种调料单独食用，人们都不能忍受。而调和鲜美羹汤的妙处，在于把五味调料恰到好处地混合在一起。管理一个国家、一个地区、一个部门，也是这个道理。上下之间，左右之间，人人各有长处，也各有短处，领导者的能力，就表现在善于发现人们的优点和缺点，避其所短，用其所长，这样才能做到左右相济，上下相益。

原文:单者易折,众则难摧,戮力一心,然后社稷可固也。

注释:本文出自唐代李延寿《北史·吐谷(yù)浑传》。

(1)单:单个,一支箭。(2)折:折断。(3)摧:摧毁。(4)戮力:协力,合力,通力合作。(5)李延寿:字遐龄,相州(今河南安阳)人,唐代史学家,著有《北史》100卷。

译文:一支箭是容易被折断的,一把箭就很难被折断。只有大家齐心协力,然后国家才能牢固富强。

评析:这是吐谷浑首领阿豺对儿子们讲话。阿豺有20个儿子,他临终前把儿子们叫到面前,要他们一人拿出一支箭,先让弟弟慕利延折断其中一支,然后把其余19支箭合在一起,慕利延无法折断。这就是阿豺折箭的故事。这个故事告诉人们,一个人的力量毕竟是有限的,只有大家团结起来,同心协力,才能干成一番伟大的事业。

原文:山积而高,泽积而长。圣人之后,必大而昌。由圣与贤,或为霸强。建不克嗣,济北疏疆。齐人德之,其族称王。

注释:本文出自唐代刘禹锡《唐故监察御史赠尚书右仆射王公神道碑》。

(1)积:堆积,累积,积聚。(2)大而昌:宏大而昌盛。(3)克:能。(4)济北:济北王田安。(5)疏疆:开拓疆土。(6)王公:王俊,字真长,唐朝官员,赠尚书右仆射。(7)刘禹锡:字梦得,河南洛阳人,唐朝文学家、哲学家。进士出身,曾任监察御史。

译文:山陵是因土石堆积而成其高,水泽是因水流聚积而长流。圣人的后代,一定会强大而昌盛。或成为圣贤,或称霸称强。至田建不能继承祖上功业,其子孙受封济北王开疆拓土。齐地人怀其祖德,这一家族被称为王家。

评析:这段文字实际是对王俊姓氏来源的一个考证。王姓始于黄帝,八代到虞舜。作为黄帝、虞舜的后代,一定会昌盛发达。到胡公封于陈,十三世为公子陈完,因国难逃齐,被齐桓公以客卿之礼接纳。又传十一世至田和,夺取齐王之位。传三代之后到齐王建,被秦国所灭。项羽封田建之孙田安为济北王。刘邦建汉,济北王失其国,但齐地人仍称其族为王族,故以王为姓氏。刘禹锡叙述这段历史之前,用"山积而高,水积而长"作为句首,说明了一个深刻道理,任何事物都是一个积累的过程,只有不断的积累,山才可以成其高,水才可能成其长。我们学习、做事,其实也是这个道理,长期不懈的坚持,终会由量变引起质变。“没有比人更高的山，没有比脚更长的路”，选准目标，坚持努力，就一定会达成自己所想要的成功。

原文：百感中来不自由，角声孤起夕阳楼。碧山终日思无尽，芳草何年恨即休？睫在眼前长不见，道非身外更何求。谁人得似张公子，千首诗轻万户侯。

注释：本文出自唐代杜牧《登池州九峰楼寄张祜(hù)》。

(1)百感：内心种种复杂的情感。(2)中：一作“衷”，内心。(3)角声：军中吹角，代指黄昏。(4)芳草：贤者。(5)即：一作“始”。(6)睫：睫毛。(7)长：一作“犹”。(8)得似：能像，能比得上。(9)张公子：即张祜。(10)杜牧：字牧之，唐京兆万年(今陕西西安)人，时任池州刺史。(11)九峰楼：一作“九华楼”，在今安徽贵池东南九华门上。(12)张祜：字承吉，邢台清河(一说山东德州)人，唐代诗人。

译文：多少感慨从内心涌上不能自主控制，一声画角夕阳照在九峰楼头。对着碧山整日思念无尽，到哪年愁恨可与芳草一同罢休？睫毛就在眼前人们却总是看不见，大道本非身之外还去何处寻求？世上有谁能够比得上你张公子，所写千首诗篇蔑视那万户侯。

评析：这是池州刺史杜牧寄给张祜的一首诗。张祜年轻时与徐凝同应贡举，不相上下，时任杭州刺史白居易命题诗两首，结果徐凝取为第一，张祜遂“行歌而返”，不再谋取功名。20年后，张祜从丹阳来池州拜访杜牧，二人成为知己好友。两人分别后，杜牧登九峰楼，有感而发，写此诗寄给张祜。诗人感叹张祜怀才不遇，同时称赞张祜在诗歌方面的成就，已经无人可比，就是做官封个万户侯又怎么样呢？诗句“睫在眼前长不见”，典出韩非《喻老》“智如目也，能见百步之外而不能自见其睫”，是讽刺白居易不能看见眼前的张祜是人间俊才。这句诗也说明人们往往在口头上重视贤才，遇到具体问题，却往往忽视了根本原则，忘记了简单的道理。譬如人们常说：“人生有三大憾事：‘遇良师不学，遇良友不交，遇良机不握。’”可是良师、良友、良机在你面前的时候，你注意到了吗？认识到了吗？没有能力注意到、认识到良师、良友、良机，这或许应该是人生最大的悲哀和憾事！

原文：泾(jīng)溪石险人兢慎，终岁不闻倾覆人。却是平流无石处，时时闻说有沉沦。

注释：本文出自唐代杜荀鹤《泾溪》。

(1)泾溪：一名泾川，又名赏溪。在今安徽泾县，源出旌德县南，北流至泾县西入青弋江。(2)兢慎：因害怕而小心警惕。(3)终岁：整年，一年到头。(4)倾覆：翻船沉没。(5)平流：平稳的水流。(6)闻说：听说。(7)杜荀鹤：字彦之，池州石埭(今安徽石台)人，唐代进士，后梁翰林学士。

译文：泾溪里面礁石危险的地方，人们路过的时候都非常小心，所以常年都不会听到有人不小心掉到里面淹死的消息。恰恰是在水流缓慢没有礁石的地方，却常常听到有人被淹死的消息。

评析：《吕氏春秋·慎小篇》云："人之情，不蹶(jué)于山而蹶于垤(dié)。"人们常常不是在高山上跌倒，而是在小土丘上跌倒。唐代诗人杜荀鹤所写《泾溪》诗道理与之类似。诗人另辟蹊径，借泾溪这条真实的河流，于景物中寓含哲理，通过比喻、对比手法总结出人往往在平流无石中沉沦的教训，告诫人们要居安思危，处盈虑亏，枕戈待旦。全诗仅有短短28个字，但却说理透彻，包含了深刻的人生哲理和精妙的生命辩证。

原文：事机之利害异情，措置之安危异便。知其事而不度其时则败，附其时而不失其称则成，形变不同，胡可专一？

注释：本文出自后晋刘昫《旧唐书·陆贽传》。

(1)事机：情势，行事时机。(2)利害：关系，好坏。(3)措置：安放，处置。(4)安危：平安与危险。(5)便：通"辩"。异便：分别，区别。(6)度：忖度，斟酌。(7)刘昫：字耀远，涿州归义(今河北雄县)人，后唐兵部侍郎，端明殿学士，史学家。

译文：行事情势的利害关系有不同情况，安放措置的平安与危险有不同办法。知道这件事情但不忖度它的时机就会失败，附和它的时机而又不失去它的平衡就能成功。事情的形势变化不会相同，怎么能用固定不变的方法呢？

评析：本段文字节选自唐代陆贽给唐德宗的奏章。陆贽这段话讲了具体问题具体分析的重要性，做一件事时机不同，其利害关系就会有不同的情况；措置一件事情，不同的办法就可能出现平安和危险两种相反的结果。知道这件事应当怎么去做，但如果不衡量时机是否恰当就可能会失败；时机符合而又与情势相称做事才会成功。这就告诉我们，做一件事情，一定要充分考虑它的利害关系、措置方法、行事时机和与其关联的各种情况，这样才能万举万全，立于不败之地。

原文:天下之患,最不可为者,名为治平无事,而其实有不测之忧。坐观其变,而不为之所,则恐至于不可救;起而强为之,则天下狃(niǔ)于治平之安,而不吾信。惟仁人君子豪杰之士,为能出身为天下犯大难,以求成大功。此固非勉强期(jī)月之间,而苟以求名之所能也。

注释:本文出自北宋苏轼《晁错论》。

(1)不为之所:不去作为。(2)狃:因袭,拘泥。(3)期月:一整月,形容时间短。(4)晁错:西汉政治家、文学家,汉景帝时因主张削藩失败被杀。

译文:天下的祸患,最不好办的,是表面上太平无事,但实际上却有无法预料的隐患。坐在那里看着事情在变化,却不想办法解决,那么恐怕事情就会发展到不可挽救的地步;如果一开始就用强硬的手腕去处理,那么天下人由于习惯太平安逸,就不会相信我们。只有那些仁人君子杰出人物,才能挺身而出为天下人去承担大难,以求建立伟大的功业。这当然不是在短时期内由那些只图求名的人所能做到的。

评析:汉高祖刘邦分封同姓王,文、景时期,藩王势力坐大,晁错上《削藩策》,建议削减藩王权力,吴王刘濞(bì)联合七国以“清君侧”为名,发动叛乱,晁错因此被汉景帝所杀。苏轼在《晁错论》中一开篇就讲到天下事最难办的,就是表面上平安无事,实际上却潜藏着祸乱之患。在这种情况下,如果一味坐等,不去想办法解决,最后就会一发而不可收。如果要采取强硬措施,一般人习惯于太平安逸,就不会得到他们的支持和拥护。在这种情况下,唯有那些仁人君子杰出人物,才能挺身而出,敢于承当,以建立不世功业。而晁错挑起“大难”,却又想保全自身,最后只落得身首异处。苏轼在文中指出:“古之立大事者,不唯有超世之才,亦必有坚忍不拔之志。”这就说明,只有那些见微知著、睹始知终的人才能看到太平安逸掩盖下的灾患之源,只有敢于担当的人才能挺身而出消弭灾患。

原文:横看成岭侧成峰,远近高低各不同。不识庐山真面目,只缘身在此山中。

注释:本文出自北宋苏轼《题西林壁》。

(1)横看:正面看,因庐山为南北走向,横看就是从东西两面看。(2)侧看:从南北两面看。(3)各不同:不相同。(4)不识:不能认识,辨别。(5)缘:通“原”,因为,由于。(6)此山:这座山,指庐山。(7)西林壁:西林寺墙上,西林寺在江西庐山西麓。

译文：从正面看庐山山岭连绵起伏、侧面看山峰耸立，从远、近、横、侧四处看庐山，庐山呈现各种不同的山貌。我之所以认不清庐山真正的面目，是因为我自己身处庐山之中。

评析：这是苏轼写的一首脍炙人口的七绝诗。第一句突出了山岭的连绵起伏，山峰的高耸峙立。第二句形象地描绘出庐山移步异景、千姿万态的风景画卷。最后两句则是总结游览庐山的感受，同时说明一个深刻的道理：人们之所以看不清楚庐山的真面目，原来是因为我们本就处在庐山之中。其实很多事情都是这样，当局者迷、旁观者清，所以要跳出来看问题。要完整认识客观事物，首先要有大局观、整体观、全局观，同时还要摆脱主观成见，避免带有情感、利益等有色眼镜，这样才能把事物看得更清楚，把问题认识得更透彻。

原文：莫言下岭便无难，赚得行人错喜欢。进入万山圈子里，一山放出一山拦。

注释：本文出自南宋杨万里《过松源晨炊漆公店》。

(1)莫言：不要说。(2)赚得：骗取，骗得。(3)错喜欢：白欢喜。(4)拦：阻拦。(5)杨万里：字廷秀，吉州吉水(今江西)人，进士出身，官至秘书少监，与尤袤、范成大、陆游合称南宋“中兴四大诗人”。(6)松源、漆公店：地名，在今皖南山区。

译文：不要说从山岭上下来就没有困难，这句话骗得游山的人白白的欢喜一场。当你进入到万重山的圈子里以后，你刚攀过一座高山，另一座山峰马上将你阻拦。

评析：这是一首哲理诗，诗人写于皖南松源山区，因此也是诗人的即景诗作。“下山容易上山难”，这也许是针对一座山而言。诗人从实际下山过程中感受到这句俗语让人白白欢喜一场，因为在崇山峻岭之中，你刚刚好不容易下了一重山，却没有想到前面又有一重山拦住了你的脚步。从哲理层面上分析这首诗，诗人正是借助景物描写和生动形象的比喻。说明一个具有普遍意义的深刻道理：无论做什么事，都要对前进道路上的困难做好充分的估计，不要被一时的成功所陶醉。

原文：胜日寻芳泗水滨，无边光景一时新。等闲识得东风面，万紫千红总是春。

注释:本文出自南宋朱熹《春日》。

(1)胜日:风光美好的日子。(2)寻芳:寻赏美景。(3)泗水:今泗河,发源于山东省泗水县。(4)滨:水边。(5)等闲:轻易,随便。(6)总是:都是。(7)朱熹:字元晦,徽州婺源人,北宋理学家。

译文:春天风和日丽我在泗水之滨探寻美景,无限的风光景物焕然一新。轻易便能识得春天东风的面貌,满眼的万紫千红都是春天的景致。

评析:《春日》是南宋理学家朱熹写的一首寓理于景的哲理诗。“泗水”,即洙泗,是孔子出生地,也是儒家学说发源地。“寻芳”,在泗水之滨探寻美景,寓意在孔子出生之地寻求圣人之道。“东风面”,这是诗人将圣人之道比作催发生机、点染万物的春风。“万紫千红”,被诗人用来比喻孔子思想的丰富多彩。关于这首诗,有学者认为这只是一首哲理诗,而非游春诗。其依据是当时洙泗之地为金人所占。笔者对此不以为然,金人所占之地,南宋人并非就不可能会来“到此一游”。

原文:行谨则能坚其志,言谨则能崇其德。

注释:本文出自南宋胡宏《胡子知言·文王》。

(1)行:行动,行为,做事。(2)谨:谨慎,小心。(3)坚:坚定。(4)言:言论,说话。(5)崇:崇高,高大。(6)胡宏:字仁仲,号五峰,建州崇安(今福建武夷山)人,师从杨时,南宋学者。

译文:行动小心谨慎,就能使志向更加坚定;说话小心谨慎,就能使德行更加崇高。

评析:孔子曾说过“君子讷于言而敏于行”,也有一句话叫“修己以清心为要,涉世以慎言为先”。这都是指说话要小心谨慎,说话要有根据,不能信口开河,这样才能使自己的德行更加崇高。孔子强调敏于行,是说人在认真思考做出决定后,就要立即行动,不可迟缓。而认真思考的过程,就是“行谨”的过程,所谓“行成于思”说的也是这个道理。行动因谨慎而获得成功,会增添人们胜利的信心,这就是“坚其志”。如果不加思考就盲目行动,往往导致失败,在一连串的失败打击下,自然会心灰意冷,丧失斗志了。

原文:物有甘苦,尝之者识;道有夷险,履之者知。是以宴安日久诘(jié)戎兵,而听者忽忽;老成人丧语典形,而闻者嗤嗤。

注释:本文出自明代刘基《拟连珠》。

(1)夷:平坦。(2)履:鞋。名词作动词,走。(3)宴:通“晏”。晏安:安乐,安定,安逸享受。(4)诘:整治。(5)戎兵:军服和兵器。(6)忽忽:轻视。(7)老成人:德高老臣。(8)典形:一作“典刑”,旧法,常规。(9)嗤嗤:嘲笑。

译文:东西有甜味、苦味,尝过的人才能辨别;道路有平坦和崎岖,走过的人才会知道。所以安逸享受的日子长久了又整治军服和兵器,听到的人根本不会重视;德高望重的老臣谈论应遵循的法规,就会被听到的人所嘲笑。

评析:梨子是苦是甜,只有尝过才能知道。明朝开国谋士刘基这段话前半部分说的其实就是这个道理。能品尝过物体之甘苦、经历过道路之夷险的,都是有经验的老年人。这些最有经验的人就是德高望重的老臣,他们会在安逸的日子里不忘整治兵戎,他们会经常提起应当遵循的法规,可惜“听者忽忽,闻者嗤嗤”。所以,亲自参与社会实践,品尝梨子之甘苦,亲履道路之夷险,认真听从“老成人”的建议,就成为每一名党员领导干部应该做和必须做的一门功课。

原文:谦,美德也;过谦者,多怀诈。默,懿行也;过默者,或藏奸。

注释:本文出自明代徐学谟《归有园麈(zhǔ)谈》。

(1)谦:谦虚,谦让。(2)怀:怀有。(3)诈:欺诈。(4)默:沉默,缄(jiān)默。(5)懿:美好。(6)徐学谟:字叔明,号太室山人,明代苏州府嘉定(今上海嘉定)人,官至礼部尚书。(7)麈:麈尾,拂尘。

译文:谦虚是一种美德,但过于谦虚的人,就可能怀有欺诈之心。沉默是一种好的行为,但过于沉默的人,或许会包藏祸心。

评析:这句话包含生活的辩证哲理,凡事过犹不及,谦虚本来是一种美好的品德,但过于谦虚,就会让人感觉不真诚,更有甚者,会让人觉得虚伪,乃至于奸诈。所以,君子待人接物,要谦虚有度,不卑不亢。沉默是金,沉默寡言,不多言多语,这原本是很好的事情。但遇事总不表态,不说出自己的看法,这样的人城府很深,人们难以与其相处。更有甚者,这种人可能心理阴暗,藏有害人之心。所以,君子要待人以诚,敞开心扉,让人了解你,认识你,这样才能接纳你,你才能更好地融入社会、服务社会。

原文:前三代,吾无论矣;后三代,汉、唐、宋是也。中间千百余年而独无是非者,岂其人无是非哉?咸以孔子之是非为是非,故未尝有是非耳。然则予之

是非人也又安能已！夫是非之争也，如岁时然，昼夜更迭，不相一也。昨日是而今日非矣，今日非而后日又是矣。虽使孔夫子复生于今，又不知作如何非是也，而可遽以定本行罚赏哉！

注释：本文出自明代李贽《藏书·世纪列传总目前论》。

(1)前三代：夏、商、周三个朝代。(2)咸：皆，悉。咸以：大家都以。(3)未尝：未曾，不曾。(4)然则：既然这样，那么。(5)岁时：一年四季，岁月，时间。

译文：夏、商、周前三代我就不论述了。后三代，是汉朝、唐朝、宋朝。前三代、后三代中间隔了1000多年，而单单没有是非之争，难道说是人们没有是非观念吗？大家都以孔子的是非标准为是非标准，所以未曾有是非标准也。既然这样，那么别人又怎么能以我的是非标准为是非标准呢？是非之争，就像一年四季一样，昼夜更替，没有一样的标准。昨天是对的，今天可能就是错的，今天是错的可能后天又是对的。即使是孔子复生于今世，也不知道会作出什么样的是非标准，怎么能把孔子的是非标准作为定式而据此行使赏罚呢？

评析：李贽是晚明启蒙思想家，这篇文字就是对汉朝确立的儒学权威进行挑战的文章。李贽认为，从夏、商、周到汉、唐、宋，中间相隔1000多年，不可能没有自己的是非标准，但大家都以孔子之是非标准为标准，这就在实际上没有了是非标准。时代是变化的，不同时期有不同的是非标准，即使今天孔子在世，也会根据时代变化划分出新的时代标准。李贽这段话不能说没有道理，但是非标准也有根本标准和具体标准之分。譬如说，孔子讲仁德修身，这是无论任何地域任何时代都应奉为圭臬、不可更改的根本标准。至于具体到每件事情、每个物体，则可能会出现不同的是非判断标准。所以，我们要根据时代的变化，具体分析什么是“昨日是”“今日非”，对不符合时代变化的地方加以改正；分析什么是“今日非”“后日又是”，对未来的事进行预见和引领。也就是说，既要坚持大是大非的根本标准，又要根据实际情况制定具体的是非标准，这才是正确的思维方法和工作方法。

原文：大厦之成，非一木之材也；大海之润，非一流之归也。

注释：本文出自明代冯梦龙《东周列国志》第十六回。

(1)一木：一棵树。(2)润：润泽。(3)一流：一条河流。(4)归：回归，归宿。

译文：大厦的建成，不是只靠一棵树的木材；大海的滋润，不只单凭一条水流的汇归。

评析：单丝不成线，独木不成林。仅靠一棵树的木材，即使这棵树木再大，绝不可能建成一座大厦；仅靠一条河的水流，即使这条河再宽，也不可能润泽整个大海。所以，要成就伟大的事业，就要动员广大民众，就要得到人民的拥护和支持。明白这个道理，就要心系人民群众，全心全意为人民谋利益，如此才能团结并带领人民群众走向胜利的未来。

原文：天下无难事，只怕有心人；天下无易事，只怕粗心人。

注释：本文出自清代袁枚《随园诗话》。

(1)只怕：唯独害怕。(2)袁枚：字子才，号简斋，晚年自号仓山居士、随园主人、随园老人，钱塘(今浙江杭州)人，清代诗人、散文家、文学评论家。

译文：天下没有什么难事，因为对有心人来说，任何难事都可以迎刃而解；天下没有什么容易的事情，因为对粗心人来说，任何事情都做不好。

评析：有道是"功夫不负有心人"，有心人能干大事，能干成大事。人们常说，事情的开始就是成功的一半，这里只是强调行动的重要性。至于事情要成功，还要有另一半，这另一半我们可以理解为要靠有心人来做这件事情。事情开始做了，但结果却是失败，失败的原因也在于另一半，这个另一半就是这件事情是由粗心的人来做的。做任何事情，开始很重要，细心、有心更重要。天下事必作于细、成于实，干事业、做工作的执行过程不能打折扣，而要用心把每一个细节做实，这样才能天下无难事。

原文：不知人之短，不知人之长，不知人长中之短，不知人短中之长，则不可以用人，不可以教人。用人者，取人之长，辟人之短；教人者，成人之长，去人之短也。惟尽知己之所短而后能去人之短，惟不恃己之所长而后能收人之长；不然，但取己所明而已，但取己所近而已。

注释：本文出自清朝魏源《默觚(gū)下·治篇七》。

(1)短：缺点，不足。(2)长：长处，优点。(3)辟：通"避"。(4)不恃：不依仗。(5)所明：所看到的。(6)所近：所亲近的。(7)魏源：字默深，清代启蒙思想家、政治家、文学家。

译文：不知道一个人的短处，不知道一个人的长处，不能发现一个人长处中的缺陷，不能发现一个人短处中的优势，就不能算是真的知道用人，也不能够教诲别人。善于用人的人，取人之长处，避开人之短处；善于教人的人，培育人的长处，去除人的短处。只有尽可能知道自己短处，然后才能去除别人的短处；只有不依仗自己的长处，然后才能吸收别人的长处。如果不是这样，那就只能得到自己眼前看到的，只能得到自己所接近的。

评析：魏源在这里讲了用人者、教人者应该具备的素质，那就是不仅能知人之短，知人之长，还要知人长中之短，知人短中之长。用人者就是要取人之长，避人之短；教人者就是要成人之长，去人之短。此外，更重要的是，用人者、教人者，要有自知之明，知道自己短处，不依仗己之所长，这样才能广用人才，广教人才。魏源这一段关于用人教人的议论，充满辩证哲理，值得我们掩卷深思。

笃行篇

duxingpian

上士闻道，勤而行之；中士闻道，若存若亡；
下士闻道，大笑之。不笑不足以为道。

——老子

老子

老子（约前 571～前 471 年），名李耳，一作李聃，字伯阳，曾做过周朝“守藏室之官”，著有《道德经》。《道德经》也叫《老子》，全书共 5000 字，言简意赅，博大精深，是一部充满辩证法智慧的著作。老子认为“天下万物生于有，有生于无”，他的《道德经》以独有的视角，探究了宇宙的形成、万物的本源、国家的治理等一系列重大的哲学和政治问题。并且提出了“道”“自然”“无为”等著名的哲学概念，是中国哲学的基石之作。

原文:合抱之木,生于毫末;九层之台,起于累土;千里之行,始于足下。

注释:本文出自春秋老聃《老子》第六十四章。

(1)合抱:两只手合抱。(2)毫末:毫毛的末端。比喻极其细微。(3)累土:把土堆积起来。

译文:合抱的粗木,是从细小的小树苗一点一点长起来的;九层的高台,是用一筐土一筐土筑起来的;千里遥远的行程,是靠一步又一步走出来的。

评析:天下所有事情,其实都是始于小,然后成其大。参天大树、合抱之木,最开始的时候不过是一粒种子,一株幼苗。巍峨高耸的九层高台,是用一筐一筐土堆积起来的。千里遥远的路程,也是靠一步一步走出来的。星星之火,可以燎原。事物之所以由小到大,关键是坚持不断地行动下去。励志学有句名言,叫作"行动的开始,就是成功的一半"。所以无论做什么事情,掌握了由小到大、由弱到强的发展规律,加上行动行动再行动,就一定可以达到成功的彼岸。

原文:不闻不若闻之,闻之不若见之,见之不若知之,知之不若行之,学至于行之而止矣。行之,明也。明之为圣人。圣人也者,本仁义,当是非,齐言行,不失毫厘,无它道焉,已乎行之矣。故闻之而不见,虽博必谬;见之而不知,虽识(zhì)必妄;知之而不行,虽敦必困。不闻不见,则虽当,非仁也,其道百举而百陷也。

注释:本文出自战国荀况《荀子·儒效篇》。

(1)闻:听到。(2)知:知道,了解。(3)本仁义:以仁义为本。(4)当是非:评判是非。(5)已乎:已经罢了。(6)识:记住。(7)敦:勤勉。(8)荀况:字卿,战国赵国人,思想家、文学家。

译文:没有听到不如听到,听到不如见到,见到不如理解到,理解不如去实行,学问到了实行这个阶段,也就达到了极点。实行了,就彻底明白了。彻底明白了,就成为圣人了。圣人啊,以仁义为本,评判是非,言行一致,不差一毫一厘,这没有什么其他的奥秘,就是已经把所学知识付诸实行罢了。所以说,听到但没有见到,即使知识再渊博,也一定会有谬误;见到但没有理解,即使记住了,也必然会有虚妄;理解了但没有实行,即使很勤勉博学,也会有困惑的地方。没有听到见到,那么就是对了,也不能算作是仁,用这种方法做事,做一百次就会失败一百次。

评析:荀子在这里讲了学习从听到见、从见到知、从知到行的过程,实际上就是我们说的感性到理性、理性到实践的过程。听到和看见,这是人的感性知识；理解晓得，这是人的理性认识；把知识运用于实践，这就达到了学习的目的。反过来说，如果只是听到而没有看到，就会有许多谬误；看到而不知道，就是记住的再多，也会有虚妄的地方；即使理解了，但没有实行，知识再多也会有困惑的地方。所以，学习不仅要听、要看、要理解，最关键的还是要把知识运用于实践中，学用结合，学以致用，才是最好的学习之道。

原文：善言古者必有节于今；善言天者必有征于人。凡论者，贵其有辨合、有符验。故坐而言之，起而可设，张而可施行。

注释：本文出自战国荀况《荀子・性恶》。

(1)节：符节，用于验证。(2)征：证验，验证。(3)辨合：符合，契合。(4)设：布置，安排，筹划。

译文：善于谈论古代的人，一定要在当今找到依据来验证；善于谈论天道的人，一定要在人事上找到根据作证验。大凡建言立论的人，一定要有事实依据相契合、相验证。所以不仅要坐而论道，还要站起来就能够布置安排，安排推广就可以实际施行。

评析：荀子这段议论实际上是为从理论上否定孟子的性善论作铺垫，但这段议论本身却很有道理。谈论古代是为了今天，谈论天道是为了人事，如果不是这样，那就是空发议论，与现实没有什么关系。提出一个观点，一定要有事实证明这个观点是正确的，这个观点才立得住脚，让人信服。最为关键的，是这个观点能不能“起而可设，张而可施行”。如果一个理论观点说得头头是道，但却不能运用于实践中，那么这个理论观点就是毫无用处的。

原文：道虽迩(ěr)，不行不至；事虽小，不为不成。其为人也多暇日者，其出入不远矣。好法而行，士也；笃志而体，君子也；齐明而不竭，圣人也。人无法，则伥(chāng)伥然；有法而无志其义，则渠渠然；依乎法而又深其类，然后温温然。

注释：本文出自战国荀况《荀子・修身》。

(1)道：道路，路程。(2)迩：近，很近。(3)为：做。(4)暇日：空闲日子。(5)好法：喜好礼法。(6)笃志：志向坚定。(7)体：体验，身体力行。(8)齐明：智虑敏捷明智。(9)伥伥然：无所适从的样子。(10)志：记。志其义：知道他的旨意。(11)渠渠然：局促不安的样子。(12)温温然：和蔼可亲、泰然自若的样子。

译文：路程虽然很近，但不走就不能到达；事情虽然很小，但不做就不能成功。那些活在世上而闲荡时间很多的人，他们即使能超出别人，也绝不会走出很远的。爱好礼法而尽力遵行的，是一般士人；意志坚定而身体力行的，是君子；无所不明而其思虑又永不枯竭的，是圣人。人没有礼法，就会迷惘而无所适从；有了礼法而不知道它的旨意，就会手忙脚乱；遵循礼法而又能精深地把握它的具体准则，然后才能不慌不忙而泰然自若。

评析：没有比脚更长的路，没有比人更高的山。路再长，只要迈开双腿走下去就能走到尽头；山再高，只要奋力攀登就能爬上顶峰。不迈开双脚，就是再近的路程也无法到达；不动手去做，就是再小的事也做不成。士人、君子、圣人，从人这个层面上说没有什么差别，所不同的就在于能不能往前多走几步。喜好而遵行礼法的是士人，如果加上意志坚定就成为君子，如果再加上勤思熟虑就成为圣人。所以无论士人、君子，还是圣人，只要意志坚定、坚持不懈、学思结合，学习学习再学习，行动行动再行动，努力努力再努力，就一定能达到"温温然"的完美道德境界。君子其努力矣！

原文：夫志心笃(dǔ)行之术，长莫长于博谋，安莫安于忍辱，先莫先于修德，乐莫乐于好善，神莫神于至诚，明莫明于体物，吉莫吉于知足，苦莫苦于多愿，悲莫悲于精散，病莫病于无常，短莫短于苟得，幽莫幽于贪鄙，孤莫孤于自恃，危莫危于任疑，败莫败于多私。

注释：本文出自秦代黄石公《素书·本德宗道章》。

(1)志心：志向、心智。(2)笃行：切实实行。(3)博谋：博识多谋。(4)忍辱：忍辱负重。(5)体物：体察事物。(6)幽：暗昧，愚昧。(7)黄石公：秦汉隐士，著有《素书》。《素书》据说传给张良，张良凭借此书，成为刘邦重要的谋士。北宋官员张商英为《素书》作序，今传即此本。

译文：志向心智坚定，笃实力行的修身之道：最长的长处，莫过于博识多谋；最安全的方式，莫过于安于忍辱；最优先的要务，莫过十进德修业；最快乐的态度，莫过于乐于好善；最神奇的效验，莫过于用心至诚；最高明的做法，莫过于明察秋毫；最吉祥的想法，莫过于安分知足；最痛苦的缺点，莫过于欲求太多；最悲哀的情形，莫过于心神离散；最麻烦的病态，莫过于反复无常；最无聊的妄念，莫过于不劳而获；最愚昧的观念，莫过于贪婪卑鄙；最孤独的念头，莫过于目空一切；最危险的举措，莫过于任人而疑；最失败的行径，莫过于自私自利。

评析：《素书》这段文字讲述了笃行心志的具体方法，有 15 条之多。每条都值得认真思考,或切实实行,或引以为戒。譬如说一个人的长处,莫过于博识而多谋;一个人最先要做的事情,莫过于修身养德;一个人的愚昧,莫过于贪婪卑鄙;一个人身败名裂,最主要的原因就是过多地考虑和谋求一己之私利。"败莫败于多私",明代官员钱琦在其著作《钱公良测语·规世》中也有引用。

原文:夫耳闻之不如目见之,目见之不如足践之,足践之不如手辨之;人始入官,如入晦室,久而愈明,明乃治,治乃行。

注释:本文出自西汉刘向《说苑·政理》。

(1)耳闻:亲耳听到。(2)目见:亲眼看到。(3)足践:用脚踏勘。(4)手辨:用手辨别。(5)入官:做官。(6)晦室:暗室。(7)刘向:西汉经学家,著《说苑》二十卷。

译文:亲耳听到的事情,不如亲眼看到的可靠;亲眼看到的事情,不如用脚踏勘的可靠;用脚踏勘的事情,不如用手辨别更为贴切。一个人刚开始赴任做官,就好像走进一间暗室,时间久了就会逐渐看得清楚,眼睛看清楚了才能治理得好,治理得好才能成全功名。

评析:春秋时西门豹要去邺县任职,魏文侯要求西门豹此去"必全功、成名、布义",西门豹问如何去做,魏文侯于是说了这么一番话:耳闻不如目见,目见不如足践,足践不如手辨。到任何一个地方做官,就要用耳、目、足、手亲身实践,了解当地实际情况,如此才能"全功、成名、布义"。实践出真知。领导干部只有深入基层,调查研究,才能"明乃治,治乃行",才能成就一番事业。

原文:圣人之辞,可为也;使人信之,所不可为也。是以君子强学而力行。珍其货而后市,修其身而后交,善其谋而后动,成道也。

注释:本文出自西汉扬雄《法言·修身》。

(1)辞:言辞。(2)可为:可以做到。(3)强学:勤学。(4)市:出售。

译文:圣人所说言辞教诲,都是可以做到的。但要让别人相信圣人的言辞,这是不容易做到的。所以君子勤勉学习并身体力行。等到自己货物的价值提高后再出售,把自身修养提高后再交友,筹谋计划考虑妥当后再行动,这才是成功之道呀!

评析:圣人说的话都是让平凡人实行的,所以能够很容易做到。但要让别人信服圣人说的话,却是一件非常困难的事情。所以君子要做的就是要改变自己，如何改变？那就要“强学而力行”。就像商人总是等到货物价值提高后再出售一样，君子要修养自身后再交友，凡事善其谋而后动，这样才符合成功规律。一个人只有在学习和实践上下功夫，提高修养，改变自己，广交良师益友，善其谋而后动，才能践行圣人之辞，达到成功的彼岸。

原文：事莫明于有效，论莫定于有证。空言虚语，虽得道心，人犹不信。

注释：本文出自东汉王充《论衡·薄葬》。

(1)效：效验。(2)证：证据。(3)道心：精微之理，根本之理。

译文：事情没有比实际效果更能让人明白的了，言论没有比确切证据更能让人肯定的了。空洞虚假的语言，即使符合根本的道理，人们仍然不会相信。

评析：做事情有效果说明，人们更容易信服；言论有确凿证据，才能让人们赞同。那些无凭无据假大空的虚言妄语，即使说起来头头是道，但却难以让人心悦诚服。所以，做事有切实可行的计划方案，说话有切实的理论依据，这样才能得到人们的信任和拥护，才能实现所要达成的目标。

原文：白日依山尽，黄河入海流。欲穷千里目，更上一层楼。

注释：本文出自唐代王之涣《登鹳(guàn)雀楼》。

(1)白日：太阳。(2)依：依傍。(3)尽：消失。(4)欲：欲望，想要。(5)穷：穷尽，达到极点。(6)千里目：看到千里之外，眼界极其宽阔。(7)王之涣：字季凌，绛州(今山西新绛)人，盛唐著名诗人。(8)鹳雀楼：旧址在山西省永济县，楼高三层，传说常有鹳雀在此停留，故有此名。

译文：夕阳依傍着西山慢慢地沉没，滔滔黄河朝着东海汹涌奔流。如若想要看到千里之外的风光景物，那就要登上更高的一层楼阁。

评析：登高才能望远，行动才有收获。王之涣之所以能看到落山的夕阳和奔流入海的黄河，就是因为登上了矗立在高处的鹳雀楼。站在鹳雀楼第二层，诗人就给我们描述了一幅溢光流彩、金碧交辉的壮丽图画：快要落山的夕阳给人以一种寂静之美，而奔流入海的黄河则给人以一种汹涌澎湃动态之美。远处夕阳山峰与黄河流水动静结合，让人美不胜收。然而作者不满足于眼前的景色，还要带领读者进入一个更宽阔高远的境界。如何达到这一境界？那就要再一次登高，再一次行动，到更高的楼层，去看到更远处更壮美的景色。更远处更壮美的景色究竟是什么样子？那就任凭读者发挥自己的想象，自己迈开双脚去登高望远，探索体验了。

原文：古人学问无遗力，少壮工夫老始成。纸上得来终觉浅，绝知此事要躬行。

注释：本文出自南宋陆游《冬夜读书示子聿(yù)》。

(1)无遗力：不遗余力。(2)纸：书本。(3)绝知：深入透彻地理解。(4)躬行：亲身实践。(5)陆游：字务观，号放翁，越州山阴(今浙江绍兴)人，南宋诗人。(6)子聿：陆游幼子。

译文：古人做学问不遗余力，年轻时努力老年才取得成功。从书本上得到的知识终归是浅薄的，必须亲身实践才能理解知识的真谛。

评析：陆游这首诗很有哲理。俗语说大器晚成。很多人做学问都是从少壮开始努力，到老年才取得成功。陆游以此勉励儿子子聿，第一做学问要早，第二要坚持不懈，这样才能取得大的成就。另一方面，陆游在诗中教给儿子做学问的诀窍，那就是不能满足于字面上的明白，而要躬行实践，在实践中加深理解。只有这样才能把书本上的知识变成自己的实际本领。诗人在书本与实践的关系上，强调了实践的重要，这符合唯物认识论的观点。作者的这种见解，不仅在封建社会对人们做学问、求知识是很宝贵的经验之谈，就是对今天的人们也很有启迪作用，是非常有价值的。

原文：知与行，工夫须著并到。知之愈明，则行之愈笃；行之愈笃，则知之益明。二者皆不可偏废。如人两足，相先后行，便会渐渐行得到。若一边软了，便一步也进不得。然又须先知得，方行得。所以《大学》先说致知，《中庸》说知先于仁、勇，而孔子先说“知及之”。然学问、慎思、明辨、力行，皆不可阙一。

注释：本文出自南宋黎靖德《朱子语类》卷十四。

(1)知：知道，认识。(2)行：行动，实践。(3)笃：忠实。(4)阙：通“缺”。(5)黎靖德：南宋永嘉(今浙江永嘉)人，曾任沙县主簿，汇编朱熹及弟子问答的语录，著成《朱子语类》。

译文：认识与实践，两者都要下到功夫。认识越明白，那么行动起来就越坚定；行动实践越坚定，那么认识就会更加明白。认识与实践两者不可偏废。就像如果两脚相继先后行动，便会逐渐走得到目的地。如果一只脚软了，那便一步也难以前进。然而又必须先认识，然后才能付诸实践。所以《大学》说，先要达致认识,《中庸》说智慧先于仁德、勇敢,而孔子先说“智慧要达得到”。那么学习讯问、慎重思考、明确辨别、身体力行,一样不可或缺。

评析:朱熹在这里讲了知行关系的问题。知行关系是中国哲学文化思想的重要范畴,主要观点为知先行后、行先知后、知行合一、知难行易、知易行难等。分析朱熹的这段话,可以看出朱熹是知行合一论者,认识与实践相互促进:“知之愈明,则行之愈笃;行之愈笃,则知之益明。”认识离不开实践,如果认识不能运用于实践,就不是真正的知识;认识可以指导实践,在实践的过程中可以加深对事物的认识。认识与实践两者不可偏废。值得指出的是,在社会实践经过一代代人的摸索发展总结之后,一个人如果不先从前人的经验教训中认知事物的规律,就不可能把事情做好,朱熹认识到这一点,所以提出“先知得,方行得”的论点。事实正是如此,无论社会科学还是自然科学,后一代人总是要站在前一代的肩膀上,才能看得更高,走得更远。所以,要想总结前人经验,继承前人未竟事业,只有一个方法,那就是学习。学习的方法,就是孔子、朱熹所说的“知及之”“然学问、慎思、明辨、力行,皆不可阙一”。学问结合,学思结合,学辨结合,学行结合。如果能将这四个结合真正落实到工作学习中去,对我们的立身处世将大有裨益。

原文:儒生好奇古,出口谈唐虞。倘生羲皇前,所卷意如何。古人既已死,古道有遗书。一语不能践,万卷徒空虚。

注释:本文出自明代林鸿《饮酒》。

(1)儒生:读书人。(2)唐虞:唐尧、虞舜。(3)倘:倘若,假如。(4)羲皇:伏羲氏,传说中的人类始祖。(5)古道:古代道理。(6)林鸿:字子羽,福清(今福建福清)人。明初以荐授将乐训导,后拜礼部员外郎。

译文:读书人就喜欢谈论远古,一出口就是唐虞时代如何如何。如果他们生活在比唐虞更早的羲皇时代,他们将怎样开口说话呢?古人早已死去,古人的思想还存在古书中。他们连一句古人说的话都不能做到,那么就是读书破万卷还不都是空虚无用吗?

评析:这首诗是林鸿对当时读书人严重脱离现实现象的批判。读书人往往有两种倾向:一种是愤世嫉俗,眼高手低,这也看不惯,那也看不惯,如果真的让他去做,却又百无一用;一种是躲进书斋,一心只读圣贤书,两耳不闻窗外事。这两种倾向其实是一个问题,就是脱离实际,脱离实践,所学知识不能用于社会。读书,首先要明白读书之目的,读书是为了提高修养,学知识、明事理,但关键是要把学到的东西运用于实践中，学以致用，躬行实践，用实践检验、丰富所学知识，这才是应有的学习态度。

原文：群臣奏入，下于有司；公卿集议，复奏行之。其所行者，著为故事，因时增易，百职准以决事。自汉以来皆然，舍是无以为政。然有治不治者，以实则治，以文则不治。若徒以文也，譬之优偶之戏，衣冠言貌，陈事辨理，无不合度，而岂其实哉！

注释：本文出自清代唐甄《潜书·权实》。

(1)有司：有关主管部门。(2)公卿：三公九卿。(3)百职：治理各种事务的官员。(4)治：治理。(5)实：实干，实实在在做事。(6)文：文书，文件，空文。(7)优偶：倡优木偶，演戏。(8)唐甄：清初思想家，曾任山西长子县(今山西长子)知县。

译文：群臣将建议上奏朝廷，朝廷发往有关主管部门，三公九卿聚集一起讨论，然后奏请皇帝采纳实行。在实践中切实可行的，被当作典型案例，并随时增加改变，处理各种事务的官员以此为处事准则。从汉代以来就是这个程序，离开这个程序就没办法处理政务了。然而有的治理得很好，有的治理得不好，其原因是实实在在做事就能治理得好，只是发文不做实事就治理得不好。如果只是靠文书上的东西，就像倡优木偶演戏一样，穿的衣服，戴的帽子，陈述事实辨明道理，没有不合法度的，然而这难道是实事吗？

评析：唐甄在文中讲述了文书形成过程，认为没有文书就没有办法处理政务。但同样有文书，为什么有的治理得很好，有的治理得不好呢？唐甄自己给出答案："以实则治，以文则不治。""为政贵在行。"文书只是上传下达的工具，关键还是要抓落实。领导干部的重要职责就是要根据党的路线方针政策，结合本地本部门实际情况抓好落实，做到"谋事要实，创业要实，做人要实"，只有这样，才能求真务实，把各项事业抓紧抓好。

原文：蜀之鄙有二僧：其一贫，其一富。贫者语于富者曰："吾欲之南海，何如？"富者曰："子何恃而往？"曰："吾一瓶一钵(bō)足矣。"富者曰："吾数年来欲买舟而下，犹未能也。子何恃而往？"越明年，贫者自南海还，以告富者，富者有惭色。西蜀之去南海，不知几千里也。僧富者不能至而贫者至焉。人之立志，顾不如蜀鄙之僧哉？是故聪与敏，可恃而不可恃也；自恃其聪与敏而不学者，自败者也。昏与

庸,可限而不可限也;不自限其昏与庸而力学不倦者,自力者也。

注释:本文出自清代彭端淑《为学一首示子侄》。

(1)蜀:四川。(2)鄙:边鄙,边远的地方。(3)之:去,到。(4)何恃:凭借什么。(5)钵:僧人所用食具。(6)买舟:雇船。(7)惭色:惭愧的神色。(8)去:离。(9)顾不如:难道还不如。(10)彭端淑:字乐斋,号仪一,眉州丹棱(今四川丹棱)人。进士出身,曾为顺天乡试同考官。

译文:四川边远地方有两个和尚,一个贫穷,一个富有。穷和尚对富和尚说:"我想要到南海去,你看怎么样?"富和尚问:"你凭着什么去呢?"穷和尚说:"我只要一个水瓶、一个饭碗就足够了。"富和尚说:"我几年来一直想要雇船顺江而下,尚且没有成功。你凭借什么去呢?"到了第二年,穷和尚从南海回来了,把到过南海的这件事告诉富和尚。富和尚露出了惭愧的神色。四川距离南海,不知道有几千里路,富和尚不能前往,可是穷和尚做到了。一个人立志求学,难道还不如四川边鄙的那个穷和尚吗?因此,聪明与敏捷,可以依靠但也不可以依靠;依靠着自己聪明敏捷而不努力学习的人,是自己毁了自己。愚笨和平庸,好像会限制人,却也限不住人;不被自己的愚笨平庸所局限而努力不倦地学习的人,那就是能成就自己的人。

评析:这段文字是彭端淑写给子侄们的一篇劝诫文章。彭端淑子侄辈69人,没有一个考中举人,忧虑之下,写出《为学》给子侄。篇首即提出论点:"天下事有难易乎?为之,则难者亦易矣;不为,则易者亦难矣。人之为学有难易乎?学之,则难者亦易矣;不学,则易者亦难矣。"然后举作者本人和两个和尚去海南的故事,论证做事为学,为之则易,不为则难。穷和尚不就是这样吗?凭着一瓶一钵,就去了几千里之外的南海;富和尚买得起舟,但却心动没有行动,结果只能"有惭色"罢了。作者最后得出结论:聪明与敏捷不足凭借,愚笨和平庸不是局限,自败自力,关键是学与不学而已。

原文:人生天地惟在勤,勤之大本在于心。若能自强而不息,先须抖擞己精神。士而勤,万里青云可致身。农而勤,盈盈仓廪羡煞人。工而勤,巧手超群能动人。商而勤,腰间常缠十万金。噫嘻噫嘻复噫嘻,只在勤兮与懒兮。丈夫立志掀天地,拟上百尺竿头立。百尺竿头立不难,一勤天下无难题。

注释:本文出自清代钱德苍《解人颐·勤懒歌》。

(1)大本:根本。(2)致身:本意献身,后为出仕之意。(3)百尺竿头:桅杆或杂技长竿的顶端。比喻极高的官位和功名,或学问、事业有很高的成就。(4)钱德苍：清朝乾隆年间江苏长洲(今江苏苏州)人。

译文：人之所以立在天地间就是因为一个勤字，勤劳的根本在于人的心。一个人如果能自强不息，先要抖擞自己的精气神。士人勤劳，可以出仕直上万里青云。农民勤劳，仓廪粮食满满让人羡慕。工匠勤劳，心灵手巧出类拔萃让人心动。商贾勤劳，腰间常有万金缠身。噫嘻呀噫嘻再噫嘻，人与人的区别只是在于勤劳还是懒惰。大丈夫立下掀天动地的豪情壮志，想攀登上事业最高峰。想攀登上事业最高峰其实不难，一个勤字当头天下就再没有什么难事！

评析：钱德苍这首《勤懒歌》唱出了“勤劳”对于人生的重大意义。“人生天地惟在勤，勤之大本在于心。”士、农、工、商，所有行业的成功都在于一个“勤”字。“业广惟勤”，勤学勤思勤努力。大丈夫立于天地之间，想干出惊天动地的大事业，其实并不难，只需牢记一个“勤”字即可。

孝悌篇

xiaotipian

天行健，君子以自强不息；
地势坤，君子以厚德载物。

——老子

孔子

孔子（前 551～前 479 年），名丘，字仲尼，鲁国陬邑（今山东曲阜）人，祖籍宋国栗邑（今河南夏邑）。他开创了私人讲学的风气，是儒家学派的创始人。

孔子曾问礼于老子，任鲁国大司寇，带领部分弟子周游列国，晚年删定《诗》《书》《礼》《乐》，著《易传》《春秋》，自汉代起被奉为儒学六经。

相传孔子弟子三千，贤人七十二。孔子去世后，其弟子及其再传弟子把孔子及其弟子的言行语录记录下来，整理编成儒家经典《论语》。

原文:为人君者,中正而无私。为人臣者,忠信而不党。为人父者,慈惠以教。为人子者,孝悌以肃。为人兄者,宽裕以诲。为人弟者,比顺以敬。为人夫者,敦蒙以固。为人妻者,劝勉以贞。

注释:本文出自春秋管仲《管子·五辅》。

(1)君:君主。(2)中正:不偏不倚,公正正直。(3)党:结伙。(4)慈惠:慈爱恩惠。(5)肃:严肃,恭敬。(6)比顺:和顺。(7)敦:敦厚。

译文:作为君主,要公正而不偏私。作为臣子,要忠诚守信而不结党。作为父亲,要慈爱恩惠而教育子女。作为子女,要孝顺父母,友爱兄弟,使家庭整肃。作为兄长,要宽厚裕如地教育弟弟。作为弟弟,要和顺恭敬地对待兄长。作为丈夫,要敦厚专一,使夫妻关系牢固。作为妻子,要勉励守节保守贞操。

评析:管仲在这里讲了社会礼仪的八个规范,包括君臣、父子、兄弟、夫妻四个方面的关系。圣明的君主,就要用这八种礼仪规范来要求自己、教导民众。君主、臣子和民众遵守了这八种礼仪规范,乱事就不会产生,祸患就无从兴起,社会就安定祥和,人民也就可以安居乐业了。

原文:父子之间,观其孝慈;兄弟之间,观其和友;君臣之间,观其忠惠;乡党之间,观其信诚。

注释:本文出自先秦《逸周书·官人解》。

(1)观:看,观察。(2)和友:和睦友爱。(3)忠惠:臣忠诚、君恩惠。(4)乡党:乡亲,邻居。(5)官人解:察选官员的办法。

译文:父子之间,看是否子孝父慈;兄弟之间,看是否和睦友爱;君臣之间,看是否臣忠君惠;乡党之间,看是否诚实守信。

评析:《逸周书·官人解》是周公给成王讲述六种选官察人的方法,即所谓"六征"。此处所引文字是第一种方法,观察对象包括富贵与贫贱、得意与失意时的表现,及少者、老者、壮者、强者的表现,再就是引文中的父子、兄弟、君臣、乡党关系也在察人之列。通过仔细观察,可以了解他们的为人和品行,然后才能决定是否选拔任官。这种选任官吏的做法值得为政者借鉴。

原文:蓼(lù)蓼者莪(é),匪莪伊蒿(hāo)。哀哀父母,生我劬(qú)劳。

注释:本文出自《诗经·小雅·蓼莪》。

(1)蓼:植物高大。(2)莪:长于水边的一种多年生草本植物。(3)蒿:二年生草本植物。(4)劬:勤劳,辛苦。

译文:河边高高的水草是莪蒿吗?原来不是莪蒿啊,而是没有用的散蒿。我那可怜的父母啊,生我养我是多么的辛劳。

评析:《诗经·小雅·蓼莪篇》是一首哀悼父母的诗歌,被后人誉为“千古孝思绝作”。全诗共六章,此为第一章。诗从一丛蒿草开始,描绘出一幅秋风萧瑟、叶黄枝枯的景象。在这悲凉的季节,主人公跪在父母坟冢前,思念父母养育之苦,不由悲从心来,泪如泉涌。此诗前两句不仅有起兴、描绘景象的作用,还有一种更深刻的寓意。主人公泪眼模糊,看到河边一丛高大的莪蒿,仔细一看,却原来是没用的散蒿。莪蒿根茎能用以充饥果腹,散蒿却是没有用处的野草。“匪莪伊蒿”是说父母养我育我,想把我培养成“莪蒿”,没想到我却是无用的散蒿,也没有能力孝顺父母,思念及此,主人公更是悲哀万分。

原文:有子曰:“其为人也孝弟,而好犯上者,鲜矣;不好犯上,而好作乱者,未之有也。君子务本,本立而道生。孝弟也者,其为仁之本与!”

注释:本文出自《论语·学而》。

(1)有子:有若,春秋鲁国人,孔子七十二贤弟子之一。(2)孝弟:善事父母曰孝,善事兄长曰弟。孝弟:一作“孝悌”。(3)犯上:犯,冒犯、干犯。上,指在上位的人。(4)鲜:音 xiǎn,少的意思。(5)未之有也:倒装句型,现代汉语即“未有之也”。(6)务本:务,专心、致力于。本,根本。

译文:有若先生说:“一个人如果孝顺父母,顺从兄长,却喜欢冒犯君上,这是很少见的。不喜欢冒犯君上,却喜好犯上作乱的人是没有的。君子专心致力于根本事务,根本建立了,治国做人的原则也就有了。孝顺父母、顺从兄长,这就是仁爱的根本啊!”

评析:在《论语》中,称子者有五人:孔子、曾子、有子、冉子、闵子。其中冉子、闵子没有言论记载。因此,有人认为《论语》中有有若弟子的参与。有若认为,人们如果能够在家中对父母尽孝,对兄长顺服,那么他在外就可以对国家尽忠,忠以孝悌为前提,孝悌以忠为目的。儒家认为,在家中实行了孝悌,统治者内部就不会发生“犯上作乱”的事情;再把孝悌推广到劳动民众中去,民众也会绝对服从,而不会起来造反,这样就可以维护国家和社会的安定。君子务本,本立而道生。《论语》把有若这句话放在第一篇第二章,可见孝悌之重要,后世提倡“以孝治天下”,就是看到了孝在治理国家中的重要性。

原文:曾子曰:"慎终追远,民德归厚矣。"

注释:本文出自《论语·学而》。

(1)慎:谨慎。慎终:慎重地办理父母的丧事。(2)追远:追祭历代祖先。(3)民德:民众道德风尚。(4)厚:淳厚。

译文:曾子说:"恭敬谨慎地办好父母去世前后的事情,虔诚肃穆地追祭历代祖先,这样民众道德风尚就会趋向敦朴淳厚了。"

评析:曾子,即曾参,孔子弟子,是传承孔门儒学的杰出代表。著有《孝经》,倡导弘扬孝道,本章就是曾子对《孝经》内容的最高体悟和总结。曾子认为,子女一生都要笃行孝道,特别是在父母临终前更要保持孝道,竭尽孝心。父母去世后,要依礼治丧,对待列祖列宗,也要按时祭祀。孝道形成为风气,这样社会道德风尚就会回归淳朴了。

原文:君令臣共,父慈子孝,兄爱弟敬,夫和妻柔,姑慈妇听,礼也。君令而不违,臣共而不贰;父慈而教,子孝而箴;兄爱而友,弟敬而顺;夫和而义,妻柔而正;姑慈而从,妇听而婉;礼之善物也。

注释:本文出自春秋左丘明《左传·昭公二十六年》。

(1)和:和气,和蔼。(2)柔:温柔,柔顺。(3)姑:婆婆,丈夫的母亲。(4)妇:媳妇,儿子的妻子。(5)共:通"恭",恭敬。(6)贰:二心,异心。(7)箴:劝告,劝诫。(8)婉:婉顺,柔和。(9)善物:好的东西。

译文:君王发令,臣子恭从;父亲慈爱,儿子孝顺;兄长仁爱,弟弟恭敬;丈夫和蔼,妻子温柔;婆婆慈爱,媳妇顺从,这是合于礼的。国君发令而不违背礼,臣下恭敬而没有二心;父亲慈爱而教育儿子,儿子孝顺而规劝父亲;哥哥仁爱而友善,弟弟恭敬而顺服;丈夫和蔼而知义,妻子温柔而贞节;婆婆慈爱而肯听从规劝,媳妇顺从而能委婉陈辞;这是礼中的好事情。

评析:鲁昭公二十六年(前516年),齐景公与晏婴在正殿讨论齐国政权未来走向,晏婴认为陈氏将要取代齐国,而阻止陈氏篡国的唯一办法,就是以礼治国。什么是以礼治国?上面所引文字,就是以礼治国的内容。这段文字其实就是管仲所讲的八种礼仪规范,另外再加上婆媳礼仪,遵守了这十种礼仪规范,君臣、父子、兄弟、夫妻、婆媳之间的关系就理顺了,社会就会按礼仪规则正常运行,国家就会长治久安。

原文：子曰："夫孝，德之本也，教之所由生也。"

注释：本文出自先秦曾参《孝经·开宗明义章》。

(1)孝：孝行，孝道。(2)德：德行。(3)本：根本。(4)教：教化。

译文：孔子说："孝道，是一切德行的根本，也是教化产生的根源。"

评析：所谓"孝道"，即孝顺父母。每一个人都生之于父母，养之于父母，父母是人生命的赐予者，没有父母，人就不会来到这个世界上。既然来到这个世界上，最应该做的就是感恩父母，孝顺父母。人是社会关系的总和，人要生存，要生活，就要和人打交道。人只有先修身养德才能更好地融入社会，从人的关系层面上说，父母是自己关系最亲最近的人，一个人如果对自己的父母都不孝顺，那么他对其他人的关系很难说是诚心诚意的了。从伦理教化层面上说，修德就要从孝顺父母开始，教化就要从孝顺父母开始。立德孝为本，百行孝为先。抓住孝道，修身立德、社会教化就有了坚实的根基。

原文：仲尼居，曾子侍。……曾子有问，子曰："身体发肤，受之父母，不敢毁伤，孝之始也。"

注释：本文出自先秦曾参《孝经·开宗明义章》。

(1)仲尼：孔子字仲尼。(2)发：毛发。(3)肤：皮肤。

译文：孔子在室内闲坐，曾子陪侍。曾子请教问题，孔子回答说："人的躯干四肢毛发皮肤，都是从父母那里接受来的，不敢使它们受到毁伤，这是孝的起始。"

评析：人的身体，包括毛发皮肤，都是父母所给予的。子女要敬重父母，就要爱惜自己的身体发肤，不能被外物所毁伤。另外，父母爱惜关心自己的子女，子女受到一点伤害，都会心疼不已。子女要敬重孝顺父母，就要爱惜身体发肤，不要让父母为自己担忧。所以，曾参《孝经》借孔子之口强调，爱惜身体发肤是孝道的开始。曾参自己就是这样做的，他在晚年病重，把弟子们招呼到身边说："看看我的脚，看看我的手。是不是很完好无损啊?!《诗经·小雅·小旻》上说：'小心谨慎啊，如同面临深渊，如同践履薄冰。'从今以后，我才知道能免于祸难了，学生们！"(曾子有疾，召门弟子曰："启予足，启予手。《诗》云：'战战兢兢，如临深渊，如履薄冰。'而今而后，吾知免夫！小子！")曾子说这话的意思是自己全身而来，全身而去，手足完好无损，自己一生战战兢兢地守护自己的身体，现在就要死去了，也可以无愧于父母所受之身了。

原文:子曰:“爱亲者,不敢恶于人;敬亲者,不敢慢于人。爱敬尽于事亲,而德教加于百姓,刑于四海。盖天子之孝也。《甫刑》云:‘一人有庆,兆民赖之。’”

注释:本文出自先秦曾参《孝经·天子章》。

(1)亲:父亲母亲。(2)恶:厌恶,憎恶。(3)慢:怠慢。(4)事亲:侍奉父母双亲。(5)德教:德行教化。(6)加之:施之。(7)刑:通“型”,典型,法则,模范。(8)《甫刑》:一作“吕刑”,为周穆王司寇吕侯(一作“甫侯”)所作刑律。(9)庆:善行,善事。(10)兆:一亿亿。兆民:众民,百姓。

译文:孔子说:“能够亲爱自己父母的人,就不会厌恶别人的父母;能够尊敬自己父母的人,也不会怠慢别人的父母。以亲爱恭敬的心情尽心尽力地侍奉双亲,而将德行教化施之于黎民百姓,使天下百姓遵从效法,这就是天子的孝道呀!《尚书·甫刑》里说:‘天子一人有善行,万方民众都仰赖他。’”

评析:本文出自《孝经·天子章》。天子,是统治天下的帝王,因其受命于天,以天为父,故称“天子”。天子能够敬爱自己的父母,也一定会敬爱天下人的父母。以恭敬之心尽力侍奉双亲,就是给天下人树立了榜样,就是把德行教化于天下。所以,为政者遵从孝道,敬爱自己的父母,也敬爱别人的父母,这就树立了孝道的榜样。天下人都效法遵从孝道,这样全社会遵从孝道就会蔚然成风,就会形成尊老、爱老、敬老的良好氛围。

原文:孝子之事亲也,居则致其敬,养则致其乐,病则致其忧,丧则致其哀,祭则致其严。五者备矣,然后能事亲。事亲者,居上不骄,为下不乱,在丑不争。居上而骄则亡,为下而乱则刑,在丑而争则兵。三者不除,虽日用三牲之养,犹为不孝也。

注释:本文出自先秦曾参《孝经·纪孝行章》。

(1)事亲:侍奉父母。(2)居:日常起居。(3)养:奉养。(4)敬:恭敬。(5)严:严肃。(6)丑:众,卑贱之人。(7)三牲:牛、羊、猪。

译文:孝子侍奉父母亲,在日常家居时,要竭尽对父母的恭敬;在饮食生活的奉养上,要保持和悦愉快的心情;父母生了病,要带着忧虑的心情去照料;父母去世了,要怀着悲哀之情料理后事;对先人的祭祀,要严肃对待,礼法不乱。这五个方面做得完备周到了,方可称为对父母尽到了子女的责任。侍奉父母双亲,要身居高位而不骄傲蛮横,身居下层而不为非作乱,在民众中间和顺相处、不与人争斗。身居高位而骄傲自大者势必要招致灭亡,在下层而为非作乱者免不了遭受刑法,在民众中争斗则会引起相互残杀。这骄、乱、争三项恶事不戒除,即便对父母天天用牛、羊、猪三牲尽心奉养,也还是不孝之人啊。

评析:这是曾子《孝经》记述的孔子论孝道的一段话。孝道,表现为事亲。如何事亲?孔子说了五件事:居则致其敬,养则致其乐,病则致其忧,丧则致其哀,祭则致其严。除此之外,孔子还对三种身份地位的人作了具体规定:居上不骄。官做得再大,也不可对民众有骄横之心;为下不乱。身处社会底层,不可有犯上作乱的言论和举动;在丑不争,什么时候也不要和人争执斗殴。这是因为,居上而骄则亡,为下而乱则刑,在丑而争则兵。父母有这三种忧虑,儿女就是每天用最好饭菜供养,也是不孝顺的啊!对为政者来说,戒除贪欲也是孝顺父母的表现,侧眼看那些锒铛入狱的贪官,给父母带来的不仅是耻辱,更多的是心痛。所以,居官不贪也应成为事亲的一条原则。

原文:夫孝,置之而塞乎天地,溥之而横乎四海,施诸后世而无朝夕,推而放诸东海而准,推而放诸西海而准,推而放诸南海而准,推而放诸北海而准。

注释:本文出自先秦《礼记·祭义》。

(1)孝:孝道。(2)置:措置。(3)塞:充塞。(4)溥:通"敷",分布、散布。(5)横:充溢,充满。(6)四海:古以中国四境有海环绕,故总称"四海",意为全国各地。今也指全世界。(7)准:准则。

译文:孝道,措置于天地之间便可充塞天地,分布于四海之间便可横被四海,施行于后世也会时时刻刻都存在,推行到东、西、南、北四海,都是最可效法的准则。

评析:这是一段曾子关于孝道原则的重要论述。在曾子看来,孝道就是置诸天地、传之后世、放之四海而皆准的最高原则,也是最有效的准则。成语"放之四海而皆准"就是由此而来,人们常用来比喻具有普遍性的真理到处都适用。

原文:曾子曰:"孝有三:大孝尊亲,其次不辱,其下能养。"

注释:本文出自先秦《礼记·祭义》。

(1)尊亲:让父母双亲受到尊敬。(2)不辱:不辱没父母双亲。

译文:曾子说:"孝敬父母有三个层次:最高层次的孝道是尊敬父母,其次是不让父母受辱,最基本的是能供养父母。"

评析:能够供养父母,这是孝道的最低层次,但也是最基本的行为。一个人能够靠自己的努力让父母吃饱穿暖,这本身就是一种幸福。但这还不够,为人子女还要注意自己的言行,不要让父母受辱,这就是孔子所说的"色难",对父母一定要和颜悦色,让父母发自内心地愉悦。这是一层意思。第二层意思是不要做让父母感到羞辱的事情。比如,贪官锒铛入狱,就是让自己父母受到羞辱。最高层次的孝道也有两层意思:第一层是说子女一定要从内心深处尊敬父母;第二层是要让父母受到人们的尊敬。如何做到这一点呢?作为子女就要实现父母让子女成才的愿望,堂堂正正,建功立业,为国家做贡献,为社会做贡献,为人们做贡献,让父母为有这样优秀儿女而感到骄傲和自豪。

原文:天下有大戒二:其一命也,其一义也。子之爱亲,命也,不可解于心;臣之事君,义也,无适而非君也,无所逃于天地之间。是之谓大戒。是以夫事其亲者,不择地而安之,孝之至也。夫事其君者,不择事而安之,忠之盛也。

注释:本文出自战国庄周《庄子·人间世》。

(1)戒:戒律,应当遵守的戒条或法则。(2)命:天命。(3)义:道义,仁义。(4)解:解释。(5)适:到。无适:不论到什么地方。

译文:天下有两个让人遵守的戒律:一是天命,一是道义。做儿女的敬爱双亲,这是自然的天性,是无法从内心解释的;臣子侍奉国君,这是人为的道义,天地之间无论到哪里都不会没有国君的统治,这是无法逃避的现实。这就叫作应当遵守的戒律。所以侍奉双亲的人,无论什么样的境遇都要使父母安适,这是孝心的最高表现。人臣侍奉君主,不论做什么事情都要做好,这是忠道的最高境界。

评析:这是庄子记述的孔子与弟子颜回的对话,实际上也反映了庄子的孝悌忠道思想。庄子认为,儿女敬爱父母双亲是天命,这是没法从内心解释的自然天性;臣下侍奉君主是道义,这虽然是人为的,但是无可逃避的现实。孝敬父母,无论什么境遇下都要让父母安适,这就是最大的孝道;侍奉君主,无论做什么事都要让君主安心,这就是最大的忠诚。"事其亲者,不择地而安之",这是对儿女最基本的要求,天下为人儿女者,当努力奉行之。

原文:孟子曰:"居下位而不获于上,民不可得而治也。获于上有道:不信于友,弗获于上矣。信于友有道:事亲弗悦,弗信于友矣。悦亲有道:反身不诚,不悦于亲矣。诚身有道:不明乎善,不诚其身矣。是故诚者,天之道也;思诚者,人

之道也。至诚而不动者,未之有也;不诚,未有能动者也。"

注释:本文出自战国孟轲《孟子·离娄上》。

(1)获于上:被上面所信任。(2)信:信任。(3)弗:不。(4)事亲:侍奉父母双亲。(5)反身:反省自身。(6)思诚:追求诚信。(7)不动:不被感动。

译文:孟子说:"身居人臣而又不被君主信任,是不可能治理好百姓的。要取得君主信任有办法:如果不被朋友信任,也就不会得到君主信任了。要被朋友信任有办法:如果侍奉父母得不到父母欢心,也就不会被朋友信任了。要得到父母欢心有办法:如果反省自己不诚心诚意,也就得不到父母欢心了。要使自己诚心诚意有办法:如果不明白什么是善行,也就不会使自己诚心诚意了。所以,诚是天然的道理,追求诚是做人的道理。极端诚心而不能使人感动,是从不会有的事;不诚心是没有谁会被感动的。"

评析:孟子从上得君主信任,下得治民之法开始,层层剥笋,由交友到孝悌,最后到"反身而诚",即反省自己是否诚心诚意,反省自己是否明白什么是行善,自己以善心诚信,就能侍奉父母让父母高兴,进而使朋友信任自己,进而使君主信任自己,这样就可以实现自己人生理想了。所以,行善、诚信、孝悌是立身之本,是人生修养最正确的途径。

原文:孟子曰:"世俗所谓不孝者五:惰其四支,不顾父母之养,一不孝也;博弈好饮酒,不顾父母之养,二不孝也;好货财,私妻子,不顾父母之养,三不孝也;从耳目之欲,以为父母戮,四不孝也;好勇斗很,以危父母,五不孝也。"

注释:本文出自战国孟轲《孟子·离娄下》。

(1)世俗:世上一般人的看法。今多为贬义。(2)惰:懒惰。(3)四支:四肢。(5)博弈:赌博。(6)好:喜欢。(7)货财:货物钱财。(8)私:偏私。(9)从:顺从,放纵。(10)戮:戮辱,羞辱,侮辱。(11)很:通"狠"。

译文:孟子说:"世人通常认为不孝的事情有五种:四肢懒惰,不能照顾父母的生活,这是第一种;喜好赌博喝酒,不赡养自己的父母,这是第二种;贪图钱财货物,偏私妻室儿女,不管父母的生活给养,这是第三种;放纵耳目的欲望,使父母蒙受耻辱,这是第四种;逞强好斗,让父母担惊受怕,没有安全感,这是第五种。"

评析:这是孟子对弟子万章讲的关于孝道的一段话。在孟子看来,孝顺最重要的标准就是要赡养父母,保证父母的生活给养。孟子讲的这五种不孝,其实也是人的五种恶行。一个人崇德尚志,谨言慎行,让父母为之自豪,这就是最大的孝顺。对于为政者来说，贪货财、从耳目之欲，是最应引以为戒的两种不孝行为，不少贪官正是因为贪财纵欲，违法犯罪，不仅使自己身败名裂，而且使父母因此蒙受耻辱。他们身陷囹圄之时，每思及父母养育的恩德，就会痛哭流涕，悔不当初。

原文：谨庠(xiáng)序之教，申之以孝悌之义，颁白者不负戴于道路矣。

注释：本文出自战国孟轲《孟子・梁惠王上》。

(1)谨：谨慎，重视。(2)庠序：乡学。(3)申：重申。(4)颁白：通“斑白”，头发花白。(5)负戴：劳作，以背驮物称负，以头顶物称戴。

译文：重视做好学校教育，反复向年轻人灌输孝顺父母、敬爱兄长的道理，头发花白的老人就不必肩扛或头顶着东西赶路了。

评析：孝悌思想，始于孔子，曾子将其发扬光大，曾参弟子乐正子春继承孝悌理论，但却把孝悌行为与社会，特别是与政治生活对立割裂开来。孟子把孝悌作为学校教育子弟的重要内容，同时也作为为政者实现保民而王思想的重要部分，这种理念对后世产生了巨大而深远的影响。

原文：曾子曰：“往而不可还者，亲也；至而不可加者，年也。是故孝子欲养而亲不待也，木欲直而时不待也。是故椎牛而祭墓，不如鸡豚逮亲存也。”

注释：本文出自西汉韩婴《韩诗外传》卷七。

(1)往：以往，已经过去的。(2)亲：父母双亲。(3)年：年龄，年纪。(4)待：等待。(5)时：时节，时令。(6)椎：敲打，棒击，椎杀。(7)豚：猪。(8)逮：到，及。

译文：曾子说：“父母双亲，已经去世就不会再活转过来；父母年纪已经到了尽头就不会再增添。所以，孝子想要孝顺敬养老人，但父母双亲却不能等待；就像树木想要长直，时节却不会等待一样。所以，那些宰杀牛去祭祀坟墓，不如在父母双亲在世的时候杀鸡杀猪给他们吃。”

评析：《孔子家语》记载有这样一则故事：孔子带弟子去齐国，路上遇到一个人在痛哭，孔子问他痛哭的原因，他说：“我叫丘吾子。我一生有三大错失，到晚年才醒悟，后悔哪里来得及呢？”其中一项过失就是“树欲静而风不止，子欲养而亲不待也。往而不可追者，年也，去而不可得见者，亲也”，言罢“立槁而死”。曾子将丘吾子的话稍加改动，“树欲静而风不止”成为“木欲直而时不待”，又将顺序颠倒过来，其意不变。曾子这句话后半句则是重点，与其在父母去世后杀牛祭祀坟墓,何如在父母双亲活着的时候杀鸡杀猪供养给他们呢? 曾子意在告诫世人:孝顺父母不能等,不要在父母去世之后留下遗憾;要尽其所能地在父母双亲活着时照顾好他们的起居饮食。及时孝顺父母,让父母吃好穿暖,让父母生活顺心,这才是最大的孝顺,这才是最大的孝道。

原文:父母之爱子,则为之计深远。

注释:本文出自西汉刘向《战国策·赵策四》。

(1)为之:为他,为他们。(2)计:计谋,策划。

译文:做父母的要真是疼爱他们的孩子,就要为他们的长远谋划。

评析:这是赵国左师触龙劝说赵太后的一句话。秦国攻赵,赵国求救于齐,齐国提出要赵太后少子长安君入齐为人质作为出兵条件,赵太后爱子心切,拒绝接受这个条件。左师触龙进宫劝说赵太后疼爱长安君,就要"为之计深远":"今媪(ǎo)尊长安君之位,而封之以膏腴之地,多予之重器,而不及今令有功于国。一旦山陵崩,长安君何以自托于赵?"赵太后幡然醒悟,于是同意长安君入齐为人质。触龙这句话对今天的年轻父母有警示意义:疼爱孩子,一定不要溺爱孩子,要舍得让孩子吃些苦头,这样才能锻炼他们经风雨的能力。西汉贤相韦玄劝告世人:"遗子黄金满籯(yíng),不如教子一经。"北宋司马光说:"爱子不以道,适所以害之也。"如果不培养孩子自食其力的本事,就是给他留下金山银山,最后也只能是落得个坐吃山空,财散人贫。

原文:元和中,天子思革至行,制诏齐相曰:"谏议大夫江革,前以病归,今起居何如? 夫孝,百行之冠,众善之始也。国家每惟志士,未尝不及革。"

注释:本文出自南朝宋范晔《后汉书·江革传》。

(1)元和:汉章帝年号。(2)至行:至高的品行。(3)制诏:下诏。(4)江革:字次翁,齐国临淄(今山东淄博)人,东汉谏议大夫。以孝行闻名。(5)百行:百种行为。(6)冠:首位。(7)众善:各种善事。(8)始:开始,原始。(9)惟:思,想。(10)志士:有远大志向并有节操的人。(11)未尝:副词,放在否定词前面,构成双重否定,而理解为肯定的意思。

译文:元和年中,天子思念江革高尚的品行,下诏给齐国相国说:"谏议大夫江革,以前因病归家,如今起居情况怎样? 孝是各种德行之首,众多善行的开始。国家每当想起有志之士,没有不想到江革的。"

评析:东汉江革少年丧父,乱世时背着母亲到下邳避难。太守举荐他做官,总是因母亲年老而拒绝,最后连朝廷也知道了他的孝行,被称之为“巨孝”。母亲去世后江革出来做官,官至谏议大夫,告老回乡。汉章帝想起江革,于是下诏给齐国相国,诏书中论述孝道,认为孝道是“百行之冠,众善之始”。后世民间流传“百行孝为先”“百善孝为先”,即源出于此。

原文:慈母手中线,游子身上衣。临行密密缝,意恐迟迟归。谁言寸草心,报得三春晖。

注释:本文出自唐代孟郊《游子吟》。

(1)游子:出门在外的儿女。(2)临:面临,将要。(3)意恐:心里担心。(4)寸草:小草。(5)三春:孟春、仲春、季春。(6)晖:阳光。

译文:慈母手中的针线,化作游子身上的新衣。在儿子临行前一针针密密地缝制,心里担忧儿子回来晚了衣服破损。谁能说儿子像小草那点孝心,能够报答母亲那像三春阳光一般的恩情呢。

评析:孟郊长年漂泊无依,到50岁时才官任溧阳县尉,便将母亲接来居住。回忆起母亲当年为自己缝制衣服的情景,于是写下这首传诵千古的歌颂母爱的诗篇。全诗不长,仅有30字,但却抓住母亲为儿子赶制新衣的镜头,揭示出慈母“意恐迟迟归”的真实感受,最后生发出“谁言寸草心,报得三春晖”的感叹。诗文意境拨人心弦,催人泪下,引起读者和千万游子的共鸣。

原文:动天之德莫大于孝,感物之道莫过于诚。

注释:本文出自元代脱脱《宋史·何铸传》。

(1)动:感动。(2)德:德行。(3)物:万物。(4)何铸:字伯寿,余杭(今浙江杭州)人,进士出身,南宋官员。

译文:感动上天的德行没有比孝道更大的,感动万物的方法没有什么比得过诚信的。

评析:这是何铸答对宋高宗赵构策问时说的一句话。何铸时任秘书郎,御史中丞廖刚举荐其“可备拾遗补阙之选”,赵构命对,何铸首陈“动天之德莫大于孝,感物之道莫过于诚。诚孝既至,则归梓宫于陵寝,奉两宫于魏阙,绍大业,复境土,又何难焉”。何铸建议宋高宗迎回宋徽宗棺椁,继承大业,恢复故地。宋高宗的态度是嘉奖采纳(帝嘉纳之)。“动天之德莫大于孝”因其对孝道的德行和作用评价之高，而被广为传颂。

原文：家贫显孝子，国难识忠臣。

注释：本文出自元代李直夫《虎头牌》杂剧。

(1)贫：贫穷，贫寒。(2)难：灾难，祸难。(3)识：识别，辨识。(4)李直夫：元代文学家、剧作家，女真族，写作《虎头牌》等剧目。

译文：家境贫寒，才能彰显儿子的孝心；国家有难，才更能辨识臣子的忠心。

评析：从经济上说，一个家庭生活幸福，衣食无忧，父母吃得饱穿得暖，儿子孝与不孝，很难看得清楚；一个家庭生活贫困，儿子省吃俭用，照顾父母饮食起居，子女的孝心表现为外在。这就是家贫显孝子的原因。李直夫这句话重点在后半句："国难识忠臣。"国家有难，能挺身而出、精忠报国的才是忠臣。唐太宗李世民《赠萧瑀(yǔ)》首句"疾风知劲草，板荡识忠臣"，说的也是这个意思。

交友篇

jiaoyoupian

> 士不可以不弘毅，任重而道远。
> 仁以为己任，不亦重乎？
> 死而后已，不亦远乎？
>
> ——曾子

曾子

曾子（前 505～前 435 年），名参（cān），字子舆，春秋末年鲁国南武城（今山东嘉祥）人。孔子晚年弟子之一，与其父曾点同师孔子，并列七十二贤，是儒家学派重要代表人物。

曾子主张以孝恕忠信为核心的儒家思想，他的修齐治平的政治观，内省、慎独、弘毅的修养观，以孝为本的孝道观至今仍具有极其宝贵的实用价值和社会意义。

曾子参与编纂《论语》，著有《大学》《孝经》《曾子十篇》等作品。

原文:比:吉。原、筮、元、永、贞,无咎。不宁方来,后夫凶。

注释:本文出自《周易·比卦》周文王卦辞。

(1)比:亲密,友好。许慎《说文解字》:“比,密也。二人为从,反从为比。”意思是两个人为“从”字,把“从”字翻过来就是“比”字。所以“比”是指两人关系亲密无间,如“比翼而飞”。比:卦名。从卦象上看,坎水在上,坤地在下,水亲近于地,称“比”,所以称“比卦”。孔子《序卦传》认为,众人在一起,一定要团结合作,所以在师卦后面为比卦(众必有所比,故受之以比)。(2)原:推究,审度。(3)筮:卜筮,谨慎。(4)元:善。(5)永:永久。(6)宁:安宁,安顺。方:方国。不宁方:不安顺的方国。(7)后夫:迟到的人。

译文:比卦,吉祥。审度,谨慎,善良,永久,正固,没有灾害。不安顺的方国前来比附,迟到的人会有凶险。

评析:比卦是吉祥的。为什么吉祥?二人同心,其利断金。两个人能像水和土一样亲近,这不是很吉祥吗?如何能找到相比的朋友?或者说两人相比的原则是什么?周文王归结为五个字“原、筮、元、永、贞。”第一个字“原”,交友要审度,要看这个人本质如何。第二个字“筮”,这个“筮”不是占卜的行为,而是代表谨慎。做事之前为什么要占卜?这是谨慎的表现,就是说交友要慎重。审度什么?慎重什么?体现于后面三个字(交友三德):“元、永、贞”,朋友要善良,心地要好;朋友要永久,始终不渝;朋友要正固,纯正无邪。交友符合这五个字的原则,才能说得上是“无咎”,没有灾害。君王能按照“比”的原则与各国交往,就是不安顺的方国诸侯也会前来亲近比附。至于那些迟迟不来的人,就会有些凶险了。周文王这段卦辞,最难理解的有两点:其一是“原筮”,唐代孔颖达《周易正义》解释为“原究其情,筮决其意”,即推究具体情势,通过占卜决定是不是可以作为交友的对象;从上面解读可以看出,笔者的解释与孔颖达有相类之处,但不完全相同,即不把“筮”看作一种具体行为,而是一种心理现象。南宋朱熹《周易本义》解释“原筮”为“再筮”。笔者认为这种解释不符合《周易》精髓。卜筮本身就是一次成卦,再卜就是对神灵的亵渎,这在《蒙卦》中已经有明确的结论。近代学者尚秉和《周易尚氏学》认为“原”就是郊野,“原筮”就是在郊野卜筮。这实际上是对朱熹解释的补充和纠正,其实在哪里卜筮并不是交友相比的原则,所以把“原筮”作为一个偏正词组,这本身就是对《比卦》卦辞的错误句读。其二是“方”字,有学者解释为“方才”,“不宁方来”,是说一个人不安宁的时候才想起找朋友,这种人与“后夫”一样,结局是凶险的。笔者认为这种解释与孔子《彖传》“‘不宁方来’,上下应也”之意不合,故不取。

原文:子曰:“德不孤,必有邻。”

注释:本文出自《论语·里仁》。

(1)德:道德,仁德。(2)孤:孤立。(3)邻:邻居,接近,陪伴。

译文:孔子说:“有道德的人是不会孤立的,一定会有志同道合的人与他作伴。”

评析:人有道德,就不会孤立,就不会孤独。孔子这句话是勉励人们,君子只要以仁德修身,就一定会有志同道合的朋友来与你相交,与你为伴。从另一个层面来理解,以仁德修身,仁德对君子本身就是一种陪伴,是一种心灵的陪伴。君子以仁德为友,即使因为种种原因不被人理解,也不会有抱怨的心态,此即孔子所说:“人不知而不愠,不亦君子乎?”

原文:子曰:“君子易事而难说也。说之不以道,不说也;及其使人也,器之。小人难事而易说也。说之虽不以道,说也;及其使人也,求备焉。”

注释:本文出自《论语·子路》。

(1)易事:容易共事。(2)难说:难于取悦。(3)说:说服。(4)道:道理,正道。(5)说:通“悦”,高兴,快乐。(6)及:当。(7)器:才能。器之:量才使用。(8)备:完备。求备:求全责备。

译文:孔子说:“与君子共事很容易,但要想凭阿谀奉承取悦他则很困难。不按正道去说服他,他就会不高兴。当君子用人时,总是能做到量才使用。与小人共事很难,但却很容易用阿谀奉承的办法去取悦他。不按正道去说服他只是说之以利,他就会很高兴。小人在用人时,总是求全责备。”

评析:君子一身正气,又宽宏大量,所以与君子共事很容易;但君子讲原则,想讨好君子则不容易。小人所好者利禄,所贪者财货,当有利可图时,小人会与你暂时走在一起,用欧阳修《朋党论》所说就是,“小人无朋,其暂为朋者,伪也”。

原文:子贡问友。子曰:“忠告而善道之,不可则止,毋自辱焉。”

注释:本文出自《论语·颜渊》。

(1)友:交友。(2)忠:忠诚。(3)善:善意引导。(4)自辱:自取其辱。

译文:子贡问交友之道,孔子说:“忠诚地劝告他,以善道恰到好处地引导他。如果他不听也就罢了,不要自取其辱。"

评析:孔子在回答子贡交友之道时,举了一个特例,就是如何劝诫朋友。发现朋友有错,或者说想说服朋友做一件事怎么办?孔子认为要以忠诚的态度劝止他,要把道理恰到好处地讲明白。如果没有效果,就要适可而止,否则就会"朋友数,斯疏矣"(《论语·里仁》),甚至会自取其辱。

原文:曾子曰:"君子以文会友,以友辅仁。"

注释:本文出自《论语·颜渊》。

(1)文:文章、学问。(2)辅:辅助,帮助。

译文:曾子说:"君子凭借文章、学问来交结朋友,并借助朋友的学识帮助自己培养仁德。"

评析:曾子这句话说了两层意思:一是结交朋友的途径,文章、学问;一是结交朋友的目的,成就仁德。以文章、学问交友,则道益明;以此高层次朋友辅仁,则德日进。以此为准则,何来交友不慎,因友失德乎?

原文:子贡问为仁,子曰:工欲善其事,必先利其器。居是邦也,事其大夫之贤者,友其士之仁者。

注释:本文出自《论语·卫灵公》。

(1)子贡:端木赐,孔子弟子。(2)子:孔子。(3)工:工匠。(4)利:锋利。(5)是邦:这个国家。(6)事:侍奉。

译文:子贡问怎样实行仁德。孔子说:"做工的人想把活做好,必须首先使他的工具锋利。住在这个国家,就要侍奉大夫中的那些贤者,与士人中的仁者交朋友。"

评析:"工欲善其事,必先利其器",早已为人们所熟知,也就是"磨刀不误砍柴工"。在本章中,孔子以此作比喻,说明实行仁德的方式,就是要事奉贤者,结交仁者,与贤人、仁者交朋友,这样才能更好地提高自己的道德修养,进而影响贤人、仁者,一起把仁德推及到整个社会。

原文:孔子曰:"益者三友,损者三友。友直,友谅,友多闻,益矣。友便辟,友善柔,友便佞,损矣。"

注释:本文出自《论语·季氏》。

(1)益:有益。(2)损:损害。(3)直:正直。(4)谅:信实,诚信。(5)便辟:谄媚逢迎。(6)善柔:当面奉承,背后诽谤。(7)便佞:花言巧语。

译文:孔子说:"有三种朋友是有益的,有三种朋友是有害的。朋友正直,朋友诚信,朋友见闻广博,这是有益的;有害的朋友有三种,朋友惯于走邪道,朋友善于阿谀奉承、两面三刀,朋友惯于花言巧语,这是有害的。"

评析:交结什么样的朋友,是检验一个人做学问、修身的功夫。孔子认为,善于选择朋友非常重要,他为此提出"三益三损"交友原则。有益的朋友会提升自己、完善自己;有害的朋友则会受其诱惑,陷入污浊的泥淖。鲁迅称"人生得一知己足矣",故交友宜慎矣!

原文:孔子曰:"侍于君子有三愆(qiān):'言未及之而言谓之躁,言及之而不言谓之隐,未见颜色而言谓之瞽(gǔ)。'"

注释:本文出自《论语·季氏》。

(1)侍:侍奉。(2)愆:过失。(3)躁:急躁。(4)颜色:脸色。(5)瞽:瞎眼,有眼珠的瞎子。

译文:孔子说:"侍奉在君子旁边陪他说话,要注意避免犯三种过失:'还没有问到你的时候你抢着说话,这是急躁;让你说话时你却保持沉默,这叫隐瞒;说话时不看别人的表情,这是像瞎子。'"

评析:与尊者交友,与长者交友,与君子交友,这是提升自己最有效的方法。但对于尊者、长者、君子,一定要有尊敬的态度,所谓亦师亦友才是最好的相处之道。孔子在这里讲了人们在交往中易犯的三种过失:第一种是躁。就是爱出风头、抢话说,与尊者、长者、君子在一起,重要的是聆听,这样才能增长见识;第二种是隐。该你发表意见了,你却推辞不讲,这就犯了隐瞒的错误,所以该发表意见时一定要畅所欲言,这样才能取长补短,共同提高;第三种是瞽,不分场合,不看别人脸色,自己只管哇啦哇啦讲上一通,这种做法就和瞎子一样。避免这三种过失,人们就能在沟通和与朋友交往中如鱼得水、畅行无阻了。

原文:子曰:"与善人居,如入芝兰之室,久而不闻其香,即与之化矣;与不善人居,如入鲍鱼之肆,久而不闻其臭,亦与之化矣。丹之所藏者赤,漆之所藏者黑,是以君子必慎其所处者焉。"

注释:本文出自《孔子家语·六本》。

(1)善人:品德高尚的人。(2)芝兰:芝草,兰草,均为香草。(3)化:融化。(4)肆:店铺。(5)丹:朱砂。(6)漆:油漆。(7)慎:谨慎。

译文:孔子说:"和品德高尚的人在一起,就好像进入了摆满芳香的芝兰花的房间,久而久之就闻不到芝兰花的香味了,这是因为自己和香味融为一体了;和品行低劣的人在一起,就像进入了卖臭咸鱼的店铺,久而久之就闻不到咸鱼的臭味了,这也是因为自己与臭味融为一体了。藏朱砂的地方时间长了会变红,藏油漆的地方时间长了会变黑,因此有道德修养的人必须谨慎地选择自己所处的环境啊。"

评析:孔子这段话讲述了慎重交友的重要性:与品德高尚的人交往,就会受其熏陶,成为有德行的人;与品行低劣的人为伍,就会受其影响,成为丧失道德的人。孔子以兰芝之室、鲍鱼之肆和朱砂、油漆为比喻,进一步佐证了与善人居和与不善人居的差异。朋友为五伦之一,人在社会上不可能没有朋友,但与什么样的人交朋友,君子的确应当慎重选择。

原文:夫以利合者,迫穷祸患害相弃也。以天属者,迫穷祸患害相收也。相收之与相弃亦远矣。且君子之交淡若水,小人之交甘若醴(lǐ);君子淡以亲,小人甘以绝。彼无故以合者,则无故以离。

注释:本文出自战国庄周《庄子·山木》。

(1)迫:遇到,碰到,迫近。(2)穷:极,困,困厄。(3)天属:天然的至亲骨肉。(4)相收:相互收容。(5)醴:甜酒。(6)甘:甜。

译文:以利益相交往的朋友,遇到困厄、灾祸、忧患与伤害,就会相互抛弃;以天性骨肉相连的亲人,遇到困厄、灾祸、忧患与伤害就会相互包容。相互收容与相互抛弃之间的差别也太远了啊。而且君子的交情淡得像清水一样,小人的交情甜得像甜酒一样;君子交情淡若水但心灵亲近,小人交情甘若醴却利断义绝。大凡无缘无故而接近相合的,那么也会无缘无故地离散。

评析:这是庄子寓言中子桑雽(hù)回答孔子的一段话。这段话对朋友、亲人之间的关系有比较精到的分析。子桑雽认为,凡是以利益相交往的朋友,遇到祸难就会相互抛弃,而以血缘骨肉亲情为天然纽带的亲人,遇到祸难就会互相帮助。君子是以共同的志向和相互的仰慕而结交朋友,这样的朋友平常交往时像清水一样淡泊,但他们心灵相通,友谊会非常牢靠;而小人是以看似甘甜的利益关系结交朋友,这样的朋友一旦遇到利益冲突,就会恩断义绝。子桑雽告诚人们，无故以合者，则无故以离。子桑雽这段话对人们交友有启示意义，交友就要考虑他为什么和你交朋友？是为了利益，还是为了共同的志向，或是因为人品、学问的信赖和认同；再一个就是在交往中是淡如水还是甘若醴？党政领导干部应坚持"君子之交"，以立君子之德、行君子之风标准选择所交朋友，这样不仅能净化人际关系，而且能优化从政环境。

原文：嗟乎子卿！人之相知，贵相知心。

注释：本文出自西汉李陵《答苏武书》。

(1)嗟乎：感叹词。(2)子卿：西汉人苏武字子卿。(3)相知：相互了解。(4)李陵：字少卿，陇西成纪(今甘肃省秦安县)人，西汉名将。

译文：哎呀，子卿！人们相互了解，可贵的是彼此知心。

评析：这段文字背后是一个很悲壮凄凉的故事。汉使苏武持节到匈奴，被匈奴人扣留放逐北海牧羊19年，苏武宁死不屈，最后于昭帝始元六年(前81年)持节荣归。他临行前写信劝李陵归汉，李陵以此书作答。李陵是西汉名将，汉武帝天汉二年(前99年)，自领五千步兵，深入匈奴，面对数十倍于己的敌军，苦战之后，兵尽粮绝，不得已投降匈奴。李陵在这封信中表示自己当时投降"实在是因为徒然死去不如树立名节，身死名灭不如报答恩德。前代范蠡不因会稽山投降之耻而殉国，曹沫不因三战三败之辱而自杀，后来范蠡为越王勾践报了仇，曹沫为鲁国雪了耻。我一点赤诚心意，就是暗自景仰他们的作为"(诚以虚死不如立节，灭名不如报德也。昔范蠡不殉会稽之耻，曹沫不死三败之辱，卒复勾践之仇，报鲁国之羞。区区之心，窃慕此耳)。且不论李陵表白心迹是否真心诚意，但我们不能因人废言，李陵信中"人之相知，贵相知心"八个字，的确可以作为我们交友应当遵行的一个原则。

原文：一死一生，乃知交情；一贫一富，乃知交态；一贵一贱，交情乃见。

注释：本文引自西汉司马迁《史记·汲郑列传》。

(1)死：死亡的危险，危急关头。(2)生：生存的希望。(3)一死一生：生死关头。(4)贵：高贵。(5)贱：贫贱。

译文：在生死关头，才知道两个人的交情是不是真切；在贫寒和富有的两种境况下，才能知道两个人的交往是不是真诚；在富贵和贫贱两个不同的层级，才能知道两个人的交往是不是深厚。

评析:这句话的语境是:汉文帝时下邽人翟公为廷尉,位高权重,宾客盈门,络绎不绝。而翟公被免官之后,宾客灭迹,门可罗雀。后翟公官复原职,众宾客复登门求见。翟公甚感世态炎凉,趋炎附势,大感愤懑,便于门首书一行大字曰:"一死一生,乃知交情;一贫一富,乃知交态;一贵一贱,交情乃见。"这段故事给我们的启示是:朋友要凭心交友,要凭德交友,这样才不会因为朋友的贫富贵贱而改变自己的态度。与其锦上添花,不如雪中送炭。朋友有难,就要倾力帮助,特别是生死关头,更能彰显出患难见真情的伟大友谊。从另一层意思上说,当一些官员退下来之后,没有事可做,更会因门前车马稀少而感到失落。有句话说得好,"这长那长,退下来都是家长;这官那官,退下来都是百姓"。在位上,由于工作关系,人事来往必然会多一些;退下来之后没有了工作上的人事往来,必然会清净许多。所以,领导干部退休后要摆正心态,多读点书,学点养生知识,适当锻炼身体,让生活过得更为充实。

原文:内不愧心,外不负俗;交不为利,仕不谋禄。鉴乎古今,涤情荡欲。何忧于人间之委曲?

注释:本文出自三国魏嵇康《卜疑集》。

(1)内:里面,内里,对内。(2)负俗:与社会不协调和谐。(3)交:结交,交友。(4)仕:做官。(5)涤:洗涤。(6)委曲:委婉曲折。(7)嵇康:字叔夜,谯郡铚县(今安徽濉溪)人。三国魏思想家、音乐家。

译文:对自己内心没有愧疚,对外不做与社会不和谐的事情。交结朋友不是为了谋求利益,做官不是为了求取利禄。以古往今来的事例作镜子,洗净情感、荡尽欲望,何必担心这人世间委婉曲折繁杂的事情?

评析:嵇康是三国曹魏时期竹林七贤的精神领袖,开创玄学新风。这段文字是嵇康对自己精神面貌的描述,"内不愧心,外不负俗;交不为利,仕不谋禄",表现出作者行事无愧、不违世俗、不为利禄奔波的清白人格。嵇康善于揽古察今,从古今事例中吸取正能量,洗涤情操,荡尽物欲,根本不为人间的委婉繁杂事务所担忧。特别是"交不为利,仕不为禄"八个字,对为政者如何交友,为何做官,都是一个很好的警示作用。

原文:以势交者,势倾则绝;以利交者,利穷则散。故君子不与也。

注释:本文出自隋代王通《中说·礼乐》。

(1)势：权势。(2)倾：倾倒，失去。(3)绝：断绝。(4)利：利益。(5)散：散开。(6)王通：字仲淹，隋代著名教育家、思想家。(7)这段文字原文前有“子曰”二字，也即是王通引述孔子所言。但隋代距孔子已经1000多年，且其他典籍不见孔子这句话，由此疑为王通假托孔子所言，故“子曰”二字不取。

译文：以权势作标准交朋友，权势失去了，交情也就随之断绝；以利益作标准交朋友，利益穷尽了，交情也就随之结束。所以君子不会以势力、利益作为交朋友的标准。

评析：人是社会关系的总和。人们在这个社会上，除了血缘关系、地域关系、同事关系，最重要的就是朋友关系。朋友是人们在从事社会交往中形成的亲近关系，形成这种关系往往有一种共同的价值取向。这种价值取向包括势力、利益，但这种朋友只能是短暂而不能持久，以势力交往，势力倾倒了，朋友便如树倒猢狲散；以利益交往，利益穷尽了，朋友关系也就到头了。所以君子交友，决不会以势力、利益交朋友。君子交友，当以道德交友，以事业交友，以人品交友，如此才能相互激励，一起实现共同的目标。

原文：君子先择而后交，小人先交而后择。故君子寡尤，小人多怨，良以是夫！

注释：本文出自隋代王通《中说·魏相》。

(1)择：选择，挑选。(2)寡：少。(3)尤：怨恨，埋怨。(4)良：十分，确实。

译文：有修养的君子交友，是先选择然后交往；小人交友，是先交往然后选择自己所需要的人。所以，君子很少有烦恼，小人却多有怨仇，确实是这个样子啊！

评析：人们立身处世需要结交朋友，但王通认为道德高尚的君子与唯利是图的小人在结交朋友的顺序上有所不同。君子交友，“无友不如己者”(孔子语)，“君子忌苟合，择交如求师”(唐代贾岛语)，正是因为君子交友谨慎，所以很少产生烦恼。而小人则油滑势利，见人亲如故交，然后以个人私利作为选择标准，结果是产生怨仇。路遥知马力，日久见人心。所以，“君子先择而后交”，是说交友要谨慎，要有一个高的标准，这个标准就是我们常说的良师益友而已。

原文：林间曲径掩衡茅，绕屋青青翡翠梢。一枕秋声鸾舞月，半窗云影鹤归巢。曾闻贾谊陈奇策，肯学扬雄赋解嘲。我有清风高节在，知君不负岁寒交。

注释：本文出自唐代牟融《题赵支》。

(1)衡茅：衡门茅屋，简陋的居室。(2)青青：颜色很青，借指杨柳。(3)翡翠：一种生活在水边的鸟，雄为翡，雌为翠。(4)一枕：卧床。(5)秋声：秋天的声音。(6)鸾舞：鸾鸟起舞，比喻和乐。(7)云影：云的影像。(8)解嘲：《解嘲》，西汉扬雄为解释别人对自己的讥讽而写的一篇文章。(9)清风高节：人品格纯洁，节操高尚。(10)岁寒：一年中最冷的时节。(11)牟融：唐代诗人，生平不详，《全唐诗》收其诗62首。

译文：树林中通幽曲径，掩藏着简陋的茅屋；杨柳环绕着茅屋四周，翡翠鸟在枝梢鸣叫。卧在床上听着秋风似雨的声音，直到鸾月歌舞；薄薄的云影遮住半边窗户，鹤鸟这时也已经回巢了吧？曾经听说贾谊向朝廷陈述奇特的计策，愿意学习扬雄写一篇自我解嘲的文章。我人品纯洁、节操高尚，知道您也不会辜负我们在岁寒严冬时结下的深厚友谊。

评析：这是牟融在怀念友人赵支时写下的一首诗。在寂寥的秋日，诗人卧在床上，听着翡翠鸟的叫声，秋风似雨的声音，一直到月亮出来鹤鸟归巢。从白天到晚上，诗人想到历史上贾谊献策、扬雄作赋，再想到自己品德高尚，而赵支应该和我一样品格纯洁，不愧为自己一生的挚友吧？读牟融此诗，给人感悟最深的有两点：第一，交友要经得起岁寒的考验；第二，交友，要看人品是否高尚纯洁。有此两点，可为一生知心挚友矣！

原文：礼义廉耻，可以律己，不可以绳人。律己则寡过，绳人则寡合，寡合则非涉世之道。故君子责己，小人责人。

注释：本文出自北宋林逋《省心录》。

(1)礼义廉耻：四种道德规范。(2)律己：克制、把握、要求自己。(3)绳人：按一定标准要求别人。(4)寡过：少犯过失。(5)寡合：不投合。

译文：礼义廉耻这四种道德规范，可以用来要求自己，不可用来要求别人。要求自己则能少犯过失，要求别人则难以与人和睦相处，难以与他人相处就不合乎处世之道。所以君子只严格要求自己，小人则对别人求全责备。

评析：礼义廉耻，是中国古代传下来的四种道德规范，君子无论是在自我修养和与人相处时，都应以道德规范严格要求自己，这样才能让自己少犯或不犯错误。君子不能用这四种道德规范要求别人，否则就是求全责备，其结果是难以与人和睦相处，不能与人和睦相处就是不懂处世之道，这样就什么事情也做不好。套用现在励志学中的一句话就是：我们改变不了别人，我们所能做到的，就是改变自己。改变自己才能影响别人。

原文:臣闻朋党之说,自古有之,惟幸人君辨其君子小人而已。大凡君子与君子以同道为朋,小人与小人以同利为朋,此自然之理也。

注释:本文出自北宋欧阳修《朋党论》。

(1)朋:朋党,同类人结成的集团。也指因政见不同而形成的宗派。(2)说:说法,言论。(3)人君:君主。(4)自然之理:自然的道理。

译文:臣下听说关于朋党的说法,从古代就有,只是希望君主能分清他们是君子朋党还是小人朋党就好了。大概君子与君子会因志趣相同结为朋党,而小人与小人则是因利益相同结为朋党,这是很自然的道理。

评析:两人为朋,三人为党,所以朋党这个词并不稀奇,而且只能算是一个中性词。但很多人却把它当作一个贬义词,所以欧阳修写了这篇《朋党论》进行辨析。欧阳修认为,朋党的说法自古就有,但朋党有的是君子朋党,有的是小人朋党,君主如何分辨?其实很简单,为了相同的道义、志趣结成朋党,就是君子朋党;为了个人争夺权力、排斥异己互相勾结而成的朋党,就是小人朋党。所以,看两个人是不是真朋友,是同道为友,还是同利为友,这也是一个十分简单有效的分析判断方法。

原文:小人无朋,其暂为朋者,伪也。君子则不然。所守者道义,所行者忠信,所惜者名节。以之修身,则同道而相益;以之事国,则同心而共济。终始如一,此君子之朋也。故为人君者,但当退小人之伪朋,用君子之真朋,则天下治矣。

注释:本文出自北宋欧阳修《朋党论》。

(1)伪:虚假。(2)行:奉行。(3)惜:珍惜,爱惜,顾惜。

译文:小人没有朋党,他们即使暂时结为朋党,也是虚假的。君子就不是这样。他们所依据的是道义,所奉行的是忠信,所爱惜的是名誉和节操。用它们来修养品德,则彼此目标相同又能够互相取长补短;用它们来效力国家,则能够和衷共济,始终如一,这就是君子的朋党。所以做君王的,应该废退小人虚假的朋党,而任用君子真正的朋党,只有这样,才能天下大治。

评析:朋党,原意指同类的人以恶相济而结成的集团,后指因政见不同而形成的相互倾轧的宗派。欧阳修写《朋党论》,从新的角度提出论点:“小人无朋,惟君子则有之。”这是为什么呢?欧阳修分析说:“小人所喜的是利禄,所贪的是货财。当他们利益一致的时候,会暂时互相勾结而为朋党,等到他们见利而各自争先,或者到了无利可图而交情日益疏远的时候,却反而互相残害,即使对其兄弟亲戚也顾不得。”这种朋党是虚伪的短暂的,所以说“小人无朋”。君子则相反,他们志同道合,讲道义,行忠信,重名誉节操,结成朋党可“同心而共济,终始如一”,相互激励修养品德,为国家效力,这样的朋党对国家有益,对社会有益,对百姓有益。所以,君主应退小人朋党,进君子朋党,这样天下就可以大治了。

原文:倾财足以聚人,量宽足以得人,律己足以服人,身先足以率人。

注释:本文出自南宋李邦献《省心杂言》。

(1)倾财:散财,不吝惜钱财。(2)量宽:度量宽宏。(3)李邦献:字士举,怀州(今河南沁阳)人,南宋太宰李邦彦之弟,官至直敷文阁。

译文:舍得倾散钱财,就能将众人聚集在自己身边;宽宏大度,有雅量能包容,就能得到更多的人才;严于律己,率先垂范,就能让人心悦诚服;以身作则,身先力行,就能率领大家一起跟随你做事。

评析:这四句话讲的是如何聚人、得人、服人、率人的为人处世之道,尤其是对待人的态度。倾财,实际上讲的要考虑关心人们的切身利益,这样人们才会拥护你,跟随你。而能够自我约束,严于律己,宽以待人,有宰相肚里能撑船的气量,就会使人信服,也容易得到他人的帮助。身先士卒,率先垂范,为众人作出表率,那么又何愁大家不与你齐心协力,将事情办成呢?特别是律己、身先两条,为政者要特别重视,并做到身体力行。

辨析:明代文学家陈继儒《小窗幽记》,近代曾国藩皆有此语,且将“倾财”改为“轻财”。

原文:交朋必择胜己者。讲贯切磋,益也;追随游玩,损也。若佞谀相甘,言不及义,宁独学寡闻,犹可以无悔吝。

注释:本文出自南宋何坦《西畴老人常言·讲学》。

(1)讲贯:讲习贯穿。(2)切磋:研讨勉励。(3)佞谀:以美言奉承讨好。(4)悔吝:追悔顾惜。(5)何坦:字少平,号西畴。江西广昌县(今江西广昌)人。南宋官员,官至广东提刑。

译文:结交朋友,一定要选择超过自己的人。朋友在一起讲求学问研讨勉励,这是有益的事情。大家在一起每天结伙游玩,这是有害的事情。如果只是互相以美言奉承讨好，宁可自己独自学习孤陋寡闻，然而却可以没有追悔憾惜。

评析：何坦在这里提出两点：第一是择友标准，一定要超越自己，这样才能对自己的进步有帮助。第二是朋友之间要讲贯切磋，探究学问，不可追随游玩、佞谀相甘、言不及义。如果没有能够在一起讲贯切磋的朋友，宁可自己独学寡闻而无悔吝。交友要交胜己者，朋友之间要讲贯切磋共同提高，交友宁缺毋滥，这就是何坦在如何交友上给我们的启示。

原文：**能媚我者，必能害我，宜加意防之；肯规予者，必肯助予，宜倾心听之。**

注释：本文出自清代金缨《格言联璧·接物》。

(1)媚：谄媚，逢迎。(2)加意：特别注意。(3)规：规劝。(4)倾心：尽心，诚心诚意。

译文：现在能谄媚我的人，将来一定能加害于我，所以应该特别留心防范；现在肯规劝我的人，将来一定会愿意帮助我，所以应该诚心诚意地听从他的劝告。

评析：金缨这句话是分辨真假朋友的试金石。现在对自己讨好巴结、谄媚奉承的人，要想想他为什么要对你谄媚，如果是为利对你讨好逢迎，这说明他将来也会为利背叛你、危害你，所以要留意防范这样的小人。现在能直言规劝你的人，说明他是想帮你改正错误，这样的人在你危难的时候不会离开你，所以这样的人是值得交往的真君子，对他的劝告当然要诚心诚意听从了。

诚信篇

chengxinpian

> 富贵不能淫，贫贱不能移，
> 威武不能屈，此之谓大丈夫。
>
> ——黄帝

孟子

孟子（前372～前289年），名轲，字子舆，战国时期邹（今山东邹城）人。孟子继承了孔子的德治思想，发展为仁政学说，成为其政治思想的核心。为了实现自己的政治主张，孟子带弟子周游列国，游说于各国君主之间近30年，推行他的政治主张，但却处处碰壁。

孟子主张人性善，善养吾浩然之气，对中国历代仁人志士的人格塑造产生了重要影响。

孟子享年84岁，其弟子及再传弟子将其言行辑录成《孟子》一书。

原文:先王贵诚信。诚信者,天下之结也。

注释:本文出自春秋管仲《管子·枢言》。

(1)先王:古代帝王。(2)贵:以……为贵。(3)结:纽带。

译文:古代的君王很注重诚信。诚信,是团结和维系天下人的纽带。

评析:诚者,真诚;信者,守信、信用。诚信二字,是一个人在社会上安身立命的基石,也是为政者团结和维系天下人的纽带。诚信是立国之本,仗恃权力和权势,只能得到暂时的口服面从,实则貌合神离。只有诚信,才能令人信服,赢得人心。《中庸·问政章》"诚者,天之道也",《孟子·离娄上》"诚者,天之道也;思诚者,人之道也",则是对管子对诚信解读的进一步发挥。

原文:九三曰:"君子终日乾乾,夕惕若,厉无咎。"何谓也? 子曰:"君子进德修业,忠信,所以进德也。修辞立其诚,所以居业也。知至至之,可与几也。知终终之,可与存义也。是故,居上位而不骄,在下位而不忧。故乾乾,因其时而惕,虽危而无咎矣。"

注释:本文出自《易经·乾卦·文言》。

(1)九三曰:九三爻辞说。(2)乾乾:坚强振作,勤勉努力。(3)夕:夜晚。(4)惕:警惕,敬惧。(5)厉:危险。(6)咎:过失,灾难。(7)进德修业:增进道德营造功业。(8)几:微,细微征兆。(9)义:道义,一解通"宜"。

译文:九三爻辞说:"有才德的君子整天勤勉努力,夜里也要提防危险,但最终不会有灾难。"这是说的什么意思呢? 孔子解释说:"君子讲究增进道德修建功业,以忠诚守信来培养品德,以人心如一的言辞来建立诚信,这是操持事业的根本。知道事业可以发展就发展它,便可以见微而知著;知道事业应该中止而及时终止,便可以保持行为的道义。这样才能够做到身居高位不骄傲,身居底层不忧愁。这也就是此卦爻辞所说的,整天勤奋努力,时刻警惕,即使遇到危险,但终究没有灾难。"

评析:真正的君子即使遇到危险,也不会发生灾难。这是因为"君子终日乾乾,夕惕若"的缘故。"君子终日乾乾",孔子解释为君子每天要增进美德,建功立业。如何做到增进美德? 为人忠诚信实就可以增进美德。如何建功立业? 以诚挚的感情修饰文辞,就可以建立功业。知道进取的目标并全力实现它,可以与这样的人探讨事物发展的细微征兆(知至至之,可与几也)。知道事物的终止并能及时终止,可以与这样的人共同保全事物发展的适宜状态(知终终之,可与存义也)。所以,居上位而不骄矜,居下位而不忧虑的君子,勤奋努力,又能根据时势变化而时刻警惕慎行,即使遇到危险也不会发生灾难。

原文:中孚,豚(tún)鱼吉。利涉大川,利贞。

注释:本文出自《周易·中孚卦》周文王卦辞。

(1)中孚:心中诚信,发自内心的诚信。中者,内,里,中间,居中,内心。孚者,信,信任,相信,信用,信誉。(2)豚:小猪。兽之微贱者也。(3)鱼:虫之隐微者也。

译文:中孚,象征内心诚信。诚信能感化小猪小鱼,吉祥。适宜涉渡河川巨流,适宜守持正固。

评析:严格讲,"中"字即为"诚",因"中"字常用于中间的"中",所以加上"孚",成为"中孚"。以此推论,周文王说的孚、豚、鱼,其实是囊括了所有动物:孚,是孵化动物,豚是哺乳动物,鱼是脊索动物。周文王为什么把所有动物都列举出来?这里的孚、豚、鱼还有幼小的意思,与《屯卦》卦辞"屯,元亨利贞"联系理解,其意思就是说所有幼小动物都出自诚,诚是自身固有的。用子思孔伋《中庸》的话说就是"不诚无物"。诚虽然是人本身固有的,但又很容易被外界环境和人的私欲蒙蔽了,所以明诚是修身的重要内容。有学者把豚鱼解释为"河豚",即取河豚有信之意。来知德《周易集注》:"如豚鱼知风,鹤知秋,鸡知旦,三物皆有信,故中孚取之,亦以卦情立象也。"关于诚、孚、信三者关系,南宋诗人杨万里有精彩论述:"中有玉者外必辉,中有诚者外必孚,孚之为言,此感(感)于彼,彼信于此之谓也。是故中孚所发,上行之则顺,下信之则说(悦)。"学者多从诚能感化万物来理解、解释"中孚"卦义。如王弼《周易注》:"鱼者,虫之隐微者也;豚者,兽之微贱者也。争竞之道不兴,中信之德淳著,则虽隐微之物,信皆及之。"程颐《程氏易传》云:"孚信能感于豚鱼,则无不至矣,所以吉也。"金代王若虚《真定县令国公德政碑》云:"智可以欺王公而不可以欺豚鱼,力可以得天下而不可得匹夫匹妇之心。"心中诚信可以发挥巨大的力量,可以涉渡大川河流。因奸邪之人也讲"信"字,所以周文王特诫之以"利贞"二字。

原文:《易》曰:"自天佑之,吉无不利。"子曰:"佑者助也,天之所助者,顺也;人之所助者,信也。履信思乎顺,又以尚贤也。是以自天佑之,吉无不利也。"

注释:本文出自《易经·系辞上》。

(1)《易》:《周易》。(2)佑:保佑,佑助。(3)吉:吉祥。(4)子:孔子。(5)信:诚信。(6)履:履行,按照。

译文:《周易》(《大有卦》上九爻辞)说:“从上天得到佑助,吉祥而没有什么不好。”孔子说:“佑助就是帮助的意思。上天所帮助的对象是能够顺从天地正道的人;人所帮助的对象,是讲究诚信的人。按照诚信的要求去做事而时刻不忘记顺从天地正道,又能尊崇贤德的人,因此能够从上天得到佑助,吉祥而没有什么不好。”

评析:《周易·大有卦》上九爻辞说:得到上天佑助的人,会吉祥而无不利。孔子解释说,上天为什么会佑助这个人?是因为这个人顺从天地正道。一个人为什么会得到其他人的辅助?是因为这个人讲求诚信。遵从天地正道,实际上就是符合客观规律;讲求诚信,是一个人立身处世的根本;再加上尊崇贤人这一条。一个人只要有了顺天、履信、尚贤这三条,就可以得到天佑人助,做什么事都会吉祥而无不顺利了。

原文:子曰:“人而无信,不知其可也。大车无輗(ní),小车无軏(yuè),其何以行之哉?”

注释:本文出自《论语·为政》。

(1)信:诚信,信用。(2)其:那。反问词。可:可以。其可:那怎么可以?(3)輗:古代大车车辕和横木衔接的活销。(4)軏:小车车辕前端与车横木衔接处的销钉。

译文:孔子说:“一个人如果没有诚信,我不知道他还能做什么。正如车上的辕木与横木间,如果没有一个灵活的接榫(sǔn),无论大车小车,该如何行走呢?”

评析:孔子在这里以驾车为比喻,说明“诚信”的重要性。一个人活在世上,就要做人、做事,交结朋友,如果不以诚信为本,就会像车子没有接榫一样,寸步难行。

原文:孔子读史,至楚复陈,喟(kuì)然叹曰:“贤哉楚王!轻千乘之国,而重一言之信。匪申叔之信,不能达其义;匪庄王之贤,不能受其训。”

注释:本文出自先秦《孔子家语·好生》。

(1)复陈:恢复陈国。(2)喟然:叹气的样子。(3)千乘之国:有一千辆战车的国家。(4)匪:通“非”,不是,没有。(5)申叔:申叔时,楚国大夫。(6)庄王:楚庄王。(7)训:教导,教诲。

译文:孔子阅读史书,当读到楚国恢复陈国君主政权时,感叹称赞说:"楚庄王真是贤明啊!把拥有兵车千乘的一个国家看得很轻,而看重一个字的信誉。如果没有申叔时的坚守信誉,就无法规劝楚庄王实行道义;如果没有楚庄王的贤明,也不可能接受申叔时的劝谏。"

评析:孔子这段话是对"楚复陈"的一番感慨。陈灵公时,因朝廷淫乱,夏舒徵杀死国君。楚庄王发兵讨伐,杀死夏舒徵,将陈国改为楚国的一个县。后大夫申叔时以"贪"字谏楚庄王,乃迎陈灵公太子午,恢复陈国。孔子因此称赞"申叔之信""庄王之贤",楚庄王能"轻千乘之国,而重一言之信"。一言之信诺,重于千乘之国,楚庄王不愧为"贤哉"君王。

原文:秋,栾盈自楚适齐。晏平仲言于齐侯曰:"商任之会,受命于晋。今纳栾氏,将安用之?小所以事大,信也。失信不立,君其图之。"弗听。退告陈文子曰:"君人执信,臣人执共,忠信笃敬,上下同之,天之道也。君自弃也,弗能久矣!"

注释:本文出自春秋左丘明《左传·襄公二十二年》。

(1)栾盈:晋平公时公族大夫,因被诬告奔楚,不久又到齐国。(2)齐侯:齐庄公。(3)商任:地名。(4)将安:将要怎样。(5)图:考虑。(6)陈文子:陈须无,陈完的曾孙,历事齐灵、庄、景三公。(7)君人:君主。(8)臣人:臣子。(9)执共:保持恭敬。

译文:鲁襄公二十二年(前550年)秋季,晋国大夫栾盈从楚国到了齐国。晏平仲对齐庄公说:"商任会见,齐国接受了晋国的命令。现在接纳栾氏,准备怎么任用他?小国所用来事奉大国的,是信用,失去信用,不能立身立国。君王还是考虑一下吧。"齐庄公不听。晏平仲退出以后告诉陈文子说:"做人君主的保持信用,做人臣下的保持恭敬。忠实、信用、诚笃、恭敬,上下共同保持它,这是上天的常道。国君自己抛弃了它,不可能长久在位了。"

评析:鲁襄公二十一年(前551年),鲁襄公、晋平公、齐庄公等国君在商任会见,讨论禁锢晋国大夫栾盈的事情。第二年,栾盈从楚国来到齐国,晏婴因此劝齐庄公不要接纳栾盈,并指出小国侍奉大国,凭借的就是信用。齐庄公没有听从,晏婴因此与陈文子交谈,指出忠信笃敬是上下共同遵守的信条,而齐庄公自弃上天常道,其在位不可能长久。果然不出三年,齐庄公被大夫崔杼弑杀。由此可见,为政者失去忠信笃敬,将是一场灭顶之灾。

原文:君子之言,信而有征,故怨远于其身。小人之言,僭(jiàn)而无征,故怨咎及之。

注释:本文出自春秋左丘明《左传·昭公八年》。

(1)信:确实,确凿。(2)征:证明,证据。(3)怨:怨恨,怨怒。(4)僭:超越本分,虚伪。(5)咎:过失,罪过,责备,惩处。

译文:君子的言论,诚实确凿而且有根有据,所以他能够远离怨恨。小人的话,虚假而且没有任何凭据,所以怨恨和惩处会落在他身上。

评析:这是晋国大夫叔向称赞乐师师旷的一段话。在叔向看来,说话有根有据的人就是君子,说话有所凭据,这样就不会招致怨恨。而小人则相反,说话无凭无据、捕风捉影,凭自己主观猜测肆意诋毁别人,这样的小人,遭到灾祸和惩处,也是适其所宜、咎由自取了。为政者由此懂得用"信而有征""僭而无征"识别君子、小人的方法,自可近君子而远小人了。

原文:诚者,自成也;而道(dào),自道(dǎo)也。诚者,物之终始,不诚无物,是故君子诚之为贵。诚者,非自成己而已也,所以成物也。成己仁也,成物知也。性之德也,合外内之道也,故时措之宜也。

注释:本文出自先秦《礼记·中庸》。

(1)自成:自我成全,自我完善。(2)道(dào):法则,规律。(3)道(dǎo):通"导"。自道:自我引导。(4)自成己:自己成就自己。(5)成物:成就万事万物。(6)知:知道。(7)性:本性。(8)措:措置。

译文:真诚首先是自我完善,道首先是自我引导。真诚是事物的发端和归宿,没有真诚就没有了事物,因此君子以真诚为贵。不过,真诚并不是自我完善就够了,而是要完善事物。自我完善是仁,完善事物是智。仁和智是出于本性的德行,是融合外物与自身的准则,所以任何时候施行都是适宜的。

评析:这段文字说了四层意思。第一层,诚是自我完善,道是自我引导。第二层,诚贯穿于一切事物,不诚无物,所以君子贵诚。第三层,诚者成物,成己为仁,成物为智。第四层,诚作为智,作为仁,是人的本性,也是德的本性,真诚是把内心和外物融合为一体的基本准则,所以,任何时候以诚成己成物,都是适合的。所以,君子要修养真诚就必须做到物我同一、天人合一。而要做到这一点,既要靠学习来理解(自成自道),又要靠实践来实现(成物)。

原文:文王问太公曰:"王人者何上何下?何取何去?何禁何止?"太公曰:"王人者上贤,下不肖;取诚信,去诈伪;禁暴乱,止奢侈。"

注释:本文出自战国姜子牙《太公六韬·上贤》。

(1)文王:周文王。(2)太公:姜太公吕尚。(3)王人者:君王。(4)上:通"尚"。上贤:尊崇德才兼备的人。(5)不肖:品行不好的人。(6)诈伪:奸诈虚伪。

译文:周文王问姜太公道:"作为君主,应当尊崇什么人,抑制什么人,任用什么人,除去什么人?应该严禁什么事,制止什么事?"太公回答说:"作为君主,应该尊崇德才兼备之人,抑制无德无才之辈;任用诚恳守信之人,除去奸诈虚伪之徒;严禁暴乱行为,制止奢侈风气。"

评析:这是周文王和姜太公关于君主应当如何治国安邦的一番讨论。姜太公认为,君主应当尚贤、取诚信,这实际是把诚信作为任用人才的唯一标准,可见诚信对于治国兴邦的重要作用。为政者自己首先要讲诚信,对上对下要讲诚信,对民众更要讲诚信,如此才可取信于民,才可治国安邦。

原文:君子养心莫善于诚,致诚则无它事矣,唯仁之为守,唯义之为行。诚心守仁则形,形则神,神则能化矣。诚心行义则理,理则明,明则能变矣。变化代兴,谓之天德。

注释:本文出自战国荀况《荀子·不苟》。

(1)养:修养。(2)善:好。(3)致:达致。(4)它事:其他办法。(5)代:替代,交替。(6)天德:最高的德行。

译文:君子修养身心没有比真诚更好的了,要做到真诚,没有其他的办法,只有恪守仁德,只有奉行道义。诚心恪守仁德,就能显现你的德行;显现德行,就能达到至善至美的境界;达到尽善尽美,就能感化一切。以真诚的心奉行道义,办事就有条理;办事有条理,就容易让人明白;大家都明白了,就能变化一切,变通一切。变化与感化交替作用,这就是最高的德行。

评析:荀子在这里论述了用真诚修养身心的方法,那就是"唯仁之为守,唯义之为行"。恪守仁德,陶冶和提高自己的思想情操;奉行道义,让自己所做一切都符合客观规律。这样,自身修养和客观规律合为一体,人们就达到了至诚的境界。这就是人们用真诚修养身心的最佳途径,君子当勉力行之。

原文：小信成则大信立，故明主积于信。赏罚不信，则禁令不行。

注释：本文出自战国韩非《韩非子·外储说左上》。

(1)小信：小的信用。(2)大信：大的信用。(3)积于信：在信用上积累。(4)不信：不讲求信用。

译文：讲小信用，大的信用就会逐渐确立起来，所以英明的君主要不断地在信用上积累。赏罚不讲信用的话，那么法令禁规就无法推行。

评析：韩非子认为，在小事上讲求信用，讲求诚信，大的信用就会由讲求小的信用中积累起来。事实的确如此，人们往往面对的是一些平常小事，如果一个人能在平常小事上信守承诺，人们就会相信他有大的信用。如果一个人在平常小事上不讲信用，人们就无法相信他会在大事上讲求信用。明主懂得这个道理，所以平时就很重视讲求信用。韩非子接着警告不讲信用的君主，如果在赏罚上不讲信用，那么法令禁规就无法推行。一个国家不能做到令行禁止，其政权也就岌岌可危了。由此可见，讲求诚信，对为政者是多么重要。

原文：忠信谨慎，此德义之基也。虚无谲诡(jué guǐ)，此乱道之根也。

注释：本文出自东汉王符《潜夫论·务本》。

(1)忠信：忠诚守信。(2)基：基础，根基。(3)谲诡：变化多端。(4)乱：搞乱。(5)根：根源。(6)王符：字节信，安定临泾(今甘肃镇原)人，东汉政论家。

译文：忠诚守信小心谨慎，这是道德仁义的根基；弄虚作假欺骗诡诈，这是搞乱道德的根源。

评析：无论对自己内心，还是对人对物，都应以忠诚守信、小心谨慎为安身立命之本，这是修身养德、接人待物的根本准则，也是道德仁义的基础所在。与此相反，那些弄虚作假欺诈蒙骗的人或手段，就是扰乱社会道德的罪魁祸首。为政者首先要信守忠信谨慎准则，对忠信谨慎的人和事进行大力宣扬和表彰，对那些虚无谲诡的人和事，要坚决揭露和打击，这样才能奠定和稳固整个社会的德义之基。

原文：人之忠也，犹鱼之有渊，鱼失水则死，人失忠则凶。故良将守之，志立而名扬。

注释：本文出自三国蜀诸葛亮《兵要》。

(1)忠:忠诚。(2)渊:水潭,深水。(3)凶:危险。(4)良将:优秀将领。

译文:人具有忠诚的品行,就好比鱼生活在水潭里。鱼失去水潭就会死去,人没有了忠诚就会非常危险。所以优秀将领都注意守护自己忠诚的品德,确立自己的远大志向而名扬四方。

评析:忠诚是一个人最良好的品德,这种内在的忠诚品德及其践行,是各种经营活动与社会运转得以正常进行的重要保证。一个人任何时候都应该坚守忠诚,坚持自己的原则,且不为利益所动。从大的方面说要忠于国家和民族,从小的方面则表现在日常生活与工作生活中,如领导、团队、事业、家人、朋友,等等,无不需要用忠诚的态度来认真对待。

原文:推人以诚,则不言而信矣。

注释:本文出自隋代王通《文中子·周公》。

(1)推人:待人。(2)不言:不说话。(3)王通:字仲淹,号文中子,文中子一说为其弟子私谥。隋朝河东郡龙门县(今山西万荣)人,一说为绛州龙门(今山西河津)人,著名教育家、思想家。其弟子仿孔子门徒作《论语》而编《中说》,又称《中说》《文中子》,有王道、事君、周公等10篇。

译文:推心置腹,待人以诚,即使不说话也会得到别人的信任。

评析:诚信,是发自内心的,不是表现在语言上的。所以,一个人平时待人以诚心,对人推心置腹,即使不用说话,别人也会相信他的真诚。由此可见,观察一个人是不是诚信,主要的应该考察他平时待人接物、立身处世的行为,不被其花言巧语所迷惑,这样才能看人更准、识人更明。

原文:自信者人亦信之,胡越犹弟兄;自疑者人亦疑之,身外皆敌国。至于推诚而不欺,守信而不疑,非但六合之内可行,动天地、威鬼神,非诚信不可。

注释:本文出自北宋林逋《省心录》。

(1)自信:自己诚信。(2)胡越:一作"吴越",指边远地方。(3)推诚:以诚待人。(4)六合:天地四方,天下宇宙。(5)林逋:字君复,浙江大里黄贤村(今浙江奉化裘村镇黄贤村)人,一说杭州钱塘(今浙江杭州)人,一生未仕,死后宋仁宗赐谥"和靖先生"。

译文:自己诚信的人别人也相信他,就是远在胡越也是兄弟。自己怀疑的人别人也怀疑他,自身之外都是敌人。至于以诚待人不欺骗别人,坚守诚信从不怀疑，不但天地之间到处行得通，能感动天地，威震鬼神的，也只有诚信才能做得到。

评析：诚信是人生的通行证，待人诚信，则胡越有兄弟，天地四方到处都行得通；人与人之间没有了诚信，则身外皆敌国，寸步难行。做到诚信不欺，守信不疑，即可动天地、威鬼神。诚信二字，其威力不可限量。人人若以诚信为本，不以疑心度人，社会和谐安定则可期可致矣！

原文：无妄之谓诚，不欺其次矣。

注释：本文出自北宋程颢、程颐《二程遗书》卷六。

(1)无妄：真实，真相。(2)不欺：不欺骗别人。

译文：真实无妄，就是真诚；不欺骗是次一等的问题。

评析：这句话是北宋二程对“诚”的理解。什么是无妄？程颐自己曾解释说：“合正理而无妄”，诚就是合乎天理之实，是天理的根本属性。朱熹对诚的解释加了“真实”两个字：“诚者，真实无妄之谓，天理之本然也。”朱熹弟子陈淳对此评论说：“诚字后世都说差了，到伊川方云‘无妄之谓诚’，字义始明。至晦翁又增两字，曰‘真实无妄之谓诚’，道理尤见分晓。”关于“不欺其次”，这是说“无妄，自是我无妄，故诚；不欺者，对物而言之，故次之”，无妄是对自己，不欺是对人对物，先自己无妄，才能做到不欺。以诚为本心，对人对物不欺骗、守信用，这才是做人的根本之道。

原文：以至诚为道，以至仁为德。

注释：本文出自北宋苏轼《论治道二首·道德》。

(1)至：最，极。(2)道：准则。(3)德：德行。

译文：把最大的真诚当作修身之道，把最纯真的仁爱当作德行。

评析：诚信冠之以至诚，可见心为至诚，以至诚作为修身之道，这是对修身的最高要求。仁爱冠之以至仁，可见待人接物为至仁，以至仁作为最高德行，这是待人接物的最高标准。当一个人能够以至诚之心修养身心，以至仁之心待人接物、与人相处，这样就能够以己度人，从而形成和谐的人际关系，这对于自身的发展也是极为有利的。诚信、仁爱是中华民族传统道德的核心，现在、将来也是值得人们提倡的。

原文:言忠信,行笃敬,乃圣人教人取重于乡曲之术。盖财物交加,不损人而益己,患难之际,不妨人而利己,所谓忠也。不所许诺,纤毫必偿,有所期约,时刻不易,所谓信也。处事近厚,处心诚实,所谓笃也。礼貌卑下,言辞谦恭,所谓敬也。若能行此,非惟取重于乡曲,则亦无入而不自得。

注释:本文出自南宋袁采《袁氏世范·处己》。

(1)忠信:忠诚信实。(2)笃敬:笃厚敬肃。(3)乡曲:乡里。(4)交加:交错。(5)期约:约定日期。(6)无入而不自得:到了什么地方都安然自得,意为做什么事情都很顺利。(7)袁采:字君载,信安(今浙江常山)人。南宋官员,曾任乐清县令,著有《政和杂志》《县令小录》和《世范》三书,今只有《世范》传世。

译文:说话讲究忠信,行动奉行笃敬,这种原则是圣人教人们如何获得乡里人们敬重的方法。当与人发生财物关系时,不干损人利己的事;在发生患难的关键时刻,不干妨害别人而方便自己的事。这就是"忠"。一旦许诺给人,就是一丝一毫的小事,也一定要有结果;一旦定期有约,就是一时一刻也不耽误,这就是"信"。待人接物热情厚道,内心诚实敦厚,这就是"笃"。礼貌谨慎,言辞谦逊,这就是"敬"。如果能够做到"言忠信,行笃敬",不仅能得到乡亲的敬重,就是做任何事情都能很顺利。

评析:孔子有言:"言忠信,行笃敬,虽蛮貊之邦,行矣。"袁采这段文字就是对"言忠信,行笃敬"的具体解释,且把适用范围由遥远的"蛮貊之邦"拉近到"取重于乡曲"。袁采告诫人们,即使在患难之际,也不可做"妨人而利己"的事情;一旦许诺,再微小的事也要做到;一旦有约,一时一刻也不可耽搁。做人内心要诚实敦厚,待人礼貌恭顺。如果做到这些,就可"无入而不自得",君子当勉力行之。

原文:爱人者人恒爱之,信人者人恒信之。

注释:本文出自明代王艮(gèn)《勉仁方书壁示诸生》。

(1)恒:都,常。(2)信:相信。(3)王艮:字汝止,号心斋,泰州安丰场(今江苏东台安丰)人,人称王泰州。王阳明弟子,明代哲学家。

译文:一个人爱别人,别人就会爱他;一个人相信别人,别人就会相信他。

评析:王艮这句话容易引起非议和误解,因为现实社会中往往是你爱别人,但别人并不一定爱你;你相信别人,别人不一定会相信你,甚至会利用你的相信欺骗你。但从另一个角度说,王艮说得很有道理,你不爱别人,别人为什么会爱你？你不相信别人，别人为什么会相信你？凡事求诸己，凡事求诸心，自己做到了爱人、信人，这是被人爱、被人信的基础。所以，仁者自己要做到爱人、信人，这样才能无愧于心。另外，“爱人者人恒爱之”一语出自《孟子·离娄下》。如果把孟子和王艮的话合为一处，对人们仁德修身应该更有意义：“敬人者人恒敬之，爱人者人恒爱之，信人者人恒信之。”

原文：君子之道，莫大乎以忠诚为天下倡。世之乱也，上下纵于亡等之欲，奸伪相吞，变诈相角，自图其安而予人以至危，畏难避害，曾不肯捐丝粟之力以拯天下。得忠诚者，起而矫之，克己而爱人，去伪而崇拙，躬履诸艰而不责人以同患，浩然捐生如远游之还乡而无所顾悸。由是众人效其所为，亦皆以苟活为羞，以避事为耻。

注释：本文出自清代曾国藩《治心经·诚心》。

(1)莫：没有。(2)亡等：无视礼法、等级制度。(3)奸伪：诡诈虚伪。(4)变诈：巧变欺诈。(5)丝粟：蚕丝粟米，比喻十分细小的东西。(6)躬履：亲身经历。(7)浩然捐生：正气浩然奉献自己的生命。(8)顾悸：顾虑害怕。

译文：君子的责任和使命，没有比向天下推行忠诚最为重要的了。在世俗败坏的时代，社会上下都无视礼法等级制度，不能控制自己的妄念和贪欲，人们互相欺骗，钩心斗角，为了自己的安乐而把别人置于危险之地，不愿承受一点困难和损失，也不愿意为拯救天下贡献丝毫之力。直到有一天，出现了忠诚之人努力来改变这一切，他能够做到克制自己的欲念而且对他人抱着仁爱之心，抛弃虚伪和欺骗的手段而推崇忍让和奉献。身心遭受了很大的困难，但从来不驱使别人和自己分担，而对别人的奉献却十分地大方，就像外出远行回家那样把钱财看作身外之物。于是大家都效仿他的所作所为，也都以为自己苟且偷生为羞愧，以躲避困难为耻辱。

评析：曾国藩在这里讲述了君子推崇倡导忠诚的重要性，及推崇倡导忠诚后所发生的变化。当社会发生动乱之时，人们胡作非为，畏难避害，以丝粟之力拯救天下都不为。在这种情况下，忠诚君子出现了，他“克己而爱人，去伪而崇拙，躬履诸艰而不责人以同患”，在他的感召下，人们效仿他的行为，以苟活为羞，以避事为耻，社会因此而实现大治。“以苟活为羞，以避事为耻”，又被后人化为“当(为)官避事平生耻”。“私罪不可有，公罪不可无。”为政者在其位谋其政，就要敢于担当，认真负责，做好关系国家、社会、民生的每一件事。遇事绕道而行，不敢得罪人，只知搞平衡圆滑，不但不足效法，而且是莫大的耻辱。

改过篇

gaiguopian

路漫漫其修远兮，吾将上下而求索。

——屈原

屈原

屈原（约前 340～前 278 年），芈姓，屈氏，名平，字原。楚武王熊通后人。官任左徒、三闾大夫，兼管内政外交。对内提倡“美政”，主张举贤任能，修明法度；对外力主联齐抗秦。因遭贵族排挤毁谤，被流放至汉北和沅湘流域。

楚顷襄王十九年（前 280 年），秦将白起攻破楚都郢（今湖北江陵）后，屈原自沉于汨罗江，以身殉国。

屈原是“楚辞”的创立者和代表作者，主要作品有《离骚》《九歌》《九章》《天问》等，与《诗经》并称“风骚”，对后世诗歌产生了深远影响。

原文:初九,不远复,无祇(qí)悔,元吉。

注释:本文出自殷周《周易·复卦》周公初九爻辞。

(1)不远复:行走不远就返回。(2)祇:很大,盛大。

译文:初九,没有走太远就返回,这样没有大的懊悔,至为吉祥。

评析:为什么初九没有走多远就回来了?原因有二,第一,初九作为阳爻,刚刚回归,应休养生息,不必急于行动。第二,初九如无阳刚后续,往前一步就是地水师卦,师卦是战争,是凶险,所以初九宜先静后动为好。初九做到"不远复"三字,不仅不会有懊悔出现,而且最为吉祥。无祇悔,就是没有大的懊悔。祇,此处解释为大、盛大。有学者认为祇应为"祗(zhī)",解释为灾患。

原文:象曰:"'不远之复',以修身也。"

注释:本文出自《易传·复卦·象传》。

译文:《象传》上说:"'行走不远就返回',这是为了迁善改过,修养自身。"

评析:初九行动不远就返回,返回之后做什么?或者说初九为什么返回?初九爻辞没有答案。孔子《象传》回答了这个问题:"修身。"初九修身,是修美自身,从道德、能力上提升自己。复卦中的初九和乾卦初九有相似之处,一个"不远复"修身,一个"潜龙勿用",读者可自己体味其中意蕴。"不远复",从修身角度讲,还有一种解释,就是说刚刚开始行动,就能知过必改、复归正道。孔子弟子颜回就有不贰过、不远复这种修身美德。颜回被尊为"复圣",即由"不远复"三字而来。孔子称赞颜回:"有不善未尝不知,知之未尝复行。"

原文:风雷,益。君子以见善则迁,有过则改。

注释:本文出自《易经·益卦·象传》。

(1)风:巽卦。雷:震卦。益:卦名,震下巽上,风雷交助,雷助风势,风增雷威,故此卦象征增益。(2)迁:迁就,改变自己的意见附和别人。

译文:风雷交助,互相增益,构成益卦。君子见到美善的品行就要倾心追随、努力学习,有了错误就要迅速改正。

评析:益卦,象征增益,君子观此卦象,惊恐于风雷的威力,要反思自己的言行,认真观察审视,一定要做到见善则从之,有过则改之。见到有善行的人,就要倾心相交,从而不断提升自己;发现自己有了过错,就要迅速改正,不要让错误继续下去。"见善则迁,有过则改",这八个字应该成为我们的座右铭,不断反思自己，审视自己，自省自律，这样才能有助于自身能力的不断提升。

原文：子贡曰："君子之过也，如日月之食焉；过也，人皆见之；更也，人皆仰之。"

注释：本文出自《论语·子张》。

（1）日月之食：日食月食。（2）更：更正，改正。（3）仰：仰慕。

译文：子贡说："君子的过错好比日食月食。他犯了过错，人们都看得见；他改正过错，人们都仰望着他。"

评析：人非圣贤，孰能无过？君子如颜回，也是不贰过而已。不掩己过，善于改过，这是君子对待错误的正确态度。而小人则"过也必文"，拼命掩饰自己的错误，或把错误责任推到别人身上。过而能改，善莫大焉。君子勇于改过责己，不仅不会影响自己的声誉，反而会赢得人们的赞扬。

原文：禹汤罪己，其兴也悖焉。桀纣罪人，其亡也忽焉。

注释：本文出自春秋左丘明《左传·庄公十一年》。

（1）禹汤：夏禹、商汤。（2）兴：兴起，兴盛。（3）悖：通"勃"，旺盛。（4）桀纣：夏桀、殷纣。（5）亡：灭亡。（6）忽：迅速。（7）庄公十一年：前 683 年。

译文：大禹和商汤有了过错怪罪自己，他们的兴盛很迅速，势不可挡；桀和纣有了过错怪罪他人，他们的灭亡也很迅速，突如其来。

评析：鲁庄公十一年（前 683 年），宋国发生水灾，庄公派使者慰问，宋公（公子御）代表宋庄公辞谢说："孤对上天不敬，降下这样的灾害。承蒙贵国国君为我们担忧，真是愧不敢当。"鲁国大夫臧文仲听到使臣复述宋公的话，说出这句感慨的话，认为宋国可能要兴盛起来吧？（宋其兴乎！）臧文仲这句话说明一个道理，能够主动承担责任的人，才能是做成大事的人；遇到问题就把责任推到别人身上，这样的人就会众叛亲离，最后落得个失败的下场。所以，一个单位、一个部门、一个地区、一个国家，主政者一定要有敢于担当的勇气，这样才能做大事、成大事。1945 年，黄炎培与毛泽东谈话，提出中国历代王朝存在"其兴也勃焉""其亡也忽焉"这个周期律的支配。毛泽东回答说：我们已经找到了新路，我们能跳出这周期律。这条新路，就是民主。发扬民主，让人民来监督政府，国家就能永久立于不败之地。

原文:人谁无过？过而能改，善莫大焉。

注释:本文出自春秋左丘明《左传·宣公二年》。

(1)过:过失，过错，错误。(2)莫:没有。(3)宣公二年:前597年。

译文:一个人谁能没有过错？有了过错能够改正，那就没有比这更好的事情了。

评析:这句话是晋国大夫范武子士会对晋灵公的劝谏之词。晋灵公荒淫无度，横征暴敛，草菅人命，拿杀人当儿戏，士会因此入宫劝谏，晋灵公表面接受，但实际上却仍我行我素，最后被赵盾、赵穿兄弟杀死。范武子士会这句话被后人总结为“人非圣贤，孰能无过，过而能改，善莫大焉”。人不是圣贤，谁都避免不了犯错误，关键是对待错误的态度，知道错了，自己主动改正，这才是最好的事。

原文:孟子曰:“子路，人告之以有过，则喜。禹闻善言，则拜。大舜有大焉，善与人同，舍己从人，乐取于人以为善。自耕稼、陶、渔以至为帝，无非取于人者。取诸人以为善，是与人为善者也。故君子莫大乎与人为善。”

注释:本文出自战国孟轲《孟子·公孙丑上》。

(1)子路:仲由，孔子弟子。(2)告:告诉，指出。(3)过:过错，过失。(4)闻:听到。(5)善言:好话，好的意见。(6)拜:拜谢。(7)大:更大。(8)同:一样，共有。(9)舍己:舍掉自己。(10)从人:顺从别人。(11)取于人:从别人那里取来，吸取别人的长处。

译文:孟子说:“子路，别人指出他的过错，他就很高兴。禹，听到有教益的善言，就向言者拜谢。伟大的舜又超过了他们，好品德愿和别人共有，抛弃自己的缺点，学习别人的长处，乐于吸取别人的优点来修养自己的品德。舜从当农夫、陶工、渔夫，直到成为天子，没有哪一点长处不是从别人那里学来的。吸取众人的长处来修养自己的品德，这又有助于别人培养品德。所以，君子，最重要的就是要与别人一起行善，没有比帮助别人培养好品德更好的了。”

评析:子路闻过则喜，大禹闻善言则拜谢，虞舜则与人一起分享好的品德，相比而言，虞舜真的称得上是伟大的舜。除与人一起行善，共享好的品德，帮助别人培养好的品德之外，虞舜一个重要的修身方法是善于向别人学习，“自耕稼、陶、渔以至为帝，无非取于人者”。君子向一切人学习，善集众人之长，与大家共同走上善途，这不是一件很美好的事情吗？

原文:非我而当者,吾师也;是我而当者,吾友也;谄谀我者,吾贼也。故君子隆师而亲友,以致恶其贼;好善无厌,受谏而能诫,虽欲无进,得乎哉?小人反是,致乱,而恶人之非己也;致不肖,而欲人之贤己也;心如虎狼,行如禽兽,而又恶人之贼己也;谄谀者亲,谏诤者疏,修正为笑,至忠为贼,虽欲无灭亡,得乎哉?

注释:本文出自战国荀况《荀子·修身》。

(1)非:批评,指责。(2)当:恰当,中肯。(3)是:赞同,称赞,表扬。(4)谄谀:谄媚,阿谀奉承。(5)贼:毁害,伤害。(6)隆:尊崇。

译文:批评指责我而又中肯的人,就是我的老师;赞同我而恰当的人,就是我的朋友;阿谀奉承我的人,就是害我的人。所以君子尊崇老师、亲近朋友,而极端憎恨那些害人的人;追求善良的品行永不满足,受到劝告就能警惕,那么即使不想进步,可能吗?小人则与此相反,自己极其昏乱,却还憎恨别人指出自己的过失;自己极其无能,却要别人说自己贤能;自己的心地像虎、狼,行为像禽兽,却又讨厌别人指出其罪恶;对阿谀奉承自己的就亲近,对规劝自己改正错误的就疏远,把善良正直的话当作对自己的讥笑,把极端忠诚的行为看成是对自己的戕害,这样的人即使想不灭亡,可能吗?

评析:荀子在这里分析君子应如何以别人对自己的态度来分辨哪些人是自己的老师、朋友和敌人。能恰当中肯地批评自己的,就有资格做自己的老师;能恰当准确地赞同自己的,就是自己的朋友;那些阿谀奉承自己的,就是戕(qiāng)害自己的敌人。对老师的态度是尊崇,对朋友的态度是亲近,对敌人的态度是憎恶。不满足于追求善良的品行,接受规谏就能警戒自己,这样的人就是君子。小人和君子的行为恰恰相反,君子的进步是必然的,小人的败亡也是必然的。

原文:《春秋》为仁义法。仁之法,在爱人,不在爱我;义之法,在正我,不在正人。我不自正,虽能正人,弗予为义。人不被其爱,虽厚自爱,不予为仁。

注释:本文出自西汉董仲舒《春秋繁露·仁义法》。

(1)法:原则。(2)正:匡正。(3)弗予:不能给予,不能称作。(4)被其爱:接受他的爱。

译文:《春秋》制定了仁义的原则。仁的原则,是爱别人,不是爱护自己;义的原则是匡正自己,不是纠正别人。自己不匡正自己,即使能纠正别人,也不能算作义。别人没能接受你的爱，即使自爱有加，也不能算作仁。

评析：董仲舒在这里阐述了他对仁义原则的理解。董仲舒认为，仁是爱别人，而不是爱自己；义是匡正自己，而不是纠正别人。如果自己不能匡正自己，即使能纠正别人的过错，这也称不上是义；如果只是爱惜自己，而不是爱别人，或者别人没有接受你的爱，这也称不上是仁。所谓正我，另一个说法就是严于律己。只有严于律己，对人不求全责备，这就做到了义。真心珍爱别人，时时处处为他人着想，这就做到了仁。

原文：太宗谓梁公曰："以铜为镜，可以正衣冠；以古为镜，可以知兴替；以人为镜，可以明得失。朕尝宝此三镜，用防己过。今魏征殂(cú)逝，遂亡一镜矣。"

注释：本文出自后晋刘昫(xù)《旧唐书·魏征传》。

(1)太宗：唐太宗李世民。(2)梁公：梁国公房玄龄。(3)铜：古时以铜做镜子。(4)兴替：兴盛衰退。(5)朕：帝王自称。(6)殂：死亡。

译文：唐太宗对梁公说："用铜做镜子，可以整理好一个人的穿戴；用历史作为镜子，可以知道历史上的兴盛衰亡；用人作镜子，可以知道自己所作所为的得失。我常以这三面镜子为宝，用来防备自己的过失。现在魏征逝世，就失去一面镜子了。"

评析：唐太宗李世民是中国古代一位有作为的帝王，他开创的贞观之治，成为历史上为数不多的盛世之一。唐太宗之所以能做到这些，与他"尝宝此三镜，用防己过"有很大的关系。他以古为镜，借鉴隋炀帝败亡教训，励精图治；以人为镜，重用魏征等贤臣，善于纳谏，开创大唐盛世。为政者就要以唐太宗为镜，从历史兴替演变中寻求历史规律，从唐太宗"尝宝此三镜，用防己过"中得到有益的启示。

原文：言者无罪，闻者作诫，言者闻者莫不两尽其心焉。

注释：本文出自唐代白居易《与元九书》。

(1)言者：说话的人，讽喻批评的人。(2)闻者：听到讽喻的人。(3)诫：鉴戒。(4)元九：唐代诗人元稹，因排行第九而称之。

译文：用诗讽喻的人没有罪过，听到这种讽喻的人可以作为戒鉴。用诗歌讽喻的和听到讽喻的，各尽自己的心力罢了。

评析：这是白居易在写给诗人元稹的信中，对《五子之歌》等讽喻诗所发的议论。白居易认为，在西周之前，人们习惯于吟诵讽喻诗，写诗的人没有罪，天子则命采诗之官搜集诗篇，以考察并补救政事的缺失。这样，写作讽喻诗的人和听到讽喻诗引以为鉴戒的人都尽了自己的责任。而东周以降，颂扬谄媚的诗歌就取代讽喻诗而占据主导地位。白居易这句“言者无罪，闻者作诫”，《毛诗·序》：“言之者无罪，闻之者足以戒。”后人把这句话减缩成“言者无罪，闻者足戒”，意思是批评的人，即使提得不正确，也是无罪的；听取意见的人，即使没有对方所提的缺点错误，也值得引以为戒。

原文：闻善言则拜，告有过则喜，有圣贤之气象。坐密室如通衢，驭寸心如六马，可以免过。

注释：本文出自北宋林逋《省心录》。

(1)闻：听到。(2)拜：拜谢。(3)气象：景象，精神风貌。(4)密室：暗室，密闭的房间。(5)通衢：四通八达的大道。(6)驭寸心：驾驭内心。心在方寸之间，故称心为方寸或寸心。(7)六马：六匹马拉的车，比喻小心谨慎。典出《尚书·五子之歌》：“予临兆民，懔乎若朽索之驭六马。”

译文：听到善意的建议就向人拜谢，告诉他的过错就非常高兴，这就是圣人贤人的精神境界。坐在密闭的房间里就如同在四通八达的大道上一样，驾驭自己的内心就如驾驭六匹马拉的飞奔的马车一样，这就可以免除过错了。

评析：闻过则喜，是圣贤的境界。这是因为圣贤知道自己错了就会立即改正，改正错误就能更加提升自己的修养，所以圣贤能够做到闻过则喜。这是一方面。另一方面，圣贤所考虑的是如何能避免犯错。林逋在这里提出两条：第一是慎独，“坐密室如通衢”，把自己置于大众监督之下；第二是谨慎，“驭寸心如六马”，驾驭自己的内心，就像驾驭六匹骏马拉着的飞奔的马车那样小心谨慎。做到这两条，就可以像圣贤一样免于过错了。

原文：过而不能知，是不智也；知而不能改，是不勇也。

注释：本文出自北宋李觏(gòu)《易论》。

(1)知：知道。(2)智：明智。(3)改：改正。(4)勇：勇敢。(5)李觏：字泰伯，号盱江先生，建昌军南城(今江西抚州)人，北宋诗人。

译文：有了错误而不知道自己有错，这是不明智的表现；知道了自己有了错误而不改正，是缺乏勇气的表现。

评析:人有了错误,往往会因错误言行导致的结果而认识到自己犯了错误。能认识到自己的错误,这是明智的表现。但很多人往往是知道自己犯了错误,却因为怕丢面子,丧失威信,而缺乏改正错误的勇气。更有甚者,一意孤行,将错就错,这本身就是一种怯懦的表现。实际上,勇于改正错误更是明智的表现,不仅不会被嘲笑,而且会赢得别人的尊敬。

原文:曾子以此三者日省其身,有则改之,无则加勉,其自治诚切如此,可谓得为学之本矣。

注释:本文出自南宋朱熹《四书集注》。

(1)三者:为人谋而不忠乎?与朋友交而不信乎?传不习乎?(2)则:就。(3)加:加以。(4)勉:勉励。(5)诚切:真诚恳切。(6)本:根本。

译文:曾子从"为人谋不忠乎,与朋友交而无信乎,传不习乎"这三个方面每天反省其自身,如果有就改正它,如果没有就勉励自己,他这样自己诚恳真切管理自己,可以说得到做学问的根本了。

评析:朱熹在《四书集注》中就《论语》曾子"日三省吾身"这一章作了进一步的解释,认为曾子的做法是"有则改之,无则加勉",能以真诚恳切的态度自己管理自己,这就是得到了治学之根本。朱熹注解中"有则改之,无则加勉"这八个字被后人引为成语,在解释上意义稍有改变:对别人给自己指出的缺点错误,如果有就加以改正,如果没有就用来勉励自己。

原文:程子曰:"学问之道无他也,知其不善,则速改以从善而已。"程子曰:"君子自修之道当如是也。"游氏曰:"君子之道,以威重为质,而学以成之。学之道,必以忠信为主,而以胜己者辅之。然或吝于改过,则终无以入德,而贤者亦未必乐告以善道,故以过勿惮(dàn)改终焉。"

注释:本文出自南宋朱熹《四书集注》。

(1)程子:程颐。(2)自修之道:自我修养的方法。(3)如是:如此这样。(4)游氏:游酢(zuò),字定夫,北宋建州建阳(今福建南平)人,与杨时同学于程颐。(5)威重:威严庄重。(6)质:本体,禀性。(7)胜己者:超越自己的人。(8)辅:辅助,帮助。(9)勿惮:不要害怕。

译文:程颐先生说:"做学问的方法没有别的,知道自己不对的地方,就迅速改正并依从善道罢了。"程颐先生又说:"君子自我修养的方法,就应当是这样。"

游氏说："成为君子的方法，就是以威严庄重为本体禀性，而通过学习来实现它。学习的方法，一定要以忠信为主体，然后由胜过自己的人帮助自己。然而如果不愿意改正过错，就将会成为终身没有有道德的人，而贤人也不一定乐于用善道告诉他，所以以有过错不要害怕改正作为本章的结束。"

评析：这段文字是朱熹为《论语・学而》"君子不重则不威，学则不固。主忠信。无友不如己者。过则勿惮改"所作的解释。朱熹引用程颐和游氏的言论，反复论证了知错改错的重要性，指出"知其不善，则速改以从善"是学问之道、君子自修之道；吝于改过，"则终无以入德"，只有"过而勿惮改"才是成就君子之道的关键之处。"知其不善，则速改以从善""过而勿惮改"，应成为为政者对待自己所犯过错的根本态度。

原文：古之学者本非为人，迁善改过，莫不由己。善在所当迁，吾自迁之，非为人而迁也。过在所当改，吾自改之，非为人而改也。故其闻过则喜，知过不讳，改过不惮(dàn)。过者，虽古圣贤有所不免，而圣贤之所以为圣贤者，惟其改之而已。人之所以为人者，惟此心而已。

注释：本文出自南宋陆九渊《与傅全美》。

(1)迁：移动。迁善：去恶为善，改过向善。(2)在：住所。(3)惮：害怕，畏惧。(4)陆九渊：字子静，号象山，世称存斋先生，抚州金溪(今江西抚州金溪)人，南宋著名理学家、思想家。

译文：古代学者，修养自身本来就不是为了别人，向善靠近改正错误，没有不是由自己决定的。善性所在的地方自然就应当靠近，这是我自己愿意靠近的，不是为了别人而靠近的。有了过错就应当改正，这是我自己决定要改正的，不是为了别人而改正。所以古代学者听到别人批评自己的错误就很高兴，知道自己犯了错误而不掩饰，改正自己的错误没有畏惧。错误过失，即使是古代圣贤也不可避免，然而圣贤之所以能成为圣贤，就是因为他们能改正自己的过错罢了。一个人之所以称之为人，就是因为有改正错误的心罢了。

评析：陆九渊在这里探讨了"迁善改过"的话题。陆九渊认为，修身养德是自己内心的需要，不是为了别人，所以与别人无关。向善的地方靠近，改正自己的错误，这都是自己内心作出的决定。错误，圣贤所难免，但圣贤之所以成为圣贤，就是因为他们能做到"闻过则喜，知过不讳，改过不惮"。有迁善改过之心，一个人才能称得上是人，才是人们称颂的圣贤君子。

原文:改身之过,迁身之善,谓之修身。

注释:本文出自清代颜元《颜习斋先生言行录》。

(1)身:自身。(2)迁:发扬。(3)善:善性,优点。(4)颜元:原字易直,更字浑然,号习斋,直隶博野(今河北博野)人,清代教育家。

译文:改正自身的过错,发扬自身的优点,这就叫作修身。

评析:颜元把修身简略为八个字:"改身之过,迁身之善。"这是很有道理的。人之初,性本善。孟子就把人的善性归之为人的本性,人修养自身,就是发现、发扬自身善性的过程。这是修身的一个方面,另一个方面就是要"改身之过"。人"不贵于无过,而贵于能改过"(王阳明语)。人们被外界环境所熏染,自身难免会有这样那样的缺点和错误,一个人要修养自身,就要自觉改正自己的缺点错误,使自己成为道德高尚的人、精神纯粹的人。励志学常讲要改变自己。改变自己就是一个修身的过程,也是一个"改身之过,迁身之善"的过程。

原文:知己之过失,即自为承认之地,改去毫无吝惜之心。此最难事。豪杰之所以为豪杰,圣贤之所以为圣贤,全是此等处磊落过人。

注释:本文出自近代林道人《曾文正公嘉言钞》。

(1)过失:因疏忽而犯的错误,此处指过错。(2)磊落:正大光明。

译文:知道自己的过错,自己当即就勇敢地承认,并且毫不犹豫、一点也不保留地加以改正,这是世界上最难做到的事情。豪杰之所以能成为豪杰,圣贤之所以能成为圣贤,全是在这个地方能光明磊落超过常人。

评析:隐藏过错,讳言过错,推诿过错,这都是人之常情。人最难的就是知道自己有错能够当即承认,并毫无吝惜地改正自己的过错。所以,曾国藩认为,能够做到知错改错,就是圣贤、豪杰最为光明磊落的突出表现。梁启超对曾国藩极为佩服,在为《曾文正公嘉言钞》作序中称赞"曾文正者,岂惟近代,盖有史以来不一二睹之大人也已"。曾国藩能达此境界,与其对知错改错的态度不无关系。此处再列曾国藩关于过错的嘉言三则,供读者参阅,限于篇幅,不再作注释、译文和评析:其一,"敬以持躬,恕以待人。敬则小心翼翼,事无巨细,皆不敢忽。恕则常留余地以处人,功不独居,过不推诿"。其二,"有过不令人知,是大恶事。然有过辄自表白,又未免因不讳过三字,把改过功夫,松了一分"。其三,"先王之道不明,士大夫相与为一切苟且之行,往往陷于大戾,而僚友无出片言相质确者,而其人自视恬然,可幸无过。且以仲尼之贤,犹待学《易》以寡过,而今日无过，欺人乎？自欺乎？自知有过，而因护一时之失，辗转盖藏，至蹈滔天之奸而不悔。斯则小人之不可近者已。为人友而隐忍和同，长人之恶，是又谄臣媚子之亚也”。

义利篇

yilipian

究天人之际，通古今之变，成一家之言。

——司马迁

司马迁

司马迁（前145～　），字子长，早年游历各地，了解风俗，采集传闻。回京后出仕为郎中，曾出使西南安抚巴蜀等地。汉武帝元封三年（前108年）继承父业任太史令，参与修改历法。

汉武帝天汉二年（前99年），司马迁因替李陵败降之事辩解而受宫刑，后任中书令。他发奋写出中国第一部纪传体通史《史记》（原名《太史公书》）。该书记载了从上古传说中的黄帝时期，到汉武帝元狩元年（前122年），长达3000多年的历史，是“二十五史”之首，被鲁迅誉为“史家之绝唱，无韵之离骚”。

原文:庆氏亡,分其邑,与晏子邶(bèi)殿,其鄙六十,晏子勿受。子尾曰:"富者,人之所欲也,何独弗欲?"晏子对曰:"庆氏之邑足欲,故亡。吾邑不足欲也,益之以邶殿,迺(nǎi)足欲;足欲,亡无日矣。在外,不得宰吾一邑。不受邶殿,非恶富也,恐失富也。且夫富,如布帛之有幅焉,为之制度,使无迁也。夫生厚而用利,于是乎正德以幅之,使无黜慢,谓之幅利。利过则为败,吾不敢贪多,所谓幅也。"

注释:本文出自春秋晏婴《晏子春秋·内篇·杂下》。

(1)庆氏:庆封,齐国大夫。(2)亡:逃亡。(3)晏子:晏婴。(4)邶殿:齐国别都。(5)鄙:周代地方组织单位,五百户为一鄙。(6)子尾:公孙虿(chài),齐惠公之孙,齐国大夫。(7)益:增益。(8)迺:同"乃"。(9)幅:宽度,限制。(10)生厚:生活丰厚。(11)正德:端正品德。(12)无:通"毋",不要。(13)黜慢:黜漫。减损使其没有漫溢出来。

译文:庆封逃亡后,他的封邑被瓜分,把邶殿一带分给晏婴,那里有六十个鄙。晏婴没有接受。子尾问晏婴:"富有是人人都想要的,您为什么偏偏不要?"晏婴回答说:"庆氏城邑很多,满足了他的欲望,所以逃亡。我的城邑不能满足欲望,把邶殿加上,就满足了欲望;欲望满足了,离逃亡也就没有几天了。逃亡在外,就一个城邑也不能主宰了。我不要邶殿,不是讨厌富有,而是害怕失掉富有。富有就像布帛一样有一定的宽度,给它规定宽度,使它不能随意超出。人人都想生活丰厚,器用便利,因此就要端正品德加以节制,让财富不要匮乏,也不要过头,这就叫限制私利。私利过了头就会坏事,我不敢贪多,这就是所说的限制自己。"

评析:这个故事是齐国相国晏婴对"利过则为败"的形象阐述。庆封逃出齐国,他的封邑被瓜分,晏婴却拒绝接受分给他的封邑。子尾大夫很好奇,问晏婴为什么要拒绝富有。晏婴回答说,富有需要一定的限度,人们都想让自己生活丰厚,没有止境,这就要靠端正品德节制人们的欲望。财富匮乏不是好事,财富多了也不一定是好事,所以把握度——"幅利"就很重要。"不敢贪多,所谓幅也"。为政者尤其要牢记"幅利"这个尺度,以此自律自严,千万不可放纵自己的欲望,否则身败名裂,悔之晚矣。

原文:子曰:"不义而富且贵,于我如浮云。"

注释:本文出自《论语·述而》。

(1)不义:不讲道义。(2)浮云:天上漂浮的白云。

译文:孔子说:“用不正当手段得到的富贵,对我来说,不过如天边浮云一样,没有任何关系。”

评析:浮云,自生自灭,且瞬息即逝,与人没有任何关系。孔子把不义之富贵比喻为天边浮云,表明了自己的人生态度,也是对前面一句的进一步说明:“饭疏食饮水,曲肱(gōng)而枕之,乐在其中矣。”

原文:子曰:“富与贵,是人之所欲也。不以其道得之,不处也。贫与贱,是人之所恶(wù)也。不以其道得之,不去也。君子去仁,恶(wū)乎成名?君子无终食之间违仁,造次必于是,颠沛必于是。”

注释:本文出自《论语·里仁》。

(1)欲:欲望,想要得到。(2)其道:正当的方法,正当手段。(3)处:处所,居所,居有。(4)恶(wù):憎恶,厌恶。(5)去:离开,除去,摆脱,抛弃。(6)去仁:离开仁义。(7)恶(wū):通“乌”,哪,何,怎么。(8)终食之间:吃一顿饭的时间。(9)造次:仓促,匆忙,急遽。(10)颠沛:倒仆,倾覆,困顿挫折。(11)于是:在这个地方。

译文:孔子说:“富有和尊贵是每个人追求的目标,但如果不是用正当的方法得到它,我宁肯放弃;贫穷与低贱是人人都厌恶的,但如果不是用正当的方法去摆脱它,我宁肯忍受贫贱。君子如果离开了仁德,又怎么能成就自己的名声呢?君子每时每刻从未忽视道德的规范,就是在最紧迫的时刻也必须按照仁德办事,就是在颠沛流离的时候,也一定会按仁德去办事的。”

评析:富有和尊贵,是人人都向往的。谋取富贵就是谋取个人利益。孔子不排斥谋取个人利益,但必须以符合仁义道德为准则。所谓“君子爱财,取之有道”“不义而富且贵,于我如浮云”,说的就是这个道理。

原文:子曰:“利者,众之所同欲也。专欲利己,其害大矣。贪之甚则昏蔽而忘理义,求之极则争夺而致怨。”

注释:本文出自程颢、程颐《二程粹言·论学篇》。

(1)子:孔子。(2)同欲:共同的欲望。(3)昏蔽:昏乱蒙蔽。(4)理义:公理与正义。(5)求:追求,贪求。(6)极:极点。

译文:孔子说:“财利,应该是众人共同的欲望。如果人们只是想着有利于自己，则害处就会很大。贪欲过分就会因昏乱蒙蔽而忘记公理与正义，贪求私利达到极点就会因争夺而产生怨恨。”

评析：财利是富裕的象征，是生活的保障。对人类来说，对国家来说，对社会来说，对集体来说，都要追求财利。所以说，财利应当是众人共同的欲望。但对财利的追求一定要限制在公众道德范围之内。如果一个国家、一个地区、一个团队，乃至一个人，只想自己一己之私利，以邻为壑，就会造成很大的危害。所以，要想世界和平，社会和谐，就应当遵守道德规范，合作共赢，在和平和谐的氛围中共同获利，共同发展。

原文：长国家而务财用者，必自小人矣。彼为善之，小人之使为国家，灾害并至。虽有善者，亦无如之何矣！此谓国不以利为利，以义为利也。

注释：本文出自先秦《礼记·大学》。

(1)长国家：治理国家。(2)务财用：致力于财富。(3)彼：此指君主。(4)为善：行善道。(5)善者：为善行的人。(6)以义为利：把道义作为利益。

译文：治理国家的君主如果致力于财富聚敛，一定是从小人那里受到影响。君主虽行善道，但却任用小人治理国家，灾难祸患就会一起到来。即使是有为善行的贤人，也是无可奈何了啊！这就是说，国家不要把财货当作利益，而要把道义作为国家的根本利益。

评析：国家要不要关注经济利益，回答应该是肯定的。但国家不能把聚敛财富当作自己的首要利益，而应把道义作为国家的根本利益。这就是国家义利关系的辩证法。国家应以义为利作为治国根本，而不应以利为利，要鼓励民众富裕起来，民众富裕了，这是国家强盛的基础。关于国家和民众对于财富的分配占有上，有四种说法：民富国强，国强民富，民弱国强，国强民弱。从儒家观点看，民弱国强、国强民弱，不符合民众利益，应当摈弃。国强民富、民富国强，这两个词看起来是顺序之差，但却关系到治国理念。长期以来，中国走的是“国强民富”的发展道路，侧重点在国家之强，其次才是民众温饱、小康。中共中央第十二个五年规划，正式提出民富国强目标，将“民富”先于“国强”，“民富”重于“国强”，体现了科学发展观的要义，揭示了科学发展观的精髓，堪称妙笔。

原文：儒有委之以货财，淹之以乐好，见利不亏其义；劫之以众，沮(jǔ)之以兵，见死不更其守。

注释：本文出自先秦《礼记·儒行》。

(1)儒：儒者，有道德的人。(2)委：赠送。(3)淹：淹没，沉溺。(4)乐好：玩乐嗜好，喜好的东西。(5)亏：缺损，损害。(6)劫：威胁，威逼。(7)沮：恐吓，畏惧。

译文：对于儒者，送给他钱财物品，用玩乐嗜好浸渍他，也不会使他见利忘义；用众多的人来威逼他，用武力兵器来恐吓他，儒者不会在死亡面前改变自己的操守。

评析：什么是操守？什么是气节？儒者这种不为货财、乐好所动，能抵挡住种种诱惑的行为就是操守；这种不因惧怕威胁甚至面对死亡而改变其操守的行为就是气节。财物、金钱、武力、恐吓、死亡、过去、未来、流言等等，都不可能改变内在的价值取向。不为外在的羁绊所牵制，一心按自己的选择去行动。能够做到这一点，才可以说是真正的潇洒。真正的潇洒是一种大无畏的精神。以一种充分的自信，天不怕，地不怕，人不怕，鬼不怕。既然什么都不怕，就什么都不能构成威胁和约束。唯一怕的，是自己变成权、钱、物、他人的奴仆，自己被淹没在欲望之中。因此，这既是一种对外物的超越，也是对自己有限的生命的超越。

原文：野语有之曰："众人重利，廉士重名，贤人尚志，圣人贵精。"

注释：本文出自战国庄周《庄子·刻意》。

(1)野语：俗语。(2)众人：普通人。(3)廉士：清廉、廉洁的人。(4)名：名声，名誉。(5)尚：崇尚。(6)志：志向。(7)贵精：以精神为重。

译文：俗语有这样的说法："普通人看重利益，廉洁的人看重名誉，贤能的人崇尚志向，圣哲的人重视精神。"

评析：司马迁《史记·货殖列传》有言："天下熙熙皆为利来，天下攘攘皆为利往。"毋庸置疑，人们追求经济利益是很正常的事。但是与经济利益相比较，廉洁之人看重的是自己的声誉，贤能的人看重的是自己的志向，圣哲的人看重的是精神世界。重名，则能廉而不贪；尚志，则能心存高远；贵精，则是一种境界。人是要有一点精神的。作为一个人，重视自己的精神境界应该是最重要的。有了对真理执著的精神，有了勇往直前的精神，就会走得更高更远。

原文：荣辱之大分，安危利害之常体：先义而后利者荣，先利而后义者辱；荣者常通，辱者常穷；通者常制人，穷者常制于人：是荣辱之大分也。材悫(què)者

常安利，荡悍者常危害；安利者常乐易，危害者常忧险；乐易者常寿长，忧险者常夭折，是安危利害之常体也。

注释：本文出自战国荀况《荀子·荣辱》。

(1)荣辱：光荣耻辱。(2)大分：根本区别。(3)利害：利益祸患。(4)常体：主要表现。(5)通：通达。(6)困：穷困。(7)制：统治，管理。(8)材：通"才"。(9)悫：诚实，谨慎。(10)安利：安全得利。(11)荡悍：放荡凶悍。(12)易：容易，轻松愉快。乐易：开心快乐轻松愉快。

译文：光荣和耻辱的主要区别、安危利害的一般情况是：先考虑道义而后考虑利益的就会得到光荣，先考虑利益而后考虑道义的就会受到耻辱；光荣的人常常通达，耻辱的人常常穷困；通达的人常常管理人，穷困的人常常被人管理：这就是光荣和耻辱的主要区别。有才能而又谨慎的人常常安全得利，放荡凶悍的人常常危险受害；安全得利的人常常快乐舒坦，危险受害的人常常忧愁惊恐；快乐舒坦的人常常长寿，忧愁惊恐的人常常夭折，这就是安危利害的一般情况。

评析：人人都好荣恶辱，好利恶害，但却不懂得如何才能光荣，才能得利，这是因为人们在利益面前不知如何取舍。荀子认为，取舍其实很简单，那就是先义而后利者荣，先利而后义者辱。不仅如此，荣者常通，辱者常困，荣者制人，辱者治于人。荡悍小人见到利益不仅不考虑道义，而且还甘冒危害去夺取利益，结果是受到耻辱和危害，心中常常忧险而夭折。材悫君子先义后利，这样既能得到光荣，又能安全获利，结果是内心快乐舒坦而长寿。懂得荣辱之大分，安危利害之常体，人们就知道做君子的好处；知道做君子的好处，人们在利益面前，自然就知道如何取舍了。

原文：义与利者，人之所两有也。虽尧舜，不能去民之欲利，然而能使其欲利，不克其好义也。虽桀纣，亦不能去民之好义，然而能使其好义，不胜其欲利也。故义胜利者为治世，利克义者为乱世。上重义，则义克利；上重利，则利克义。

注释：本文出自战国荀况《荀子·大略》。

(1)虽：虽然，即使。(2)去：消除。(3)克：战胜，胜过，限定，压制。

译文：道义和财利，两者都是人们所追求的。即使是唐尧虞舜，也不能消除人们对财利的欲求，然而他们却能使人民对财利的欲求，不会克制他们对道义的追求。即使是夏桀殷纣王，也不能消除人们对道义的追求，然而他们却能使人们对道义的追求，不能压倒他们对财利的追求。所以，道义战胜了财利，这就是治世；财利压倒了道义，这就是乱世。在上者重视道义，那么道义就能限制财利；在上者重视财利，那么财利就能压倒道义。

评析：道义和财利，本来就是人们生活中所必需的两个方面。光讲道义，不讲经济利益，那就是假道学，这样做的结果是民穷国衰，最后导致民不聊生，国破家亡。只讲经济利益，不讲道义，唯利是图，这样做的结果就是人人争利，社会秩序混乱，最后亡国亡家。荀子在这里讲到“欲利”和“好义”的关系，以追求道义为主导，社会就是治世；对财利的欲求压制了对道义的追求，这个社会就是乱世。所以为政者要引导社会重视对道义的追求，这样才能达致尧舜盛世。

原文：圣人见微以知萌，见端以知末，故见象箸(zhù)而怖，知天下不足也。

注释：本文出自战国韩非《韩非子·说林上》。

(1)见微：看到很微小的现象。(2)萌：萌芽，萌发。(3)象箸：象牙筷子。(4)怖：恐怖，害怕。

译文：圣人见到微小的现象就能知道事物的苗头，看到事情的开端就能知道最终结果，所以见到象牙筷子后箕子就恐惧了，因为他知道普天下的东西都不能满足商纣王的贪欲了。

评析：任何事物的发生，都是从微小的现象开始。真正有智慧的人，能够从微小的现象推知事物未来的发展，从而决定是把危险的苗头遏制在萌芽之中，还是顺势而为，推动事物向好的方向发展。箕子看到殷纣王制作象牙筷子，就预见到殷纣王必然会一步步走向贪婪无度，从而导致最后的灭亡。考察贪官犯罪现象，很多官员往往是从小的贿赂收受开始，逐步堕入罪恶的深渊。所以，见微以知萌，见端以知末，防微杜渐，牢牢筑建反腐防线，对为政者来说极为重要。“见微以知萌，见端以知末”，东汉史学家袁康所著《越绝书》，在“越绝德序外传记”篇将其缩略为八个字：“见微知著，睹始知终。”

原文：国耳忘家，公耳忘私，利不苟就，害不苟去，惟义所在。

注释：本文出自西汉贾谊《新书·阶级》。

(1)耳：通“而”。(2)利：利益。(3)苟：随便。(4)就：就近，靠近。(5)贾谊：因当过长沙王太傅，故世称贾太傅、贾生、贾长沙。洛阳(今河南洛阳)人，21岁即被任命为博士，西汉思想家、文学家。

译文：为了国家利益而舍弃自己的小家，为了公家的利益而忘记自己的利益。见到利益不会随便靠上去，遇到危害也不会随便躲避，一切以道义的原则行事。

评析：因国而忘家，因公而忘私，这种一心为国、一心为公的态度，不仅是儒家所提倡的道德准则，也是中国共产党一直倡导的道德准则。从中国共产党诞生以来，多少优秀的共产党员践行这一准则，甚至用生命谱写了一曲曲壮丽感人的乐章。其中“利不苟就，害不苟去”八个字，体现了君子对待利益、灾害的态度，只要不符合道义的要求，见到利益就不可“苟就”；如果符合道义的要求，自己面临灾害的危险就不可“苟去”。汶川大地震中用生命保护学生的英雄教师谭千秋，就是“害不苟去”的光辉典范。

原文：义动君子，利动贪人。如匈奴者，非可以仁义说也，独可说以厚利，结之于天耳。

注释：本文出自西汉董仲舒《论御匈奴》。

(1)义：仁义。(2)动：感动。(3)利：利益。(4)动：打动。(5)说：说服，劝谕。(6)厚利：丰厚的礼物。(7)结：结盟。

译文：仁义能够感动君子，利益能够打动贪人。像匈奴人那样的，是不能用宣教仁义来加以劝喻的，只能用厚利金钱使他们高兴，和他们向天发誓结下盟约。

评析：这是董仲舒对于汉和匈奴关系的一段论述。董仲舒认为，和匈奴这样的人无法讲仁义，只能与之向天发誓订立盟约，并给他们丰厚的礼物，才能换取和平。《汉书》作者班固在引述董仲舒的这篇文字后予以批驳，认为与当时的形势相比，就会知道他说的那些在当时是不合时宜的，放在后世来看也是错误的(考诸行事，乃知其未合于当时，而有阙于后世也)。正确方法是选将守边，修筑防御工事，准备兵器以有所凭借，如果一味厚利与人，且匈奴不守盟约，岂不是一纸空文？笔者无意对董仲舒与班固的观点进行辨析，由读者自己裁定。但董仲舒所说“义动君子，利动贪人”八个字，的确是至理名言。只有君子见利思义，小人则见利思贪，如果和小人讲义利，则是对牛弹琴、对猪唱歌，徒费口舌罢了。

原文：君子非仁义无以生，小人非嗜欲无以活；君子惧失仁义，小人惧失利；君子思义而不虑利，小人贪利而不顾义。

注释：本文出自西汉刘安《淮南子·缪称训》。

(1)生：生命，生存。(2)嗜欲：嗜好欲求，满足欲望。(3)虑：考虑，思虑。(4)顾：顾及。

译文：君子没有仁义就无法生存，小人没有满足欲望就无以活命；君子惧怕失去仁义，小人惧怕失去私利；君子想到仁义而不考虑私利，小人贪图私利而不顾及仁义。

评析：《淮南子》用三个排比句说明了君子和小人的区别，也说明对待仁义和私利的态度其实就是君子和小人的分界线、分水岭和试金石。君子视仁义如生命，害怕失去仁义，没有仁义就失去了生命的价值，所以他们遇到事情首先要考虑是不是符合道义，而不会去考虑自己的利益得失；小人则相反，他们害怕失去一己之私利，为了贪图私利毫不顾念仁义，一旦没有满足私欲就会绞尽脑汁，投机钻营，甚至不惜以命相搏。其实，人们看清了小人的面目，就会抵制小人所作所为，从这个意义上说，小人即使得利也是暂时的。君子厚德载物，只有坚守道德底线，合法经营，这样得到的财富才会心安理得，才会富贵长久。

原文：老子曰："得其所利，必虑其所害；乐其所成，必顾其所败。人为善者，天报以福；人为不善者，天报以祸也。故曰：祸兮福所倚，福兮祸所伏。戒之，慎之！君子不务，何以备之？夫上知天，则不失时；下知地，则不失财。日夜慎之，则无灾害。"

注释：本文出自西汉刘向《说苑·敬慎》。

(1)得：得到。(2)其：其中，这件事情。(3)虑：考虑。(4)乐：快乐，沾沾自喜。(5)成：成功，成就。(6)顾：回顾，看。(7)为善：做好事。(8)倚：倚靠，倚仗。(9)伏：隐藏，潜藏。(10)务：专心致力，谋求。

译文：老子说："当你从一件事情中得到好处时，一定要考虑到这件事情可能带来的弊害；当你为事业的成功而高兴快乐时，一定要考虑到在成功的后面可能出现的失败。一个人做好事，上天会给以福报；一个人做不好的事，上天会用灾祸来惩罚他。所以说：灾祸啊，可能是福分的倚靠；福分啊，灾祸也可能隐藏在其中。警诫啊，谨慎啊！君子不关注这些变化，怎么能会有所防备呢？向上知道天的运转之道，就不会失去天时；向下知道地的土壤肥力，就不会失去财富。白天晚上时刻都在谨慎小心，就不会受灾祸侵害。"

评析：老子这段话充满了辩证因素。凡事不可能十全十美，总会利害并存。所以，人们看到做一件事的好处时，一定要分析其不利的一面；一个人因为获得成功而兴高采烈时，一定不要忘乎所以，要考虑成功的后面是不是掩藏着失败的因素。祸福相互依存，自己遭受灾祸的时候要看到光明，寻找解脱苦难的出路；人处于幸福的时候，一定要警惕防止可能发生的灾祸。一个人如果能够这样从两个方面看问题，就能做到戒骄戒躁、谦逊谨慎，永远处于不败之地。老子关于“得其所利，必虑其所害；乐其所成，必顾其所败”这段话，诸葛亮也有相似的说法可供读者参阅思考：“欲思其利，必虑其害；欲思其成，必虑其败。”

原文：天子好利则诸侯贪，诸侯贪则大夫鄙，大夫鄙则庶人盗。上之变下，犹风之靡草也。故为人君，明贵德而贱利，以道下。

注释：本文出自西汉刘向《说苑·贵德》。

(1)诸侯：古代中央政权所分封的各国国君的统称。(2)鄙：鄙陋，粗俗，浅陋。(3)庶人：平民百姓。(4)变：改变，影响。(5)靡：倒下。

译文：天子喜好财利，那么诸侯就会贪财；诸侯贪财，那么大夫们就会粗俗不堪；大夫们粗俗不堪，平民百姓就会盛行偷盗了。在上者影响下面，就好像大风吹倒野草一样容易，所以君主必须明确以德行为贵，而以逐利为低贱，并把这个道理告诉下面。

评析：政者，在上位而正也，上位不正，下必从之，且更有甚者。天子只是喜好财利，而诸侯们就已经以贪财为常事了；诸侯贪财，大夫们则更肆无忌惮了。大夫们肆无忌惮敛财，老百姓就活不下去了，只好铤而走险，成为盗寇。以此推论，所以作为君主，一定要以德行为贵，以逐利为低贱。“上之变下，犹风之靡草也”给我们的启示是：加强党风政风建设，净化社会风气，维护社会和谐稳定，需要各级领导干部以身作则，带头严格要求自己，自觉做到清正廉洁、勤政为民。

原文：众人之逐世利，如青蝇之赴肉汁也。青蝇嗜肉汁而忘溺死，众人贪世利而陷罪祸。

注释：本文出自东汉班固《难庄论》。

(1)逐：追逐。(2)世利：世间的利禄。(3)青蝇：苍蝇。(4)嗜：嗜好，贪图。(5)溺：淹死。(6)罪祸：罪过，罪愆。

译文：一般人追逐世间利禄，就像苍蝇飞到肉汤里一样。苍蝇贪图肉汁的美味，却忘记了自己会被淹死；一般人则会因为贪图世间的利禄而陷入罪祸之中。

评析：班固在这里揭示了一种普遍存在的社会现象。很多人对财利荣禄有过多的追求，这就像苍蝇见了肉汁就会飞扑上去一样。苍蝇在享受美味的同时，却不知道自己有被肉汁淹死的危险，人如果贪图利禄则会招致罪过祸患。所以，人在利禄面前一定要保持清醒头脑，切不可因贪图利禄而危及自身。那些因贪腐锒铛入狱的贪官，不正是像青蝇嗜好肉汁一样招致祸害吗？权力是一把双刃剑，用得好群众受益，用不好害人害己。执掌权力的为政者，于此当慎之戒之！

原文：不汲汲于荣名，不戚戚于卑位，盖养亲之故也，岂谋身之道哉！

注释：本文出自唐代骆宾王《上吏部裴侍郎书》。

(1)汲汲：急于得到，急于求成的样子。(2)荣名：令名，美名。(3)戚戚：忧虑，忧惧。(4)卑位：卑贱的地位。(5)谋身：为自己打算。(6)骆宾王：字观光，婺州义乌(今浙江义乌)人，唐代诗人。

译文：我不急于得到美名，也不为卑贱的地位而忧虑，这是为了奉养母亲的缘故，怎么会是为了我自己打算的方法呢。

评析：唐高宗仪凤元年(676 年)，吐蕃入侵，朝廷命吏部侍郎裴行俭为洮州道左二军总管，率兵征讨。裴行俭想聘请武功县主簿骆宾王为军中书记，骆宾王因此写信谢绝，表示母亲年老，常年卧病，自己要尽人子之情。他在信中表明自己的心态：出仕为官，十年没有升迁，始终淡定如一的原因只有一个，就是为了奉养母亲，自己并不想以做官为目的。信中“不汲汲于荣名，不戚戚于卑位”一句，被经常引用，以颂扬那些不计较个人名利，而努力工作的人。

原文：好名而立异，立异则身危，故圣人以名为戒。

注释：本文出自北宋林逋《省心录》。

(1)好：喜好，追求。(2)立异：标新立异。(3)危：危险，危害。

译文：一个人喜欢出名，就容易标新立异；标新立异就会给自身带来危害，所以圣人以名气为戒惧。

评析：林逋这句话指出了一个人不择手段想出名和成名之后的弊端。一个人想出名，不是坏事，但出名要靠修身立德、立言、立功。如果出名不是靠踏踏实实，而是靠玩点花样，标新立异，出出风头，这种标新立异虽然能吸引一下人们的眼球，但也可能会给自身带来危险，或者即使出了名也不会长久。所以圣人在赢得名声和珍惜名誉这个问题上十分谨慎。

原文:君子义以为质,得义则重,失义则轻,由义为荣,背义为辱。

注释:本文出自南宋陆九渊《与郭邦逸》。

(1)质:本体,本质。(2)重:尊重,重视。(3)轻:轻视,轻慢。

译文:君子把道义当作人的本体,尊重有道义的人,轻慢丧失道义的人,以坚守道义为荣耀,以背弃道义为耻辱。

评析:道义是什么?陆九渊把道义当作君子的本质。没有道义的人,丧失道义的人,背弃道义的人,其实都不能称之为君子。他们不会得到世人的尊重,只会受到世人的轻慢;他们不会得到荣耀,只会得到耻辱。所以,要想成为一个君子,就要以道义作为自己的本体,以坚守道义为荣耀,这样才能得到世人的尊重,才能成为一个堂堂正正的人。

原文:大害必有小利为之媒,大利必有小害为之倪(ní)。

注释:本文出自明代庄元臣《叔苴(jū)子内篇》卷一。

(1)媒:媒介。(2)倪:端倪,边际,初始。(3)庄元臣,字忠甫,号方壶子,江苏吴江(今江苏吴江)人,明代隆庆二年(1568年)进士,著有《叔苴子》《曼衍斋文集》《庄忠甫杂著》。

辨析:庄元辰:字起贞,晚字顽庵,浙江鄞县(今浙江宁波)人,明末清初学者、抗清志士,著有《因园集》《山樵编》《信水亭吟》。

译文:大的祸害一定会有微小的好处替它作媒介,大的好处一定会有微小的祸害替它作先导。

评析:庄元臣《叔苴子》以道家学说为主,融合儒、佛思想,有较高的学术价值。《叔苴子》这段话与老子"祸兮福所倚,福兮祸所藏"有相通之处。在现实生活中,骗子的招数之一就是先以小利诱惑别人,最后让人上当受骗。譬如前几年的民间融资热,就是许以高利息来诱骗人们。天上不会掉馅饼。所以,不贪图小便宜,是预防上当受骗的一条重要原则。从另一方面说,有些事情,开始做起来,可能会损失一些利益,但其后可能会有大的收益。这样的事例也比比皆是,譬如以种地来说,农民播下种子,这从一定意义上说是"小害",但辛勤耕作,就会得到丰收的回报(大利)。所以,具体问题具体分析,是我们区别害与利的一条根本原则。

原文:好利者,逸出于道义之外,其害显而浅;好名者,窜入于道义之中,其

害隐而深。

注释:本文出自明代洪应明《菜根谭》。

(1)逸出:超出。(2)显:明显。(3)窜入:隐匿,隐入。(4)洪应明:字自诚,号还初道人,籍贯不详,常隐居山林,有《菜根谭》传世。

译文:喜欢物质利益的人,其行为超出道义范畴之外,他对社会的危害很明显浅而易见;喜好名声的人,其行为隐匿于道义范畴之中,他对社会的危害隐藏的很深。

评析:俗语说:明枪易躲,暗箭难防。如果一个人公然表现为喜好物质利益,他的行为超越道义范围之外,虽然是在用各种手段逐利,但逐利的祸害很明显,容易使人防范,后患相对而言也就不会太大;反之,一个看起来很在意名声的人,往往把自己打扮成道貌岸然的样子,满口仁义道德,沽名钓誉,这样的人做坏事常常不被人发觉,造成的危害影响却会非常深远。所以,看人识人,要透过现象看本质,才能不被所谓爱惜名声的伪君子所欺骗。

情操篇

qingcaopian

将军前在南阳，建此大策，
常以为落落难合，有志者事竟成也。

——刘秀

光武帝刘秀

刘秀(前5～57年)，字文叔，南阳郡蔡阳(今湖北枣阳市)人。王莽新朝末年，海内分崩，天下大乱，刘秀身为一介布衣，却借助汉室宗亲身份乘势起兵。并于25年脱离更始政权，于河北鄗南千秋亭登基称帝，建立东汉。

其后12年，平灭关东、陇右、西蜀等地割据政权，统一全国。政治上改革中央官职，整治官场风气，精简机构，优待功臣；经济上注重休养生息，大力发展生产；文化上大兴儒学、推崇气节。后世史家推崇为“光武中兴”。死后谥号光武皇帝。

原文:象曰:"天地不交,否。君子以俭德辟(bì)难,不可荣以禄。"

注释:本文出自《易传·否卦·象传》。

(1)俭:节俭,俭约。(2)辟:通"避",躲避。(3)荣:荣耀。

译文:《象传》上说:"天地阴阳之气隔阂阻塞不能交接,这是否卦的情形。君子由此领悟,当否卦之时,要以勤俭之德躲避灾难,不可谋取俸禄荣耀自己。"

评析:孔子所作《易传》10 篇,《象传》是 10 篇之一。《象传》分大象传、小象传。大象传每卦 1 篇,共 64 篇,是孔子对《周易》卦象作出的解读,主要意旨是提示人们从卦象中能领悟、感悟到什么,或者说是告诉君子在这种境遇下应该怎样去做。孔子儒家思想是入世的理论,大丈夫就应有修身齐家治国平天下之志向。但孔子这时却要君子"以俭德辟难,不可荣以禄",这是告诉人们要善于审时度势,奸邪小人当道之时,君子就要主动离开朝堂,宁肯贫寒节俭,也不可为荣华富贵谋取官位,更不可投机钻营,与奸邪小人同流合污。这就是君子的情操和气节。

原文:六二,包承。小人吉。大人否,亨。

注释:本文出自殷周《周易·否卦》周公六二爻辞。

(1)包:包容。(2)承:承接,承受,顺承。

译文:六二,包容顺承。小人吉利。大人不顺,亨通。

评析:在否卦阻塞隔阂不通的大环境下,六二包容谁?顺承谁呢?有学者说,六二包容的是社会乱象,顺承的是奸邪小人,忍辱负重,逆来顺受;有学者说六二阿谀奉承有权势的人,与奸邪小人同流合污所以获得吉祥;也有学者说六二包承九五君主,但是以小人之道包承,所以君主大人不与六二相包承,其道乃亨。究竟如何理解?我们从卦象分析,或许能看出端倪。六二阴爻居阴位,当位,与九五有应,说明六二位置正位居中且与九五阳爻有应,这个六二应该是正面人物。作为正面人物,六二身处否卦情势,所要做的就是包承,忍辱负重,但不是顺承奸邪小人,而是在力所能及的情况下为国为民做一些好事。六二爻辞后面所说"小人吉,大人否",与六二"包承"不是因果关系,而是对否卦景象所作的描述,即"小人当道,大人闭塞"。大人闭塞这不是一件好事,为什么又加了一个"亨"字呢?这个亨是对大人来说,大人虽然形势上不有利于自己,但大人能够调整心态,修德养性,安贫乐道,身虽穷困,但道通达,所以用"亨"字表述。人穷道亨,这就是千百年来仁人志士心中所坚守的信念。

原文：象曰："'大人否，亨'，不乱群也。"

注释：本文出自《易传·否卦·象传》。

(1)象：象传。此处为小象传，是孔子对周公否卦六二爻辞的解读。(2)乱：混乱，混淆。(3)群：群小。

译文：《象传》上说："'大人闭塞不顺，亨通'，这是说大人不与群小为伍。"

评析：孔子在《象传》中特别解释了周公否卦六二爻辞的后半部分，对大人"人穷道亨"予以充分的肯定与赞赏。大人作为君子，宁可贫穷节俭、箪食瓢饮，也不为荣华富贵与群小同流合污，这才是大人君子的铮铮风骨。

原文：于以采蘩(fán)？于沼于沚(zhǐ)。于以用之？公侯之事。于以采蘩？于涧之中。于以用之？公侯之宫。被之僮僮(tóng)，夙(sù)夜在公。被之祁祁，薄言还归。

注释：本文出自《诗经·召南·采蘩》。

(1)于：介词，在哪里。(2)蘩：白蒿。(3)沼：沼泽，积水的洼地。(4)沚：水中的小陆地。(5)事：祭祀之事。(6)涧：山间流水的小沟。(7)宫：大房子，指宗庙。(8)僮僮：盛多貌。(9)夙夜：早晚。(10)祁祁：盛多貌。(11)薄：一说为减少。一说同"迫"，匆匆忙忙。(12)归：回家。

译文：什么地方采白蒿，沼泽旁边沙洲上。采来白蒿做何用？公侯家里做祭祀。什么地方采白蒿，采来白蒿溪中洗。采来白蒿做何用？公侯宗庙做祭祀。差来专为采白蒿，没日没夜为公侯。采蒿之人真多啊，不敢轻言回家去。

评析：《采蘩》是描写一个女子为公侯祭祀而采取白蒿的过程。这个女子为采摘用于公侯祭祀的白蒿，到沼泽边沙洲上寻觅，采来的白蒿要在山间小溪中洗净。因为采蒿的人太多了，白蒿已经很难寻找，所以为完成采摘任务而不敢轻言回家。本诗后四句另一解释是，女子梳妆的整整齐齐(甚至戴着高高的假发)，早早晚晚在参加祭礼。她梳妆的这么艳丽，匆匆忙忙回到家里。笔者意为祭祀不可能早早晚晚做个不停，一个采摘白蒿的女子也不可能盛装参加公侯祭祀，所以前面译文更符合事实。其中，"夙夜在公"被后人引为成语，意为从早到晚勤于公务，表现出一个国家公职人员一心为公的精神状态。

原文:彼何人斯?胡逝我陈?我闻其声,不见其身。不愧于人,不畏于天?

注释:本文出自《诗经·小雅·何人斯》。

(1)彼:那。(2)斯:语助词。(3)胡:为什么。(4)陈:堂前至门的路,甬道。(5)闻:听到。(6)愧:愧疚。

译文:那究竟是什么人啊,为什么消逝在我堂前的甬道里?我听得到他的声音,却看不到他的身影。你这样做即使不觉得有愧于我,难道你连上天也不畏敬吗?

评析:《诗经·小雅·何人斯》由八段组成,上文是第三段。据《毛诗序》称,《何人斯》是苏公讽刺暴公而作,朱熹对此表示怀疑。当代学者袁梅作《诗经译注》,认为这是一篇女子怨恨男子的诗歌。这段诗中"不愧于人,不畏于天"一句,已经被后人引申解释为"对人问心无愧,对天不存畏惧"的意思。《孟子·尽心上》就有以"仰不愧于天,俯不怍于人"为人之三乐之一的自白。韩愈在《与孟尚书书》中也有"仰不愧天,俯不愧人,内不愧心"之语。《诗经》《孟子》和韩愈的这三句话,已经成为人们表达自己内心无愧的豪言壮语。

原文:人亦有言,柔则茹之,刚则吐之。维仲山甫,柔亦不茹,刚亦不吐。不侮矜(guān)寡,不畏强御。

注释:本文出自《诗经·大雅·烝(zhēng)民》。

(1)柔:柔弱,软弱。(2)茹:食,引申为吞并,欺侮。(3)刚:刚强,强硬。(4)吐:与茹相对,引申为畏避。(5)矜:通"鳏",年老无妻。(6)寡:年老无夫。(7)烝:众多。(8)仲山甫:鲁献公第二个儿子,姬姓,字穆仲,受举荐为周宣王卿士,封樊侯,后世樊姓始祖。

译文:有句老话这样说:"柔软东西吃下肚,刚硬东西往外吐。"与众不同仲山甫,柔者软者都不欺,刚者强者不畏避。鳏夫寡妇不欺侮,诛灭强暴志不移。

评析:周宣王中兴,命卿士仲山甫到齐地筑城,大夫尹吉甫作诗《烝民》相送,诗中全是对仲山甫的赞美之词。全诗有八章,这是第五章。诗句从"老话""柔则茹之,刚则吐之"开始,是说人们常常会欺软怕硬,而反衬仲山甫的美德就是"柔亦不茹,刚亦不吐",对鳏寡孤独的弱势群体不欺凌,对强暴害民的人则坚决打击,体现出仲山甫扶弱锄强的性格。社会上总有孤苦无告的弱势群体,也常有危害社会的恶势力,为政者就要有仲山甫这样扶弱锄强的决心和手段,才能保持社会安定团结,保障人们安居乐业。

原文:曾子曰:"士不可以不弘毅,任重而道远。仁以为己任,不亦重乎?死而后已,不亦远乎?"

注释:本文出自《论语·泰伯》。

(1)士:事,能任事者,能担当的人。(2)弘毅:恢弘坚毅。(3)任重:担负重任。(4)己任:自己的责任。(5)已:停止。

译文:曾子说:"士不可能不恢弘坚毅,因为其重任在肩,路途遥远。以实行仁德于天下为自己的责任,这个担子还不够沉重吗?直到死才能停息,这个路途不是很遥远吗?"

评析:许慎《说文解字》:士,事也。在这里可以理解为读书人。曾子认为,士要有担当,有以天下实行仁德为己任的胸怀格局。子曰:"仁之为器重,其为道远。举者莫能胜也,行者莫能致也。取数多者,仁也。夫勉于仁者,不亦重乎?"曾子此说,实得孔子学说之精髓矣。

原文:长太息以掩涕兮,哀民生之多艰。余虽好修姱(kuā)以鞿羁(jī—jī)兮,謇(jiǎn)朝谇(suì)而夕替。既替余以蕙纕(xiāng)兮,又申之以揽茝(chǎi)。亦余心之所善兮,虽九死其犹未悔。

注释:本文出自战国屈原《离骚》。

(1)长太息:长久而深深地叹息。(2)掩涕:掩面流泪。(3)哀:哀叹。(4)民生:人民的日常生活。(5)艰:艰难。(6)修姱:洁美,洁净而美好。(7)鞿:马缰绳。羁:马络头。鞿羁:束缚。(8)謇:正直。(9)谇:谏劝,进谏。(10)替:废除。(11)纕:佩带。(12)申:重复。(13)茝:香草。

译文:我掩面流泪长长地叹息,我这是在哀叹人民的生活是多么的艰难!我虽喜欢洁净美好严格约束自己,做官秉持正直原则,却不料早上进谏晚上就被免官。他们攻击我佩带蕙草啊,又指责我爱好采集茝兰。这是我心中追求的东西,就是多次死亡也不后悔。

评析:这段文字是屈原流放前的自述。诗人经常为民生多艰而长久叹息,不仅注重内心的修养,还注重外表整洁,严格约束自己。秉性正直,早上向君王劝谏,到了晚上已被罢官流放。他们攻击我的理由竟然是佩戴蕙兰香草,甚至指责我喜欢采集茝兰。文字最末一句"亦余心之所善兮,虽九死其犹未悔",表明了诗人的严正态度:前面说的爱民情节、持身正直都是我心中追求的东西,即使是牺牲生命,也不会有半点后悔怨恨。

原文:君子隘穷而不失,劳倦而不苟,临患难而不忘细席之言。岁不寒无以知松柏,事不难无以知君子无日不在是。

注释:本文出自战国荀况《荀子·大略篇》。

(1)隘:穷。隘穷:困厄穷迫。(2)倦:疲倦,困倦。(3)苟:苟且,马虎。(4)细:当作"茵"。茵席:坐席,褥垫。(5)岁寒:一年寒冷的时候。

译文:君子处于穷困的境遇而不丧失气节,尽管劳累疲倦仍然一丝不苟,面临祸患而不背弃平时坐席上说的话。不经过一年中最寒冷的时候,就无法知道松柏是最后凋谢的;事情不危难,就无从知道君子没有一天不在这样。

评析:荀子这段话通过三个强烈对比,凸显了君子的高贵品格:困厄穷迫的时候绝不会失去自己的崇高志向;做事情就是再劳累疲倦,也绝不会要奸偷懒,得过且过;面临患难不会忘记自己当时坐在褥垫上发出的豪言壮语。特别是最后一句"岁不寒无以知松柏,事不难无以知君子无日不在是",后人已简化成富含哲理性的对仗句"岁不寒无以知松柏,事不难无以知君子",激励人们知难而上,不达目的,决不罢休。

原文:神龟虽寿,犹有竟时。腾蛇乘雾,终为土灰。老骥伏枥,志在千里。烈士暮年,壮心不已。盈缩之期,不但在天;养怡之福,可得永年。幸甚至哉,歌以咏志。

注释:本文出自东汉曹操《步出夏门行·龟虽寿》。

(1)寿:寿命,长寿。(2)竟:终究,完结。(3)腾蛇:龙的一种。(4)老骥:年老的良马。(5)伏枥:趴卧在马槽边。(6)烈士:有抱负的男子。(7)暮年:晚年。(8)盈缩:增长、缩小。(9)养:调养。(10)怡:快乐,愉快。(11)永年:长寿。(12)幸甚:庆幸的很。(13)至:极点。

译文:神龟虽然十分长寿,但生命终究会有结束的一天。腾蛇尽管能腾云乘雾飞行,但终究也会死亡化为灰尘。年老的千里马虽然俯卧在马槽旁,它的雄心壮志仍是驰骋千里。有远大抱负的人士即便到了晚年,奋发思进的心也永不止息。人寿命长短,不只是由上天决定。调养好身心,就一定可以益寿延年。我真是幸运极了,可以用歌唱来表达自己的思想感情。

评析:《龟虽寿》是曹操《步出夏门行》的第四章。作者以神龟、腾蛇作比,感叹生命的短暂和人世的变幻无常,揭示出生老病死是不可违背的自然规律。但作者却没有任何悲伤情绪,而是以老骥志在千里、烈士壮心不已的词句,深刻地表达了老当益壮、锐意进取的精神面貌。最后"盈缩之期"四句,承认天命,却不屈服于天命，指出只要调养身心，自可长寿永年。全诗跌宕起伏，又机理缜密，闪耀出哲理的智慧之光，显示出诗人自强不息的进取精神，热爱生活的乐观精神。

原文：对案不能食，拔剑击柱长叹息。丈夫生世会几时，安能蹀躞(dié xié)垂羽翼？弃置罢官去，还家自休息。朝出与亲辞，暮还在亲侧。弄儿床前戏，看妇机中织。自古圣贤尽贫贱，何况我辈孤且直！

注释：本文出自南朝鲍照《拟行路难・对案不能食》。

(1)案：放食器的小几。(2)会：能。(3)安能：怎么能。(4)蹀躞：小步走路的样子。(5)垂羽翼：失意丧气的样子。(6)弄儿：逗小孩。(7)孤且直：孤傲而且耿直。孤：又解释为孤门细族，即寒门庶族。(8)鲍照：字明远，海郡兰陵(今山东兰陵)人，南朝宋时最著名诗人。

译文：对着席案上的饭食却难以下咽，拔出宝剑对柱挥舞发出长长的叹息。大丈夫一辈子有多长时间，怎么能像鹏鸟落地时一样垂下翅膀。放弃官衔辞职离开，回到家中休养生息。早上出家门与家人道别，傍晚回家依然在亲人身边。在床前与孩子玩耍，看妻子在织布机前织布。自古以来圣贤的人都生活得贫贱，更何况像我这样孤傲清高又刚毅正直的人呢。

评析：鲍照这首诗是他被免职回家后的心理写照。诗人困居在家，寝食难安，痛惜时光流逝，自己却像鹏鸟被折断羽翼，不能翱翔蓝天。其后六句用无奈而朴实的口气，叙述在家的乐趣和“看妇机中织”的无聊。最后两句用古代圣贤的遭遇安慰自己，同时表现出自己孤傲、刚正，不为世俗改变气节的铮铮傲骨。

原文：大丈夫宁可玉碎，不可瓦全。

注释：本文出自唐代李百药《北齐书・元景安传》。

(1)玉碎：玉器被打碎。(2)瓦全：像泥瓦被保全。(3)李百药：字重规，定州安平(今河北深县)人，唐朝史学家、诗人，著有《齐史》(又名《北齐书》)。

译文：大丈夫宁可做一件玉器被打碎，绝不可做一块泥瓦而被保全。

评析：这句话出自《北齐书・元景安传》。北朝东魏丞相高洋夺取帝位，建立北齐。高洋即位不久，就毒杀东魏孝静帝及其三个儿子。十年后发生日食，有人建言说要杀掉东魏宗室人员，结果东魏宗室 44 家 700 多人被杀。东魏远房宗亲人心惶惶，曾在东魏承袭陈留王封号、当时为县令的元景安出了一个主意：脱离元氏，请求高洋准许改为高氏。元景安的堂兄元景皓坚决反对，说：“岂得弃本宗，逐他姓？大丈夫宁为玉碎，不能瓦全。”意思是“怎么能用抛弃本宗、投靠他姓的办法来保命呢？大丈夫宁可做玉器被打碎，不愿做陶器得保全！我宁死也不改姓”。元景安向高洋告密，元景皓因此被收监处死。元景皓说的这段话被简略为八字成语“宁为玉碎，不为瓦全”，表示为了自己的理想人格，宁愿牺牲生命，也不会苟且求全。

原文：大丈夫行事当磊磊落落，如日月皎然。

注释：本文出自唐代房玄龄《晋书·石勒载记》。

(1)行事：做事。(2)磊磊落落：光明磊落，胸怀坦荡。(3)皎然：明亮洁白，高洁。

译文：大丈夫做事情，应当光明磊落，就像太阳月亮一样光洁明亮。

评析：这是后赵皇帝石勒说的一句话。胸怀坦荡、光明磊落是大丈夫处世行事的根本之道。只有心理阴暗的小人，才喜欢投机取巧、造谣生事等各种不为人齿的无耻行径。做人是否光明磊落、胸怀坦荡，也是区别君子与小人的方法之一。

原文：八月秋高风怒号，卷我屋上三重茅。……俄顷风定云墨色，秋天漠漠向昏黑。布衾(qīn)多年冷似铁，娇儿恶卧踏里裂。床头屋漏无干处，雨脚如麻未断绝。自经丧乱少睡眠，长夜沾湿何由彻！安得广厦千万间，大庇天下寒士俱欢颜，风雨不动安如山！呜呼，何时眼前突兀见此屋，吾庐独破受冻死亦足！

注释：本文出自唐代杜甫《茅屋为秋风所破歌》。

(1)俄顷：一会儿。(2)漠漠：云层密布的样子。(3)衾：被子。(4)屋漏：屋子西北角。(5)丧乱：死丧祸乱。(6)彻：天亮。(7)寒士：贫寒的读书人。

译文：八月的秋天本来应秋高气爽，但怒号的狂风却卷走了我屋顶上的好几层茅草。……不一会风停了，天上云层显现出墨黑色，凄清秋天的浓云密布变得越来越昏黑。使用多年的棉被像铁一样又硬又冷，小儿睡相不好将棉被里子给蹬破了。从睡觉的床头到屋子西北角没有一处是干爽的，密集落地的雨点，就像麻线一样未曾断绝。自从经历死丧战乱以来睡眠一直很少，现在漫漫长夜到处湿漉漉的，如何挨到天亮呢？怎么能够得到千万间宽广高大的房子，普遍地庇覆天下贫寒的读书人，让他们个个都开颜欢笑，(房子)不为风雨所动摇，安稳得像山一样！唉！什么时候眼前出现这样高耸的房屋，即使唯独我的茅屋被风吹破，自己受冻而死也甘心！

评析：杜甫，中唐时期伟大的现实主义诗歌代表，这首诗是唐肃宗上元二年(761年)作者在成都西郊所作。杜甫在诗中真实描绘了秋雨欲来时的景象：怒号的狂风，把草屋上的茅草都给卷走了。接着天色昏暗，一夜秋雨，不仅屋里到处漏雨，使用多年像铁一样又硬又冷的棉被也被孩子给蹬破了。在这长夜难眠的时候，杜甫想到的不是自己，而是希望能有千万间宽广的房子，让天下贫寒的知识分子能够得到庇护，如果真的能够这样，自己茅屋即使被风吹破，自己受冻而死又有什么呢？这种牺牲自己让天下寒士得到广厦庇护的济世情怀，着实让每一位读者深深感动并产生共鸣。

原文：勿慕贵与富，勿忧贱与贫。自问道何如，贵贱安足云。闻毁勿戚戚，闻誉勿欣欣。自顾行何如，毁誉安足论。无以意傲物，以远辱于人。无以色求事，以自重其身。游与邪分歧，居与正为邻。于中有取舍，此外无疏亲。修外以及内，静养和与真。养内不遗外，动率义与仁。千里始足下，高山起微尘。吾道亦如此，行之贵日新。

注释：本文出自唐代白居易《续座右铭》。

(1)慕：羡慕。(2)忧：忧虑。(3)安：疑问代词，怎么，哪里。(4)足：值得。(5)云：说。(6)毁：诋毁。(7)戚戚：忧惧，忧伤。(8)远辱：远离侮辱。(9)色：巧言令色，谄媚的脸色。(10)邪：邪辟，奸邪。(11)分歧：分开道路。(12)居：居住。(13)正：正人君子。(14)和：祥和。(15)真：真诚。(16)遗外：遗漏外在的东西，意为注重仪表。(17)动：行动，行为。(18)率：遵循，按照。

译文：不要羡慕别人尊贵与富有，不要忧虑自己微贱与贫穷。应该问自己道德和修养怎么样，身份的尊贵或贫贱是不值得夸耀评说。听到诋毁的话不必忧虑不安，听到赞誉的话不必沾沾自喜。应该检点自己的行为怎么样，别人对自己的诋毁或者赞誉不值得理论。不要一意孤行，傲气凌人，这样才能远离他人的羞辱。不要用巧言令色的手段去谋事，要尊重自己的人格。交友时要远离奸邪的人，住所要与正人君子做邻居。在这些方面应该有正邪的取舍，除此之外没有亲疏的分别。修养外在的功夫以达于内在，静养内在使其祥和真诚。修养内在而不遗漏外在，一切按照义与仁去行动。要走千里的路途，得从脚下的第一步开始。高大的山峰是由一粒粒微尘堆聚起来的，我们的道德和修养也是这样，所可宝贵的是践行仁德天天都是崭新的面貌。

评析：这段文字是白居易的《续座右铭》，前面有“续”字是因为接续崔子玉

《座右铭》而作。白居易很欣赏崔子玉《座右铭》,“虽未能尽行,常书屋壁”。久而久之,白居易感觉“其间似有未尽者”,所以写了这篇《续座右铭》。铭文中主要讲仁德修身与如何接人待物,是一篇修养身心的好文章。白居易自言终身用此座右铭自我勉励,死后传之后代(终身且自勖[xù],身没贻后昆),如果后代有所违背,那他就不是我白家子孙!(后昆苟反是,非我之子孙)“千里始足下,高山起微尘。吾道亦如此,行之贵日新。”让我们按照这篇座右铭,从自己开始,从现在开始,修养我们的高尚品德吧!

原文:一轴烟花满口香,诸侯相见肯相忘。未闻珪璧(guī bì)为人弃,莫倦江山去路长。盈耳暮蝉催别骑,数杯浮蚁咽离肠。眼前多少难甘事,自古男儿当自强。

注释:本文出自唐代李咸用《送人》。

(1)一轴烟花:一幅烟花图画,形容烟柳繁花,代指春天。(2)满口香:烟花香气,也指喝了送别酒满口醇香。(3)珪璧:祭祀用玉器,代指官爵俸禄。(4)别骑:离别的坐骑。(5)浮蚁:酿酒时形成的浮沫。(6)李咸用:族望陇西(今甘肃临洮),习儒业,久不第,曾应辟为推官。

译文:烟柳繁花春光如画,杯酒入肚满口醇香,诸侯相见怎能忘怀。没有听说有人会舍弃官爵俸禄,江山万里前路茫茫不可倦息。黄昏知了声声噪耳催人扬鞭策马离去,几杯别酒漾着泡沫由口进入愁肠。直面人生多少艰难事事不顺心,自古以来七尺男儿理当奋勇争强。

评析:李咸用这首《送人》诗,副题为“酬乐天咏老见示”,但从内容、时间上看作者所送之人不像白居易。离别是人生的悲歌,怅惘而无奈。但诗人最后两句却抛开悲伤,抒发了豪迈的情感,它激励人们:面对人生困境,不能消磨意志,丧失信心。哪怕千难万难,也要勇敢面对,自强自立,才能提升人格境界,最大限度地发挥自己的潜能和价值,大有作为,创造出精彩的人生。

原文:予尝求古仁人之心,或异二者之为,何哉?不以物喜,不以己悲;居庙堂之高则忧其民;处江湖之远则忧其君。是进亦忧,退亦忧。然则何时而乐耶?其必曰“先天下之忧而忧,后天下之乐而乐”乎?

注释:本文出自北宋范仲淹《岳阳楼记》。

(1)予:我。(2)尝:曾经。(3)求:探求。(4)心:思想,感情。(5)异二者:

与二者不同。(6)庙堂:朝廷。(7)江湖:相对于朝廷,指偏远的地方。(8)范仲淹:字希文,北宋著名思想家、政治家、军事家、文学家。(9)《岳阳楼记》:范仲淹应好友巴陵郡太守滕子京之请,于北宋庆历六年(1046年)九月十五日为重修岳阳楼而写。

译文:我曾经探求古时品德高尚的人的思想感情,或许不同于以上两种人的心情,这是为什么呢?是由于他们不因外物好坏和自己得失而或喜或悲。在朝廷上做官时,就为百姓担忧;在江湖上不做官时,就为国君担忧。这样说来,他们在朝廷做官也担忧,在僻远的江湖也担忧。既然这样,那么他们什么时候才会感到快乐呢?他们一定会说:"在天下人忧虑之前先忧虑,在天下人快乐之后才快乐。"

评析:范仲淹在这里描述了"古仁人"的胸怀,他们不以物喜,不以己悲,超然于世俗之外,可谓宁静、淡泊;但另一方面,仁人也有忧虑的情形,"居庙堂之高则忧其民,处江湖之远则忧其君"。仁人不忧己而忧民与君,这已是仁者大爱了,但作者于此又提出一个问题:仁人"何时而乐"?作者自己给出答案:"先天下之忧而忧,后天下之乐而乐!"这一答案可谓石破天惊,充分表现出仁人志士吃苦在前、享受在后的博大情怀,也表现出作者远大的政治抱负和伟大的胸襟胆魄。

原文:乾称父,坤称母,予兹藐焉,乃混然中处。故天地之塞,吾其体;天地之帅,吾其性。民,吾同胞。物,吾与也。

注释:本文出自北宋张载《正蒙·乾称》。

(1)乾:乾卦,天。(2)坤:坤卦,地。(3)藐:藐小。

译文:乾卦表示天,是万物之父;坤卦表示地,是万物之母。我是这样的藐小,却混有天地之道于一身,而处于天地之间。所以,充塞于天地之间的,是我的形色之体;统帅天地万物以成其变化的,是我的天然本性。人民百姓,都是我的同胞兄弟姐妹;天地万物,都是我的同类。

评析:张载这段话是对"天人合一"的具体阐述。天为父,地为母,人在中间是如此的藐小,但又兼有天地之道,处于天地万物的中心。人的形体,可以充塞于天地之间;人的本性,可以统帅天地万物的变化。天底下所有的人,都是我的同胞;天地间所有的物,都有我参与其中。特别是"民,吾同胞;物,吾与也"八字,表现出一种民胞物与的儒家理想,和"人性本善""天人合一""为天地立心,为生民立命,为往圣继绝学,为万世开太平"的高尚理想。

原文：先生少喜谈兵，本驰豪纵士也。初受裁于范文正，遂翻然知性命之求，又出入于佛老者累年。继切磋于二程子，得归吾道之正。其精思力践，毅然以圣人之诣(yì)为必可至，三代之治为必可复。尝语云："为天地立心，为生民立命，为往圣继绝学，为万世开太平。"自任自重如此。

注释：本文出自清代黄宗羲《宋元学案·横渠学案》黄百家按语。

(1)先生：张载，字子厚，大梁(今河南开封)人，北宋理学家。(2)受裁：受教。(3)范文正：范仲淹。(4)翻然：转变很快。(5)二程：程颢、程颐。(6)往圣：历史上的圣人。(7)横渠：四川眉县横渠镇，张载曾于此讲学，故世称横渠先生。(8)黄百家：黄宗羲第三子，清初著述家。

译文：张载先生少年时喜好谈论兵法，本来是驰骋豪放纵横之人。起初受教于范文正公，幡然醒悟到生命的真谛，又研究佛学老子学问数年，后来与表侄程颢、程颐先生切磋学问，得以回归我道统之正途。他精深思虑用力践行，坚定地认为圣人之高度可以达到，夏商周三代政治一定可以恢复。曾对人说："给人们认识天地确立一个切实的理论体系，给百姓在世上安身立命建立一套切实的思想和方法，替历代圣贤延续行将绝传的不朽学说，给千秋万代开创永久太平的伟大基业。"他给自己的重大使命就是这样。

评析："为天地立心，为生民立命，为往圣继绝学，为万世开天平"，被后人称之为"横渠四句"，这既是张载为自己哲学所确立的基本宗旨，也是张载哲学的大纲，充分体现了儒家的"仁者气象"和"天地情怀"。如果说"修身、齐家、治国、平天下"是儒家的个人理想，那么"横渠四句"可以说是儒家的用世抱负和济世情怀。

原文：古之所谓豪杰之士，必有过人之节，人情有所不能忍者。匹夫见辱，拔剑而起，挺身而斗，此不足为勇也。天下有大勇者，卒然临之而不惊，无故加之而不怒。此其所挟(xié)持者甚大，而其志甚远也。

注释：本文出自北宋苏轼《留侯论》。

(1)过人：超过别人。(2)节：节操。(3)人情：人之常情。(4)匹夫：普通人。(5)见辱：受到侮辱。(6)卒然：猝然，突然。(7)挟持：抱持。

译文：古时候被称作豪杰的志士，一定具有超过众人的节操，有一般人常情所无法忍受的度量。有勇无谋的人被侮辱，一定会拔起剑，挺身上前搏斗，但这不足以称之为勇士。天下真正具有豪杰气概的人，遇到突发的情形毫不惊慌，当无缘无故受到别人侮辱时，也不愤怒。这是因为他们胸怀极大的抱负，志向非常高远。

评析：什么样的人是豪杰之士？他们有过人的节操，能忍受一般人所不能忍受的屈辱；他们遇到突发事情不会惊慌，无故受到别人的侮辱不会愤怒。这或许只是表面现象，最重要的，是他们胸怀理想抱负，志向非常高远。一个人要想成为豪杰之士，能“挟持者甚大”“其志甚远”才是最关键的。

原文：夫宽深不测之量，古人所以临大事而不乱，有以镇世俗之躁，盖非以隔绝上下之情，养尊而自安也。

注释：本文出自北宋苏轼《策略四》。

(1)不测之量：不可测量。(2)临：面临，遇到。(3)有以：有原因。(4)躁：浮躁。(5)隔绝：隔开断绝。(6)养尊：处于尊贵地位。

译文：古人心胸格局宽深皆不可测量，所以他们能在大事来临时而不慌乱，这足以镇住世俗的浮躁，而不是隔绝上下之情，处于尊贵地位而自己心安理得。

评析：临大事而不乱，这是苏轼推崇的一种处事态度。苏轼认为，能够临大事而不乱，这样的人深奥莫测，这种处世态度足可以镇住世俗浮躁的风气。能够临大事而不乱的人，绝不是那种隔绝上下之情，养尊处优而心安理得的人。为政者就要像苏轼所推崇的人那样，保持定力，遇事不慌，冷静应对，做到“泰山崩于前而不变色”“临利害之际而不失故常”。这种“政治定力”“战略定力”，正是习近平总书记在治国理政中的重要理念。

原文：五刑不如一耻，百战不如一礼，万劝不如一悔。

注释：本文出自明代吕坤《呻吟语·治道》。

(1)五刑：五种刑罚。(2)耻：羞耻之心。(3)战：战争。(4)劝：劝说，劝勉。(5)吕坤：字叔简，一字心吾、新吾，自号抱独居士，归德府宁陵(今河南宁陵)人，明代思想家。

译文：用五刑使人免于犯罪，不如让他懂得羞耻；用百战使他屈服，不如待之以礼；一万次劝勉，不如让他内心知道悔恨。

评析：设立刑罚的目的，不是要惩治人们，而是要震慑犯罪；发动战争的目的，无非是用武力使人屈服，满足自己的要求；劝说别人的目的，无非是让人回心转意，不做傻事。吕坤认为，这些都可以通过教化来解决。如果让人们懂得羞耻心，他就不会去犯罪，这就是五刑不如一耻；如果待人以礼节，别人自然就会尊敬你，跟随你，这就是百战不如一礼；如果让人知道悔恨，他自己就会回心转意，这就是万劝不如一悔。吕坤这句话告诉为政者，刑罚、战争、劝勉不过是治标之举，做好德育教化才是治理社会的根本。

原文：风声雨声读书声，声声入耳；家事国事天下事，事事关心。

注释：本文出自明代顾宪成《题东林书院门前对联》。

(1)天下事：与民生有关的事。(2)顾宪成：字叔时，号泾阳，明万历年间官任吏部文选司郎中，因“忤旨”被免职，在原籍无锡创办东林书院。

译文：刮风的声音、下雨的声音、琅琅读书的声音，所有的声音都进入我的耳中；家里的事情、国家的事情、天下老百姓的事情，每样事情都牵挂着我的心。

评析：古代读书人有句对联，叫作“两耳不闻窗外事，一心只读圣贤书”。这句对联出自《增广贤文》，意思就是说，读书人要少管是非，多钻研学问。遵循这种方法读书，很多书生读成了不谙世事的书呆子。顾宪成创办东林书院，题写“风声雨声读书声，声声入耳；家事国事天下事，事事关心”对联，将其挂在东林书院的大门上，以此劝诫学子，要关心国事家事，关心百姓疾苦。这种经世致用的学习态度，对后世产生了深远影响。

原文：衙斋卧听萧萧竹，疑是民间疾苦声。些小吾曹州县吏，一枝一叶总关情。

注释：本文出自清代郑板桥《潍县署中画竹呈年伯包大中丞括》。

(1)衙：官衙。(2)斋：书斋。(3)萧萧：风动的声音。(4)些小：微小，很小。(5)吾曹：我辈，我们。(6)郑板桥：名燮(xiè)，字克柔，板桥为号。清朝著名书法家，扬州八怪之一，曾任山东潍县(今山东潍坊)知县。(7)包大中丞括：巡抚包括。大中丞，明清时巡抚别称。

译文：卧在衙门的书斋里静听着竹叶沙沙地响动，总感觉是民间百姓呼饥号苦的喊叫声。在州县里像我们这些地位卑下的小官吏，民间每一件小事就如竹子上每一条枝叶，总牵动着自己的情感。

评析：这是郑板桥任潍县知县时于竹画上题写的一首赠友人诗。在官衙书斋里休息，应该不是公务时间，而郑板桥还在想着百姓，把竹叶被风吹动的声音当作百姓疾苦呻吟的声音。郑板桥自叹我辈官职微小，但百姓的枝叶小事却牵动着自己的情感。这种“位卑未敢忘忧‘民’”的情怀，感动着每一个读者，这幅写在画上的七绝，也就成为传诵古今的绝唱。中国共产党的宗旨就是全心全意为人民服务，牢记党的宗旨，心系群众，倾听百姓呼声，把百姓冷暖时刻挂在心上，这才是一名合格的党员干部。

原文：士皆知有耻，则国家永无耻；士不知耻，为国之大耻。

注释：本文出自清代龚自珍《明良论二》。

(1)龚自珍：清代思想家、文学家，进士出身，曾任内阁中书、礼部主事等官职。(2)士：知识分子，做官的人。(3)永无耻：永远没有耻辱。

译文：知识分子如果都知道有羞耻之心，那么国家就永远不会有耻辱；如果知识分子都没有羞耻之心，这是国家最大的耻辱。

评析：一个国家，一个民族，要有自己的荣誉和尊严，而国家、民族的荣誉和尊严主要由士这个阶层来表现，来维护。如果士这个阶层都不知道有羞耻之心，那么国家的荣誉和尊严就可以任人践踏，这是国家的奇耻大辱。所以，士，无论是作为知识分子，还是作为士大夫为政者，都有责任有义务懂得羞耻之心，一言一行，都要维护国家荣誉和民族尊严。

爱国篇

aiguopian

君子不患位之不尊，而患德之不崇；
不耻禄之不夥，而耻智之不博。

——张衡

张衡

张衡(78～139年)，字平子。南阳西鄂(今河南南阳)人。历任郎中、太史令、河间相等职。晚年因病入朝任尚书，永和四年(139年)逝世。

张衡是著名科学家，为中国天文学、机械技术、地震学的发展做出了杰出的贡献，发明了浑天仪、地动仪，是东汉中期浑天说的代表人物之一。著有《灵宪》《浑仪图注》《算罔论》等，被后人誉为“木圣”。

张衡在文学上与司马相如、扬雄、班固并称“汉赋四大家”，作品以《二京赋》《归田赋》等为代表。

原文:昔者三代之兴也,利于国者爱之,害于国者恶之,故明所爱而贤良众,明所恶而邪僻灭,是以天下治平,百姓和集。

注释:本文出自春秋晏婴《晏子春秋·内篇·谏上》。

(1)三代:夏商周三个朝代。(2)利于国:有利于国家。(3)明:明确,宣明。(4)和集:友爱团结。

译文:过去,夏商周三代兴盛时,爱护有利于国家的人,憎恶对国家有害的人,所以,明确了奖赏的原则,贤良之人就多了;明确了惩治的标准,邪恶的人就没了。因此天下太平无事,百姓友爱团结居住在一起。

评析:齐景公赏罚政令不行,向晏婴询问缘故,晏婴于是说了这么一番话。国家法令制度其实无非奖惩二字,关键是要明白奖惩原则和标准。晏婴借叙述夏商周三代方法,劝说齐景公对利国者爱之,害国者恶之,明确所爱所恶,国家自可贤良众,邪僻灭,天下治平,百姓和集。国家是人民之国家,凡是有利于国家的人和事,都应受到鼓励和赞美,凡是有害于国家的人和事,都应受到唾弃和惩治。这不仅是为政者,也是每一位社会成员都应明白的道理。

原文:临患不忘国,忠也;思难不越官,信也;图国忘死,贞也。谋主三者,义也。

注释:本文出自春秋左丘明《左传·昭公元年》。

(1)临患:面临祸患。(2)难:危难。(3)越官:放弃职守。(4)图国:为国家着想。(5)贞:坚贞。(6)谋:计谋。(7)义:道义。

译文:面临祸患而不忘国家,这是忠心的表现;想到危难而不放弃职守,这是诚信的体现;为了国家着想而置生死于度外,这是坚贞的表现。计谋以这忠、信、贞三者为主体,这是行为合于道义的体现。

评析:这段文字是晋国上卿赵孟(赵鞅,又名志父)称赞鲁国大夫叔孙豹的一段话。鲁昭公元年(前541年),楚国因鲁国爽约伐莒,欲杀鲁国使臣叔孙豹,赵鞅副手乐桓子以劝说赵鞅为叔孙豹求情为名,公然向叔孙豹索贿,被叔孙豹拒绝。赵鞅得知这件事,称赞叔孙豹忠、信、贞、义,“有是四者,又可戮乎”?于是主动向楚国求情,叔孙豹因此得以赦免。忠、信、贞、义,这四者是一个官员应具备和坚持的优良品质,为政者应当铭刻于心。

原文:苟利国家,不求富贵。

注释:本文出自先秦《礼记·儒行》。

(1)苟:如果,假使。(2)利:有利于。

译文:只要有利于国家,儒者不贪图荣华富贵。

评析:这句话出自孔子回答鲁哀公的问话。鲁哀公问孔子儒者有什么行为,孔子回答了一番话,儒家以《儒行》为名收入《礼记》。原文是:"儒者内称不辟(避)亲,外举不辟怨,程功积事,推贤而进达之,不望其报,君得其志。苟利国家,不求富贵。其举贤援能有如此者。""内称不辟亲,外举不辟怨",在儒者看来,只要被举荐者有才,即使是亲属、仇家也不会回避。儒者以国家为重,不求富贵,于此可为例证。

原文:曼余目以流观兮,冀一反之何时。鸟飞反故乡兮,狐死必首丘。信非吾罪而弃逐兮,何日夜而忘之。

注释:本文出自战国屈原《九章·哀郢》。

(1)曼:延长。曼余目:张开我的眼睛远望。(2)流观:周流观览。(3)冀:希冀,希望。(4)反:通"返"。(5)首丘:头朝向山丘。(6)信:确实。(7)弃:废弃,丢弃。(8)逐:放逐。(9)郢:郢都,楚国都城。

译文:我放眼四下观望啊,希望什么时候能返回郢都一次。鸟儿高飞终要返回旧巢啊,狐狸死时头一定向着出生时所在的山丘。确实不是我的罪过却遭放逐啊,日日夜夜哪里能忘记我的故乡!

评析:这是屈原《哀郢》一诗中的最后三句,诗人反复吟咏了自己思念郢都的心情。我张开眼睛四处远望,哪里是我希望能再回去一次的郢都啊?你看那高飞的鸟儿,就是飞得再远也要返回故乡;再看那奔跑的狐狸,死时一定会把头向着自己出生的山丘。反思自己,这次被废弃放逐并不是自己的罪过,对于故乡郢都,我何曾一时无刻忘记它啊!热爱祖国、思念故乡,是中华民族的优良传统;慎终追远,叶落归根,是每一个炎黄子孙割舍不断的情结,也是凝聚中华民族向心力的纽带所在。

原文:化成俗定,则为人臣者,主耳忘身,国耳忘家,公耳忘私。利不苟就,害不苟去,唯义所在。

注释:本文出自西汉贾谊《治安策》。

(1)化成:教化成功。(2)俗定:民俗约定。(3)主:君主。(4)耳:同“而”。

译文:这种习俗教化蔚成风气,那么做臣子的就会只为君主而不顾自己,只为国家而不顾家庭,只考虑大家的利益而不顾个人私利,见到有利益而不轻易沾取,见到危险也不轻易回避,全都按礼义的要求办事。

评析:《治安策》是贾谊给汉文帝的一篇奏章。贾谊建议汉文帝重视政治教化,培养人臣“主耳忘身,国耳忘家,公耳忘私。利不苟就,害不苟去,唯义所在”的精神境界。后世以“国耳忘家,公耳忘私”作为格言警句,激励人们确立大公无私、国家利益为重的爱国主义思想。

原文:常思奋不顾身,以徇国家之急。

注释:本文出自西汉司马迁《报任安书》。

(1)徇:通“殉”,牺牲。(2)任安:字少卿,大将军卫青舍人。

译文:常常想着奋勇向前,不考虑自身安危,用牺牲自己来为解除国家的危难。

评析:李陵,字少卿,汉名将李广之孙,西汉天汉二年(前99年)奉汉武帝之命出征匈奴,率步兵5000人与匈奴80000人战于浚稽山(阿尔泰山脉中段),最后因寡不敌众兵败被俘。后汉武帝误听信李陵替匈奴练兵的讹传,夷灭李陵三族,致使其彻底与汉朝断绝关系。司马迁即因为李陵辩护而被处以宫刑。李陵在匈奴25年,有人认为他是汉奸,而司马迁在《报任安书》中评价李陵“常思奋不顾身,以徇国家之急”,表现出一个史学家严肃的态度。

原文:凡事如是,难可逆见。臣鞠躬尽力,死而后已。至于成败利钝,非臣之明所能逆睹也。

注释:本文出自三国蜀诸葛亮《后出师表》。

(1)逆见:预见,预测。(2)鞠躬尽力:一作“鞠躬尽瘁”,为国事用尽全力。(3)利钝:顺利挫折,成功失败。(4)逆睹:逆见,预料。

译文:所有的事都是这样,很难加以预料。臣下只有竭尽全力,到死方休罢了。至于这次出师究竟是成功是失败,是顺利还是困难,这不是臣下的智力所能预见的。

评析:诸葛亮在这段话之首说了六个字:“夫难平者,事也”,意思是“天下的事情是很难评论断定的”。对于这次出征，诸葛亮并没有必胜的把握，但他为灭曹兴汉，还要尽最大的努力。“出师未捷身先死，长使英雄泪满襟。”诸葛亮在《后出师表》中写下的八个字“鞠躬尽力(瘁)，死而后已”，已经成为千古绝唱，也成为为国家效力永不息止的楷模与榜样。

原文：弃身锋刃端，性命安可怀？父母且不顾，何言子与妻！名编壮士籍，不得中顾私。捐躯赴国难，视死忽如归！

注释：本文出自三国魏曹植《白马篇》。

(1)锋刃端：锋利的刀刃前端，意为战场。(2)安可怀：怎能放在心上。(3)壮士籍：战士名册。(4)中：心中。(5)忽：忽略。(6)曹植：字子建，是曹操与武宣卞皇后所生第三子，长兄为曹丕，次兄为曹彰。

译文：弃身在锋利的刀刃前端，怎么能把个人安危放在心上？连自己父母也不能孝顺服侍，更不能顾念那儿女妻子。自己的名字既已列入战士名册，心中早已经忘掉了个人私利。为国家纾解危难英勇献身，看待死亡就好像回归故里。

评析：《白马篇》是曹植青年时期写的一首诗，诗中塑造了一位武艺精绝、忠心报国的白马英雄的形象。有人说这位白马英雄是曹植的二哥曹彰，也有人说这是曹植的自我写照，寄托了诗人为国家建功立业的渴望和憧憬。这八句是全诗的结尾，一个不怕牺牲，国而忘家、公而忘私、身赴国难、视死如归的英雄形象跃然纸上，让我们感受到慷慨激昂的悲壮和英雄高歌的激动。

原文：抱朴子曰：“烈士之爱国也如家，奉君也如亲，则不忠之事，不为其罪矣。仁人之视人也如己，待疏也犹密，则不恕之怨，不为其责矣。”

注释：本文出自西晋葛洪《抱朴子·外篇·广譬》。

(1)烈士：有抱负、有作为的人。(2)奉君：侍奉君主。(3)葛洪：字稚川，自号抱朴子，东晋道家人物，炼丹家，著有《抱朴子》，总结了战国以来道家神仙理论与传说，内篇20卷，自称属道家；外篇50卷，自称属儒家。

译文：抱朴子说：“有抱负的人爱护国家就像自己的家，侍奉君主就像侍奉父母双亲，这样不忠的事情，决不会罪过于他。仁德的人对待别人就像对待自己，对待疏远的就像对待亲密的，这样不宽恕的怨恨，决不会责备于他。”

评析：从《抱朴子》这段话可以看出，葛洪虽然是道家、神仙家、炼丹之人，但他对儒学思想的研究和传承却有独到之处。葛洪称赞烈士之爱国也如家，奉君也如亲，这样的忠烈之士让人敬佩；称赞仁人之视人也如己，待疏也犹密，这样的仁恕之人让人感动。

原文：人谁不死？死国，忠义之大者。

注释：本文出自西晋陈寿《三国志·魏书·杨阜传》裴松之注引皇甫谧(mì)《列女传》。

(1)死国：为国捐躯。(2)忠义：忠心义气。(3)皇甫谧：名静，字士安，自号玄晏先生。东汉学者，著有《针灸甲乙经》《元晏先生集》等书。

译文：人有谁是不死的？为国而死，是忠贞义烈的最高表现。

评析：著名史学家司马迁曾云："人固有一死，或轻如鸿毛，或重于泰山。"如何能重于泰山？皇甫谧作出掷地有声的回答："死国！"为国家利益而死，就是重于泰山，就是"忠义之大者"！古往今来，有无数仁人志士为国家、民族、人民利益而牺牲自己的生命，他们的英雄壮举，将永远激励人们为国家富强、民族振兴而努力拼搏！

原文：于公身居方伯之尊，蓄不世之材，而能与卑鄙庸陋相应答如影响，是非忠乎君而乐乎善，以国家之务为己任者乎？

注释：本文出自唐代韩愈《送许郢州序》。

(1)于公：许郢州顶头上司，姓名不详。(2)方伯：一方诸侯。(3)不世：世上少有，非常。(4)卑鄙：身份卑微，言辞鄙陋。(5)庸陋：庸俗浅陋。(6)许郢州：许志雍，韩愈朋友。

译文：于公身居一方诸侯之尊位，身有世上非凡之栋材，然而却能与我这卑微鄙陋庸俗的人相互应答就像影子和回声感应迅捷，这难道不是忠于君主而乐于为善，把国家要务当作自己的责任的人吗？

评析：韩愈的朋友许志雍要到郢州出任刺史，而他的顶头上司于公却在领地中横征暴敛。韩愈就乘着为许志雍写序的机会，讽谏规劝于公，要于公忠乎君而乐于善，真正把国家的事情当成自己家的事来办。"以国家之务为己任"，这不仅是为政者，也是一个国家公职人员不容辞却的责任。

原文：霜髭(zī)拥颔(hàn)对穷秋，著白貂裘独上楼。向北望星提剑立，一生

长为国家忧。

注释：本文出自晚唐张为《渔阳将军》。

(1)髭(zī)：嘴唇上的胡须。霜髭：胡髭上挂满冰霜。(2)颔：下巴。(3)穷秋：深秋。(4)著：穿着。(5)张为：生卒年不详，约生活于唐僖宗乾符初前后。闽中(今福建福州)人，晚唐诗论家，著有诗集一卷。本诗收入《全唐诗》。

辨析："向北望星提剑立，一生长为国家忧"，有学者认为是明朝复古派前七子领袖人物李梦阳诗句，当误。

译文：寒秋时节，老将军挂满冰霜的胡须簇拥着下巴，穿着白色的貂裘独自登上城楼。面向北方遥望北斗星提剑肃立，这一生都在为国家安危忧虑操劳。

评析：张为这一首《渔阳将军》，仅用28个字就刻画了一位戍边老将军毕生为国操劳的精神风貌和思想境界。已经是寒冷的深秋，又是寂静的夜晚，老将军穿着白色的貂皮衣裘提剑独自登上城楼，遥望北斗，思绪万千。霜髭，可以理解为花白的胡须，也可以看作是胡须上挂满了寒霜，老将军威严勇武的形象如同一幅图画，活现在读者的脑海中。"一生长为国家忧"，既是作者对渔阳老将军戎马一生的赞叹，也是作者对老将军心理活动的描写：自己一生戍边，操劳忧虑，就是为了国家安宁，人民安康。阅读感受渔阳将军的爱国情怀，当今共产党人，更要以国家为重，以人民为重，把一生献给伟大的祖国，献给壮丽的共产主义事业。

原文：忧国者不顾其身，爱民者不罔其上。

注释：本文出自北宋林逋《省心录》。

(1)林逋：字君复，又称和靖先生，北宋著名诗人。(2)《省心录》：林逋所著教育子孙的家训类作品。

译文：忧虑国事的人，不会考虑他自身的安危；爱护民众的人，不会欺瞒他的上级。

评析：国家之事不会风平浪静，危难情形不时可见。所以，真正为国家忧虑的人，决不会考虑他自身的安危，而是遇到国难就会挺身而出，甚至不惜献出自己的生命。民众与国家，是互相依存的统一体，国家视民众为本，民众视国家为家，所以，一个真正忧虑国事、爱护民众的官员，决不会欺上瞒下，而是光明磊落，上不愧天，下不愧民，这样的官员才是国家的栋梁。

原文:少负气节,沈厚寡言,家贫力学,尤好《左氏春秋》、孙吴兵法。生有神力,未冠,挽弓三百斤,弩八石,学射于周同,尽其术,能左右射。同死,朔(shuò)望设祭于其冢。父义之,曰:“汝为时用,其徇国死义乎!”

注释:本文出自元代脱脱《宋史·岳飞传》。

(1)负:具有,享有。(2)沈厚:沉默忠厚。(3)学射:学习射箭。(4)未冠:不到20岁。(5)周同:人名,岳飞曾向其学射。(6)朔望:朔日望日,农历初一、十五。(7)冢:坟冢,坟墓。(8)岳飞:字鹏举,相州汤阴(今河南汤阴)人,南宋抗金名将。

译文:岳飞少年时代就具有气节,沉默忠厚,很少言语,家里虽穷但他勤奋好学,特别喜欢读《左氏春秋》、孙膑和吴起的兵法。岳飞天生有惊人的力量,不到20岁,就能拉开300斤的大弓和八石重的硬弩。岳飞向武术名师周同学习射箭,学到了周同的所有本领,可以左右开弓。周同死后,岳飞每月初一和十五都到周同墓前摆上供品祭奠。父亲岳和认为儿子为人仁义,说:“如果你将来能够为国家效力,应该会为国家、为正义而献身吧!”

评析:岳飞,出身世代农家,但生于乱世的岳飞,从小就有爱国志向。为报效国家,他苦读兵书,喜好射箭,曾向本县武师周同学习射箭。周同死后,岳飞每到初一、十五必到周同坟墓前设供祭奠。父亲岳和认为儿子仁义,赞许儿子如果能为国家效用,必然会为国家、正义献出自己的生命。《评书岳飞传》也记载了岳飞母亲在其背上刺下“精忠报国”四个大字的感人事迹。岳飞果然不负父母所望,成为一代抗金名将。岳飞精忠报国的故事流传很广,特别对青少年树立爱国志向起到了很重要的榜样作用。

原文:死去元知万事空,但悲不见九州同。王师北定中原日,家祭无忘告乃翁。

注释:本文出自南宋陆游《示儿》。

(1)元:通“原”,本来。(2)九州:中国别称。(3)乃:你的。(4)翁:老者,老人。

译文:我在死去时本来就知道万事皆空,但却仍然悲痛没有看到国家的统一。君王大师北上安定中原的那一天,在举行家祭时一定不要忘了告诉你的老父亲啊!

评析:这首七绝诗题名为《示儿》,应该是陆游临终时对儿子的嘱托,也应该是陆游的绝命诗。“死去元知万事空”,老人在弥留之际,已经看透世界、看透人生,人死之后,万事皆空,万事万物已经与自己没有任何关系。“但悲不见九州同”,尽管万事皆空,但老人心里还有巨大的悲伤,那就是没有亲眼看到祖国的统一。这种悲伤从生前留到死后,在生命弥留之际仍然痛彻心扉,让人深切领会到诗人的爱国激情是何等的执着、深沉、热烈、真挚!“王师北定中原日”,在这悲伤的同时,诗人又充满了乐观精神和必胜信念,相信南宋大军一定北上平定中原,让分裂的祖国重新统一。“家祭无忘告乃翁”,诗人最后给儿子提出要求,在家祭的时候,一定要把祖国统一的消息告诉自己,因为山河破碎是老人弥留之际心中唯一难以割舍的憾事。陆游这首格调激昂悲壮的爱国诗篇,引起了广大仁人志士的共鸣。特别是当外敌入侵或祖国分裂的情况下,更激励人们为了保家卫国,为了中华民族的统一而流血牺牲,在所不惜。

原文:人生自古谁无死?留取丹心照汗青。

注释:本文出自南宋文天祥《过零丁洋》。

(1)丹心:红心,赤诚爱国之心。(2)汗青:代指史册。(3)文天祥:字宋瑞,号文山,南宋末大臣。(4)零丁洋:地名,在广东省珠江口外。

译文:自古以来,人终不免一死,但死得要有意义。倘若能为国尽忠,死后仍可光照千秋,青史留名。

评析:这句诗出自文天祥《过零丁洋》。文天祥勤王抵抗元军,兵败被俘,元军元帅张弘范派人劝降,文天祥写此诗表明自己的心迹。全诗前六句把家国之恨、艰危困厄渲染到极致,哀怨之情汇聚为高潮,在尾联却一笔宕开,直抒胸臆,以磅礴的气势、高亢的情调收束全篇,表现出诗人精忠报国、宁愿慷慨赴死的民族气节和舍生取义的生死观。

原文:大丈夫当有忧国之心。

注释:本文出自明代陈继儒《安得长者言》。

(1)大丈夫:有担当有抱负的男子汉。(2)陈继儒:字仲醇,号眉公,明代文学家、书画家。(3)《安得长者言》:陈继儒所辑录的一篇独特的家训作品。

译文:有理想有担当的男子汉,要有一颗为国家担忧的赤子之心。

评析:孟子说过:“富贵不能淫,贫贱不能移,威武不能屈,此之谓大丈夫。”这是就人格精神而言。陈继儒则把大丈夫与爱国情操结合起来,指出“大丈夫当有忧国之心”。类似的名言诸如“家贫出孝子,国难出忠臣”“有益国家之事虽死弗避”。每当国家危难时,总会涌现一批又一批赴国难、解国忧的大丈夫,不惜为国捐躯、慷慨就义,这是中华民族屹立数千年不倒的根本所在。

原文:一息尚存,报国之志不可稍懈。

注释:本文出自明代程登吉《幼学琼林》。

(1)息:气息。一息:一口气。(2)懈:懈怠。(3)程登吉:字允升,明末西昌(今江西新建)人。(4)《幼学琼林》:明代程登吉所编蒙学读本。

译文:只要还有一口气,忠心报国的志向就不会有半点松懈。

评析:程登吉这句话只有12个字,但一位立志报效国家的英雄形象跃然纸上!《论语·泰伯》:“死而后已,不亦远乎!”朱熹作注:“一息尚存,此志不容少懈,可谓远矣。”朱熹言此志为何志？程登吉《幼学琼林》作出回答:“报国之志!”只要有一口气息,只要还活着,报效国家的志向就会“不容少懈”!

原文:保天下者,匹夫之贱,与有责焉耳矣。

注释:本文出自明末清初顾炎武《日知录·正始》。

(1)匹夫:平民百姓。(2)贱:低贱。(3)与:参与。(4)顾炎武:原名绛,字忠清,明亡后改名炎武,字宁人,江苏昆山人,与黄宗羲、王夫之为明末清初三大思想家。(5)《日知录》:政治学术论著,顾炎武的代表作。

译文:保有国家天下这件事,即使像平民百姓这样地位低贱的人,也有参与其中的责任啊!

评析:有国才有家。国家一词是中华民族特有词汇。国家是民众的国家,为政者要以民众为本,民众也要以国为家。当国家有危难之时,每一个平民百姓都有保护国家的义务和责任。顾炎武所倡导之精神,200年后被近代维新派人士麦孟华在《论中国之存亡决定于今日》一文中概括为“天下兴亡,匹夫有责”。这掷地有声的八字格言警句,对增强国民民族意识,激发爱国热忱,凝聚爱国力量,起到了不可估量的警醒作用。

原文:为国忘私仇,千秋思廉蔺。

注释:本文出自清代严允肇《古风》。

(1)千秋：千年，时间久远。(2)廉蔺：廉颇、蔺相如。(3)严允肇：字修人，号石樵，浙江归安(今浙江湖州)人。清代顺治进士，曾任山东寿光(今山东寿光)知县。

译文：为了国家利益忘记私人仇隙，千年以来让人思念廉颇、蔺相如。

评析：这句诗用典廉蔺，出自战国时赵国“将相和”的故事。蔺相如大智大勇保全和氏璧，被封为上卿，相当于丞相。大将军廉颇不服，想当面羞辱蔺相如，都被蔺相如躲过。门人问蔺相如为何躲避，蔺相如回答说，只有文官武将一条心，秦国才不敢轻易攻打赵国。廉颇听到蔺相如这番话，羞愧难当，亲自登门相府，负荆请罪。严允肇这句诗即感叹廉蔺二人，为了国家利益，不计私人恩怨，他们的高风亮节，光照千秋。为政者就要像廉颇、蔺相如那样，一心为公，一心为民，以国事为重，不要计较个人得失。

原文：力微任重久神疲，再竭衰庸定不支。苟利国家生死以，岂因祸福避趋之。谪(zhé)居正是君恩厚，养拙刚于戍卒宜。戏与山妻谈故事，试吟断送老头皮。

注释：本文出自清代林则徐《赴戍登程口占示家人》。

(1)再竭：又一次竭力。(2)衰庸：衰老无用。(3)不支：不能支撑。(4)苟：假如，只要。(5)生死以：不顾生死。(6)岂因：难道会因为。(7)谪居：被降职后的住所。(8)养拙：才能低下而休息。(9)刚：刚好。(10)山妻：隐士之妻，对妻子的谦称。(11)老头皮：典出宋真宗时杨朴应召进京前妻子赠诗：“更休落魄贪杯酒，亦莫猖狂爱咏诗。今日捉将官里去，这回断送老头皮。”(12)戍：驻守，此指发配戍边。(13)口占：随口吟诵。

译文：我以微薄的力量为国担当重任，早已感到精神疲惫。如果再继续竭力做下去，无论自己衰弱的体质还是平庸的才干必定无法支持。但是只要有利于国家，哪怕是死，我也要去做；哪能因为害怕灾祸而逃避呢。现在蒙君主厚恩被发配到边疆做一个多干体力活、少动脑子的“戍卒”，对我正好是养拙之道。给老伴开玩笑讲个杨朴的故事，这一回弄不好我会送掉老命的啊。

评析：清道光二十二年(1842年)农历八月，林则徐被发配新疆伊犁，在西安启程告别家人，吟诗两首，此为第二首。诗中谦称自己力微神疲，身衰才庸已不能堪当大任。但第二句“苟利国家生死以，岂因祸福避趋之”，却表明自己为国家社稷不顾祸福安危宁愿以死相报的志向，衬托出被免官流放的无奈心情。接下来“谪居正是君恩厚，养拙刚于戍卒宜”，既是对家人的劝慰，也是对自己的自嘲。最后一句强忍悲愤，用开玩笑的口气让妻子也像宋代杨朴之妻，临别前送给自己一首“断送老头皮”的诗。全诗无奈、愤懑、幽默、自嘲、旷达，各种心情浓缩在56个字中间，显示出作者驾驭文字的高超技巧和能力。特别是颔联“苟利国家生死以，岂因祸福避趋之”，表达了作者以国家社稷为重，不顾个人生死安危的高贵品质，给读者留下难以磨灭的光辉形象。

原文：一片丹心图报国，千秋青史胜封侯。

注释：本文出自清代陈璧《客丘瑞之聚星楼楼壁有万允康父母顾瑞木社友诗有感吊之用顾原韵愁字》诗之二。

(1)侯：侯爵，万户侯。(2)陈璧：字玉苍，晚号苏斋，福建闽侯（今福建闽侯）人，清光绪年间任礼部铸印司员外郎。

译文：一片赤诚之心只想着要报效国家，在史册上留下千秋英名，远胜于封侯。

评析：“上报天子兮，下救黔首。杀尽倭奴兮，觅个封侯。”封侯，封万户侯，是古代武士为之拼搏沙场而得以功成名就的梦想。但也有许多志士仁人报效国家不为封侯，如明代抗倭名将戚继光，19岁时就表达了自己“封侯非我意，但愿海波平”的英雄志向。陈璧这句诗也表达了这样的志向，只要能报效国家，能在青史上留下自己的事迹，这就胜过封侯这样的荣耀了。

原文：各出所学，各尽所知，使国家富强不受外侮，足以自立于地球之上。

注释：本文出自晚清詹天佑《告青年工学家》。

(1)出：拿出。(2)尽：竭尽。(3)詹天佑：字眷诚，号达朝。祖籍徽州婺源，生于广州府南海县（今广东广州荔湾区），12岁留学美国，耶鲁大学土木工程系毕业，有“中国近代工程之父”之称。

译文：每个人各自拿出自己所学知识，各自竭尽自己所知道的，使我们的国家富强不受外国列强欺负，那么我们的国家就足以自立于地球之上。

评析：詹天佑在这篇文章中，殷切希望青年工程师能尽其所学，尽其所知，同心协力建设我们的国家，使国家富强不再受外国的欺侮，这样就一定能使中国立足于世界民族之林。詹天佑自己就是“出所学”“尽所知”的典范。1905年，詹天佑出任京张铁路总工程师，他对身边工作人员说：“不论成功或失败，绝不是我们的成功或失败，而是关系到我们的国家。全世界的眼光都在望着我们，必须成功！”在施工中，詹天佑发明“人”字形线路，解决了八达岭一带坡度太大的问题。1909 年通车典礼上，广东代表兴奋地说："詹总办匠心独运，不假外人分毫之力，筑成此路，为中国人扬眉吐气矣。"

原文：万里乘风去复来，只身东海挟春雷。忍看图画移颜色，肯使江山付劫灰？浊酒不销忧国恨，救时应仗出群才。拼将十万头颅血，誓把乾坤力挽回。

注释：本文出自近代秋瑾《过黄海舟中，有日人索句，并见日俄战争地图》。

(1)乘风：乘风而行。用典列子乘风。(2)去复来：秋瑾光绪三十年(1904年)仲夏东渡，翌年春回国；1905 年 6 月再次赴日，同年 12 月返国。(3)只身：单身。(4)春雷：振聋发聩的革命道理。(5)忍看：不忍看。(6)图画：地图。(7)移颜色：被日俄帝国主义侵占。(8)肯使：岂肯让。(9)救时：挽救国家危亡局势。(10)仗：凭仗，依靠。(11)出群才：出类拔萃的人才。(12)乾坤：天地，危亡局面。(13)秋瑾：字璇卿，号旦吾，自称"鉴湖女侠"，祖籍浙江山阴(今浙江绍兴)，生于福建闽县(今福建福州)，1907 年因组织反清起义失败被捕，7 月 15 日就义于绍兴轩亭口，年仅 32 岁。

译文：万里远途我乘风来来去去，独自一人伴随春雷东海往返。怎能忍心看到祖国版图变成别国领土，怎能让祖国江山化成万劫不复的灰烬？一杯浊酒难消我心头忧国之恨，救亡图存要靠出类拔萃的杰出人才。就算是拼尽十万将士的头颅热血，誓死也要把颠覆的乾坤尽力挽回。

评析：秋瑾在从日本回国船中，看到日俄战争地图，恰有日本友人向她索要诗文，有感而发，写出这篇热血沸腾的诗篇。秋瑾在诗中感叹自己越海往返，就是为了探索救国图存的革命道理，看到祖国版图变成别国的领土，饮下浊酒难消心头之恨。如何才能挽救国家危亡？秋瑾清醒地看到，要依仗出类拔萃的人才，组织武装力量，就是拼尽十万将士的热血，也要把已经处于危亡中的祖国挽回正轨。全诗风格刚健豪放，一腔豪气喷薄而出，真可谓巾帼不让须眉。1907 年，秋瑾起义失败，用生命实践了自己的誓言。

为政篇

weizhengpian

夫君子之行，静以修身，俭以养德。
非淡泊无以明志，非宁静无以致远。

——诸葛亮

诸葛亮

诸葛亮(181～234年)，字孔明，号卧龙，徐州琅琊郡(今山东临沂)人。幼年丧父，同叔父到南阳躬耕，“自比管仲、乐毅，时人莫之许也”。

刘备闻其名，三顾茅庐。诸葛亮追随辅佐刘备，建立蜀汉，与曹魏、孙吴三分天下。蜀汉开国后，官任丞相，对内抚百姓，示仪轨，约官职，从权制，开诚心，布公道；对外联吴抗魏，六出祁山，北伐曹魏，最后病逝于五丈原。刘禅追谥其为忠武侯。诸葛亮一生“鞠躬尽瘁、死而后已”，是中国传统文化中忠臣与智者的代表人物。

原文:舜曰:“咨,十有二牧!”“食哉惟时!柔远能迩(ěr),惇(dūn)德允元,而难任人,蛮夷率服。”舜曰:“咨,四岳!有能奋庸熙帝之载,使宅(zhái)百揆(kuí)亮采,惠畴?”佥曰:“伯禹作司空。”帝曰:“俞,咨!禹,汝平水土,惟时懋(mào)哉!”

注释:本文出自先秦《尚书·虞书·舜典》。

(1)牧:州的行政长官。(2)柔:软,安抚。《说文》:“柔,木曲直也。”(3)迩:近。(4)惇:敦厚。(5)允:信。(6)元:善。(7)难:拒绝。(8)任人:佞人,指奸邪的小人。(9)蛮夷:边远少数民族。(10)奋:奋发。(11)庸:用功,努力。(12)熙:广,光大。(13)载:事。(14)宅:居。(15)百揆:官名,各种职务,引申为总理百官的人。(16)亮:辅导。(17)采:事。(18)惠:助词。(19)畴:谁。(20)佥:大家,众人;全,都。(21)俞:允许,赞同。(22)司空:三公之一,掌管工程、土地。(23)懋:勉力。

译文:舜帝说:“啊,12个州的君长啊!生产粮食,一定要遵守农时!安抚远方的人,让近处的人发挥才能。亲厚有德的人,信任善良的人,而又拒绝邪佞的人,这样,边远部族的人也都会服从。”舜帝又说:“啊,四方诸侯的君长!有谁能奋发努力,发扬光大尧帝的事业,使居百揆官职辅佐政事呢?”大家都说:“现在做司空的伯禹可以胜任啊。”舜帝说:“好啊!禹,你平定了水土,现在要努力做好百揆这个职位啊!”

评析:这段话是虞舜对12个州行政长官的嘱咐。中国是农业大国,遵守农时十分重要。“柔远能迩,惇德允元,而难任人”,这是虞舜针对当时各个民族融合初期情势提出的具体施政措施。然后,舜帝又延续尧帝“咨四岳”做法,让他们推荐能够继承帝位的人,大家推荐了时任司空的大禹,舜帝接受大家的推荐,重用提拔大禹为百揆并予以勉励。“柔远能迩,惇德允元,而难任人”,这12个字很有分量,完全可以作为为政者的座右铭。

原文:先王肇修人纪,从谏弗咈(fú),先民时若。居上克明,为下克忠。与人不求备,检身若不及。以至于有万邦,兹惟艰哉。敷求哲人,俾辅于尔后嗣。

注释:本文出自先秦《尚书·商书·伊训》。

(1)肇:通“敏”,勤勉。(2)纪:纲纪。(3)咈:同“拂”,违逆,违背。(4)时:同“是”。(5)若:顺从。(6)与人:结交别人。(7)检身:检点自身。(8)敷:通“溥”,广。敷求:遍地寻求。(9)伊训:商初辅政大臣伊尹所作,记述其教导商王太甲的言论。

译文：先王商汤勤勉讲求治国理民的法纪，听从谏言从不违逆，民众一直都能严格遵守。为君者要能够明察下情，臣下才会尽忠职守。为君者与人交结不要求全责备，自己也要及时检讨自己的言行。商王朝今天能拥有万国，这一切来之不易呀！大王您应该礼贤下士，寻求更多的圣贤之人来辅佐您的子孙的治国大业。

评析：伊尹这段话先是赞扬了商汤的功绩："肇修人纪，从谏弗咈，先民时若。"继而教导太甲要明察下情，这样臣子才会竭尽职守。对人不能求全责备，对己则要严格要求。伊尹感叹商王朝取得这样的成就，是多么的艰难；殷切希望太甲能寻求贤人，让商王朝能世世代代传承下去。"居上克明，为下克忠""与人不求备，检身若不及"，应当为每个为政者铭记于心，勉力践行。

原文：上六，振恒，凶。

注释：本文出自殷周《周易·恒卦》周公上六爻辞。

(1)上六：《易》六十四卦卦象最上面的阴爻。(2)振：动，振动，抖擞撼动。

译文：上六，震撼晃动恒久之道，凶险。

评析：上六位于上卦震卦上爻，且处于恒卦最高处，动的意念非常强烈，所以用"振"字形容。上六既然震撼晃动恒久之道，就不能恒久安守于恒久之道，如此则凶险无疑。

原文：象曰："振恒在上，大无功也。"

注释：本文出自《易传·恒卦·象传》。

(1)上：在上面，上位。(2)大：形容词，很，非常。

译文：《象传》上说："震撼晃动恒久之道，而又高居上位，这样做事一点功劳也不会有。"

评析：在上位者若不能常守恒久之道，譬如制定政策朝令夕改，就会使下面不知所从，必然造成混乱局面。此其一；其二，做任何事情，都要有一个过程，特别是做大事，更要有长时期的坚持才能见效。由此而言，上六以"振恒"做事，则事事不成，事事"大无功也"。

原文：象曰："随风，巽。君子以申命行事。"

注释:本文出自《易传·巽卦·象传》。

(1)巽:巽卦,为八纯卦之一,卦象为巽卦在下巽卦在上,巽为风。(2)申:申发,申饬。(3)命:命令,政令。(4)行:推行。

译文:《象传》上说:“风随着风,接连而来,这就是巽卦卦象。君子由此领悟,要反复申饬告诫,发布命令,推行政事。”

评析:巽卦在《周易》里是第五十七卦。巽卦卦象是两个单个巽卦重叠,下面是八卦中的巽卦,上面也是八卦中的巽卦。在周文王后天八卦中,巽位于东南,代表风。孔子认为,巽卦卦象就像风随着风,接连不断。风就是要接连不断地吹,才能吹得更远,范围更广。如果一阵风吹过,没有了风的延续,风就没有威力,就发挥不了风的作用。君子由此领悟,要反复申饬告诫,发布命令,这样才能推行政事,施行政事,把政事落到实处。

原文:慎乃出令,令出惟行,弗惟反。以公灭私,民其允怀。学古入官,议事以制,政乃不迷。其尔典常作之师,无以利口乱厥官。蓄疑败谋,怠忽荒政,不学墙面,莅事惟烦。戒尔卿士,功崇惟志,业广惟勤,惟克果断,乃罔后艰。位不期骄,禄不期侈。恭俭惟德,无载尔伪。作德,心逸日休;作伪,心劳日拙。居宠思危,罔不惟畏,弗畏入畏。推贤让能,庶官乃和,不和政庞。

注释:本文出自先秦《尚书·周书·周官》。

(1)慎:谨慎。(2)令:政令。(3)反:违反。(4)允怀:归顺。(5)利口:能说会道。(6)厥官:你们的官员。(7)蓄疑:存有疑问。(8)怠忽:怠惰忽视。(9)墙面:面墙站立。(10)莅事:面临事情。(11)罔:没有。(12)位:官位。(13)侈:奢侈。(14)庶官:百官,众官。(15)政庞:政事杂乱。

译文:要谨慎地发布政令,政令发出了就要实行,不得违反。用公正消除私情,人民就会信任归服。先学好古制再做官,按制度来议论政事,政事就不会糊涂。你们要用五常之法作为法则,不要因能说会道干扰你的官员。蓄疑不决则乱其谋,怠惰疏忽则废其政。不学习就如面墙而立,临事便会烦乱。告诫你们各位卿士,功高是因为有志,业广是因为勤勉。唯有果断从事,才没有后面的艰难。居官不应骄傲,受禄不应奢侈。恭俭才是美德,不要心存诈伪。行德则心逸而日安,作伪便心劳而日拙。居宠思危,无不敬畏。不知敬畏则会陷入可畏的处境。推贤让能,众官才和谐,不和谐政事就乱了。

评析:这是周成王对卿士百官发出的训诫。训诫内容较为繁杂,概括起来有这样几条:第一,发布政令要谨慎,令出必行,不得违反;第二,处理政务要以公灭私；第三，要经过学习才能做官，不然临事就会烦乱；第四，要按照制度办事，以五常之法作为法则；第五，对决策不可怀有疑虑；第六，不可胡说乱道扰乱官员视听，不可怠惰荒废政务。周成王勉励卿士百官，立志才能建立功勋，勤勉才能成就大业，果断才能谋事。告诫百官戒骄戒奢，恭俭作德，居宠思危，推贤让能，如此才可百官和谐，百事可成。周成王这段话表明中国崇德、崇俭、崇贤等美德传统历史悠久，值得我们反复思索，悉心体味。

原文：无偏无党，王道荡荡；无偏无私，王道平平；无反无侧，王道正直。

注释：本文出自先秦《尚书·周书·洪范》。

(1)偏：不公正。党：偏向，朋党。(2)王道：儒家提出的一种以仁义治天下的政治主张，与霸道相对。(3)荡荡：平坦，宽广。(4)平平：公允，公正。(5)反侧：反复无常。

译文：处事公正，没有偏向，圣王之道就会宽广无边；处事公正，没有私心，国家的治理就会公平公正、井然有序；政策法令没有反复无常，圣王之道就会正直通达而不偏斜。

评析：为政者处理公务，最要紧的就是公正公平，不结党营私、拉帮结派，不偏袒任何一方，没有私心，没有偏向，这样就能王道荡荡、王道平平。为政者制定政策法令，要令出即行，切不可朝令夕改，让百姓无所适从。实行公平公正公开原则，有完善的工作程序，严格的工作制度，保持政令的严肃性，也是当前建立服务型政府的主要内容。

原文：文王在上，於昭于天。周虽旧邦，其命维新。

注释：本文出自先秦《诗经·大雅·文王》。

(1)文王：周文王。(2)昭：明，光亮。(3)周：岐周，殷商时诸侯国。(4)旧邦：旧的邦国。(5)维新：倡导新的事物。

译文：周文王禀受天命，昭示天下；岐周虽然是旧的邦国，但其使命在革新。

评析：周文王为诸侯时，岐周还不过是方圆几十里古老的邦国。周文王秉承“维新”理念，使得当时各部落在周文王的统治下势力强盛，从而为之后周武王伐纣灭商提供了物质准备和精神支持。“周虽旧邦，其命维新”还有另一种解释：“周族虽然是一个古老的小邦，但承受天命以后就换了一副新气象。”不管将“新”解释为“新气象”，还是“革新”，它们所突出的实际上就是一个“变”字，变则新,新则久,这一点已经触及到人类文化发展的实质所在。正因为如此,这句话引起了先贤的高度重视。儒家经典“四书”中有两部就直接引用了这句话。由3000年前“周虽旧邦,其命维新”一语引申、发展而来的“新、变”思想,代表着中国文化的基本精神,是激励中华民族不断创新、不断前进的思想源泉。

原文:目贵明,耳贵聪,心贵智。以天下之目视,则无不见也。以天下之耳听,则无不闻也。以天下之心虑者,则无不知。辐辏并进,则明不可塞。

注释:本文出自春秋管仲《管子·九守》。

(1)贵:以……为贵。(2)明:明亮,这里指明察。(3)聪:听力灵敏。(4)智:思维敏捷。(5)以:用。(6)辐辏:车轮辐条。(7)并:在一起。(8)进:向中间集中。(9)塞:受蒙蔽。

译文:眼睛贵在明亮视物,耳朵贵在聪敏辨声,心智贵在智慧敏捷。如果能用天下人的眼睛观察事物,就没有什么看不见。用天下人的耳朵探听消息,就没有什么听不到。用天下人的心智思考问题,就没有什么事情不知道。情报来源丰富,像车轮的辐条一样向中间(车轮中心的圆木)集中,君主就能明察一切,而不受蒙蔽了。

评析:眼睛是用来看东西的,当然要以明亮最好;耳朵是用来听声音的,当然要以灵敏最好;心是用来思考问题的,当然要以智慧最好。但是,一个人的眼睛再明亮,耳朵再灵敏,心智再聪慧,也不可能什么都看到,什么都听到,什么都想到。所以,君主就要善于借天下之眼睛看,借天下之耳朵听,借天下之心思考,广听兼闻,吸纳众人之智慧,果然如此,就能明察万事万物,正确做出决策,国家也就因此而可以达致大治了。

原文:夫霸天下者有三戒:毋贪,毋忿,毋急。贪则多失,忿则多难,急则多蹶(jué),夫审大小而图之,乌用贪?衡彼己而施之,乌用忿?酌缓急而布之,乌用急?君能戒此三者,于霸也近矣。

注释:本文出自明代冯梦龙《东周列国志》第三十六回。

(1)霸:称霸。(2)忿:发怒。(3)蹶:颠仆,跌倒。(4)乌:无,没有。(5)冯梦龙:明朝文学家、思想家、戏曲家,著有《三言》《二拍》等作品。

译文:称霸天下者要戒除三种态度:不要贪婪,不要发怒,不要急躁。贪婪就会失去很多,发怒就会招致灾难,急躁就会容易受挫。如果能审视目标大小量力而行，何必要贪婪呢？如果能衡量敌我力量采取行动，何必要发怒呢？如果能斟酌轻重缓急处理问题，何必有急躁情绪呢？君主若能戒除这三种态度，就离称霸天下不远了。

评析：本文是春秋时秦国大夫蹇叔回答秦穆公问话时说的一番话。蹇叔认为要称霸就必须戒除贪婪、发怒、急躁，这三种情绪会导致多失、多难、多蹶。如何避免这三种情绪呢？蹇叔提出要“审大小而图之”“衡彼己而施之，酌缓急而布之”。除这三种之外，还有一种方法，那就是“连上下而通之”。记住这四个方法，按照这四个方法去做，就能做好各项事业。

原文：战战兢兢，如履薄冰，如临深渊。

注释：本文出自《诗经·小雅·小旻(mín)》。

(1)战战：恐惧的样子；兢兢：小心谨慎的样子。战战兢兢：形容非常害怕而微微发抖的样子。也形容小心谨慎的样子。(2)如：好像。(3)履：走过，践踏。(4)旻：天，天空。

译文：小心谨慎呀，好像站在深渊旁边，好像踩在薄冰上面。

评析：《小旻》是一首政治讽刺诗，讽刺周幽王偏听偏信，宠信重用群小，造成国家危乱的局面。本段文字作为《小旻》一诗的最后三句，这是提醒为政者，前面随时有薄冰、深渊，无论是政策制定层面，还是具体贯彻、执行政策层面，一定要处处小心谨慎，千万不可粗心大意。

原文：季康子问：“使民敬、忠以劝，如之何？”子曰：“临之以庄，则敬；孝慈，则忠；举善而教不能，则劝。”

注释：本文出自《论语·为政》。

(1)季康子：季孙肥，鲁国执政。(2)敬：尊敬。(3)忠：忠心，忠诚。(4)劝：劝勉，勉励。(5)子：孔子。(6)临：面对，治理。(7)庄：庄重，稳重。(8)孝：孝顺。(9)慈：慈爱，慈祥。(10)举善：举荐良善。(11)教不能：教育没有能力的人。(12)劝：劝勉，鼓励。

译文：季康子问：“要使民众对当政的人尊敬，对国家竭尽忠心而且能做到努力自勉，应该怎样做呢？”孔子回答说：“为政者用庄重的态度对待民众，他们就会尊敬你；为政者对父母孝顺、对子弟慈祥，民众就会尽忠于你；为政者选用善良的人，又教育能力差的人，民众就会互相勉励，加倍努力了。”

评析：在《论语》为政篇中，鲁哀公和季康子都曾向孔子问政。鲁哀公问的比较直接："怎么样才能使民众服从(何为则民服)？"孔子从任贤角度做出回答："把正直无私的人提拔起来，把邪恶不正的人置于一旁，老百姓就会服从了；把邪恶不正的人提拔起来，把正直无私的人置于一旁，老百姓就不会服从统治了(举直错诸枉，则民服；举枉错诸直，则民不服)。"季康子所问和鲁哀公同一个问题，也是如何使民服的问题。但季康子问的比较具体，孔子的回答也是如此。除了选贤之外，还有为政者的态度端庄稳重，教助能力差的人，包括为政者要以身作则，孝顺父母慈爱子弟等。这无疑也是孔子针对季康子本人作出的批评。

原文：子大叔问政于子产。子产曰："政如农功，日夜思之，思其始而成其终。朝夕而行之，行无越思，如农之有畔，其过鲜矣。"

注释：本文出自左丘明《左传·鲁襄公二十五年》。

(1)子大叔：名游吉，春秋郑国大夫。(2)子产：春秋时郑国正卿，主持改革。(3)政：政务，治理政事。(4)农功：农活。(5)畔：边界。

译文：子大叔向子产问执政之道。子产说："执政就像干农活一样，每天日夜考虑它。考虑它的开始并且考虑它的结束。早晨晚上坚持去做，干活时没有别的杂念，就像农田有边界一样，不考虑干活以外的事情。这样就少有过错了。"

评析：子产作为郑国的执政，在回答子大叔问政时说了一句很有意思的话："政如农功。"治理政事就像做农活一样，这也太简单了吧？但是，要做好农活容易吗？一个老农要每天日夜谋划，春耕、夏耘、秋收、冬藏，每一个步骤都要考虑周全。治理政事和做好农活相通之处其实就是两点：其一是"思"，要"日夜思之，思其始而成其终"。第二要"行"，"朝夕而行之，行无越思"。思想是行动的先导，行动不可越过思考的边界，就像农事有顺序、农田有边界一样。万事一理，事事相通。做好思和行，理顺两者关系，那么任何事情做起来，就都能得心应手了。

原文：夫罪莫大于无道，怨莫深于无德，天道然也。

注释：本文出自春秋文子《文子·道德》。

(1)罪：罪过，罪恶。(2)无道：社会政治混乱，黑暗，正道不行。(3)怨：怨恨。(4)天道：天命，自然规律。(5)文子：生卒年不详。名辛研，号计然，老子弟子，与孔子同时，著有《文子》，又名《通玄真经》。

译文：最大的罪恶，莫过于社会政治黑暗，正道不行；最大的怨恨，莫过于社会失去仁德，道德沦丧。上天的意志就是这个样子。

评析：文子这句话的意思是，没有比不讲道义更大的罪过，没有比不讲道德更能招来怨恨。这就是天道所决定的。不讲道义，社会就失去了公正、公平，人们就失去了行为准则，这的确是最大的罪恶。没有仁德，社会就没有了道德规范，人们就失去良心和正义，这就会招致人们最大的怨恨。所以，一个社会，必须讲道义、讲仁德，这样才得民心、释民怨，符合上天的意志。

原文：为政者，不赏私劳，不罚私怨。

注释：本文出自春秋左丘明《左传·昭公五年》。

(1)赏：赏赐。(2)私劳：对自己个人的功劳。

译文：掌握政治权力的人，不能赏赐对自己个人有功劳的人，也不能惩罚对自己本人有私怨的人。

评析：为政者，这里是指拥有公权力的人。如何使用公权力，这是对为政者的一大考验。为政者决不能动用公权力为那些对自己有功劳的人谋取好处，也不能滥用公权力惩罚那些对自己有私怨的人。出以公心，办事公道，公私分明，这是为政者应自觉坚守的一条原则。

原文：丘也闻有国有家者，不患寡而患不均，不患贫而患不安。盖均无贫，和无寡，安无倾。夫如是，故远人不服，则修文德以来之。既来之，则安之。

注释：本文出自《论语·季氏》。

(1)丘：孔子自称其名。(2)患：害怕，担忧。(3)寡：少。(4)均：均匀。(5)和：和睦。(6)安：安定。(7)倾：倾覆。(8)如是：如果这样。(9)远人：远方百姓。(10)服：归附。(11)文德：文化道德。

译文：我听说有国家的诸侯和有封地的大夫，他们不怕财富不多而怕分配不均匀，不怕民众不多而怕社会不安定。财物分配公平合理，也就没有贫穷；上下和睦，就不必担心人少；社会安定了，国家就没有倾覆的危险。如果做到这样，远方的人还不归服，就发扬修治仁义礼乐的教化来使他们归服；他们来了之后，就要使他们安定下来。

评析：“不患寡而患不均，不患贫而患不安。”这是孔子政治思想的重要方面。社会动乱，贫富分化差距过大是其中最重要的原因。这已经成为一条极为重要的治世经验。采取各种措施防止社会贫富分化，是为政者首要考虑的问题。解决了贫富分化问题，社会就稳定了；社会稳定，就能吸引远方的人。如果这样还不够，那就施行教化，让民众知书好礼，以此来吸引四方民众。远方的人来了，又能过上稳定的生活，到那时天下就太平了。

原文：子曰："其身正，不令而行；其身不正，虽令不从。"

注释：本文出自《论语·子路》。

(1)其：他。(2)身：自身。(3)令：命令。(4)行：行动。

译文：孔子说："为政者自身正了，即使不发布命令民众也会自己去做；如果为政者自身不正，就是发布了命令民众也不会去做。"

评析：孔子在这里强调的是为政者的表率作用。孔子关于为政者先正其身的理念对现实具有强烈的指导意义。作为一个为政者，首先应该品行端正，为人做事处处出以公心，这样才能把工作做好，才能带领民众实现前进的目标。

原文：上有好者，下必有甚焉者矣。君子之德，风也；小人之德，草也。草尚之风必偃(yǎn)。

注释：本文出自战国孟轲《孟子·滕文公上》。

(1)上：上位者。(2)好：喜好，爱好。(3)下：下面的人。(4)甚：更，更加。(5)尚：通"上"。(6)偃：倒伏。

译文：在上位的人爱好什么，下面的人必定对此更加爱好。君子的道德，好比是风；老百姓的道德，好比是草。风吹到草上，草必定倒伏。

评析：墨子《兼爱》中有一个故事，被后人总结为"楚王好细腰，宫中多饿死"，可以说是"上有好者，下必有甚焉者矣"的形象注解。不过孟子这句话是用以表示君子如果喜好道德，那么就会形成社会风气，一般百姓也就会随风所向，成为有道德的社会公民。我们常说，党风决定政风、民风，所以中国共产党作为执政党，要切实加强和改进党的作风建设，激扬社会正气，保持党风、政风、民风的纯洁性，为构建社会主义和谐社会提供良好的环境保证。

原文：能以使下谓之君。君者，善群也。群道当，则万物皆得其宜，六畜皆

得其长，群生皆得其命。故养长时，则六畜育；杀生时，则草木殖；政令时，则百姓一，贤良服。

注释：本文出自战国荀况《荀子·王制篇》。

(1)使下：指使下面。(2)群：把……组织起来。(3)当：恰当。(4)六畜：马、牛、羊、鸡、犬、猪六种家畜。(5)时：适时。

译文：能够按礼义来役使臣民叫作君。所谓君主，就是善于用礼义把人组织成社会群体的意思。组织社会群体的原则恰当，那么万物都能得到应有的合宜安排，马、牛、羊、鸡、犬、猪六畜都能得到应有的生长，一切生物都能得到应有的寿命。所以饲养适时，六畜就生育兴旺；砍伐种植适时，草木就繁殖茂盛；政策法令适时，老百姓就能行动一致，德才兼备的人就能信服了。

评析：荀子在这里主要说了两层意思：第一层是君主要按照礼义原则把人组织起来，按照礼义原则组织社会群体，六畜万物都能得到适宜的安排。第二层意思是要适时，饲养六畜要适时，砍伐种植树木要适时，政策法令更要适时。这两层意思非常重要。“君者，善群也。”如何善群？也就是如何处理人与人、人与自然、人与社会的关系，这里关键有两点：一是礼义原则，一是适时原则。把握了这两条原则，就会得到百姓拥护，德才兼备的人也就会信服了。

原文：若夫尧眉八彩，九窍通洞，而公正无私，一言而万民齐。

注释：本文出自西汉刘安《淮南子·修务训》。

(1)八彩：八种色彩。(2)九窍：人体内脏与外界相通的要道。(3)一言：一句话。(4)齐：齐心，赞同。

译文：唐尧眉间呈八种色彩，九窍畅达，公正而没有私心，说一句话就能使千万民众团结一致。

评析：这句话是《淮南子》对唐尧的描述。唐尧眉间呈八种色彩，这应该有虚夸成分或者说是神话色彩。九窍通洞，是说唐尧能通晓明察一切事情。“公正无私，一言而万民齐”，是说唐尧为政公正，没有任何私心，他只要说一句话就能使万民齐心拥护。公正无私天地宽，具有这种崇高思想品德的人，才能说话有号召力，行动有凝聚力。这与孔子说的“其身正，不令而行”有相通之处，为政者当谨记力行。

原文：智不足以为治，勇不足以为强，则人材不足任，明也。而君人者不下

庙堂之上，而知四海之外者，因物以识物，因人以知人也。故积力之所举，则无不胜也。众智之所为，则无不成也。坎井之无黿鼉（yuán tuó），隘也；园中之无修木，小也。夫举重鼎者，力少而不能胜也，及至其移徙之，不待其多力者。故千人之群无绝梁，万人之聚无废功。

注释：本文出自西汉刘安《淮南子·主术训》。

（1）智：智慧，智谋。（2）治：治理，治国。（3）勇：勇力，武勇。（4）为强：逞强。（5）人材：人的才智。（6）任：任用，依仗。（7）庙堂：朝廷。（8）坎井：浅井。（9）黿鼉：巨鳖和猪婆龙（扬子鳄）。（10）修木：修长树木。（11）及至：等到。（12）移徙：移动迁徙。（13）绝梁：独特的栋梁。

译文：君主个人的智谋不足以用来治理国家、个人勇力也不足以让国家富强，那么凭借个人的才智也不足以完成重任，这是明摆着的道理。但君主身不出朝廷，却能知道天下大事，这是因为他能以身边的事物推知其他事物，以身边的人推知其他人的缘故。所以说聚积群力所为，没有不胜任的；聚集集体智慧，就没有不成功的。浅井里之所以没有黿鼉，就在于地方太狭窄；园圃中之所以没有参天大树，就在于地方太小。一个人举重鼎，力气小而举不起，但等到众人合力将鼎举起移开，就不一定要等待大力士来完成了。所以千人之中必有栋梁之材，万人聚集没有办不成的事。

评析：一个人再聪明，他的智谋也是有限的；一个人再勇猛，他的力量也是有限的。君主身处庙堂，却能知四海之事，就是因为他能“因物以识物，因人以知人”。“积力之所举，则无不胜也。众智之所为，则无不成也。”千人之中必有优秀人才，若是万人齐心共同做一件事情，就没有成就不了的功业。所以，为政者一定要懂得运用众人的智慧，运用众人的力量。要尊重民众的智慧，尊重民众的力量，关键是要关心民众疾苦，想民众之所想，急民众之所急，如此，才能上下一心，共同实现中华民族伟大复兴的“中国梦”。

原文：在上者不受虚言，不听浮术，不采华名，不兴伪事。言必有用，术必有典，名必有实，事必有功。

注释：本文出自东汉荀悦《申鉴·俗嫌》。

（1）虚言：虚假动听的语言。（2）浮术：不切实际的技艺。（3）华名：浮华的名声。（4）伪事：虚伪的事情。（5）荀悦：字仲豫，颍川颍阴（今河南许昌）人。东汉史学家、政论家，思想家，作《申鉴》五篇。

译文：在上位者不要接受虚妄的言论，不要相信不切实际的方法，不谋取浮华的名声，不能做虚伪的事情。说出的话一定要有用，采用的技艺一定要有根据，获取的名声一定要与功绩相匹配，做事就一定要作出成效来。

评析：如何辨别虚假不实的语言？辨别虚言的标准就是言必有用；如何辨别不切实际的技艺？辨别浮术的标准就是术必有典。如何辨别浮华的名声？辨别华名的标准就是名必有实。如何辨别虚伪的事情？辨别伪事的标准就是事必有功。荀悦在这里说的上位者四个不取，用四个字概括就是虚、假、浮、伪，这四种情况于世无用，所以必须坚决杜绝，彻底摈弃。

原文：善禁者，先禁其身而后人；不善禁者，先禁人而后身。善禁之，至于不禁，令亦如之。若乃肆情于身，而绳欲于众，行诈于官，而矜(jīn)实于民。求己之所有余，夺下之所不足，舍己之所易，责人之所难，怨之本也。

注释：本文出自东汉荀悦《申鉴·政体》。

(1)禁：禁令。(2)禁其身：禁止自身。(3)禁人：禁止别人。(4)若乃：至于。(5)肆情：放肆情欲。(6)矜：骄矜，傲慢。

译文：善于用禁令治理社会的人，必然自己首先按禁令要求自己，然后才去要求别人。不善于用禁令治理社会的人，首先要求别人按照禁令去做，然后才去要求自己。善于用禁令治理社会的人，可以达致不需禁令的境地。命令也是如此。如果自己放肆情欲，而把众人的欲望给像绳子一样系起来；官可以行诈使伪，对民众傲慢自负。自己已经多余了还欲求不足，抢夺下面之不足，把容易的给自己做，用困难的事情责备别人，这是怨恨产生的本源啊！

评析：荀悦这段话有两层意思：一层是“善禁者，先禁其身而后人”，这就是说，为官者要带头用纪律和法律来约束自己，做遵纪守法的表率。这既是一种领导方法，更是一种为官之德。第二层是，用“肆情于身”“行诈于官”等具体行为，阐释了在上位者结怨于众、于民、于下、于人的根源，进一步要求为政者严格自律，先正其身再正其人。在上位者自身正了，上行下效，就可以达成不用禁令的局面。

原文：夫有公心，必有公道；有公道，必有公制。丹朱、商均，子也，不肖，尧舜黜之；管叔、蔡叔，弟也，为恶，周公诛之。苟不善，虽子弟不赦，则于天下无所私矣。鲧(gǔn)乱政，舜殛(jí)之；禹圣明，举用之。戮其父而授其子，则于天下无所忌矣。

注释：本文出自西晋傅玄《傅子·通志》。

(1)公道:公正,公平。(2)丹朱:唐尧长子。(3)商均:虞舜之子。(4)不肖:不像父亲,无才无德。(5)黜:废黜,罢官,革职。(6)管叔、蔡叔:周武王的弟弟。(7)鲧:崇伯鲧,大禹的父亲,因治水失败,被虞舜所杀。(8)殛:杀死。(9)傅玄:字休奕,北地郡泥阳县(今陕西铜川)人,西晋文学家、思想家。

译文:有公正的心,就一定有公正公平;有公正公平,就一定有公正的制度。丹朱、商均,是唐尧和虞舜的儿子,无才无德,所以被唐尧和虞舜废黜了。管叔、蔡叔,作为周武王、周公旦的弟弟,因为造反作恶,被周公旦诛杀。只要是不好的人,就是儿子和弟弟也不会赦免,这样对于天下就没有什么私心了。崇伯鲧治水没有效果,扰乱政务,虞舜就诛杀了他。崇伯鲧的儿子大禹圣贤明慧,虞舜就向唐尧举荐了他。诛杀父亲崇伯鲧而把治水权力授受给他的儿子大禹,这样对于天下就没有什么可顾虑的了。

评析:傅玄这段话主要讲了为政者要出以公心的问题。为政者出于公心,办事才能公道,办事公道,制定的制度必然公道。傅玄列举唐尧、虞舜、周公例子,他们出以公心,尽管是自己的儿子或弟弟,只要不肖为恶,照样废黜、诛杀。特别是鲧禹父子,一个因过被诛杀,一个因功被举为天子,像尧舜这样治理天下,天下必无所私无所忌。为政者懂得这个道理,从公心出发,则公道的实行、公制的建立就自然而然、水到渠成了。

原文:夫治国犹如栽树,本根不摇,则枝叶茂荣。君能清静,百姓何得不安乐乎?

注释:本文出自唐代吴兢《贞观政要·政体第三》。

(1)本根:根本。(2)君:国君。(3)清净:与前文对照,意为不想东征西讨,不贪美女珍宝。

译文:治理国家就像种树一样,根基不动摇,枝叶就会繁茂荣华。帝王如果不东征西讨,不贪美女珍宝,百姓怎么会不安居乐业呢?

评析:这是唐太宗贞观九年(635年)对侍臣说的一段话。唐太宗分析隋朝灭亡原因,是因为隋炀帝“征求无已”“东征西讨,穷兵黩武,百姓不堪”;而自己即位以来“夙夜孜孜,惟欲清净”,才使得天下无事。唐太宗把治国理政与种树相比较,认为治国就像种树一样,一定要固本,本根稳固,才能枝繁叶茂,同理,一国之君也要清净寡欲,不扰民,这样百姓才能安居乐业,社会才能繁荣昌盛。

原文:《书》曰:"满招损,谦得益。"忧劳可以兴国,逸豫可以亡身,自然之理也。故其方盛也,举天下之豪杰莫能与之争;及其衰也,数十伶人困之,而身死国灭,为天下笑。夫病患常积于忽微,而智勇多困于所溺,岂独伶人也哉!

注释:本文出自北宋欧阳修《新五代史·伶官传》。

(1)书:《尚书》。(2)满招损,谦得益:出自《尚书·大禹谟》,原文为:"满招损,谦受益,此乃天道。"(3)逸豫:安乐欢喜。(4)伶人:演戏的人。(5)忽微:微小的事情。(6)欧阳修:字永叔,号醉翁,吉州永丰(今江西永丰)人,北宋政治家、文学家。

译文:《尚书》上说:"自满招来损害,谦虚得到好处。"忧虑劳苦才可以振兴国家,贪图安逸必定祸害自身,这是自然的道理。因此,当庄宗强盛的时候,普天下的豪杰,都不能跟他抗争;等到他衰败的时候,几十个伶人围困他,就自己丧命,国家灭亡,被天下人讥笑。祸患常常是从细微的事情积累起来的,人的才智勇气往往被他溺爱的事物困扰,哪里仅仅是伶人啊。

评析:《伶官传序》是欧阳修为《新五代史·伶官传》写的一篇文章,文章总结了后唐庄宗李存勖得天下而后失天下的历史教训,阐明了国家盛衰取决于人事,"忧劳可以兴国,逸豫可以亡身"的道理,讽谏北宋统治者力戒骄奢,防微杜渐,励精图治。文章其后峰回路转,再次以唐庄宗本人由强到衰之史实,引出"病患常积于忽微,而智勇多困于所溺"之教训,读来发人警醒。忧劳兴国,逸豫亡身;病患常因小病所积,智勇多为溺爱所困,为政者读此,当引以为戒矣!

原文:君子为国,正其纲纪,治其法度。

注释:本文出自北宋苏辙《新论下》。

(1)为国:治理国家。(2)纲纪:纲常纪律,大纲要领。(3)法度:法令制度。

译文:君子治理国家,首要的任务就是端正治国纲领和法纪,整治法令制度。

评析:治理国家,第一要有治国纲领,有了纲领,就有了总的方向和目标。第二要严肃法纪,严厉惩治贪官昏官庸官,举贤任贤,让贪官有所畏忌,让昏官庸官不安其位。第三要制定法令制度,这样才能让人有所遵循;法令制度要有稳定性,不因个人意志而任意改变,这样才能保证国家长治久安。

原文:陛下诚能择奉公疾恶之臣而使行之,陛下厉精而察之,去民之患如除

腹心之疾，则其以私罪至某，赃罪正入已至若干者，非复过误，适陷于深文者也。

注释：本文出自北宋苏辙《上皇帝书》。

(1)陛下：臣子对皇帝的尊称。(2)厉精：励精，振奋精神。(3)患：忧患，忧虑。(4)腹心：肚腹心脏。(5)非复：不再是。(6)深文：苛细的法律条文。(7)苏辙：北宋神宗时任制置三司条例司属官，因反对王安石变法，出为河南推官。

译文：皇帝您确实能选择敬奉公事疾恶如仇的臣子，让他们行使权力；皇帝您振奋精神审察他们的行为，去除民众的忧患，就像去除自己肚腹心脏的疾患一样，那么那些以个人所犯罪行到某个人的，贪污受贿纳入自己腰包有多少的，如果不是过失错误，就应让他们落入苛细周密的法网之中。

评析：北宋朝廷有三大弊政：冗官、冗兵、冗费。苏辙在向皇帝上书中要求宋神宗选择一心为公疾恶如仇的官员，把他们放在适当的岗位上；而宋神宗作为皇帝，也要励精图治，审察官员的行为，要像去除腹心疾病一样解除百姓的疾患，对那些贪赃枉法、中饱私囊的官员，不惜用严刑峻法。如此，才可以解除北宋冗官之弊政。苏辙在上书中提出“去民之患如除腹心之疾”，这一观点可以说是振聋发聩，为政者当掩卷深思，身体力行。

原文：医书言手足痿痹(wěi bì)为不仁，此言最善名状。仁者，以天地万物为一体，莫非己也。认得为己，何所不至？若不有诸己，自不与己相干。如手足不仁，气已不贯，皆不属己。故“博施济众”，乃圣人之功用。

注释：本文出自北宋程颢、程颐《二程遗书》卷二上。

(1)痿痹：一种疾病，表现为肌肉关节痹痛痿弱无力。(2)名状：名称与形状，形容，描述。(3)莫非：肯定副词，没有不是。(4)功用：功能和用处，功效。

译文：医书上说，手足麻痹为不仁，这话是对不仁症状的最好说明。仁者的境界是，与天地万物浑然为一体，没有一个不是自己的。认识到仁与自己一体，那还能有什么地方不能通达呢？假如说仁不属于自己，那就与自己没有什么关系。就像手足麻痹为不仁是一个道理，气血不贯通，仁就不属于自己了。所以说“广博地施于民而能救济民众”，这乃是圣人所能做到的。

评析：“仁者，以天地万物为一体”，是程颢对“仁者浑然与物同体”的另一种表述。“仁者浑然与物同体”，是程颢对于宇宙、人生的理解。他认为，万物本来是一个整体，它们之间有着休戚相关的内部联系。他认为，学道学要首先明白这个道理。但道学并不是一种知识，所以仅只“识得此理”还不行，更重要的是要达到这种境界，要真实感觉到自己与物同体。这种境界叫作“仁”，达到这种境界的人叫作“仁人”或“仁者”。达到这种境界即“认得为己”，什么地方都能达到，什么道理都能通透。认识不到这一点，那就像医者所说手足麻痹，属于“不仁”之列了。仁既“不属己”，不但空谈“爱人”是假话，即使为己利的目的做些“爱人”之事，也不是真的“仁爱”。

原文：当官之法，唯有三事：曰清、曰慎、曰勤。知此三者，可以保禄位，可以远耻辱，可以得上之知，可以得下之援。

注释：本文出自南宋吕本中《官箴》。

(1)法：法则。(2)清：清廉。(3)慎：谨慎。(4)禄位：官位。(5)吕本中：南宋官员，著有《官箴》三十三条，这是第一条。

译文：做官的原则，只有三件事：一是清廉，二是谨慎，三是勤勉。知道并遵守这三条原则，就可以保住官位，可以远离耻辱，可以得到上司的知遇，可以得到下属的拥戴。

评析：做官当清、慎、勤，这个说法最早出自三国时魏司马昭训诫长吏之言：“为官者，当清、当慎、当勤，修此三者，何患不治乎！”做官之人，会受到种种诱惑，特别是金钱的诱惑，怎么办？一个“清”字，就是金字戒律，做官一定要清，这样才能无愧于心。做官之人，有许多事情需要拍板裁断，怎么办？一个“慎”字，审度时宜，虑定而动，则无大过矣。做官之人，有许多事情可以交给下属去办，但自己不要忘记一个“勤”字，万万不可偷懒，否则上行下效，一发而不可收。2008年，笔者出版《荣氏家族根在济宁书画集》，母亲朱纹所赐墨宝就是“让俭勤廉”四字，笔者意为，让俭清慎勤，为政者心中有此五个字，践行这五个字，则可以事事通达矣。

原文：或问：“天下何时太平？”飞曰：“文臣不爱钱，武臣不惜死，天下太平矣！”

注释：本文出自元代脱脱《宋史·岳飞传》。

(1)或问：有人问。(2)飞：岳飞，南宋抗金名将。

译文：有人问岳飞：“天下什么时候才能太平？”岳飞回答说：“文臣不贪爱钱财，武臣不怕死，天下就太平了。”

评析：北宋积贫积弱，先后被辽、金游牧民族所侵犯，最后失去半壁江山，被迫迁都临安(今浙江杭州)，是为南宋。金兵对南宋继续侵扰，由此产生宗泽、李纲、岳飞等一批抗金民族英雄。然而由于宋高宗赵构和宰相秦桧等君臣昏庸奸诈，这些民族英雄备受压抑，壮志难酬。正是在这种大背景下，有人向岳飞提出天下何时太平这个南宋举国上下十分关心的大问题。岳飞回答是：文官不贪图钱财，武将决心以命报国，这样天下就太平了。“文臣不爱钱，武臣不惜死”，这十字名言真是一语中的，切中治国之要害。

原文：治人者必先自治，责人者必先自责，成人者必先自成。

注释：本文引自清代钱琦《钱公良测语·规世》。

(1)治：管理。(2)责：批评，责备。(3)成：使人成长，帮助。(4)钱琦：字相人，号屿沙、述堂，晚号耕石老人。仁和(今浙江杭州)人。进士出身，清代官员，历官河南道御史、江苏按察使、福建布政使。

译文：治理民众的人，一定要先做到自己管理自己；责备批评别人的人，一定要先做到自己责求自己；帮助别人的人，一定要先做到自己有能力帮助自己。

评析：钱琦这段话论述了为政者凡事以身作则的重要性。一个人如果不能做到自己管理自己，那他就没有资格管理别人；一个人遇到问题，不是先从自身找原因，那他就没有理由责备别人；一个人如果想帮助别人，那要先看看自己是不是已经有帮助别人的能力。党政领导干部在做好本职工作时要以此为镜子，时时对照自己，努力解决自身存在的突出问题，切实改进工作作风，密切联系群众，听民声、办民事，拒绝“四风”(形式主义、官僚主义、享乐主义和奢靡之风)的侵蚀，夙夜在公，勤勉工作，努力向人民交出一份合格的答卷。

原文：群臣奏人，下于有司；公卿集议，复奏行之。其所行者，著为故事，因时增易，百职准以决事。自汉以来皆然，舍是无以为政。然有治不治者，以实则治，以文则不治。若徒以文也，譬之优偶之戏，衣冠言貌，陈事辨理，无不合度，而岂其实哉！

注释：本文出自清代唐甄《潜书·权实》。

(1)有司：有关主管部门。(2)公卿：三公九卿。(3)百职：治理各种事务的官员。(4)治：治理。(5)实：实干，实实在在做事。(6)文：文书，文件，空文。(7)优偶：倡优木偶，演戏。(8)唐甄：清初思想家，曾任山西省长子县(今山西长子)知县。

译文：群臣将建议上奏朝廷，朝廷发往有关主管部门，三公九卿聚集一起讨论，然后奏请皇帝采纳实行。在实践中切实可行的，被当作典型案例，并随时增加改变，处理各种事务的官员以此为处事准则。从汉代以来就是这个程序，离开这个程序就没办法处理政务了。然而却有的治理得很好，有的治理得不好，其原因是实实在在做事就能治理得好，只是发文不做实事就治理得不好。如果只是靠文书上的东西，就像倡优木偶演戏一样，穿的衣服，戴的帽子，陈述事实辨明道理，没有不合法度的，然而难道这是真的实事吗？

评析：唐甄在文中讲述了文书形成过程，认为没有文书就没有办法处理政务。但同样有文书，为什么有的治理得很好，有的治理得不好呢？唐甄自己给出答案："以实则治，以文则不治。""为政贵在行。"文书只是上传下达的工具，关键还是要抓落实。领导干部的重要职责就是要根据党的路线方针政策，结合本地本部门实际情况抓好落实，做到"谋事要实，创业要实，做人要实"，只有这样，才能求真务实，把各项事业抓紧抓好。

原文：方今国势，无复雍乾财富之盛，骤语建置，微特黎民滋恐，即殊识之士亦非徘徊瞻顾而不敢为。惟自古不谋万世者不足谋一时，不谋全局者不足谋一域。诚欲延国命于累卵之巅，举危疆以图自保，则因势制地之术，固有不容不先振其纲维而徐措其节目之细，则迁都之说尚焉。

注释：本文出自清末陈澹(dàn)然《寤言·迁都建藩议》。

(1)方今：当今，现时。(2)国势：国家情势。(3)无复：不再有，没有。(4)雍乾：雍正乾隆两朝。(5)骤：突然，急速。(6)建置：建立，设置。(7)微特：不但。(8)殊识：特殊见解，见解独特。(9)瞻顾：瞻前顾后，犹豫不定。(10)国命：国家的命脉、命运。(11)累卵：把蛋层叠起来，意为危险。(12)纲维：总纲和四维。(13)徐措：缓慢措置。(14)陈澹然：字剑潭，安徽安庆人，举人出身，曾任安徽通志馆馆长。

译文：现今国家情势，已没有雍正、乾隆年间的财富盛世，突然提出国家迁都设置，不但一般黎民百姓会产生恐慌，即使有独到见解的有识之士也会往复徘徊瞻前顾后不敢有所作为。自古以来，不善于谋求长远利益的人，就不能谋划一时的事情；不善于谋划全局大事的人，就不能谋划一个区域的事情。如果真正想延续在层叠的蛋卵之巅之上的国家命脉，振兴危险的疆域以图谋自我保护，就应有因循国家情势根据地理情形的举措，本来就有不得不先振兴国家纲维，然后再慢慢措置细节方面的问题，所以迁都的说法就成为时尚了。

评析：这是清末文人陈澹然所写的《迁都建藩议》中的一段文字。陈澹然在

《迁都建藩议》中提出“迁都建藩”的建议，呼吁把朝廷搬到武昌，以避列强侵略之锋芒，振兴清朝之国势。他的迁都建议到底可不可行，我们另当别论，但他在文章中提出“不谋万世者不足谋一时，不谋全局者不足谋一域”的观点，却是每一个为政者都应重视的至理名言。那些身居上位的为政者，要从长远的观点来谋划当前；那些身居一域的地方官员，要有全局意识、大局意识。只有短期利益服从长远利益，局部利益服从全局利益，才能全国一盘棋，上下一条心，同心协力，保证我们的事业永远兴旺发达。

民本篇

minbenpian

国破山河在，城春草木深。感时花溅泪，恨别鸟惊心。
烽火连三月，家书抵万金。白头搔更短，浑欲不胜簪。

——杜甫

杜甫

杜甫（712～770年），字子美，自号少陵野老。祖籍襄阳，河南巩县（今河南巩义）人。唐代伟大的现实主义诗人，一生作诗3000余首，有"诗史"之誉。代表作有《春望》《北征》《三吏》《三别》《茅屋为秋风所破歌》等。杜甫名作《饮中八仙歌》豪气干云，显示出诗人狂放不羁的一面。

杜甫有"致君尧舜上，再使风俗淳"的宏伟抱负，但仕途坎坷，曾任左拾遗、检校工部员外郎。

杜甫在世时名声并不显赫，但后来声名远播，对中国和日本文学都产生了深远的影响。

原文：帝曰："来，禹！降水儆予，成允成功，惟汝贤。克勤于邦，克俭于家，不自满假，惟汝贤。汝惟不矜(jīn)，天下莫与汝争能。汝惟不伐，天下莫与汝争功。予懋乃德，嘉乃丕(pī)绩，天之历数在汝躬，汝终陟(zhì)元后。人心惟危，道心惟微，惟精惟一，允执厥中。无稽之言勿听，弗询之谋勿庸。可爱非君？可畏非民？众非元后，何戴？后非众，罔与守邦？钦哉！慎乃有位，敬修其可愿，四海困穷，天禄永终。惟口出好兴戎，朕言不再。"

注释：本文出自先秦《尚书·虞书·大禹谟》。

(1)降水：洪水，大水。(2)允：用。成允成功：成政化之用，成美善之功。(3)克勤于邦，克俭于家：能勤勉治国，能节俭持家。(4)假：大。满假：意满自大。(5)矜：自以为贤。(6)伐：自以为功。(7)丕：大。丕绩：大的功绩。(8)历数：天历运之数，帝王相继的秩序。(9)躬：自身。(10)陟：进用。元后：天子。(11)允执厥中：守其中道。(12)无稽：无可稽考。(13)弗：不，不可。(14)询：谋划。(15)戴：尊奉。(16)敬：恭。在貌为恭，在心为敬。敬修：恪尽职守。(17)困穷：生计将绝。(18)天禄：受于天之禄籍。(19)禄：福，善。(20)口：天子之口。(21)出好兴戎：出好言，兴戎兵。

译文：舜帝对大禹说："来，大禹！天降洪水儆诫我们的时候，你因势利导，成政化之用，成美善之功，只有你最贤能。你能勤勉治国，能节俭持家，还谦虚谨慎从不自满，你是最贤能的。你从不矜夸自己的贤能，所以天下无人可以和你争能；你不炫耀自己的功劳，所以天下无人可以和你争功。我们的强盛是因为你施行德政，我嘉许你的巨大功绩。天道酬勤，国家的命运就承担在你的身上，你终将成为万民之主。人心是危险的，道心是微妙的，只有精粹纯一，用赤子之心方可守其中道。没有根据的话不可以听信，不是大家共谋的计划不可以使用。可敬爱的人难道不是君主吗？可敬畏的人难道不是百姓吗？民众除了天子还能够拥戴谁呢？君主除了百姓之外还能与谁一起捍卫国家呢？要心存敬畏啊！居天子之位要谨小慎微，只有恪尽职守，修和万邦，德政的理想才可以实现，天下生计将绝的穷人才能得到拯救，事业才能兴旺、国运才能长久。天子之口一言九鼎，出好言，兴戎兵，皆由一人，我禅位之后，将不再发号施令了。"

评析：这是虞舜决定禅让后对大禹说的一段话。虞舜充分肯定了大禹治水的德行与功绩："成允成功，惟汝贤。克勤于邦，克俭于家，不自满假，惟汝贤。"表示天之历数已在大禹身上，大禹将要成为天下的君主。然后，虞舜殷切期望大禹"惟精惟一，允执厥中。无稽之言勿听，弗询之谋勿庸"。尤其难能可贵的是，虞舜提出"可爱非君？可畏非民？众非元后，何戴？后非众，罔与守邦"的观念，这是中国民本思想的源头，民众在国家政治生活中的地位和作用得到充分肯定。“四海困穷，天禄永终。”如果四海民众穷困，作为天子的福命也就永远终止了。

原文：禹曰：“洪水滔天，浩浩怀山襄陵，下民昏垫。予乘四载，随山刊木，暨益奏庶鲜食。予决九川，距四海，浚畎(quǎn)浍(kuài)距川；暨稷播，奏庶艰食鲜食。懋迁有无，化居。烝(zhēng)民乃粒，万邦作乂(yì)。”

注释：本文出自先秦《尚书·虞书·益稷》。

(1)滔天：漫天，水势浩大。(2)浩浩：水大的形状。(3)怀：包围。襄：上。怀山襄陵：洪水包围了高山，淹没了丘陵。(4)下民：下国之民。下国：诸侯之国，或对本国的谦称。(5)垫：溺，溺水。昏垫：民众因水灾而昏惘下溺，苦不堪言。(6)四载：舟、车、輴(chūn)、樏(léi)四种载行工具。大禹治水，水行乘舟，陆行乘车，泥行乘輴，山行乘樏。(7)随：依循。刊：斫折。随山刊木：依山势而行，斩木以通道。(8)暨：与，和。(9)益：伯益。(10)奏：通“走”，古人自谦为对方的仆人。奏庶：我的民众，指百姓。(11)鲜：野兽。鲜食：食用鸟兽鱼鳖。(12)决：疏通，除去水之壅塞。九川：九条河川。(13)距：至。四海：《尔雅》“九夷、八狄、七戎、六蛮，谓之四海”。古人认为中国四境皆有海环之，故称中国为海内，外国为海外。(14)浚：深。畎：疏通、流注皆曰畎。浍：小流，田间水沟。(15)稷：人名。(16)艰食：五谷。马融：“根生之食，谓百谷。”(17)懋：通“贸”。懋迁：贸易。(18)化居：徙居，此处指迁移聚积的货物。(19)烝民：众人，百姓。(20)粒：米食曰粒。粒，一解为“立”，安定的意思。(21)作：通“乍”，开始。(22)乂：治理，安全。一解为“养”，可供资养。

译文：大禹说：“过去洪水泛滥，漫天的洪水包围着高山峻岭，淹没了丘陵，老百姓被洪水困厄，苦不堪言。我乘坐四种交通工具，沿山路而行，削伐树木开通道路。我和伯益，还有跟我们一起治水的百姓以野兽为食。我疏通了九条壅塞的河流，使它们流向四海之境；又加深并疏通河道将田间水流引至江河。我与后稷一起带领大家播种百谷，这样老百姓既有米食可餐又有野兽可食。同时还鼓励百姓开展贸易互通有无，将自己家里多余的东西拿出来交换。人民于是有了食物安定下来，天下万邦诸侯国开始得到有效的治理。”

评析：这段文字是大禹的自我陈述。建功立业，是每个文臣武将所渴望的事情。但建功立业不是好大喜功，而是要踏踏实实，做好对国家、对社会、对百姓有益的事情。大禹不辞劳苦，亲历亲劳，和伯益“随山刊木”，以野兽为食，平治了洪水，让百姓得以安居；大禹关心百姓生活，与后稷一起带领大家耕种百谷，让百姓得以温饱；大禹还倡导百姓开展贸易，互通有无，丰富了人民的生活。大禹之功勋可谓巨矣！可谓伟矣！

原文：天命有德，五服五章哉！天讨有罪，五刑五用哉！政事懋哉懋哉！天聪明，自我民聪明。天明畏，自我民明威。达于上下，敬哉有土！

注释：本文出自先秦《尚书·虞书·皋陶谟》。

(1)天命：天道。(2)德：行道而有得于心。此处为前文所言九德。(3)五服：天子、诸侯、卿、大夫、士五等礼服。(4)五章：五采。五采：青、黄、赤、白、黑五色相间。(5)天讨：王师征伐。(6)五刑：墨、劓(yì)、剕(fèi)、宫、大辟五种刑罚。(7)用：施行。五用：五种刑罚施行于五类罪人。(8)事：为。政事：行德政之事。(9)懋：勤勉，努力。(10)聪：听，听取意见。明：视，视察，观察问题。(11)明：表彰。畏：惩治。《蔡传》："明者显其善，畏者威其恶。"(12)达：通。达于上下：通达于天下。

译文：天命表现为九德，天子、诸侯、卿、大夫、士按照"五服"等级各居其职事，五采之服虽异，却能够相得益彰；王师征伐有罪者，五种刑罚是用来惩处那些罪有应得的人。施行德政要有所作为，大家要不断地努力啊！天子之聪颖、智慧是因为体察民情、了解民意而不迷惘的结果。天子显善威恶，懂得敬畏，不是因为天子个人的好恶，而是能够以民众的好恶为好恶，以百姓的敬畏为敬畏。只有通达于天下，广视听于四方，使天下无壅塞，才能够像大地那样，厚以载物。天意和民意是相通的，拥有国土的君主，要心存敬畏啊！

评析：天命是什么？皋陶解释为天道。天道之流行而赋予物，有物就有一定的规律可循，规律也即规则，就像命令一样不可变更，故称"天命"。孔子有"五十而知天命"，这是说所学者皆知其所当然，而极其精也。一般人以为穷达得丧，皆有造物之主宰，谓之天命。这是不知天命之精髓。天命表现为九德，天子以九德为根本，下属按五服各行其责，表彰有德之人，惩治有罪之人。勤勉努力地做到这些，政务就很完备了。值得重视的是，皋陶在这里论述了天意和"我民"的关系，天子聪明是因为天子了解民情，天子赏罚是依据民众的好恶。这种以民为本的思想，对中国历史产生了深远的影响。

原文：其一曰："皇祖有训，民可近，不可下，民惟邦本，本固邦宁。予视天下愚夫愚妇一能胜予，一人三失，怨岂在明，不见是图。予临兆民，懔(lǐn)乎若朽索之驭六马，为人上者，奈何不敬？”

注释：本文出自先秦《尚书·夏书·五子之歌》。

(1)五子：夏王启的五个儿子，他们的哥哥太康继承帝位，却尸位素餐，沉迷于田猎游玩。一次出外打猎百天没有回来，被有穷国国君后羿阻止于洛水以南，于是夏启五子以母亲代行王政，并作歌讽谏太康。本文是其中第一首。(2)皇：大。皇祖：大禹。训：教诲。(3)近：亲近。下：轻视。(4)惟：通“为”。邦本：国之根本。(5)固：安定。宁：安宁。(6)愚夫愚妇：一般人，很普通的人。(7)一人：予一人，是天子自称。三失：屡有过失。(8)明：明显。(9)见：显现。图：图谋，忖(cŭn)度，计议。(10)临：居上视下。兆民：众民，百姓。(11)懔乎：敬畏，畏惧。(12)朽索：腐朽的绳索。驭：驾驭，比喻治理天下。六马：天子之车。(13)奈何：如之何，为什么。不敬：无敬畏之心。

译文：第一首歌词：“先帝大禹曾有教诲：人民可以亲近，却不可以轻视；民众是国家的根本，只有人民安定，国家才能安宁。我看待天下万民，即便是愚夫愚妇，皆能胜过我一人。国君屡有过失，难道还要等到百姓的怨恨明显吗？要在事物初露端倪的时候就预先作出谋划。我君临天下，治理民众，战战兢兢，就像用腐朽的绳索驾驭六马那样，如临深渊，如履薄冰。身为万民之君，对待老百姓怎么能不心存敬畏呢？”

评析：《五子之歌》是中国最早的一首政治性诗歌。这首诗歌强调了民众的力量，有极其浓重的民本思想色彩。诗歌借皇祖大禹之口，明确提出“民可近，不可下，民惟邦本，本固邦宁”，把民众在国家政治社会中的地位提升到非常重要的位置。帝王自谦自己的才智不如任何一个普通平凡的“愚夫愚妇”，这需要何等的勇气和智慧才能说出这样的话语？帝王治理天下，就像用腐朽的绳索驾驭六匹骏马，一定要谨慎再谨慎，否则就会车毁人亡。贵为万民之君，在百姓面前，都要存有敬畏之心，那么作为各个职位上的为政者，有什么理由傲气跋扈，把自己凌驾于平民百姓之上呢？为政者一定要认识到“民为邦本，本固邦宁”这个道理，国家大事，民本为先，做一切事情，都是为了人民的利益和福祉。

原文：汤征诸侯。葛伯不祀，汤始伐之。汤曰：“予有言：人视水见形，视民知治不。”伊尹曰：“明哉！言能听，道乃进。君国子民，为善者皆在王官。勉哉，勉哉！”汤曰：“汝不能敬命，予大罚殛(jí)之，无有攸赦。”作汤征。

注释：本文出自西汉司马迁《史记·殷本纪》。

(1)汤：成汤，灭夏建商，故史称商汤。汤征诸侯：成汤为夏朝方伯，有征讨临近诸侯的权力。(2)葛伯:葛国国君。(3)知治不:知道治理得好不好。(4)伊尹:著名贤臣,辅佐成汤灭夏建商。(5)君国:治理国家的国君。(6)子民:以民为子。养育民众。(7)王官:朝廷官员。(8)勉:勤勉,努力。(9)殛:杀死。(10)攸:同"所"。

译文:成汤在夏朝为方伯(一方诸侯之长),有权征讨邻近的诸侯。葛伯不祭祀鬼神,成汤首先征讨他。成汤说:"我说过这样的话:人照一照水就能看出自己的形貌,看一看民众就可以知道国家治理得好与不好。"伊尹说:"英明啊!善言听得进去,道德才会进步。治理国家,抚育万民,凡是有德行做好事的人都要任用为朝廷之官。努力吧,努力吧!"成汤对葛伯说:"你们不能敬顺天命,我就要重重地惩罚你们,概不宽赦。"于是写下《汤征》,记载了征伐葛国的情况。

评析:征伐诸侯,首先要有一个理由。成汤征伐葛国的理由就是"葛伯不祀"。不仅如此,葛伯治理国家也存在问题,表现在民众不满意葛伯的统治。"人视水见形,视民知治不",成汤正是从观察葛国民众情绪,知道葛伯把国家弄得很糟糕,于是决定征伐葛国。大臣伊尹对成汤的说法很赞同,他认为作为一个国君,就应当听信善言,推崇正道,治理国家,抚育百姓,把有德行的人任用为朝廷官员。言外之意,葛伯不是这样的国君,于是成汤宣布要兴兵征伐,并发出誓言,表示对葛伯绝不宽赦。"人视水见形,视民知治不",可以理解为"以民情为镜",有学者认为,这是中国历史文献中有据可查的最早的"镜子论"。

原文:天视自我民视,天听自我民听。百姓有过,在予一人。今朕必往。

注释:本文出自先秦《尚书·周书·泰誓中》。

(1)天:上天。有意志的天。(2)视:看到。(3)听:听到。(4)过:过错,过失。(5)予:我。(6)朕:帝王自称。

译文:上天所看到的来自于我们老百姓所看到的,上天所听到的来自于我们老百姓所听到的。如果我的百姓今天所做的事是错误的,责任由我一个人承担。我今大必定前往讨伐商朝。

评析:这段文字是周武王讨伐商朝前发出的作战动员。"百姓有过,在予一人",有学者译为"老百姓对我有所责难",似有不通之处。《论语·尧曰第二十》中唐尧称"万方有罪,罪在朕躬",和周武王"百姓有过,在予一人"表达的意思相同。周武王这段话的关键之处是强调民本思想,"天视自我民视,天听自我民听",天的意志就是民众的意志,作为为政者,应当如何对待民众,那就应该是不言自明了。

原文:夫民之大事在农,上帝之粢盛(zī chéng)于是乎出,民之蕃庶于是乎生,事之供给于是乎在,和协辑睦于是乎兴,财用蕃殖于是乎始,敦庞纯固于是乎成。

注释:本文出自春秋左丘明《国语·周语上》。

(1)农:农事,耕作。(2)粢:谷子。何休注:"黍稷曰粢,在器曰盛。"粢盛:古代盛在祭器内以供祭祀的谷物。(3)是乎:由此。(4)蕃庶:繁盛众多,滋生繁衍。(5)供应:供给。(6)辑:聚集。和协辑睦:内外团结和睦。(7)蕃殖:繁殖,增长。(8)敦庞:丰厚,富足。纯固:纯粹坚定。

译文:民众的大事在于农耕,天帝的祭品靠它出产,民众的繁衍靠它生养,国家的供应靠它保障,和睦的局面由此形成,财务的增长由此奠基,强大的国力由此维持。

评析:这段文字出自西周时期虢国国君虢季虢文公之口。周宣王即位之后,"不藉千亩",意欲废止藉田之礼,虢文公于是说了这番话劝谏,天子因此带领群臣和庶民籍田,表示重视农业生产和与民共劳。虢文公这番话说明了国家以民为本、以农为本的道理,"民"是社会和国家物质财富的主要创造者,如果离开了他们,国计民生都无从谈起。民本、农本思想是我国传统思想的重要内容,时至今日,仍不失其积极意义。中国共产党始终把解决好"三农"问题,看作工作重中之重,任何时候都没有丝毫动摇。

原文:齐桓公问管仲曰:"王者何贵?"曰:"贵天。"桓公仰而视天。管仲曰:"所谓天者,非谓苍苍莽莽之天也。君人者,以百姓为天。百姓与之则安,辅之则强,非之则危,背之则亡。诗云:'人而无良,相怨一方。'民怨其上不遂亡者,未之有也。"

注释:本文出自西汉刘向《说苑·建本》。

(1)贵:以什么为宝贵,引申为尊重。(2)苍苍莽莽:广阔无边的样子。(3)君人:做人的君主。(4)与:亲附,拥护爱戴;赞许,称赞。(5)辅:辅佐,协助、帮助。(6)非:非难,责怪。(7)背:背弃,违背。(8)遂:终究。

译文:齐桓公问管仲:"当君王的人,应尊重什么?"管仲回答说:"应尊重天。"于是桓公仰首望天。管仲说:"我所说的'天',不是苍苍莽莽的天。当君王的人,要把百姓当作天。对于一个国家来说,百姓亲附,就会安宁;百姓辅助,就能强盛；百姓反对，就很危险；百姓背弃，就要灭亡。有句诗这样说：'人主如果不贤良，这一方民众就会怨恨他。'百姓怨恨他们的国君，而国家最终不遭到灭亡的，那是从来没有的事啊。”

评析：齐桓公和管仲这篇对话，反映了管仲以百姓为天的民本思想。管仲认为，作为君王，最可宝贵的是天，而这个天，就是百姓。百姓与君主（国家）的关系主要有四种：一是百姓亲附，国家安宁；二是百姓拥护，国家强盛；三是百姓怨怼（duì），国家危险；四是百姓背弃，国家灭亡。作为为政者，一定要尊重民意，以人民利益为依归，“以百姓为天”，为百姓造福，这样才能长治久安，这是被无数史实所证明了的真理。

原文：政之所兴，在顺民心；政之所废，在逆民心。民恶忧劳，我佚（yì）乐之；民恶贫贱，我富贵之；民恶危坠，我存安之；民恶灭绝，我生育之。能佚乐之，则民为之忧劳；能富贵之，则民为之贫贱；能存安之，则民为之危坠；能生育之，则民为之灭绝。故刑罚不足以畏其意，杀戮不足以服其心。故刑罚繁而意不恐，则令不行矣；杀戮众而心不服，则上位危矣。故从其四欲，则远者自亲；行其四恶，则近者叛之。故知予之为取者，政之宝也。

注释：本文出自春秋管仲《管子·牧民》。

(1)兴：兴起，推行。(2)废：废弛，停止。(3)恶：厌恶。(4)佚：通“逸”，逸乐。(5)危坠：危险坠毁，危难。

译文：政令之所以能够推行，就在于顺应了民心；政令之所以被废弛，是因为违背了民心。民众不喜欢忧愁劳苦，我就让他们安逸快乐；民众不喜欢贫穷低贱，我就让他们富裕高贵；民众不喜欢危险境地，我就让他们居住安定；民众不喜欢没有子嗣，我就让他们生育繁衍。能让民众安逸快乐，民众就能为我承担忧劳；能让民众富贵，民众就能为我忍受贫贱；能让民众生活安定，民众就能为我承受危难；能让民众生育繁衍，民众就能为我牺牲生命。只是靠刑罚不足以让民众感到畏惧，只是靠杀戮不足以让民众真心服从。刑罚繁多而民众不怕，这样政令就难以推行；杀戮民众而人心不服，这样在上位者就危险了。顺从民众的上面四种欲望，远地的人们也会前来归附；做了民众厌恶的四件事情，近处的人们也会众叛亲离。由此可知，给予就是索取，这个道理就是治国为政的法宝。

评析：为政者考虑最多的，应该是如何稳固自己的地位，如何能让自己的政权延续长久。管仲在这里作出回答：民众有自己的四种欲望，满足民众的欲望，民众就会真心拥护你，甚至会甘心为你牺牲生命。中国共产党的历史就是最好的说明。解放战争时期，共产党土地改革，满足农民对土地的要求，从而赢得民心，建立了新中国。改革开放，让人民富起来，才避免了苏联亡党亡国的覆辙。今天，党要保持执政地位，就要顺应民心，关心群众疾苦，廉洁勤政，不断提高人民生活水平，这样全国上下一心，共同奋斗，才能实现中华民族伟大复兴的“中国梦”。

原文：圣人无常心，以百姓心为心。善者，吾善之；不善者，吾亦善之，德善。信者，吾信之；不信者，吾亦信之，德信。圣人在天下，歙(xī)歙焉，为天下浑其心。百姓皆注其耳目，圣人皆孩之。

注释：本文出自春秋老聃《老子》第四十九章。

(1)常：固定不变。常心：固有之心，主观成见。(2)德：通“得”。(3)歙：吸气，收敛。(4)浑其心：使人心浑朴。(5)注其耳目：关注满足他们的耳朵、眼睛的欲望。(6)孩之：让他们回归婴儿状态。

译文：圣人没有固定不变的一己之见，他们把百姓的心当成自己的心。对于善良的人，我善待他；对于不善良的人，我也善待他，这样就可以得到善良了，从而使人人向善。对于守信的人，我信任他；对不守信的人，我也信任他，这样可以得到诚信了，从而使人人守信。圣人治理天下，收敛自己的欲望，让天下的心思归于浑朴；百姓都关注满足于自己耳目之私欲，圣人就是要帮助他们回到婴孩般纯朴的状态。

评析：在老子看来，最高明的为政者，就要不以己心为心，而以百姓之心为心。他不敢固执己见，不敢放纵自己，收敛自己的欲望，让民风民俗归于淳朴。不管人们善良与否，一概以善良待之；不管人们诚信与否，一概以诚信待之；百姓皆注其耳目，为政者就要引导他们回归到淳朴纯真的状态。这是老子对为政者的要求，也是为政者所应尽力践行的原则。

原文：晏子饮景公酒，令器必新，家老曰：“财不足，请敛于氓。”晏子曰：“止！夫乐者，上下同之。故天子与天下，诸侯与境内，大夫以下各与其僚，无有独乐。今上乐其乐，下伤其费，是独乐者也，不可！”

注释：本文出自春秋晏婴《晏子春秋·内篇·杂上》。

(1)饮：使……饮。(2)器：器具，此指酒具。(3)家老：家臣。(4)氓：一作民，百姓。

译文：晏子准备请齐景公喝酒，景公命令要用的酒器必须是新的。晏子家臣说:“我们购置新的器皿财力不足,请让我去向百姓收点钱财吧。”晏子说:“不可以!所谓快乐,是要上下共同享受。所以天子和天下百姓同乐,诸侯与封地内百姓同乐,大夫以下各自与其下属同乐,没有独自享乐的。现在君主快乐,却让百姓破费钱财,这是独自享乐,不能这样!”

评析:晏子身为齐相国,一直以俭朴自律,这次请国君到家里喝酒,齐景公却出了一个难题:“令器必新。”晏子与家臣商议此事,家臣建议向封地百姓征收钱财,晏子予以制止,并讲了一番与民同乐的道理。为政者一定要做到与民同乐,如果在上位者的快乐是以侵害民众百姓的利益为前提,这种快乐就是“独乐”。上位者“独乐”,不仅晏子要说不可,每一个为政者也要说“不可”,这是我们每一位领导干部应有的态度。

原文:君子先慎乎德。有德此有人,有人此有土,有土此有财,有财此有用。德者本也,财者末也。外本内末,争民施夺。是故财聚则民散,财散则民聚。

注释:本文出自先秦《礼记·大学》。

(1)慎:谨慎,慎重。(2)德:道德,德行。(3)施夺:劫夺。

译文:君子必须先要慎重于自己的德行,有德行便能有民众,有民众便能有土地,有土地便能有财富,有财富国家便能有开支用度。德行是根本,财富是末梢。如果轻根本而重末事,那就会与民争利。所以财富聚敛了,民众就会离散而去;财富分散于民,民众就会归附聚合。

评析:有句格言说:做事先做人。要做人,就要“慎乎德”,君子有德,人们就会敬佩你,愿意跟你做事情。所以“慎乎德”是君子做人之根本。本文所讲君子,其实讲的是为政者,为政者“慎乎德”,就能有人、有土、有财、有用。作为执政者,一定要明白修养自身道德、以德治政才是为政之本,决不能把财富当作根本,否则就会与民争利。这样财富虽然聚敛了,但民众却离散了。为政者要懂得寓财于民的道理,人民生活水平提高了,才会真心实意拥护为政者。所以,把群众利益放在第一位,是为政者应关注的第一要务。

原文:《诗》云:“乐只君子,民之父母。”民之所好(hào)好之,民之所恶(wù)恶之,此之谓民之父母。

注释:本文出自先秦《礼记·大学》。

(1)乐:快乐。(2)只:语助词。(3)乐只君子,民之父母:此诗出自《诗经·

小雅·南山有台》。(4)好：喜好，爱好。(5)恶：憎恶。

译文：《诗经》上说："快乐啊君子，是民众的父母。"民众所喜好的，他也喜好；民众所憎恶的，他也憎恶。这就是民众的父母啊。

评析：为政者如何快乐？能成为百姓的父母最为快乐。但君子作为民众的父母，不是骑在百姓头上作威作福，而是要以百姓喜好为喜好，以百姓憎恶为憎恶，这样才配称为"民之父母"。一切以民众好恶为标准，这实际上仍是民本思想的体现。党政领导干部干事创业，一定要树立正确政绩观，求真务实、真抓实干，真正做到"民之所好好之，民之所恶恶之"。

原文：孟子曰："桀、纣之失天下也，失其民也；失其民者，失其心也。得天下有道：得其民，斯得天下矣；得其民有道：得其心，斯得民矣；得其心有道：所欲与之聚之，所恶勿施，尔也。民之归仁也，犹水之就下、兽之走圹(kuàng)也。故为渊驱鱼者，獭(tǎ)也；为丛驱爵者，鹯(zhān)也；为汤、武驱民者，桀与纣也。今天下之君有好仁者，则诸侯皆为之驱矣。虽欲无王，不可得已。今之欲王者，犹七年之病求三年之艾也。苟为不畜，终身不得。苟不志于仁，终身忧辱，以陷于死亡。《诗》云：'其何能淑，载胥及溺。'此之谓也。"

注释：本文出自战国孟轲《孟子·离娄上》。

(1)桀：夏朝亡国之君。(2)纣：殷商亡国之君。(3)尔也：如此罢了。(4)圹：旷野。(5)獭：水獭。(6)爵：同雀。(7)鹯：鹞鹰类猛禽。亦称"晨风"。(8)汤：商汤。(9)武：周武王。(10)艾：陈艾，用作灸治。(11)畜：积存。(12)淑：善，好。(13)载：句首语助词。(14)胥：全，都。(15)及：与。(16)溺：落水。

译文：孟子说："夏桀和商纣失去天下，是由于失去了人民；失去人民，是由于失去了民心。得天下有办法：得到人民，就能得到天下了；得人民有办法：赢得民心，就能得到人民了；得民心有办法：他们想要的，就给他们积聚起来；他们厌恶的，不加给他们，不过如此罢了。人民归向于仁，如同水往下方流、野兽奔向旷野一样。所以，替深水赶来鱼的是水獭；替树丛赶来鸟雀的是鹞鹰；替汤王、武王赶来百姓的，是夏桀和商纣。如果现在天下的国君有爱好仁德的，那么诸侯们就会替他把人民赶来。哪怕他不想称王天下，也不可能了。现在想称王天下的人，好比害了七年的病要寻求干了三年的艾草来治。如果平时不积存，那就终身得不到。如果不立志于仁政，必将终身忧愁受辱，以至于死亡。《诗经》上说：'那怎能把事办好，只有一块儿淹死了。'说的就是这种情况。"

评析:民为国之本。这是孟子对儒家思想学说的一大贡献。一个国家,为政者是管理者,民众百姓是被管理者。为政者如果不以民众百姓为本,就失去了民众,就失去了民心,这样还想拥有政权,是万万不可能了。为政者想要得到天下,其实很容易,那就是施行仁政,赢得民心,赢得百姓,得到百姓的爱戴和拥护,就是自己不想称王于天下,也是不可能的了。自身仁德修身,施行仁政,让民众百姓受益,则可称王于天下。这就是孟子民本思想的精髓核心所在。

原文:制国有常,利民为本;从政有经,令行为上。

注释:本文出自西汉司马迁《史记·赵世家》。

(1)制国:治国。(2)常:不变的原则。(3)经:常道,规范。

译文:治理国家政事有不变的原则,有利于民众才是根本;处理政事有不变的法则,有令禁止最为重要。

评析:这段文字是赵武灵王让人转告公子成的一段话。赵武灵王要在全国范围内推行胡服骑射,遭到保守宗室叔父公子成的抵制,赵武灵王为此派王緤(xiè)转告公子成,讲述了这次改革对于富国强兵的重要性。"治国有常,利民为本",这八个字揭示了国家政治的精髓,国家政权就是为民众利益而设,不考虑民众利益的政权注定不能长久。"从政有经,令行为上",如果国家法令不能畅通无阻,不能贯彻执行,那么这个政权就已经名存实亡。所以为政者一要牢记利民为本,以此作为制定法令指导思想;二要保证法令畅通,让民众在法令的制定实施过程中真正得到实惠,切实得到利益。

原文:举事以为人者,众助之;举事以自为者,众去之。众之所助,虽弱必强;众之所去,虽大必亡。

注释:本文出自西汉刘安《淮南子·兵略训》。

(1)举事:行事,办事,发动武装暴动,发动战争。(2)人:他人,众人,人民。(3)去:离开,抛弃。

译文:发起战争的动机是为人民的,人民就会帮助他;发起战争的目的是为自己的,人民就会抛弃他。得到民众的支持,尽管弱小也必定会强大;被民众唾弃,即使强大也必定会灭亡。

评析:这段话说明发动战争的动机不同,其结果也不会相同。如果发动战争其目的的确是除暴安良,就一定会得到民众的拥护和支持;得到民众的支持,即使一开始是弱小的，但一定会由弱变强。与此相反，如果发动战争的目的是为自己一己之私利，那就一定会遭到民众的唾弃而众叛亲离，即使一开始很强大，最终结果就是自取灭亡。发动战争是如此，做其他事情也是如此，因此，为政者在"举事"之前一定要想一想，这件事情是不是对民众有利，凡是对民众有利的事要放手去做，凡是对自己或只对少数人有利的事则坚决不做。

原文：先王之作法也，莫不欲服民之心。服民之心，必得其情，情然耶，而罪亦然，则固入吾法矣。

注释：本文出自北宋苏洵《衡论·用法》。

(1)作法：制定法律。(2)情：实情。(3)然：这样。

译文：古代君王制定法律，没有不想让民众诚心悦服的。让民众诚心悦服，必须得到真实的情形，真正的情形是这个样子，那么所定的罪名也是这个样子，这样就可以成为永久的法律了。

评析：制定法律的目的是让民众诚心悦服。让民众诚心悦服，必须根据具体情况制定相应的法律条文。"情然耶，而罪亦然"，用现在的法律术语来说就是"罚当其罪"，这样的法律条文才可以永久地纳入律令之中。应当说明的是，苏洵这段话中"服民之心，必得实情"，已经作为名言警句，被解释为党政领导干部深入调查研究，解除人民疾苦以得到人民真心拥护的意思，这实际上已经脱离了苏洵说这话的语境，也就与苏洵的本意完全不同了。

原文：为政之道，以顺民心为本，以厚民生为本，以安而不扰民为本。

注释：本文出自北宋程颐《代吕晦叔应诏疏》。

(1)顺：顺应。(2)本：根本。(3)厚：使丰厚。(4)吕晦叔：名公著，进士出身，宋仁宗赐五品服，任崇文院检讨；英宗时加龙图阁直学士，因不赞同王安石新法，出知蔡州。

译文：治国理政的道理，就是要以顺应民心为根本，以让百姓生活宽裕丰厚为根本，以安定百姓不扰乱百姓为根本。

评析：得民心者得天下，顺应民心民意才能得到民众的拥护和支持。顺民心不是一句空话，让民众生活富裕、安居乐业，才是真正的顺应民心。所以，程颐讲的这三条，的确是治国理政的至理名言。党和国家一切工作的根本目的就是在发展经济的基础上不断提高人民生活水平。我们党要巩固执政地位、履行执政使命，就必须始终把实现好、维护好、发展好最广大人民的根本利益作为一切工作的出发点和落脚点，不断解决好人民最关心最直接最现实的利益问题，努力让人民过上更好更和美的生活。

原文：天下顺治在民富，天下和静在民乐，天下兴行在民趋于正。

注释：本文出自明代王廷相《慎言·御民》。

(1)顺治：顺从而大治，政通人和，社会秩序井然而安定。(2)和静：和谐，平和安静。(3)兴行：使之盛行，兴起盛行。(4)王廷相：字子衡，号浚川。潞州(今山西长治)人，进士出身，官至南京兵部尚书，明代哲学家、思想家。

译文：国家是不是和顺治理的标准，是看人民是不是富裕；国家是不是和谐安静的标准，是看人民是不是快乐；国家是不是德行实行的标准，是看民风是不是清正。

评析：为政者治理国家，无不希望天下顺治、和静、兴行，但达到这三种境界的标准是什么，却很少有人做深入的思考。王廷相作为思想家、哲学家，对这一问题作出十分确切的回答：天下怎样才是顺治？就要看民众生活是不是富裕。天下怎样才算和静？就要看民众是不是快乐。天下怎样才是兴行？就要看民众风气是否清正。明此三条标准，为政者也就明白了自己的使命，那就是要致力于让民众富裕起来，让民众快乐起来，让民风淳厚起来。

原文：欺人如欺天，毋自欺也；负民即负国，何忍负之。

注释：本文出自山东单县古县衙内琴治堂楹联。

(1)毋：不要。(2)负：辜负。(3)何忍：怎么能忍心。(4)琴治堂：孔子弟子宓子贱为单父宰“抚琴而治”，后人在山东单县县衙建“琴治堂”以作纪念。

译文：欺骗人民，就如同欺骗上天，不要自欺欺人。辜负民众就是辜负国家，怎么能忍心辜负她呢？

评析：这副对联是封建官吏的自警之作，它把欺人与欺天、负民与负国有机地结合起来，体现了封建统治者“天人合一”的政治理念和爱民自警的民本思想。这副楹联一见于山东单县古县衙琴治堂，另见于河南内乡古县衙门。还有一种说法，是这副对联为清代康熙年间监察御史魏象枢所书，被用作魏姓宗祠通联。魏象枢，字环极，一作环溪，号庸斋，又号寒松，蔚州(今河北蔚县)人，进士出身，官至左都御史、刑部尚书。

原文：生民之大要者三，而强弱存亡莫不视此：一曰血气体力之强，二曰聪明智虑之强，三曰德性仁义之强。是以西洋观化言治之家，莫不以民力、民智、民德三者断民种之高下。未有三者不备而生民不忧，亦未有三者备而国威不振也。

注释：本文出自晚清严复《原强》。

(1)生民：人民，养民。(2)大要：要旨。(3)西洋：西方国家。(4)观化言治：观察风化总结治理之道。(5)民种：民族，种族。

译文：养护人民的要旨有三条，一个国家的强大弱小保存灭亡没有不看这三条的。第一是人民血气体力是否强盛，第二是人们聪明智虑是否强大，第三是人民道德仁义是否强健。因此西方国家观察风俗教化研究治理之道的专家们，无不是以民力、民智、民德这三个方面断定一个民族、种族水平的高低。没有这三个方面不完备而为政者不忧愁的，也没有这三个方面都具备而国家声威不振的。

评析：面对西方列强的侵入，中国真正的知识分子无不探求救国的方案，严复就是这些知识分子的代表。严复认为，中国之所以贫弱，就是因为民力、民智、民德这三者不完备，所以增民力、开民智、升民德，就成为富国强兵的主要任务。改革开放以来，我国经济持续发展，人民生活水平不断提高，但随之而来的却是国民素质未达到现代社会要求。所以，不断增强人民体质，不断开阔人民视野，不断提升人民道德修养，越来越成为执政者关心的问题，这对于实现中华民族伟大复兴的中国梦，有着极为重要的现实意义。

爱民篇

aiminpian

先天下之忧而忧，后天下之乐而乐。

——杜甫

范仲淹

范仲淹(989～1052 年),字希文,苏州吴县(今江苏苏州)人。幼年丧父,母亲改嫁长山朱氏,遂更名朱说。

大中祥符八年(1015 年),范仲淹苦读及第,授广德军司理参军,迎母归养,改回本名。

历任兴化县令、秘阁校理、陈州通判、苏州知州等职,因秉公直言而屡遭贬斥。庆历三年(1043 年),出任参知政事,上疏《答手诏条陈十事》,提出十项改革措施。不久新政受挫,范仲淹被贬出京,历知邠州、邓州、杭州、青州。皇祐四年(1052 年)改知颍州,范仲淹扶疾上任,于途中逝世。谥号"文正"。

原文:九五,观我生,君子无咎。

注释:本文出自殷周《周易·观卦》周公九五爻辞。

(1)九五:《易》六十四卦卦象从下往上数,第五行阳爻。(2)观:观看,观注。(3)生:民生。我生,我的子民民生。(4)爻辞:根据爻位所在位置解释一爻爻义,爻辞为周公旦所作。

译文:九五,观注我的子民民生,君子没有咎害。

评析:在《周易》卦象中,九五爻位,为君王所在位置。君王所关注者,唯以民生为焦点。人民安居乐业,这是国君是否英明尽责的直接体现。所以周公认为,作为君子,只要关注民生,关心民众疾苦,他就不会有咎害;作为君王,他的政令教化也不会有过失。

原文:象曰:"'观我生',观民也。"

注释:本文出自《易传·观卦·象传》。

译文:《象传》上说:"'观注我生'。就是观注民众的生活。"

评析:《周易·观卦》六三爻辞与九五爻辞从文字上看,都是"观我生"三个字,但其内涵却有根本上的区别。六三是关注自己,而九五关注的是他的子民百姓,是他的子民百姓是否安居乐业,生活富足。孔子正是看到这一点,所以在这里用"观民"做一提示,一是让读者能够了解"观我生"的内涵;一是提醒上位者,要时时刻刻关注民众的疾苦,这样才能被人民拥戴。

原文:凡治国之道,必先富民。民富则易治也,民贫则难治也。奚以知其然也?民富则安乡重家,安乡重家则敬上畏罪,敬上畏罪则易治也。民贫则危乡轻家,危乡轻家则敢凌上犯禁,凌上犯禁则难治也。故治国常富,而乱国常贫。是以善为国者,必先富民,然后治之。

注释:本文出自春秋管仲《管子·治国》。

(1)安乡:安于居住在乡里。(2)敬上:尊敬上面。(3)畏罪:畏惧犯罪。(4)危乡:危害乡里。(5)轻家:对家庭不重视。(6)凌上:欺凌上面。(7)犯禁:违反禁令。

译文:大凡治国的道理,一定要先使人民富裕,人民富裕就容易治理,人民贫穷就难以治理。怎么知道是这个样子呢?人民富裕就安于乡居而爱惜家园,安乡爱家就恭敬上面而畏惧刑罪,敬上畏罪就容易治理了。人民贫穷就会危害乡里而轻视家园，不安于乡居而轻视家园就敢于对抗君上而违犯禁令，抗上犯禁就难以治理了。所以，治理得好的国家往往是富裕的，动乱的国家必然是贫穷的。因此，善于治理国家的人，一定要先使人民富裕起来，然后再加以治理。

评析：管仲作为春秋时代的杰出政治家，有非常丰富的治国思想。他提出的“治国之道，必先富民”，就是治理国家非常重要的方法。管仲认为，富民是治理国家的前提和条件，而民贫则是社会动乱的根源和外在表现。管仲分别从民富、民贫两个方面来论述：人民富裕就会安乡重家，安乡重家就会敬上畏罪，人民能敬上畏罪就容易治理了；人民贫穷就会是另一个样子，危乡轻家、凌上犯罪，这样治理起来就会非常困难了。管仲充分认识到富民的重要性，在制定政策措施时能够以富民为指向，因此使得齐国很快强盛起来，齐桓公由此能“九合诸侯，一匡天下”，成为春秋首霸。

原文：叔向问于晏子曰：“意孰为高？行孰为厚？”对曰：“意莫高于爱民，行莫厚于乐民。”又问曰：“意孰为下？行孰为贱？”对曰：“意莫下于刻民，行莫贱于害身也。”

注释：本文出自春秋晏婴《晏子春秋·内篇·问下》。

(1)叔向：姬姓，羊舌氏，名肸(xī)，叔向为字，晋国大夫。(2)晏子：晏婴，齐国大夫。(3)意：想法。有学者认为“意”与“德”字相通。(4)刻：苛刻。(5)害身：一作“害民”。

译文：叔向向晏子请教：“什么样的想法才是高尚的？什么样的行为才是忠厚的？”晏子回答他说：“没有比爱护百姓更高尚的想法，没有比让百姓快乐更宽厚的行为。”叔向接着又问：“什么样的想法是卑下的？什么样的行为是低贱的？”晏子回答说：“没有比苛刻地对待百姓更低劣的了，也没有比坑害百姓更低贱的了。”

评析：晋国大夫叔向向晏子请教什么想法高尚？什么行为忠厚？什么想法卑下？什么行为低贱？晏子从对待民众的态度对这四个问题作出回答：爱民的想法最为高尚，乐民的行为最为忠厚；刻民的想法最为卑下，害民的行为最为低贱。爱民乐民还是刻民害民，这是区别为政者善恶好坏的分水岭，心中想着民众，以让民众快乐作为自己的自觉行为，这样高尚忠厚的为政者才是人们所欢迎和拥护的。

原文：欲上民，必以言下之；欲先民，必以身后之。

注释:本文出自春秋老子《老子》第六十六章。

(1)上民:在民众之上。(2)先民:在民众前面。

译文:想要成为民众的领导者,一定要以谦卑的言辞赢得民众的信任。想要走在民众的前面,一定要把自己的利益置之身后。

评析:毋庸讳言,从有人类社会以来,人们居住在一起,就需要有组织者、管理者。这里关键是如何取得组织资格和管理资格。老子在这里明确回答说:“欲上民,必以言下之。”言从心出。“言下之”,可以理解为在民众面前言辞谦卑,但更重要的是要理解“言”的内涵。这个内涵就是要为民众着想,把满足民众需求作为自己的工作目标。为政者要带领人民前进,这无疑是好事,但上位者要把维护民众的利益放在第一位,而把自己的利益置于身后。上位者这样做了,才能处在民众之上而不增加民众的负担(处上而民不重),才能走在民众前面而不让民众感到妨害(处前而民不害)。上位者只有言行一致,民众才会“乐推而不厌”。执政者的权力来源于人民,执政者应当是人民的公仆。这样的执政者才会得到民众的拥护而政权稳固,这就是老子在本章中的最后一句话:“以其不争,故天下莫能与之争。”

原文:子贡曰:“如有博施于民而能济众,何如?可谓仁乎?”子曰:“何事于仁,必也圣乎!尧舜其犹病诸!夫仁者,己欲立而立人,己欲达而达人。能近取譬,可谓仁之方也已。”

注释:本文出自《论语·雍也》。

(1)子贡:端木赐,孔子弟子。(2)博施:广泛普遍地施于。(3)济众:救济民众。(4)何事于仁:一般解释为岂止是仁。有学者认为这是孔子反问:做什么事才是仁呢?意思是仁人要做的不是博施济众,而是要让民众明白道理。(5)病诸:在这方面做得不够,有缺陷。(6)能近取譬:能就自身打比方。比喻能推己及人,替别人着想。能用身边的事物作比喻。(7)方:方法。

译文:子贡说:“假若有一个人,他能给老百姓很多好处又能周济大众,怎么样?可以算是仁人了吗?”孔子说:“岂止是仁人,简直是圣人了!就连尧、舜尚且难以做到呢。至于仁人,就是要想自己站得住,也要帮助人家一同站得住;要想自己过得好,也要帮助人家一同过得好。凡事能就近以自己作比,而推己及人,可以说就是实行仁的方法了。”

评析:这一章是孔子仁爱观的点睛之作。能切实行仁爱者乃圣人也;能行以己及人者乃仁人也。自己好,不算好,大家好,才是真正的好。仁人就要推己及人，让大家，让民众，让整个社会都好起来。做到这样，就是圣人了。我们要想成为仁人，那就让我们周围的人与我们一起好起来吧！

原文：长太息以掩涕兮，哀民生之多艰。

注释：本文出自战国屈原《离骚》。

(1)太息：叹息。(2)掩涕：掩面流泪。(3)哀：哀叹。

译文：我长长地叹息，止不住掩面流泪，我这是在哀叹那人民的生活是多么的艰难啊！

评析：《离骚》是屈原流放江南时所作，当时屈原流离失所，居无定处，生活动荡，在这种情势下，屈原的叹息流泪不是为了自己的境遇，而是感叹民众百姓艰难的人生。诗人这种为民生多艰而太息掩涕的崇高情怀，令读者感动不已，掩卷长叹。

原文：君人者，爱民而安，好士而荣，两者无一焉而亡。《诗》曰："介人维藩，大师维垣(yuán)。"此之谓也。

注释：本文出自战国荀况《荀子·君道篇》。

(1)君人者：人之君，君主。(2)士：有才能的人。(3)介人：善人，有德之人。(4)藩：藩篱。(5)大师：大众。(6)垣：垣墙。

译文：作为君主，爱护人民的国家就会得到安定，喜好有才能的人国家就会繁荣。两者缺少一样国家就会灭亡。《诗经·大雅·板》上说："有德的善人是屏障，大众百姓是垣墙。"说的就是这种情况吧。

评析：君主有两大依靠，一是民众，一是人才。爱护民众社会就能安宁，喜好人才社会就能繁荣。没有了人才，国家就会灭亡；没有民众，国家就不成其为国家。有了有才德的善人，国家就有了屏障；有大众百姓，国家就有了垣墙。贤才与民众，是君主的两大支撑，所以，为政者要重视两件事：一是任用贤才，一是爱护民众。

原文：君者，民之原也。原清则流清，原浊则流浊。故有社稷者而不能爱民，不能利民，而求民之亲爱己，不可得也。

注释：本文出自战国荀况《荀子·君道篇》。

(1)原:通“源”。(2)流:河流,流水。

译文:君主就像人民的源头。源头清澈,下游的流水也清澈;源头浑浊,下游的流水也浑浊。所以,如果掌握了国家政权的人不能够爱护人民,不能让民众获得利益,却要求民众对自己亲近爱戴,那是不可能的。

评析:荀子这段话,精辟论述了为政者仁德修身的道理。荀子在本篇中还说过一段话:“请问为国?曰:闻修身,未尝闻为国也。”为政者,修身为本。为政者仁德修身,源头纯正,就能带动整个社会风清气正。为政者要爱护民众,为民众谋福利,这样才能得到民众的真心拥护。得到民众的拥护爱戴,才能社稷永固,这是千古不变的真理。

原文:爱民者强,不爱民者弱;政令信者强,政令不信者弱;民齐者强,民不齐者弱。

注释:本文出自战国荀况《荀子·议兵篇》。

(1)强:强盛。(2)弱:弱小。(3)政令:政策法令。(4)信:诚信,守信。(5)齐:齐心,团结。

译文:爱护人民,国家就强盛;不爱护人民,国家就衰弱。政令诚信,国家就强大;政令失信,国家就弱小。民众齐心,国家就强大;民众不团结,国家就疲弱。

评析:这段话体现了荀子的民本思想。爱民者强,对民众信守诚信者强,民众一心者强,这就告诉为政者,要想国家强盛,需要把民众利益放在第一位,制定政策法令要充分考虑民众的利益,并能信守承诺,不可朝令夕改,这样民众才能万众一心,真心实意维护国家根本利益。

原文:武王问于太公曰:“治国之道若何?”太公对曰:“治国之道,爱民而已。”曰:“爱民若何?”曰:“利之而勿害,成之勿败,生之勿杀,与之勿夺,乐之勿苦,喜之勿怒。此治国之道,使民之义也,爱之而已矣。”

注释:本文出自西汉刘向《说苑·政理》。

(1)武王:周武王。(2)太公:姜太公。(3)道:方法。(4)而已:罢了。(5)若何:什么,怎么样。(6)利:利益,好处。(7)与:给。

译文:周武王问姜太公:“治理国家的方法是什么?”太公回答说:“治理国家的方法就是爱护百姓罢了。”武王问:“爱护百姓要做什么事?”太公回答:“给他们利益而不要加害于他们，让他们成功不要使他们失败，使他们好好活着而不要杀害他们，给了他们的东西就不要再抢回来，使他们快乐别让他们痛苦，对他们和颜悦色而不要怒目相向。这就是治理国家的方法，役使百姓有合适的道义，那就是爱护他们罢了。”

评析：周武王与姜太公探讨治国之道，姜太公认为，治国之道很简单，就是四个字：“爱民而已。”周武王问怎么做才是爱民？姜太公回答了六条：第一，要对百姓有利而不是有害；第二，要帮助百姓成功而不是失败；第三，让百姓能够生活安定而不要杀戮；第四，要给予百姓实惠而不是夺取；第五，让百姓快乐而不是让他们受苦；第六，对百姓喜爱而不是大发脾气。君主如果做到了这六方面，民众就会乐于跟随你、拥护你，就会听从你的指挥和役使，所以说，爱护民众是治理国家的根本之道。

原文：闻之于政也，民无不为本也。国以为本，君以为本，吏以为本，故国以民为安危，君以民为威侮，吏以民为贵贱。此之谓民无不为本也。闻之于政也，民无不为命也。国以为命，君以为命，吏以为命，故国以民为存亡，君以民为盲明，吏以民为贤不肖。此之谓民无不为命也。

注释：本文出自西汉贾谊《新书・大政上》。

(1)闻：听说，知道。(2)威侮：威严侮慢。(3)盲明：昏庸贤明。

译文：听说在政治上的事情，没有不以民众为根本的。国家以民众为根本，君主以民众为根本，官吏以民众为根本。所以，国家安定危亡取决于民众，君主的威严与受侮取决于民众，官吏的尊贵卑贱也取决于民众，这就是为什么说民众是政治的根本的缘故。听说在政治上的事情，没有不以民众为命的，国家以民众为命，君主以民众为命，官吏以民众为命。所以，国家的存亡取决于民众，君主的昏庸与英明取决于民众，官吏的贤德与不肖，也都取决于民众。这就是为什么说政治上最重要的是民命的缘故。

评析：贾谊这段话运用递进关系，反复说明民众为政治之本、民众为政治之命的道理。无论是国家、是君主，还是官吏，都应以民为本，以民为命，这样国家才能避免危亡保持安存，君主才能避免昏庸受辱保持威严贤明，官吏才能避免卑贱不肖保持尊贵贤德。“自古至于今，与民为仇者，有迟有速，而民必胜之。”为政者懂得以民为本、以民为命的道理，就应时刻心系民众，为民造福，这才是治国之正理，谋政之要道。

原文:帝王之所尊敬,天之所甚爱者,民也。今人臣受君之重位,牧天之所甚爱,焉可以不安而利之,养而济之哉?是以君子任职则思利民,达上则思进贤,功孰大焉?

注释:本文出自东汉王符《潜夫论·忠贵》。

(1)人臣:臣子。(2)重位:重要职位。(3)牧:放牧,管理。(4)焉:怎么。(5)济:接济。(6)王符:字节信,安定临泾(今甘肃镇原)人,东汉政论家、文学家。

译文:帝王所尊敬的,上天所钟爱的,都是民众百姓。现在臣子接受了君主所授予的重要职位,管理上天所钟爱的民众,怎么可以不使民众安定而让他们得利、使他们受到养育与接济呢?因此君子担任了职务就要考虑为民谋利,显贵而身居高位就要考虑推荐贤人,功劳还有什么比这更大的呢?

评析:王符在这里把民众放到一个相当高的位置,连帝王都要尊敬,上天都要钟爱。而臣子是受帝王君主之命担任重要职务的人,安民、利民,养民、济民,就成为臣子管理民众所要考虑的重要问题。所以,为官一任,就要想着造福民众,就要想着推荐更优秀的人,这样做了,就是最大的功劳。

原文:凯上疏曰:“臣闻有道之君,以乐乐民。无道之君,以乐乐身。乐民者,其乐弥长。乐身者,不久而亡。夫民者,国之根也,诚宜重其食,爱其命。民安则君安,民乐则君乐。”

注释:本文出自西晋陈寿《三国志·吴书·陆凯传》。

(1)凯:陆凯,字敬风。吴郡吴县(今江苏苏州)人。三国时吴国后期重臣。(2)以乐乐民:用快乐的事情让人民快乐。(3)弥:久,远。(4)根:根本。(5)重其食:重视他们的衣食。(6)爱其命:爱惜他们的生命。

译文:陆凯上疏给吴主孙皓说:“臣下听说有道之君,用快乐的事情使人民快乐;无道之君,用快乐的事情使自己欢心。使人民欢乐者,欢乐就会长久;使自己欢心者,不久就会灭亡。人民,是国家的根本,确实应当重视他们的衣食,爱惜他们的生命。人民平安则国君安稳,人民欢乐则国君高兴。”

评析:用快乐的事情让人民快乐,这是有道之君所应考虑的问题。让人民快乐,国家就会长治久安,君主的地位就能稳固,君主也就乐在其中了。无道之君则与此相反,只是想着让自己快乐,根本不考虑人民的快乐,其结果只能是“不久而亡”。为政者懂得这个道理,就要时时事事想着人民群众之安乐,把人民群众冷暖挂在心上,“重其食,爱其命”,一心让民安让民乐,如此则上下和乐、国泰民安矣。

原文:《书》曰:“民惟邦本,本固邦宁。”为人上者,奈何不敬?陛下贞观之始,视人如伤,恤其勤劳,爱民犹子,每存简约,无所营为。

注释:本文出自唐代吴兢《贞观政要·论慎终》。

(1)《书》:《尚书》。(2)奈何:怎么能,为什么。(3)陛下:对帝王尊称。(4)贞观:唐太宗李世民年号。(5)伤:有伤,负伤。(6)每存:每每存有。(7)简约:节俭,简省。(8)营:营造。

译文:《尚书》上说:“百姓是国家的根本,根本牢固国家才会安宁。”为君者怎么可以不敬畏老百姓呢?陛下在贞观初期,把老百姓当作饱受战争创痛的伤员,体恤他们的辛勤劳动,爱惜民众就像自己的儿子,凡事都存有崇尚俭约之心,没有营造宫室以免劳民伤财。

评析:据《贞观政要·论君道》记载,唐太宗在贞观之初就曾对臣下强调“为君之道,必须先存百姓。若损百姓以奉其身,犹割股以啖腹,腹饱而身毙”。贞观十三年(639年),魏征因唐太宗“近岁颇好奢纵”,在给唐太宗的上疏中引用《尚书》“民惟邦本,本固邦宁”的著名论述,强调了敬民爱民的重要性,并称赞唐太宗贞观之初“视人如伤,恤其勤劳,爱民犹子”的爱民情怀,正是唐太宗“每存简约,无所营为”,才使得人民得以修复战争的创伤。魏征这篇上疏是贞观时期很重要的一篇劝谏文章,唐太宗勇于纳谏,君臣共同励精图治,敬民爱民,才成就了大唐贞观之治。

原文:尔俸尔禄,民膏民脂;下民易虐,上天难欺。

注释:本文出自宋太宗赵匡义《御制戒石铭》。

(1)尔:你。(2)俸禄:官吏薪金。(3)脂膏:油脂,民众创造的财富。(4)下民:人民,百姓。(5)虐:侵害,残害。(6)欺:欺瞒,欺骗。(7)宋太宗:赵匡义,北宋第二个皇帝。(8)《御制戒石铭》:宋太宗赵匡义为整饬吏治,下令各州县将《戒石铭》16字刻碑立于府衙门前。黄庭坚曾任泰和县县令,县衙前所立《御制戒石铭》为其手书。宋高宗赵构即位,颁黄庭坚所书《戒石铭》于州县,“令长吏刻石置坐右”。黄庭坚所制碑刻长132厘米,高35厘米,今存江西省泰和县文物管理所。其实赵匡义所制《戒石铭》取材于后蜀主孟昶所作《诫喻辞》。《诫喻辞》原文是:"朕念赤子,旰(gàn)食宵衣。言之令长,抚养惠绥。政存三意,道在七丝。驱蝗为理,留犊为规。宽猛得所,风俗可移。无令侵削,无使疮痍。下民易虐,上天难欺。赋舆是功,军国是资。朕之爵赏,固不逾时,尔俸尔禄,民膏民脂。为人父母,罔不仁慈,勉尔为诫,体朕深思。"被赵匡义简化的《戒石铭》,为历代官员所推崇,今山西省平遥、河南省叶县等古县衙地,都可以看到《戒石铭》这 16 个字。

译文:你的俸禄从何而来?都是民众的血汗脂膏;人民百姓容易受到残害,皇皇上天难以被你欺瞒。

评析:《戒石铭》仅有 16 个字,虽然寥寥数语,意义却非常丰富。食于民而祸害于民,怎能不受天谴人恶?如果以为造恶因没有恶果,这岂不是想欺天?虐民即是欺心,欺心即是欺天。"自作孽,不可逭(huàn,逃避)",自己种下恶因,岂能不受惩戒?俗语告诫说"摸摸心头惊不惊",愿从政者时时事事问心无愧!愿为政者不是把《戒石铭》刻在石上门上,而是铭刻在自己心里。

原文:天下之务莫大于恤民,而恤民之本,在人君正心术以立纪纲。盖天下之纪纲不能以自立,必人主之心术公平正大,无偏党反侧之私,然后有所系而立。

注释:本文出自元代脱脱《宋史·朱熹传》。

(1)务:事情,事务。(2)恤:体恤,抚恤。(3)心术:心眼,心计。(4)纪纲:网罟(gǔ)的纲绳,引申为纲领。(5)偏党:偏私。(6)反侧:反复。

译文:治理天下的要事没有什么大于抚恤百姓,而抚恤百姓的根本,在于君主端正心术用以立定规章纪律、朝纲。大概天下的规章纪律、朝纲不能自身形成,一定要君主的心术公平正大,没有受私情左右而偏颇反复、犹豫不定,然后依赖于此而建立。

评析:这是朱熹隆兴六年(1179 年)任南康(今江西星子)知军时应诏上疏中的一段文字。朱熹认为,天下最重要的事情就是抚恤百姓,而抚恤百姓需要先立纪纲,而立纪纲的前提是"人君正心术"。只有君主心术公平正大、无偏党反侧之私,才能确立纪纲,把抚恤百姓这件天下之大事做好。

原文:凿开混沌得乌金,蓄藏阳和意最深。爝(jué)火燃回春浩浩,洪炉照破夜沉沉。鼎彝元赖生成力,铁石犹存死后心。但愿苍生俱饱暖,不辞辛苦出山林。

注释:本文出自明朝于谦《咏煤炭》。

(1)混沌:天地未开辟前的状态,此指大地。(2)乌金:煤炭。(3)阳和:温暖和煦的阳光,此指煤炭所含热量。(4)爝火:小火把。(5)浩浩:浩浩荡荡,广大。(6)鼎:炊具。彝:酒器。(7)元:通"原"。

译文:凿开大地得到了如乌金般的煤炭,里面蕴藏着热量饱含深情。小火燃起如同浩荡的春风,烘炉中的烈焰照亮沉沉暗夜。能够制作出巨鼎酒器全靠它的力量,坚如铁石的煤炭内心保持着必死的决心。只是为了百姓都能得到饱暖,煤炭不辞辛苦走出山林来到人间。

评析:这是一首七律咏物诗,也是一首言志诗。于谦就是吟咏煤炭,以煤炭自喻,托物言志,表达了其为国为民的抱负和情怀。作者内心蕴藏着爱国爱民的深情厚谊,抱着铁石般的决心,为了国家安稳不惜献出自己的生命。特别是尾联"但愿苍生俱饱暖",表明自己出仕为官就是为了让天下百姓得以饱暖,这种牵挂百姓饱暖的无私情怀,真真令人感叹不已。

原文:窃闻致理之要,惟在于安民;安民之道,在察其疾苦而已。

注释:本文出自明朝张居正《请蠲(juān)积逋(bū)以安民生疏》。

(1)窃:谦辞,我,自己。(2)致:通"治"。致理:治理。(3)蠲:免除。(4)逋:拖欠。(5)张居正:字叔大,号太岳,明朝中后期政治家、改革家。

译文:我听说治理国家的关键,在于让民众安居乐业;而让民众安居乐业的根本办法,就在于体察民众的疾苦罢了。

评析:这是明朝首辅张居正给皇帝上疏中提出的观点。当时地方官府允许百姓在歉年时可以欠交钱粮,只是丰年时百姓要先上交歉交的钱粮,结果百姓欠交钱粮越来越多,负担越来越重,张居正因此上疏神宗皇帝,请求免去百姓累年积欠的钱粮。在这次上疏中,张居正明确提出让百姓安居乐业,是治理国家的关键,而要让百姓安居乐业,就要体察百姓疾苦,关心百姓生活。民众是国家的主体,是国家的根本,治理国家,就必须把民众的疾苦冷暖放在心上。这是为政者治国理政之第一要道。

原文:圣人之治天下,利民之事,丝发必兴;厉民之事,毫末必去。

注释:本文出自清代万斯大《周官辨非·天官》。

(1)丝发:像细丝一样的头发。(2)厉:虐害。厉民:虐害人民。(3)毫末:毫毛的末端。比喻极其细微。(4)万斯大:字充宗,别字褐夫,晚号跛翁,与弟弟万斯同一起师事黄宗羲,成为清初著名经学家。

译文:圣人治理天下所用之道,但凡是于民有利的事情,一丝一发也要推行;于民有害之事,一毫一末也必须革除。

评析:治国理政的标准或者说原则是什么?万斯大说得非常明白:对民众有利的事再小也要推行;虐害民众的事,就是一毛一毫也要革除。我们搞深化改革,改什么?革什么?一切以是否有利于人民群众为标准。正如邓小平所说,判断改革开放得失成败的根本标准,就是三个有利于:"是否有利于发展社会主义社会的生产力,是否有利于增强社会主义国家的综合国力,是否有利于提高人民的生活水平。"

原文:善为治者,贵在求民之隐,达民之情,民以为不便者不必行,民以为不可者不必强。

注释:本文出自清代王韬《弢园文录外编·重民》。

(1)善为治者:善于治理国家的人。(2)隐:隐情。(3)达:通达。(4)王韬:号弢(tāo)园老民,苏州府长洲县(今江苏苏州)人,晚清思想家,《循环日报》创办人,中国第一位报刊政论家。

译文:善于治理国家的人,所贵者在于探求民众隐情,通达民众的情况,民众认为不方便的事就不必去做,民众认为不可以做的事就不必强求。

评析:王韬少年时熟读诗书,18岁考秀才名列全县第一。青年时接触传教士,曾在传教士麦都思主持的上海墨海书馆工作,对西方先进技术产生很大兴趣。这篇文字倡导治理国家要关心体察民情,尊重人民的选择,人民认为不方便的事情就不要去做,人民认为不可以做的事就不必强求。这是王韬良政主张的重要体现。为政者只有坚持真正以百姓心为心,与群众交流思想、增进感情,尊重人民群众的意愿,才能真正做到执政为民。

原文:为人上者,必先有爱民之心,而后有忧民之意。爱之深,故忧之切。忧之切,故一民饥,曰我饥之;一民寒,曰我寒之。凡民所能致者,故悉力以致之;即民所不能致者,即竭诚尽敬以致之。

注释:本文出自今人刘耿生《光绪事典》。

(1)曰:说。(2)致:达致。(3)悉力:尽力,全力。

译文:作为君主,一定是先有爱惜民众的心,然后就会有为民众忧虑的意念。爱护民众的心越深,忧虑民众的意念越急迫。忧虑民众的意念急迫,所以有一个人饥饿,就会说是我让他饥饿的;有一个人寒冷,就会说是我让他寒冷的。凡是民众所能做到的,一定要全力做到;即使民众所不能做到的,也要竭尽忠诚尽力恭敬地做到。

评析:这是清光绪皇帝写的一篇作文里的文字。光绪登基时只有3周岁,第二年跟随修撰翁同龢读书识字。翁同龢将《孔子家语》中所讲"君舟民水"的观念当作座右铭,向光绪灌输。因此,在光绪小小的年纪中,"民惟邦本,兢兢求治"的观念就占据了他的思想。光绪认为,作为君主就应有爱民之心、忧民之意,天下有一人饥寒,其责任在君主一人。能为民众做到的事,自然会全力去做;即使为民众有难以做到的事,也要竭诚尽敬,努力去做。作为一个15岁的少年皇帝,能有这样的爱民之心、忧民之意,的确难能可贵,这也是光绪皇帝能够发动百日维新变法运动的思想基础。维新变法失败,光绪帝被禁锢于瀛台,37岁时郁郁而终。

德治篇

dezhipian

为天地立心，为生民立命，
为往圣继绝学，为万世开太平。

——张载

张载

张载（1020～1077 年），字子厚，凤翔郿县（今陕西眉县）横渠镇人。出生于长安（今陕西西安），其名出自《周易·坤卦》:“厚德载物。”张载青年时喜论兵法，后经范仲淹劝导，潜心研读儒学六经，兼修佛理、道学，融会贯通，自成体系。曾任著作佐郎、崇文院校书等职。后因与王安石理念不同而辞官，讲学关中。宋神宗熙宁十年（1071 年），应诏入京，因病重再次辞归，返家途中逝于临潼。张载与周敦颐、邵雍、程颐、程颢合称“北宋五子”，有《正蒙》《横渠易说》等著述留世。

原文：慎德，仁义，仁智。

注释：(1)慎：小心，谨慎。《说文》："慎，谨也。"《尔雅》："慎，诚也。"《国语·周语》："慎，德之守也。"(2)德：品德，德行，恩惠。《说文》："德，升也。"(3)仁义：仁爱与正义。(4)仁智：仁爱与智慧。

译文：谨慎地修养提升自己的德性，对民众仁爱且能秉持正义，对其他部落既要仁爱又要展示智慧以使其诚心归附。

评析：这是关于黄帝的一个传说。黄帝战败炎帝、蚩尤后，统一中原，民众安居乐业。有一天，黄帝和大臣在洛水巡游，看到一只大鸟衔卞图放在他的面前，图中有六个字："慎德、仁义、仁智。"黄帝问天老此是何鸟，天老称此鸟雄为凤，雌为凰，凤凰出表示天下安宁，是吉祥征兆。一说"慎德、仁义、仁智"这六个字是玄女传授黄帝。尽管这是一个传说，但它表明了中华民族政德的起源，即为政者必先修德，对民众既要以仁心爱护又要主持正义，处理外部关系既要有仁爱之心又要有足够的智慧。有德者才能一统天下，才能长治久安。以仁心爱民，是施行仁政的前提和根本；主持正义，这是社会公正的根本保障。对外有仁爱之心，才不会轻言武力，不会滥用武力；有足够的智慧处理外部关系，才能让各个部落诚心归附。

原文：禹曰："后克艰厥后，臣克艰厥臣，政乃乂(yì)，黎民敏德。"帝曰："俞！允若兹，嘉言罔(wǎng)攸伏，野无遗贤，万邦咸宁。稽于众，舍己从人，不虐无告，不废困穷，惟帝时克。"益曰："都，帝德广运，乃圣乃神，乃武乃文。皇天眷命，奄有四海为天下君。"禹曰："惠迪吉，从逆凶，惟影响。"益曰："吁！戒哉！儆(jǐng)戒无虞，罔失法度，罔游于逸，罔淫于乐。任贤勿贰，去邪勿疑。疑谋勿成，百志惟熙。罔违道以干百姓之誉，罔咈(fú)百姓以从己之欲。无怠无荒，四夷来王。"禹曰："於！帝念哉！德惟善政，政在养民。水、火、金、木、土、谷，惟修；正德、利用、厚生，惟和。九功惟叙，九叙惟歌。戒之用休，董之用威，劝之以九歌俾(bǐ)勿坏。"帝曰："俞！地平天成，六府三事允治，万世永赖，时乃功。"

注释：本文出自先秦《尚书·虞书·大禹谟》。

(1)后：君主。(2)克：能。(3)艰：难。(4)厥：其。(5)政：政事，政治与教化。(6)乂：治理。(7)敏：勉力，汲汲以求。(8)敏德：勉力于古训而敬德修业。(9)俞：对。(10)允：诚实，用。(11)兹：此，这里。(12)嘉言：善言。(13)罔：无。(14)攸：所。(15)伏：匿藏。(16)野：民间。(17)遗贤：遗留于民间的贤才。

(18)万邦：所有部落、封国，引申为天下、全国。(19)咸：皆，悉数。(20)稽：计议，商议。(21)虐：苛酷残暴。(22)无告：无所告诉。(23)废：停止，舍弃。(24)惟：语助词。(25)益：伯益。(26)都：叹美之辞。(27)广：扩而大之。广运：广远。(28)乃：发语词，如此。(29)神：变化莫测，不可知。(30)武：武功。凡以威力服人皆曰武。(31)文：文德。道之显者，礼乐、法度、教化之迹。(32)皇：大。皇天：广大的天空。(33)眷：看顾，回视。(34)命：天所赋之命。(35)奄：覆盖，尽有。(36)迪：道。惠迪吉：顺从道就会吉祥。(37)逆：不顺。(38)惟：若。惟影响：就像如影之随，如响相应。(39)儆：警，戒，使人警醒。(40)虞：忧虑，完备，误，失误。(41)志：心所念虑。(42)逸：失，过。(43)淫：过度。(44)贰：疑，心疑不一。(45)成：成就，完毕。凡功卒业就谓之成。(46)百：激励。百志：励志。(47)熙：广。(48)干：求。(49)誉：美名。(50)咈：违背，乖戾。(51)念：思虑，心有所动为念。(52)德：行道而有得于心也。善政：即德政。(53)水、火、金、木、土、谷：合谓“六府”。(54)修：整治。(55)正德、利用、厚生：三事，言王者所有应为之事。(56)和：顺，谐，不刚不柔。(57)九功：即“六府”“三事”九项事功。(58)叙：定。(59)九叙惟歌：将确定下来的九项措施以诗歌的形式加以传诵。(60)戒：谕。(61)休：美，善，庆。(62)董：督，正。(63)威：尊严。(64)劝：讽劝，规劝，以言说使人听从。(65)俾：使。(66)勿坏：谓德政不毁。(67)允：用。允治：用德政治理国家。(68)平：平治。(69)天成：因循于自然，无为而治。(70)永：久远。(71)赖：恃，凭借。

译文：大禹说：“如果君主能够知道为君的艰难，臣下能够看到为臣的不易，政事就会得到很好的治理，老百姓也会因此勤勉地敬德修业。”舜帝说：“好啊！用这样的方法来治理国家，善言就不会有所隐匿，贤德之才也不会遗留于民间，天下万邦也将和平安宁。政事和大家一起计议，舍弃自己的错误主张，采纳大家的正确意见，不用苛酷暴虐的手段对待无告的穷人，不舍弃生计将绝的百姓，恐怕只有尧帝这样的明君才能够做到这些。”伯益说：“是啊！尧帝之德泽被天下，运用之妙，存乎一心。他既像圣人，又神妙无方；他既有武功，又有文德。因此上天眷顾并赋予他神圣的使命，让他统领四海，成为天下之尊。”大禹说：“遵道者吉祥，违道者凶险，就像影随形体、响随声音的道理一样。”伯益说：“是吗！要警惕戒慎啊！警戒不要失误，有备才能无患，不可失于法度，不可过于遨游，不可过度享乐。任用贤才不可心存疑虑，去除邪恶不可迟疑不决。有疑问的计划不会功成业就，必须励志笃行，方能众功皆广，事业兴旺。不可违逆天道求美名于百姓，也不可违背百姓的意愿来满足一己之私。不懈怠、不荒废，惟有如此，才能够四夷来服，尊王称臣。”大禹说：“啊！舜帝您可要三思啊！以德治国在于施行善政，而善政的根本在于养民，水、火、金、木、土、谷，这‘六府’之事要整治好；正德、利用、厚生，这三件王者所应为之事也要谐和好。这九项事功必须确定下来，然后，将确定下来的这九项事功以诗歌的形式加以宣传。以德政之美告谕天下百姓，以天命之威督正四方官员，以‘九叙’之歌引导百姓听从天命。这样，以德治国的善政才不至于败坏。”舜帝说：“好啊！大地得以平治，万物得以生长。‘六府三事’构建和谐社会的理想用以德治国的方法同样可以实现，这样，千秋万代就有了可以永久凭借的榜样，这是您大禹的丰功伟绩啊。”

评析：这是舜帝和大禹、伯益君臣之间关于实行德政的一番对话。谈话由君臣各司其职，谨慎为政开始，讲到尧帝的德政措施及功绩：“野无遗贤，万邦咸宁。稽于众，舍己从人，不虐无告，不废困穷。”且以“儆戒无虞，罔失法度。罔游于逸，罔淫于乐。任贤勿贰，去邪勿疑。疑谋勿成，百志惟熙”相激励，并总结“六府三事”作为君主所应重视之事，认为应把这九件大事用歌咏的形式教化百姓，以实现天下大治。这段对话，可以看作是以德治国的施政纲领，值得人们反复念诵，铭记于心，并将其理念贯穿于治国理政之中。

原文：皋陶(yáo)曰：“允迪厥德，谟明弼谐。”禹曰：“俞，如何？”皋陶曰：“都！慎厥身，修思永。惇(dūn)叙九族，庶明励翼，迩可远，在兹。”禹拜昌言曰：“俞！”

注释：本文出自先秦《尚书·虞书·皋陶谟》。

(1)迪：行，履行。(2)谟：谋。(3)弼：辅佐。(4)谐：和谐。(5)惇叙：使敦厚顺从。(6)九族：高祖、曾祖、祖父、父亲、己身、子、孙、曾孙、玄孙。(7)庶：众。励：勉力。庶明励翼：众人皆明晓上意，而各自勉励，翼戴上命。(8)昌言：美言。

译文：皋陶说：“用赤子之心践行德政，谋求清明的政治可以辅成和谐社会的建设。”大禹说：“对呀！那么如何才能做到呢？”皋陶说：“啊！首先要谨慎不苟、洁身自好，不断地陶冶自己的情操以谋求长远之道。惇厚顺和于九族之亲，让天下的老百姓都能够明晓上意，而各自勉励，拥戴上命。由近及远的道理都在这里呢。”禹拜谢皋陶的正当之言，说道：“你说的都很正确！”

评析：这段皋陶与大禹的对话，论述了为政者修身养德的重要性。“慎厥身，修思永。”谨慎自身，德行修养要坚持不懈。在此基础上使近亲敦厚顺从，由此推广开去，整个社会风气都会随之改变，民众各自勉励，贤人尽力辅佐，如此，社会和谐安宁就指日可待了。

原文:皋陶曰:“都!在知人,在安民。”禹曰:“吁!咸若时,惟帝其难(nán)之。知人则哲,能官人。安民则惠,黎民怀之。”

注释:本文出自先秦《尚书·虞书·皋陶谟》。

(1)知人:识别官员。(2)安民:安辑人民。(3)咸:皆。(4)若:顺。(5)时:是。(6)惟:发语词。(7)难:不易。(8)哲:明智。(9)怀:归附。

译文:皋陶说:“啊!要实现社会和谐安宁,关键在于知人善任,在于安定百姓。”大禹说:“是吗!要全部顺利地实现这些目标,就是尧帝这样的明主也勉为其难啊。知人善任是为政者的智慧,要根据不同的人才分任官职。安定百姓必须施恩惠于人民,这样老百姓才会欣然归附。”

评析:皋陶和大禹这段谈话论述了为政者知人善任,安辑百姓的重要性。皋陶四个字点明主题:“知人,安民。”大禹认为,这四个字说起来简单,但施行起来就是尧帝这样的圣王也勉为其难。因为知人善任需要智慧,安抚百姓需要让民众得到恩惠。官员贤能并各司其职,充分发挥自己的才智,社会才能和谐;民众受到恩惠生活温饱,社会才能安宁。为政者能够做到这两点,才是行使德政的根本所在。

原文:皋陶曰:“宽而栗(lì),柔而立,愿而恭,乱而敬,扰而毅,直而温,简而廉,刚而塞,强而义。彰厥有常,吉哉!日宣三德,夙夜浚明有家;日严祗(zhī)敬六德,亮采有邦。翕(xī)受敷施,九德咸事,俊乂在官。”

注释:本文出自先秦《尚书·虞书·皋陶谟》。

(1)宽:度量宽宏。(2)栗:谨敬,坚栗。(3)柔:柔顺。(4)立:卓立。(5)愿:谨厚,善念。(6)恭:严肃,恭敬。(7)乱:治理。(8)敬:谨慎,不傲慢。(9)扰:和顺。(10)毅:果决。(11)直:正直。(12)温:性情温和。(13)简:简要,要略。(14)廉:方正,有分辨不苟取也。(15)刚:坚硬,断。(16)塞:充实。(17)强:坚强,凡有力者皆称强。(18)义:宜,正道。(19)彰:著明。(20)常:永恒,久远。(21)宣:散布,显示。(22)三德:“直而温,刚而塞,柔而立。”(23)夙夜:朝夕。(24)浚:深,深治之。明:勉力。浚明:言家邦政事明治之义。(25)家:大夫。有家:大夫有其家。一家之长。(26)严:畏惧。(27)祗:恭敬。(28)六德:音乐有六德,此谓“圣、忠、和、知、仁、义”。(圣,宽而栗。忠,愿而恭。和,乱而敬。知,扰而毅。仁,简而廉。义,强而义)(29)亮采:辅佐事务,义同“浚明”,皆言家邦政事明治之义。(30)邦:国。有邦:诸侯有其国。一国之君。(31)翕:合。翕受:谓九德之厚犹大地之载物。合九德,谓之德厚。(32)受:承,容纳。(33)敷:布。施:设,用。敷施:广布九德于天下,而设施教化。(34)九德:宽而栗,柔而立,愿而恭,乱而敬,扰而毅,直而温,简而廉,刚而塞,强而义。(35)俊乂:贤才之称。才德过千人为俊,百人为乂,凡事物杰出者皆谓之俊。(36)在:居。在官:居官,居其职、任其事。

译文:皋陶说:"度量宽宏而又谨敬,柔顺而又卓立,心地善良而又恭恪(kè),多才而又慎重,和顺而又刚毅,正直而又温和,简略而又廉洁,刚正而又笃实,强大而能合于正道。这就是九德。只有彰明九德,才能够'动静有常',才有利于国家的事业。天天敷布三德,夙兴夜寐地勤勉于此,家邦政事就能够得以明治,这样有家长风范的人才堪称大夫;日日敬畏六德,能慎重其事地执守于此,家邦政事就可以得到明治,这样有国君风范的人则堪为诸侯。九德之厚犹大地之载物,可以广布教化于天下,拥有九德的天子,要善于分任官职,使贤才俊士能够居其位、任其事。"

评析:这段话是皋陶对九种道德修养的论述。这九种道德包括"宽而栗,柔而立,愿而恭,乱而敬,扰而毅,直而温,简而廉,刚而塞,强而义"。三代帝王尧舜禹皆以德治国,"九德"就是道德标准,是对为政者的人格要求。皋陶认为,能够拥有这九种道德其中的三种,就可以官任大夫了;拥有六种,就可以为诸侯国君了;拥有九种,就可以成为天子了。天子的职责就是将九德广布教化于天下。天子既要兢兢业业,日理万机,又要懂得放权,善于任用俊乂为官,贤人居其位,任其事,这样就能达致天下大治了。

原文:九五,井冽(liè),寒泉食。

注释:本文出自殷周《周易·井卦》周公九五爻辞。

(1)冽:水清,清冽。(2)寒:凉,寒凉。

译文:九五,井水清冽甘甜,就像寒凉的清泉可以饮食。

评析:井水清冽,如深山带有寒意的清泉,让人沁彻心扉,这种对水的赞美"冽、寒、泉"让人浮想联翩,此水不仅可食,也可亲,可近。人们得此井泉一饮,所受福泽深厚绵长。九五,阳爻居阳位,当位,虽与九二不有应,但刚健中正之德遥相呼应,上有明君,下有才俊,井卦之时义大矣哉。孔颖达《周易正义》以"冽寒泉食"比喻天下贤俊,称赞"刚正之主不纳非贤,必须行洁才高而乃后用,故曰'井冽寒泉食'也"。

原文:象曰:“寒泉之食,中正也。”

注释:本文出自《易传·井卦·象传》。

(1)中:九五爻位于井卦上卦坎卦中间。(2)正:当位。

译文:《象传》上说:“清冽寒泉的水可以食用,说明九五具有刚健中正的美德。”

评析:孔子《象传》这句话,不只是称赞井水如寒凉清爽泉水,更是称赞九五刚健中正的优秀品质。作为一国之君,只有拥有刚健中正的美德和大公无私、胸怀天下的格局,才能酿制出清冽甘甜的泉水,让天下人得而饮之。让天下人共沐寒泉的福泽,这是多么大的宏愿啊!

阅读参考:一井主乎泉,天下主君。泉有德,一邑汲之;君有德,天下汲之。“冽”而“寒”者,泉之德;“中”而“正”者,君之德。九五以阳刚中正之德,居大君之位,犹泉以甘洁清寒之德,为一井之主也。天下之人酌而饮之,若渴者之于井也,孰能御之?泉而不冽不寒,君而不中不正,人有吐井泥、羞污君而去之耳。故傅说非其后不食,伯夷非其君不事。君天下者,可不惧哉?

——南宋杨万里《诚斋易传》,九州出版社2008年版。

原文:夙夜罔或不勤,不矜(jīn)细行,终累大德。为山九仞,功亏一篑(kuì)。允迪兹,生民保厥居,惟乃世王。

注释:本文出自先秦《尚书·周书·旅獒(áo)》。

(1)夙:早晨。夙夜:朝夕,日夜。(2)罔:无,没有。或:有。罔或:不可有。(3)矜:矜持,谨慎。(4)细行:小节,小事。(5)累:连累。(6)允:信,实。迪:遵循,施行。兹:诚言。允迪兹:真正做到这些。(7)生民:人民。(8)保:安。(9)厥:其,他的。(10)旅:西旅,西方远国。獒:大犬,高四尺。

译文:早晚不可有不勤奋的时候。不注重小的细节,终究会损害大德。比如筑九仞高的土山,工作未完只在于一筐土。真能做到这些,人民就能安其居,而周家就可以世代为王了。

评析:这段文字出自周初召(shào)公奭(shì)之口。周武王克殷后,西旅国献上獒犬。召公认为不可接受,并劝告武王勤于政事,重视贤能,安定国家,保护百姓。认为这样才能使周王朝世代相传。召公用“为山九仞,功亏一篑”形象说明“不矜细行,终累大德”的道理,事情的变化往往从细小处开始,所以为政者一定要谨慎修德,夙夜为公,如此才可以“惟乃世王”,代代相承。

原文:德盛不狎(xiá)侮。狎侮君子,罔以尽人心;狎侮小人,罔以尽其力。不役耳目,百度惟贞。玩人丧德,玩物丧志。志以道宁,言以道接。不作无益害有益,功乃成;不贵异物贱用物,民乃足。

注释:本文出自先秦《尚书·周书·旅獒》。

(1)狎:亲近但不庄重。狎侮:轻慢,戏弄。(2)小人:百姓。(3)百度:百事之节,处理百事。(4)贞:正,适当。

译文:有盛德的人不会有侮慢的态度。轻易侮慢官员,就不可以让人尽其心;轻易侮慢百姓,就不可以使人尽其力。不被歌舞女色所役使,各种事情的处理就会适当。戏弄人就丧失道德,戏弄物就丧失志向。自己的志向,要依靠道来实现;别人的言论,要依靠道来接受。不做无益的事来妨害有益的事,做事就能成功;不重视珍奇物品,百姓的物用就能充足。

评析:为政者要想维护巩固自己的地位,要想把事情处理的公正适当,要想获得事业成功,其实就是一个字:"德。"德表现为不狎侮君子,不狎侮小人,不被歌舞女色所役使,不玩人,不玩物,待人接物合乎道义,不做无益之事,不贵珍异物品,靠道义来实现自己的志向。——做到这些,自己保有了盛德,民众物用充足,上下就会安宁,社会就会安定兴旺了。

原文:国有四维,一维绝则倾,二维绝则危,三维绝则覆,四维绝则灭。倾可正也,危可安也,覆可起也,灭不可复错也。何谓四维?一曰礼,二曰义,三曰廉,四曰耻。

注释:本文出自春秋管仲《管子·牧民》。

(1)维:用以系物或提网的绳,维系,一角。(2)绝:缺,断。(3)覆:颠覆。(4)错:通"措",安置。

译文:国有四维,缺了一维,国家就倾斜;缺了两维,国家就危险;缺了三维,国家就颠覆;缺了四维,国家就灭亡。倾斜可以扶正,危险可以挽救,倾覆可以再起,灭亡了,就不可收拾了。什么叫作四维?第一叫作礼,第二叫作义,第三叫作廉,第四叫作耻。

评析:国有四维,四维不张,国乃灭亡。何谓四维?礼义廉耻。何为礼?礼为礼节,指人与人之间的关系,人与人讲礼节,处理人际关系就会适度而不超越。何为义?义为正义,指公正合宜的道理或举动,人见利思义,见义勇为,行动就合乎社会标准。何为廉？廉为廉洁，指见利不贪，人人廉洁，就不会有争夺现象。何为耻？耻为人羞耻之心，人知羞耻，就不会做肮脏龌龊之事。讲求礼义廉耻，倡导礼义廉耻，践行礼义廉耻，对国家安定、社会和谐、人民生活安宁有十分重要的意义。

原文：治人事天，莫若啬(sè)。夫唯啬，是谓早服。早服谓之重积德。重积德则无不克，无不克则莫知其极。莫知其极，可以有国；有国之母，可以长久。是谓深根固柢(dǐ)，长生久视之道。

注释：本文出自春秋老聃(dān)《老子》第五十九章。

(1)啬：通"穑"，庄稼。(2)早服：早作准备。(3)重积德：不断积累道德。(4)有国：保有国家。(5)母：原则根本。(6)柢：根。(7)视：通"示"。长生久视：垂示永久，长久存在，长久维持。

译文：治理人事，侍奉上天，没有比重视农业更重要的了。所谓重视农业，就是早做准备。早做准备，就是要不断地积累德行。不断积累德行，就能战无不克，无往而不胜。战无不克，那就不会有人了解估量你的终极力量。没有人了解你的终极力量，就可以拥有和保有国家。有了国家的根本，就可以永保长久。这就是说，重积德就是把根扎深加固，垂示永久的治国之道。

评析：本段文字中的"啬"字，有许多解释，韩非子解为："啬之者，爱其精神，啬其智识也。"王弼注曰："啬，农夫农人之治田。"任继愈解释为"吝啬"，认为"它有爱惜精神、积蓄力量的意义"。除去对"啬"字的理解之外，我们应当重视"重积德"。"德，国家之基也"，积累雄厚的德，不仅可以战无不胜，保有国家，而且是立国之根本，让国家根深蒂固，永存长久。

原文：子曰："为政以德，譬如北辰，居其所而众星共之。"

注释：本文出自《论语·为政》。

(1)譬如：好比，就像。(2)北辰：北斗星。(3)所：地方。(4)共：通"拱"，拱卫。

译文：孔子说："要凭借道德修养来处理政事治理国家，这就像北极星那样，自己处在一定的位置上，众星都环绕着它。"

评析：孔子这句话出自《论语·为政》第一章，杨伯峻先生著《论语译注》译文："用道德来治理国政，自己便会像北极星一般，在一定的位置上，别的星辰都环绕着它。"孙钦善先生著《论语本解》译文："当政者运用道德来治理国政，就好像北极星安居其所，而其他众星井然有序地环绕着它。”这两种译文都是把道德当作治理国家的工具，应该不符合孔子本意。只有把道德修养的主体定位为为政者，才是悟到了孔子学说的真谛。孔子认为，为政者必先立德，这个德不是要求别人，或用德来约束别人，而是为政者本人应注意道德修养。儒家强调修身，要求“自天子以至于庶人，壹是皆以修身为本”。为政者更应为修身之典范，自己拥有良好的道德修养，把自己定位为社会各阶层的榜样，这就像是一颗北极星，自己处在一定的位置上，整个社会就会被影响、被感化，这样才能达到人们理想的社会状态。

原文：季康子问政于孔子。孔子对曰：“政者，正也。子帅以正，孰敢不正？”

注释：本文出自《论语·颜渊》。

(1)季康子：鲁哀公时执政，掌握鲁国实际权力。(2)问政：咨询如何为政。(3)帅：带头。(4)正：品行端正。(5)孰：谁，哪个。

译文：季康子向孔子咨询怎样为政？孔子回答说：“政，就是要品行端正。您自己带头做到品行端正，谁还敢不品行端正呢？”

评析：这句话另一种解释是把政比喻为方向，为政者带头走正路，还有谁敢不走正道呢？相比而言，解释为为政者带头做到品行端正，更符合孔子的本意。孔子关于为政者先正其身的理念对现实具有强烈的指导意义。作为一个为政者，首先应该品行端正，为人做事处处出以公心，这样才能把工作做好，才能带动民众实现前进的目标。

原文：子曰：“道之以政，齐之以刑，民免而无耻；道之以德，齐之以礼，有耻且格。”

注释：本文出自《论语·为政》。

(1)道：通“导”，治理。(2)政：政令。(3)齐：整齐，约束。(4)免：免除，免于。(5)耻：羞耻。(6)格：方正，规矩。

译文：孔子说：“以政令来教导，以刑罚来管束，民众会因求免于刑罚而服从，但不知羞耻；以德行来教化，以礼制来约束，民众会知道羞耻并且可以走上正善之途。”

评析：孔子总结古代治国经验，认为“先王盛于礼而薄于刑，故民从命”；民从命，是因为教化的作用。孔子认为，以法治国，制定法律条文是必需的，但刑是为了“止刑”，即所谓“刑以佐教”。重教化，盛于礼，以德治国，则民知羞耻而自动停止罪恶言行。这才是最好的为政之道。

原文：夫令名，德之舆也。德，国家之基也。有基无坏，无亦是务乎！有德则乐，乐则能久。

注释：本文出自春秋左丘明《左传·襄公二十四年》。

(1)令名：好的名声，美好的名誉。(2)舆：车子。(3)基：基础。

译文：美好的名声，是装载德行的车子。德行，是国家和家族的基础。有基础就不会毁坏，您不也应该致力于这么做吗？有了德行就能和乐，和乐了就能长久。

评析：这是郑国执政子产给主持政务晋国的范宣子的一封信中说过的一段话。子产认为，一个家、一个国，都应有令名有德行，德行是一家、一国立身处世的基础，有了这个基础，国家就不会败亡。作为为政者，就要致力于树立并保有德行，这样才能使国家稳固。以德立国，社会、家庭，乃至于每一个人，就能从内到外洋溢着和和乐乐的温馨气氛，国家有这样的德行根基，怎么能不会长治久安呢？

原文：孟子曰：“以力假仁者霸，霸必有大国；以德行仁者王，王不待大——汤以七十里，文王以百里。以力服人者，非心服也，力不赡(shàn)也；以德服人者，中心悦而诚服也，如七十子之服孔子也。《诗》云：‘自西自东，自南自北，无思不服。’此之谓也。”

注释：本文出自战国孟轲《孟子·公孙丑上》。

(1)力：武力。(2)假：假托。(3)不待大：不需要等待成为大国。(4)赡：富足，足够。(5)中心：衷心，内心。

译文：孟子说：“凭借武力假托仁义的可以称霸，但称霸必须具备大国的条件；凭借道德施行仁义的可以称王，称王不必要有大国的条件——商汤凭借七十里见方的地方，文王凭借百里见方的地方就称王了。靠武力使人服从，不是真心服从，只是力量不足以抗衡罢了；靠道德使人服从，是心里高兴，真心服从，就像七十位弟子敬服孔子那样。《诗经》上说：‘从西从东，从南从北，无不心悦诚服。’就是说的这种情况。”

评析：凭借武力和大国这两个条件夺得天下，尽管其拿“仁义”作标榜，不过就是称霸罢了，民众对其不是真心服从，服从也就只能是形式；仁者凭借道德，施行仁政得到天下，而且无需大国这一条件，只有70～100里见方土地就可以称王于天下了，而且民众服从是真心服从。孔子虽然没有称王于天下，但他凭借仁德得到70位贤弟子真心服从，这也是很值得高兴的事情了。孟子曾说自己“愿学孔子”，以得天下英才而教之为乐，其本意就在这里。

原文：立事者不离道德，调弦者不失宫商。天道调四时，人道治五常，周公与尧、舜合符瑞，二世与桀、纣同祸殃。

注释：本文出自西汉陆贾(gǔ)《新语·术事》。

(1)立事：成就事业。(2)宫商：音调。(3)四时：春夏秋冬四个季节。(4)五常：父义，母慈，兄友，弟恭，子孝。(5)符瑞：符命瑞应。(6)陆贾：汉初楚国人，思想家、政治家。

译文：成就事业的不能离开道德，调整琴弦的不能违背宫商。天道的使命就是要调节春夏秋冬四个季节的更替，人道的规律就是要用五常之教来安定社会秩序。周公旦与唐尧、虞舜的符名瑞应相和，所以能安定天下；秦二世胡亥和夏桀、殷纣王的祸殃相同，所以最后丧失天下。

评析：陆贾这段话的命题是“立事者不离道德”，然后用“调弦者不失宫商，天道调四时，人道治五常”来论证这个道理。最后又列举唐尧、虞舜、周公旦之所以兴，夏桀、殷纣、秦二世之所以败的相反事例，进一步论证了“立事者不离道德”的道理。“做事先做人，做人先立德”“人无德不立，官无德不为”和“立事者不离道德”意义相同，可谓千古至理名言。加强政德建设，自觉修身立德，是党政领导干部的一门必修课，也是能否真正干事创业、有所作为的关键所在。

原文：夫天有五气以育万物，木德以生，金德以杀，亦甚盭(lì)矣，而始终之序，相成之道也。先王有刑罚以纠其民，则必温慈惠和以行之。盖裁之以义，推之以仁，则震仇杀戮之威，非求民之死，所以求其生也。

注释：本文出自元代脱脱《宋史·刑法志一》。

(1)五气：金木水火土五行之气。(2)木德：以木为胜称木德。(3)盭：古同“戾”，乖戾，乖违。(4)纠：纠正。(5)裁：裁断。(6)义：道义。(7)推：推广，推行。(8)震：震慑。

译文：上天有五行之气来化育万物，木德让万物生，金德让万物死，这好像是相悖逆的，然而这恰恰是开始和终止的顺序，是万物相互成就的规律。先王用刑罚来纠正他的人民，那么一定是用温慈惠和的原则。这就是以道义来裁断，以仁义来推动，如此这样震慑仇恨杀戮的威严，不是找寻致使罪犯死亡的证据，而是寻求让其活命的理由。

评析：儒家强调，德治为主，以刑辅德。在五行之中，木德主生，金德主杀，看起来好像很矛盾，但这恰恰是天地万物生死相替、相互成就的自然规律。生是开始，死是终结；但死也恰恰是为了生。这个生包括自身类种生命的延续，也包括其他类种生存的需要。由此看来，上天之根本，还是有好生之德。所以古代君王虽然立有刑罚预防、纠正和惩罚民众的过错，但其核心或者说立法初衷和过程，则是以温和、慈爱、仁惠、宽和为原则。民众触犯法律，要用道义来裁断，要用仁义来推论。这就是说，刑罚震慑仇恨杀戮的目的，不是求得证据让罪犯赴死，而是为了寻找让罪犯能够活下来的理由。从法理角度来说，这段文字说的是无罪推定的问题，任何一个人，在没有找到确凿证据的情况下，都不可认定为罪犯。这就是本文所说的，“裁之以义，推之以仁，则震仇杀戮之威，非求民之死，所以求其生也”。

法 治 篇

fazhipian

文官不爱财，武将不惜死，国家太平矣。

——岳飞

岳飞

岳飞（1103～1142年），字鹏举，相州汤阴县（今河南汤阴）人，南宋抗金名将。岳飞青年从军，十余年间大小数百仗，所向披靡，“位至将相”。1140年，岳飞挥师北伐，先后收复郑州、洛阳等地，又于郾城、颍昌大败金军，进军朱仙镇。宋高宗、秦桧却一意求和，以12道“金字牌”下令退兵，岳飞被迫班师。回朝后遭秦桧等人诬陷，以“莫须有”罪名被捕入狱。1142年1月，岳飞与长子岳云和部将张宪同时遇害。宋孝宗时，岳飞冤狱被平反，改葬于杭州西湖畔栖霞岭。

原文:舜:"钦哉,钦哉,惟刑之恤(xù)哉!"

注释:本文出自先秦《尚书·虞书·舜典》。

(1)钦:敬;哉:语气词。钦哉:要谨慎啊。(2)恤:慎重,怜悯。

译文:虞舜说:"谨慎啊!谨慎啊!在刑罚处理上一定要慎重啊!"

评析:中华传统文化重视以德为政,但也极为重视刑罚的作用。虞舜这句话就提出刑罚在政治治理中的重要作用,同时告诫群臣,在使用刑罚时一定要谨慎,一定要慎重。虞舜制定了五种常用的刑罚,对触犯五刑的人以宽恕的态度予以流放,把共工流放到豳(bīn)州(今陕西咸阳北部),把驩(huān)兜流放到崇州(今湖南湘西地区),把三苗驱逐到三危(西裔,青藏高原敦煌一带),把鲧(gǔn)流放到羽山(东裔,今山东临沭东南),这四个犯上作乱的人受到应有的处罚,天下人民都心悦诚服。这就是虞舜慎用刑罚的典范。

原文:九五,讼,元吉。

注释:本文出自殷周《周易·讼卦》周公九五爻辞。

译文:九五,争讼,十分吉利。

评析:《周易》讼卦六四爻之前,周公对争讼一直持反对的态度,为什么现在又说争讼吉祥呢?这是因为九五居中位,代表"利见大人",争讼会得到合理公正的判决,所以吉祥。从卦象上看,九五阳爻居阳位,当位且居中居尊,尽管与九二不有应,与九四和上九相敌,但秉性中正,不偏不颇,所以结果能够吉祥。

原文:象曰:"'讼,元吉',以中正也。"

注释:本文出自《易传·讼卦》九五爻辞象传。

译文:《象传》上说:"'争讼十分吉祥',是因为中和正固。"

评析:圣人推崇无讼,但争讼之事不可避免。所以要想争讼吉祥,第一是自己要中和正固,占争讼之理;第二是法官要中和正固,刚正严明,据实情审案,就如秦香莲告状遇到包拯,结果自然是吉祥的。

原文:象曰:"雷电皆至,丰。君子以折狱致刑。"

注释:本文出自《易传·丰卦》大象传。

(1)折狱:判决诉讼,审理案件。(2)致刑:施用刑罚。

译文:《象传》上说:“雷鸣电闪一起到来,这就是丰卦卦象。君子由此领悟,要用公正严明的原则审断狱讼,施用刑罚。”

评析:丰卦上卦是雷,雷是震雷,象征惩治;下卦是离,离是火,是闪电,象征明亮。电闪是光明,对应折狱。法官审理案件最关键的是一个“明”字,明才能审断狱讼,不明则是昏官,则有失公正。震雷是威震,对应致刑。对犯罪者就要严惩不贷,就要施用刑罚。审断狱讼是致刑的条件,施行刑罚则是折狱的结果。量罪施刑,罪犯口服心服,社会公正才能实现人人平等,此为社会和谐、国家富强之前提,公检司法折狱致刑,明威并用,当为至理。

原文:法者所以兴功惧暴也,律者所以定分止争也,令者所以令人知事也。法律政令者,吏民规矩绳墨也。夫矩不正,不可以求方;绳不信,不可以求直。法令者,君臣之所共立也;权势者,人主之所独守也。故人主失守则危,臣吏失守则乱。

注释:本文出自春秋管仲《管子·七臣七主》。

(1)兴功:鼓励立功。(2)惧暴:使暴徒惧怕。(3)定分:明定本分,确定归属。(4)知事:通晓事理,管理事务。(5)信:通假“伸”,展开。(6)七臣:七种类型大臣。

译文:所谓法,是用来鼓励人们立功威慑恶人行暴的;律,是用来明定本分制止争端的;令,是用来让人们知晓事理管理事务的。法律政令,是治理人们的规矩绳墨。矩尺不正,不能求方;墨绳不伸,不能求直。法令,是君臣共同建立的;权势,才是君主独揽的。君主失其所守则国家危险,官吏失其所守则国家混乱。

评析:管仲在这里分别讲述了法、律、政令的作用。制定法,就是要鼓励人们立功,人们为了立功,就会充分发挥主观积极性把事情做好;法的另一个作用就是惩治恶人暴徒,让恶人暴徒知道惧怕而不去铤而走险。制定律,是为了辨别确定物的归属权,这样才能制止争端。商鞅对管仲所说“定分止争”有形象化的解释,他说:“一只野兔在田野上跑,后面很多人追着想抓住它。但是市场上很多的兔子却没有人去抢着要它,为什么呢?因为前面的兔子权属没有定,而后面的兔子已经有了归属。”(一兔走,百人逐之,非以兔可分以为百也,由名分之未定也。夫卖兔者满市,而盗不敢取,由名分已定也)颁布政令,就是为了让官吏知晓事理而更好地管理事务。法律政令,就是官吏、民众的规矩绳墨。制定完善的法律政令,就可以立规矩定绳墨,就可以确定方、正秩序,就可以维护国家平安和谐。因此，为政者一定要注重法治，“法令者，君臣之所共立也”“民信其法则亲”。法律的制定，一定要有社会成员的广泛参与，一定要符合国家情势，这一点，无疑也是非常重要的。

原文：明主者，一度量，立表仪，而坚守之。故令下而民从。法者，天下之程式也，万事之仪表也；吏者，民之所悬命也。故明主之治也，当于法者赏之，违于法者诛之。故以法诛罪，则民就死而不怨；以法量功，则民受赏而无德也。此以法举错之功也。故《明法》曰：“以法治国，则举错而已。”

注释：本文出自春秋管仲《管子·明法解·管子解五》。

(1)一：统一。(2)度量：规格，标准。(3)表仪：法度。(4)程式：规程，标准。(5)仪表：准则。(6)悬命：维系生命。(7)当：符合。

译文：英明的君主，统一度量，建立准则，而且坚决地维护它们。所以，命令一下人民就服从。法，是天下的规程，万事的准则。执法官吏，是掌握着人民命运的。所以明君治国，合于法令的就奖赏，违背阻碍法令的就惩罚。所以依法治罪，人民被判死刑也无所抱怨；依法量功，人民受到奖赏也不必感恩。这些都是按照法度处理事情的功效。所以，《明法》说：“以法治国，制定法令发布实施就可以了。”

评析：一个英明的君主，所要做的就是三件事：统一度量，建立规则，坚持维护已经制定的度量、规则。法令是治理天下的规程，处置万事的准则，法令制定出来，人们就要遵照执行。依法治国，就要有功者赏，违法者罚，这样犯法的人就不会有怨恨，受到奖赏的人也会心安理得，官吏执法也就有了客观尺度。所以，以法治国，就是制定法令并发布实施而已。

原文：不别亲疏，不殊贵贱，一断于法。

注释：本文出自战国李悝(kuī)《法经》。

(1)别：区别。(2)亲疏：亲近疏远。(3)殊：特殊。(4)断：裁断。(5)李悝：别名季充、李兑，战国魏国濮阳(今河南省濮阳市)人，法家重要代表人物。

译文：不区别关系亲近还是疏远，不特殊对待尊贵卑贱，所有的犯罪行为一律依据于法律裁断。

评析：李悝在这里强调了法律的权威性，王子犯法与庶民同罪，是法家所倡导的“法律面前人人平等”的法治理念。不管犯罪者是自己的亲人还是与自己没有关系的人，也不管犯罪者地位尊卑贵贱，统一按法律条文来裁断罪责，使犯罪者受到应有的惩罚。我们强调依法治国，就要尊重法律的严肃性，就要对犯罪者按照法律作出裁断，这样社会才能实现公平公正公义。

辨析：“不别亲疏，不殊贵贱，一断于法。”有学者认为这句话出自司马迁《太史公自序》，而司马迁引用《法经》这句话是对法家的评价，其原文是：“法家不别亲疏，不殊贵贱，一断于法，则亲亲尊尊之恩绝矣。可以行一时之计，而不可长用也，故曰‘严而少恩’。”由此看来，司马迁只是赞成法家主张可以作为一时之计来实行，但却不可以常用。这实际是认为只有以礼教化民众，即以德治国才是治理国家的长久之策。

原文：国将兴，必贵师而重傅，贵师重傅则法度存。国将衰，必贱师轻傅，贱师轻傅则人有快，人有快，则法度坏。

注释：本文出自战国荀况《荀子·大略》。

(1)贵师：尊敬老师。(2)重傅：尊重师傅。(3)法度：法令制度。(4)贱师：轻视老师。(5)人有快：人有快意，放纵自己。

译文：国家将要兴盛的时候，必然要尊敬老师而看重有技能的师傅；尊敬老师而看重有技能的师傅，那么国家法令制度就能保持并得以推行。国家将要衰微的时候，一定是鄙视老师而轻视有技能的师傅；鄙视老师而轻视有技能的师傅，那么人们就会有放肆之心并放纵自己的欲望；人有了放肆之心并放纵自己的欲望，那么国家法令制度就会遭到破坏。

评析：荀子在这里讲了国家兴衰与尊师重教的关系，其实这也可以当作国家政治是否清明的试金石或者分水岭。尊重教师，尊重有才能的师傅，国家法令公平公正并上下畅通，国家政治就是清明的，反之亦然。教师的地位和作用，直接关系到国家的前途和命运。国家想要振兴，必须尊敬教师，重视传授专长技术的师傅，教师受尊重，国家的法律制度就能得到保存。国家如果趋于衰败，一定轻视教师，教师不受到尊重，人就会肆意放纵性情，国家的法律制度就要受到破坏。所以，尊师重教，事关国家的兴衰存亡，为政者不可不审察之。

原文：国无常强，无常弱。奉法者强，则国强；奉法者弱，则国弱。

注释：本文出自战国韩非《韩非子·有度》。

(1)常强：长久的强大。(2)奉法者：信奉法律、奉行法律的人，此处指国君。

译文:国家没有永久的强盛,也没有长久的衰弱。君主奉行法律坚决,国家就强盛;国君奉行法律不坚决,国家就会衰落。

评析:这是韩非在《韩非子·有度》篇起首写的一段话。然后列举楚庄王、齐桓公、燕襄王、魏安釐(xī)王称霸称强的史实予以论证:“故有荆庄、齐桓则荆、齐可以霸;有燕襄、魏安釐则燕、魏可以强。”与此相反,这四个国家都在强有力的“奉法者”去世后,继任者“释国法而私其外”而沦落于乱弱境地。韩非这段论述强调了依法治国的重要性,对我们有重要的启迪作用。以德治国,是让人不想做坏事;依法治国,是让人不敢做坏事。以德治国和依法治国相辅相成,才能使国家安定,社会安宁,为政者于此不可不深察之。

原文:故《本言》曰:“所以治者,法也;所以乱者,私也。法立,则莫得为私矣。”故曰:道私者乱,道法者治。

注释:本文出自战国韩非《韩非子·诡使》。

(1)《本言》:古书名,已失传。(2)道:通“导”,引导,遵循。

译文:所以《本言》说:“国家之所以得到治理,靠的是贯彻法治原则;国家之所以发生动乱,根子在非法的私欲得逞。法立起来的话,就没有人再行私了。”所以说:倾向于私行的,社会必然动乱;倾向于法治的,社会一定大治。

评析:韩非引用《本言》“所以治者,法也;所以乱者,私也。法立,则莫得为私矣”,得出结论“道私者乱,道法者治”。然后继续加以阐述:“上无其道,则智者有私词,贤者有私意。上有私惠,下有私欲,圣智成群,造言作辞,以非法措于上。”上无其道,连智者、贤者都会有私词、私意,何况一般人呢?上有私惠,圣者、智者都会成群结党,制造非法言论,用违法手段对付君主。所以,在上者一定不可违其道,不可私其惠,而要出以公心,做到贵法、立法、执法,这样才能达到“道法者治”的理想境界。

原文:故以法治国,举措而已矣。法不阿贵,绳不挠曲。法之所加,智者弗能辞,勇者弗敢争。刑过不辟大臣,赏善不遗匹夫。故矫上之失,诘下之邪,治乱决缪,绌羡齐非,一民之轨,莫如法。厉官威民,退淫殆,止诈伪,莫如刑。刑重,则不敢以贵易贱;法审,则上尊而不侵。上尊而不侵,则主强而守要,故先王贵之而传之。人主释法用私,则上下不别矣。

注释:本文出自战国韩非《韩非子·有度》。

(1)举措:办法,步骤,方法,措施。(2)阿:偏袒,迎合。(3)贵:权贵。(4)挠:屈服,弯曲。(5)辞:躲避。(6)辟:通"避",避开,回避。(7)匹夫:平民百姓。(8)矫:矫正。(9)诘:追问,盘问。(10)缪:通"谬",错误。决缪:决断谬误。(11)绌:通"黜",罢免,革除。(12)羡:有余,剩余。(13)一:统一。(14)轨:轨道,规范。(15)厉:整治。(16)威:威慑。(17)退:退却,消除。(18)淫:荒淫,淫乱。(19)殆:通"怠",松懈,怠惰。(20)守要:守住要害,抓住根本。(21)释法:放弃法令。

译文:所以用法令治国,不过是一种办法罢了。法令不偏袒权贵,墨绳不迁就弯曲的木料。法令该制裁的,智者不能逃避,勇者不敢抗争。惩罚罪过不回避大臣,奖赏功劳不遗漏平民。所以矫正上面的过失,追究下面的奸邪,治理纷乱,判断谬误,削减多余,纠正错误,统一民众的规范,没有比得上法的。整治官吏,威慑民众,除去淫乱怠惰,禁止欺诈虚伪,没有比得上刑的。刑罚重,人们就不敢因自己地位高轻视地位低的;法令严明,君主就尊贵不受侵害。尊贵不受侵害,君主就能强劲而把握治国要领。所以先王重视法令并传授下来。君主如果弃法用私,那么君臣之间就没有区别了。

评析:制定并推行法令,是治国的重要举措。法不阿贵,是法治的一个重要原则。法律面前人人平等,是以"智者弗能辞,勇者弗敢争",大臣匹夫一视同仁。依法治国,可以"矫上之失,诘下之邪,治乱决缪,绌羡齐非,一民之轨";刑律严明,可以"厉官威民,退淫殆,止诈伪",人们不敢以贵易贱。所以,制定法令,严格执法,依法治国,对保证社会公平正义和社会稳定有着十分重要的意义。

原文:太史公曰:法令所以导民也,刑罚所以禁奸也。文武不备,良民惧然身修者,官未曾乱也。奉职循理,亦可以为治,何必威严哉?

注释:本文出自西汉司马迁《史记·循吏列传》。

(1)太史公:太史令旧称,因司马迁曾做过太史令,故以太史公自称。(2)导:引导。(3)奸:邪恶诈伪的行为。(4)文武:文治武功。文法、刑律。(5)惧然:惊讶恐惧的样子。(6)未曾:不曾有过。(7)乱:扰乱纲纪。(8)奉职:奉行职事。(9)循理:依照原则行事。(10)威严:严厉。

译文:太史公说:"法令用以引导民众向善,刑罚用以阻止民众作恶。文法与刑律不完备的时候,善良百姓依然会心存戒惧地自我约束修身,居官者行为端正也不曾违乱纲纪。只要官吏奉行职事按原则行事,就可以治理好天下,为什么要非用严刑峻法不可呢?"

评析:司马迁这段话表明他对严刑峻法持否定态度。司马迁认为,老百姓从根本上是向善的,即使没有完备的文法刑律,老百姓也会惊惧自己进行自我约束,官吏也会自身端正按原则办事。如果官吏都像《循吏列传》里的传主一样,做一个奉职循理的循吏,又何必需要严刑峻法呢。尽管如此,司马迁还是认识到法令与刑罚的作用:"法令所以导民也,刑罚所以禁奸也。"司马迁所作《循吏列传》只有1200字,传主也不过孙叔敖、子产等5人而已,由此可见,司马迁一方面认可以法治国的必要性,同时也表露出他倾心向往能有更多的循吏,奉职循理,把社会治理得平安祥和,如此则"何必威严哉"!

原文:衡之于左右,无私轻重,故可以为平;绳之于内外,无私曲直,故可以为正。人主之于法,无私好憎,故可以为命。

注释:本文出自西汉刘安《淮南子·主术训》。

(1)衡:平衡,天平。(2)私:偏私。(3)绳:绳墨。(4)人主:君主。(5)好憎:喜好、憎恶。(5)命:命令,法令,制命。《史记·郑世家》:"君能制命为义,臣能承命为信。"

译文:天平对于左右,不会偏私于轻重的一方,所以可以称之为公平;绳墨对于内外,不会偏私于曲直的一方,所以可以称之为公正。君主对于法令制度,不会偏私于自己喜好憎恶的一方,所以可以称之为制命。

评析:作者连用三个排比句,从天平的无私轻重,绳墨的无私曲直,推出人主的无私好憎。天平无私轻重方可成其公平,绳墨无私曲直方可成其公正,人主无私好憎方可制定命令。为政者制定法令制度关系到国家的长治久安,关系到社会的公平公正公义,所以,为政者在制定法令制度时一定不能掺杂个人好恶,而要出以公心,这样制定的法令制度才有严肃性,才可以称之为"命"。为政者当于此慎之。

辨析:有学者引用《淮南子》本句时只引前面两句:"衡之于左右,无私轻重,故可以为平;绳之于内外,无私曲直,故可以为正。"意译为:"考察左右的人,任用没有偏私,才可以算作公平;监督朝廷内外,判别是非没有偏颇,才可以算作正直。"由前面译文和评析可以看出,这种引用并不完整,其译文也不符合作者的本意。

原文:圣人不敢以亲戚之恩而废刑罚,不敢以怨仇之忿而废庆赏。

注释:本文出自东汉徐干《中论·赏罚》。

(1)恩：情谊。(2)废：废除。(3)刑罚：刑律惩罚。(4)忿：生气，愤恨。(5)庆赏：奖赏，赏赐。(6)徐干：字伟长，北海剧县(今山东昌乐)人。东汉思想家、政论家。

译文：圣人不敢因为亲戚的情谊，就废除对他应得的刑律惩罚；也不敢因为私下的怨怒仇恨，就废除对他应得的奖励。

评析：徐干认为，官吏治理的难度，往往在于应当奖赏的不奖赏，应当惩罚的不惩罚。所以，他举圣人为例，指出即使圣人自己的亲戚犯法也得惩治，自己不喜欢甚至怨怒仇恨的人，只要他有功劳，就不能不给他奖赏。惩罚不仅是给犯罪者以惩治，对其他人也是一个警诫；奖赏也不仅是给有功者的酬劳，对其他人也是一个榜样。为政者只有做到"不敢以亲戚之恩而废刑罚，不敢以怨仇之忿而废庆赏"，才能真正做到奖罚分明、公平正义。

原文：至元帝初立，乃下诏曰："夫法令者，所以抑暴扶弱，欲其难犯而易避也。今律令烦多而不约，自典文者不能分明，而欲罗元元之不逮，斯岂刑中之意哉！其议律令可蠲除轻减者，条奏，唯在便安万姓而已。"

注释：本文出自东汉班固《汉书·刑法志》。

(1)难犯：难以触犯。(2)约：简约，简明。(3)典文：主管法令条文。(4)罗：网罗，控制。(5)元元：百姓，庶民。元，善也，民之类善故称元。(6)不逮：达不到，意识不到。(7)斯岂：这难道是。(8)刑中：刑罚得当。(9)蠲：免除。(10)条奏：逐条奏请。(11)便安：方便安定。

译文：到汉元帝刚刚即位，就下诏令说："法令，是用来抑制强暴扶助弱小，是希望人们难以触犯而且容易避免犯罪。现在法令烦复而不简明，连主管法文条例的人自己都不能分辨清楚，却想用它去控制没有文化知识的平民百姓，这难道是刑法适当的意思吗？现在请议论讨论律令中可以免除减轻的部分，逐条上奏，只求能使百姓方便安定而已。"

评析：制定法令要根据社会实际需要，不能为制定法令而制定法令，制定法令的目的从根本上说就是抑暴扶弱，让人们能够"难犯而易避"。所以，法令不能是严刑峻法，要刑罚得当；法令不是繁文缛节，不能"烦多而不约"。如果制定的法令连主管典律的官员都分辨不清楚，那这样的法令还有什么意义呢？由此而言，汉元帝这段诏令对当今制定法律、修正法律，仍然有十分重要的借鉴意义。

原文:治乱之政,谓省官并职,去文就质也。夫绵绵不绝,必有乱结;纤纤不伐,必成妖孽。夫三纲不正,六纪不理,则大乱生矣。故治国者,圆不失规,方不失矩,本不失末,为政不失其道,万事可成,其功可保。

注释:本文出自三国蜀诸葛亮《便宜十六策·治乱》。

(1)省官:省察、考选官员。(2)并职:合并职能。(3)文:虚浮的东西。(4)质:实质的内涵。(5)伐:去除。(6)三纲:君为臣纲,父为子纲,夫为妻纲。(7)六纪:六种伦常关系。六纪者,谓诸父、兄弟、族人、诸舅、师长、朋友也。(8)规:圆规,画圆的工具。(9)矩:矩尺,画方的工具。(10)本末:根本和枝节。(11)功:功业。

译文:治理乱世的施政方略是,省察官员才能,去除虚职合并职能,不要浮华的语言和外表装饰,而要看实际的能力。处理事务久拖不决,没完没了,就一定会产生更大的问题矛盾;如果发现细微的问题而不管,不制止,则必将酿成大患,成妖孽之灾。所以治国理政的人,要做到画圆离不开圆规,画方离不开矩尺,抓住根本又不失枝节,治国理政合乎理法道统,这样做就能万事可成,功业可保。

评析:诸葛亮在《治乱》这篇文字中提出治理乱世的施政方略共有三种:第一是"省官并职,去文就质",按实际能力选拔官员,去除不必要的职位和闲置的官吏;第二是做事要果断,不可无限拖延,否则就会"必有乱结";第三是审察细微,发现问题苗头及时处置,否则就会"必成妖孽"。特别是"圆不失规,方不失矩,本不失末,为政不失其道"这一段话,用人们常见的现象和类比的笔法,把以法治国的重要性讲得十分透彻,十分突出,令人深思。

原文:且法,国之权衡也,时之准绳也。权衡所以定轻重,准绳所以正曲直,今作法贵其宽平,罪人欲其严酷,喜怒肆志,高下在心,是则舍准绳以正曲直,弃权衡而定轻重者也,不亦惑哉?诸葛孔明,小国之相,犹曰:"吾心如秤,不能为人作轻重。"况万乘之主,当可封之日,而任心弃法,取怨于人乎!

注释:本文出自唐代吴兢《贞观政要·论公平》。

(1)权:秤砣。衡:秤杆。权衡:法度,标准。(2)准绳:木匠用的墨绳,标准,准则。(3)作法:制定法令。(4)宽平:宽大公平。(5)罪人:判人有罪。(5)肆志:随心所欲。(6)高下在心:宽松严酷取决于心意。(7)万乘之主:大国的君主。(8)可封:可以封爵,比喻社会太平。

译文:法律是国家的度量衡,是时代一切事物的准绳。权衡是用来确定轻重的，准绳是用来校正曲直的。法律贵在宽大公平，而判人之罪却极其严酷，如今法律轻重全由人的喜怒心意而定。这就等于舍掉准绳来端正曲直，抛开权衡来确定轻重，怎能不令人困惑呢？诸葛亮只是小国蜀国的丞相，他还说："我的心是一杆秤，不能因人而使标准有别。"更何况大国的君主呢？在天下升平的时候，怎能随意放弃法律的公平，让老百姓心生怨恨呢？

评析：这是魏征给唐太宗奏疏中的一段文字。魏征用权衡、准绳作比喻，强调了法令在治理国家中的重要作用。同时指出，制定法令的本意贵在宽平，但在施行中却出现官吏执法随心所欲、极其严酷的现象，因此恳请唐太宗不可"任心弃法，取怨于人"。魏征本篇奏疏主要观点有二：第一，要严格按照法令权衡犯罪轻重；第二，法贵宽平，不可欲其严酷，取怨于人。执法者能够认真遵守这两条，才能称得上是一个合格的执法者。

原文：愚谓严程峻法，绝轻陋之货，则奸之源塞矣。沿风正典，重耕耘之务，则邪赢之计沮(jǔ)矣。然后远宏教旨，大变流俗，法立有犯而必施，令出唯行而不返。违公窃铸者，具五刑之戮；因时力田者，悬一命之赏。不然，则贾生、晁错，复流涕而言矣，此君侯之未谕三也。

注释：本文出自唐代王勃《上刘右相书》。

(1)愚：作者自谦之词。(2)严程峻法：严刑峻法。程：唐颜师古注："程，法式也。"(3)轻陋之货：轻小伪劣的钱币。货：钱币。(4)沿风：沿袭、遵循风气风俗。(5)邪赢：用欺诈手段谋取暴利。(6)沮：终止。(7)教旨：上对下的告谕。(8)违公：违反、违抗朝廷。公：公家、朝廷。(9)窃铸：私下偷铸钱币。(10)五刑：五种刑罚。(11)因时力田：不违农时而努力耕田，勤于农事。(12)一命之赏：赏赐最低的官阶。周朝官阶从一命至九命，一命最低。(13)贾生：贾谊，西汉政论家。(14)君侯：对达官贵人的敬称。(15)刘右相：刘祥道，时为中书令。

译文：我认为严刑峻法，杜绝轻小伪劣钱币，就可以堵塞犯奸作科的源头。遵循淳厚民风端正国家法典，重视耕耘农业为当务之事，这样用欺诈手段谋取暴利的计谋就会停止了。然后发布目光远大的上谕，大力改变世风流俗，只要有犯法的立即予以制裁，法令既出只有严格执行决不能违反。对于违抗朝廷偷铸钱币的，同时施行五种刑罚予以严惩；对于不违农时勤力耕田的，赏赐最低的官阶。如果不是这样，那么就会有贾谊、晁错这样的人，痛哭流涕劝讽谏言了。这是君侯您未能看到的第三点。

评析：王勃这段话申明了严刑峻法的重要性。认为只有"严程峻法，绝轻陋之货”，才可以堵塞犯奸作科的源头；只有“沿风正典，重耕耘之务”，才可以从根本上终止用欺诈手段谋取暴利的计谋。其次要赏罚分明，对胆敢私铸钱币者罪加一等，对勤力耕田者奖励官阶。“法立有犯而必施，令出唯行而不返。”王勃这句话告诉我们，要重视法律制度的严肃性，法律一经制定，就要严格执行，如有违反者一定予以严惩，绝不可以有任何姑息。

原文：法令者，人主之大柄，而国家治乱安危之所系焉，不可不慎！缘近岁以来，赏罚之典或尚因循，且人知法令之不足信，则赏罚何以沮劝乎！昔唐文宗问宰臣李石：“天下何以易治？”李石对以“朝廷法令行则易治”。诚哉，治道之要，无大于此！伏望陛下临决大政，信任正人；赏者必当其功，不可以恩进；罚者必当其罪，不可以幸免；邪佞者虽近必黜，忠直者虽远必收。法令既行，纪律自正，则无不治之国、无不化之民。——在陛下力行而已。

注释：本文出自北宋包拯《上殿劄子》。

(1)大炳：大权。(2)近岁：近几年。(3)典：制度、法则。(4)因循：守旧，拖拉，疲沓。(5)沮：阻止。劝：提倡，劝勉。(6)唐文宗：名李昂，唐朝皇帝。(7)李石：字仲玉，唐文宗时宰相。(8)临决：亲自决定。(9)幸：宠爱，亲近。

译文：法令是国君的大权，关系到国家的治乱安危，不可不慎重。近几年来，赏罚制度不能严格执行，并且人人都知道法令制度不可靠，那么，赏罚怎么能起到阻止或劝勉的作用呢！从前唐文宗问宰相李石：“天下怎样才能治理容易？”李石用“朝廷法令能严格执行那么就容易治理”来回答。确实，治理的关键，没有比这更重要的了！恳切希望陛下亲自决定大的政策，信任正直的人；奖赏一定要根据他的功劳，不能因为法外施恩而提拔；惩罚一定要根据他的罪行，不能因为出于宠幸而免除；邪佞者即使是亲近的人也要罢免，忠直者即使是疏远的人也要提拔。法令执行了，纪律自然就严明，那就没有治理不好的国家，没有教化不好的百姓。——只要陛下努力做到这些就行了。

评析：这段文字出自包拯给宋仁宗的一篇奏折，包拯把法令制度上升到了“人主之大柄”“国家治乱安危之所系”的高度来认识，这与他能够成为“包青天”的为官经历是分不开的。包拯在奏折中引用唐文宗和宰相李石的对话，希望宋仁宗身体力行，“临决大政，信任正人”，严格执法，赏当其功，罚当其罪，不论远近亲疏，邪佞者黜，忠直者收。特别是“法令既行，纪律自正，则无不治之国、无不化之民”一句，发人深省，为政者当以为以法治国之名言。

原文:发号施令,在于必行;赏德罚罪,在乎不滥。

注释:本文出自北宋包拯《论星变》。

(1)号:号令。(2)施:发布。(3)德:德行,善行。(4)滥:多。

译文:发布命令,关键是一定要贯彻执行;奖赏德行,惩罚犯罪,关键在于不要过度。

评析:在上者发布命令,在下者一定要迅速贯彻执行,只有做到令行禁止才能上下贯通。所以,对懒政怠政者,一定要给予惩罚;对勤政为民者,一定要给予奖赏。这是问题的一方面;另一方面,要掌握赏德罚罪的关节点,过多过滥的赏罚,也会让人无所适从。特别是赏德罚罪,要注意掌握量的标准,这就需要制定具体赏罚标准,这样才能做到赏罚有据,公平公正。

原文:盖君子之为政,立善法于天下则天下治,立善法于一国则一国治;如其不能立法,而欲人人悦之,则日亦不足矣。使周公知为政,则宜立学校之法于天下矣。不知立学校而徒能劳身以待天下之士,则不唯力有所不足,而势亦有所不得,周公亦可谓愚也。

注释:本文出自北宋王安石《周公论》。

(1)盖:发语词。(2)善法:好的法律制度。(3)劳身:使身体疲劳。

译文:君子执政,在整个天下制定完备的法令制度,整个天下就得到治理;在一个国家制定完备的法令制度,一个国家就得到治理;如果不能完善法令制度,想要一个一个的让大家喜欢,那么时间也不够用啊。如果周公懂得如何执政,那就应该用广设学校的方法来培养人才。不懂得设立学校培养人才,只能把自己搞得疲惫不堪亲自去礼遇天下之士,那么不但体力精力不足,实际形势也是做不到的,那周公也就真够愚蠢的了。

评析:这是王安石对荀子关于周公赞美之词的批驳。荀子记述周公为招贤纳士,亲自拜访尊长、接待士人,王安石认为这是荀子编造的。王安石认为,“立善法于天下则天下治,立善法于一国则一国治”,所以制定完善法令制度才是为政者所要重视的第一要务。作为周公旦,要想招贤纳士,就应该重视设立学校培养人才,而不是“劳身以待天下之士”。实事求是地说,王安石设立学校培养人才的说法是对的,荀子关于周公“劳身以待天下之士”的说法也不可以为是编造的。撇开王安石对荀子的批评,他在本段文字中提出的“立善法”的观点值得为政者深思。为政者懂得立善法,才能有利于国家发展,有利于社会稳定,有利于维护民众合法权益，所以立善法，善立法，才是国家长治久安的根本所在。

原文：真宗皇帝思深虑远，复前代职田之制，使中常之士自可守节，婚嫁以时，丧葬以礼，皆国恩也。能守节者，始可制奸赃之吏，镇豪猾之人。法乃不私，民则无枉。

注释：本文出自北宋范仲淹《答手诏条陈十事》。

(1)职田：由国家管理的公田，主要用于官吏俸禄部分收入。(2)中常：一般，中等。(3)守节：守住节操。(4)奸赃：不法受贿。(5)豪猾：强横狡猾而不守法纪。

译文：真宗皇帝思谋深思虑远，恢复前代职田制度，使得一般人自己就可以守住节操，按时结婚嫁娶，丧葬能遵守礼节，这都是国家的恩惠。能让一般人守住节操，才能制服贪污受贿的官吏，镇服那些强横刁猾的人，这样才能使法律公正无私，才能使百姓不受冤枉。

评析：范仲淹这段文字是称赞宋真宗恢复职田制之后出现的好景象。因为官吏有职田作为俸禄的部分收入，或者说是俸禄的补充，这样一般官吏就有了守住节操的基本条件。一般官吏能守住节操，那些奸赃之吏则无所遁形，豪猾之人不敢作恶，由是法乃不私，民则不枉。后人把范仲淹这段话进行简化，意思也有了新的解释：为政者只有严守节操，才能制服奸恶贪赃的官吏，镇服那些强暴刁滑的人。这样法律才能公正无私，百姓也就不会受冤枉了。

原文：盖天下之事，不难于立法，而难于法之必行；不难于听言，而难于言之必效。若询事而不考其终，兴事而不加屡省，上无综核之明，人怀苟且之念，虽使尧舜为君，禹皋为佐，亦恐难以底绩而有成也。

注释：本文出自明代张居正《请稽查章奏随事考成以修实政疏》。

(1)立法：制定法令制度。(2)听言：倾听不同意见。(3)询事：查询事情。(4)屡省：多次考察。(5)综核：综合考核。(6)苟且：得过且过，敷衍了事。(7)考成：考核官吏政绩。

译文：大抵天下的事情，制定法令制度并不是难事，难就难在法令制度一定要严格执行；听取不同意见也不是难事，难就难在不同意见一定能够发生效用。如果查询、考核官员所做的事和所说的话，却不考究它的始终，兴建政事不加以多次考察，上级没有明确的综合考核细则，做事的人有敷衍了事的想法，即使让唐尧、虞舜做君主，大禹、皋陶做辅佐，也恐怕难以取得成绩、获得成功。

评析：这段话出自明朝首辅张居正上疏明神宗实行考成法的一道奏折。考成法是张居正首创的一项考核制度，其核心内容是"立限考事""以事责人"。即把官员要办的事情记录在案，明确完成时限，上级定期检查，完成一件即结案一件，不能按时完成者给予处罚。张居正这个考成法，就是为了解决法之不行、言之不效的问题。"法之必行""言之必效"，是治国理政的一项重要理念，如果有法不依，执法不严，那么就是立再多的法也没有用处。为政者既要严肃立法，又要严格执法，还要动员全社会成员在立法时提出合理建议，立法后乐于守法、用法，并主动监督有关部门执法情况，由此形成全社会关心立法执法的良好局面。

原文：今之律，其大略，皆隋裴政之所定也，政之泽远矣。千余年间，非无暴君酷吏，而不能逞其淫虐，法定故也。

注释：本文出自清代王夫之《读通鉴论》卷十九。

(1)大略：大概，大要。(2)非无：不是没有。(3)逞：实现。(4)淫虐：淫乱暴虐。(5)裴政：字德表，河东闻喜(今山西闻喜)人，隋代官员。

译文：今天的法律，总的大要都是隋代裴政所制定，其政令泽被可谓久远。一千多年来，不是没有暴君酷吏，然而他们却不能随意逞淫肆虐，就是因为法度已定的缘故。

评析：裴政主持所修的《大隋律》是中国历史上最为宽大的法律之一。这一律法的最大意义是成为后来封建王朝学习的榜样，各代也多遵用隋律。王夫之因此感慨隋代之后尽管有暴君酷吏，但毕竟受法律制约，不能肆意逞其淫虐。由此可见，在立法工作中，保持法律的严肃性、稳定性，也是非常必要的。

礼贤篇

lixianpian

人生自古谁无死？留取丹心照汗青。

——文天祥

文天祥

文天祥（1236～1283年），初名云孙，字宋瑞，一字履善。道号浮休道人、文山。江西吉州庐陵（今江西吉安）人。

南宋宝祐四年（1256年）状元及第，官场不顺，37岁被迫退休。咸淳十年（1274年），文天祥被起用任赣州知州。第二年应诏率军勤王，抗击元军，因功劳卓著，官至右丞相兼枢密使，封信国公。后于潮阳五坡岭兵败被俘，宁死不降。至元十九年（1282年）阴历十二月初九，在北京柴市从容就义。

著有《文山诗集》《指南录》《正气歌》等。

原文：帝曰："畴咨若时登庸？"

注释：本文出自先秦《尚书·虞书·尧典》。

(1)畴：谁。(2)咨：语气词。(3)若：善，治理好。(4)时：四时。(5)登庸：升用，任用。

译文：尧帝说："善于治理春夏秋冬四时之职的是谁呢？我要提拔重用他。"

评析：唐尧这短短六个字说出了任人唯贤的大道理。尧要选拔贤才，选择标准就是善治四时之职的人。谁能有这个能力呢？大臣放齐推荐尧的儿子丹朱，被尧否定了。其后，尧又征求大臣们的意见，选拔虞舜于"侧陋"，最后把帝位禅让给虞舜，成为中国历史上帝位传承的一段佳话。有德有才者才能居为政者之位，这就是唐尧选贤任能给我们的重要启示。

原文：帝曰："弃，黎民阻饥，汝后稷，播时百谷。"帝曰："契，百姓不亲，五品不逊。汝作司徒，敬敷五教，在宽。"帝曰："皋陶(gāo yáo)，蛮夷猾夏，寇贼奸宄(guǐ)。汝作士，五刑有服，五服三就。五流有宅，五宅三居。惟明克允！"帝曰："畴若予工？"佥曰："垂哉！"帝曰："俞，咨！垂，汝共工。"帝曰："夔(kuí)！命汝典乐，教胄(zhòu)子，直而温，宽而栗，刚而无虐，简而无傲。诗言志，歌永言，声依永，律和声。八音克谐，无相夺伦，神人以和。"夔曰："於(wū)！予击石拊石，百兽率舞。"帝曰："龙，朕堲(jì)谗说殄(tiǎn)行，震惊朕师。命汝作纳言，夙夜出纳朕命，惟允！"

注释：本文出自先秦《尚书·虞书·舜典》。

(1)弃：即后稷。周朝先祖之一。(2)黎：众；古通"黧"，黑色。黎民：百姓。(3)阻饥：困厄于饥饿。(4)后：主持。(5)稷：负责农事的最高长官。(6)时：通"莳"，耕种。(7)五品：父、母、兄、弟、子。(8)逊：和顺。(9)司徒：三公之一，主管民政。(10)敷：施行。(11)五教：五品之教。父义，母慈，兄友，弟恭，子孝。(12)皋陶：传说是黄帝次子昌意的后裔，早期东夷部落的首领。被舜任命为掌管刑法的"理官"，以正直闻名天下，被封为中国司法鼻祖。禹曾想禅让帝位于皋陶，但因其早死而未成事实。皋陶因其功绩与尧、舜、禹被誉为中国"上古四圣"。(13)猾：扰乱。(14)夏：中国。(15)寇：抢劫。(16)宄：奸邪、作乱。泛指坏人、歹徒。《说文》："宄，奸也。外为盗，内为宄。"(17)士：主持刑狱之长官。(18)服：用。(19)就：处所。(20)五流：五种流放。(21)三居：三种处所。(22)明：明察。(23)允：公允。(24)若：善。(25)工：主百工之长官。(26)垂：人名。(27)夔:人名。(28)胄子:未成年的人。(29)栗:坚。(30)永:通“咏”,歌咏。(31)夺:失去。(32)於:叹词。(33)拊石:轻轻叩击石磬。(34)堲:厌恶。(35)殄:病。(36)师:民众。(37)纳言:官名,负责下传上达。

译文:舜帝说:“弃啊,人们困厄于饥饿,你负责主持农业,教会人们按时播种各种谷物吧。”舜帝又说:“契啊,现在百姓不知亲近,父母兄弟子女们都不和顺,你担任司徒职务吧,谨慎地施行五常教育,要注意宽厚待人。”舜帝又说:“皋陶啊,外面有蛮族侵扰我们中国,国内有盗寇奸邪之徒抢劫杀人,造成外患内乱,你担任刑狱长官吧,五种刑罚各有使用的方法,五种刑法分别在野外、街市、朝堂三处执行。五种流放各有处所,分别在三个远近不同的地方。要明察案情,处理公平允正。”舜帝又问:“谁能担任负责百工的长官?”大家都说:“垂啊!”舜帝说:“好吧!垂啊,你负责掌管百工的长官吧。”舜帝又说:“夔啊,任命你担任主持诗乐的长官,要教导年轻人,使他们正直而温和,宽厚而坚毅,刚强而不粗暴,简约而不傲慢。诗能够表达思想感情,歌是能够咏唱的语言,五声要根据所唱歌曲而选定,六律要配合和谐五声。八类乐器的声音都能调和,不要让它们乱了秩序,这样神和人都会因此而和谐了。”夔回答说:“啊,我愿意轻轻敲击石磬,让扮演各种兽类的舞队都依循音乐舞蹈起来。”舜帝说:“龙啊,我厌恶谗毁的言论和危害社会的行为,这样会使我的民众震惊。我任命你担任纳言之官,早晚传达我的命令,并转告下面的意见,一定要客观真实公正!”

评析:本文记述了虞舜任命22人担任各种官职的场景。这段记述表明几个问题:第一,官职一定要因事而设,并且要明确所设官职的职责所在;第二,选任官员要征求群臣的意见,集思广益,才能选准选好官员;第三,任命官员一定要根据其所长,这样才能各司其职,各负其责。此外,作为领导者,不可能事必躬亲,所以放权分权是一个为政者所要首先考虑的问题。这也是本段文字给我们的重要启示。

原文:一年之计,莫如树谷;十年之计,莫如树木;终身之计,莫如树人。一树一获者,谷也;一树十获者,木也;一树百获者,人也。

注释:本文出自春秋管仲《管子·权修》。

(1)计:计划,打算。(2)树谷:种植谷物。(3)树人:培养人才。

译文:做一年的打算,没有赶得上种植庄稼的;做十年的打算,没有赶得上栽种树木的;做一生的打算,没有比得上培养人才的。培植以后一年就有收获的,是庄稼;培植以后十年才有收获的,是树木;培植以后百年才有收获的,是人才。

评析：如果做一年打算，那就种植谷物；如果做十年打算，那就要种植树木；如果做百年打算，那就要培养人才。为政者最需要考虑的，就是如何让国家长治久安，所以一定要把培养人才作为首要工作。一个国家不仅需要政治经济军事人才，还需要科技文化等各个方面的人才，只有把社会各个方面的人才培养出来，并形成成长梯队，我们的国家才会兴旺发达，我们的事业才会大有希望。

原文：闻贤而不举，殆；闻善而不索，殆；见能而不使，殆；亲人而不固，殆；同谋而离，殆；危人而不能，殆；废人而复起，殆。

注释：本文出自春秋管仲《管子·法法》。

(1)举：举荐。(2)殆：失败，危险。(3)索：寻找。

译文：听闻有贤才而不举用，就危险；听到有善人而不访求，就危险；见到能干的人而不任用，就危险；与人相亲而不坚决，就危险；共同谋事而不团结，就危险；想惩罚人而不能，就危险；已废黜人而再用，就危险。

评析：管仲在这里列举十条行为使政事处于危险的状态，本处引用关于任人的七条。管仲认为，闻贤不举、闻善不索、见能不使、亲人不固、同谋而离、危人不能、废人复起，都关系到国家的兴衰，所以为政者必须重视人才，举荐贤才，发现贤才，任用贤才，信任贤才，团结贤才。对于邪佞之人要坚决惩治，狠狠打击，对于已经被废黜的官员最好是不再录用，即使录用也不能放到关键岗位上。掌握这几条任人原则，让有才能的人担当重任，治理民众，就能收到治国理政良好的效果。

原文：子产之从政也，择能而使之。冯简子能断大事；子太叔美秀而文；公孙挥能知四国之为，而辨于其大夫之族姓、班位、贵贱、能否，而又善于辞令；裨谌(bì chén)能谋，谋于野则获，谋于邑则否。郑国将有诸侯之事，子产乃问四国之为于子羽，且使多为辞令；与裨谌乘以适野，使谋可否；而告冯简子，使断之；事成，乃授子太叔使行之，以应对宾客。是以鲜有败事。

注释：本文出自春秋左丘明《左传·襄公三十一年》。

(1)子产：春秋时郑国执政。(2)断：决断，决定。(3)美：美貌。秀：通“修”，修长。美秀：面容美貌身材修长。(4)四国之为：四周邻国所做的事。(5)诸侯之事：诸侯之间的重大政治活动。(6)适野：到野地去。(7)鲜：稀少，少有。

译文：子产执掌郑国执事，选择贤能的人并任用他们。冯简子善于决断大事，子太叔外表华美，身材修长而且谈吐有文采，公孙挥能了解各国诸侯的政令，而且能辨识各国大夫的家族姓氏、官职爵位、地位尊卑、才能大小，并且善于辞令；裨谌善于出谋划策，但喜静怕闹，在城外安静的地方做出的策划就很正确，在热闹的城邑作出的策划就不行。郑国将有诸侯之间重大政治活动的时候，子产就向子羽（公孙挥字子羽）询问四周邻国所做的事情，并让他参加谈判事宜或起草外交文件。然后和裨谌一同乘车去到郊外，让他谋划怎样做可行，怎样做不行。然后把计划告诉冯简子，让他参与决断。一切准备妥当，就交给子太叔让他去执行，来应对各国宾客。由于子产这种做法，郑国很少把事情做坏。

评析：一个人能力再强，也不可能什么事情都能擅长；一个人再有本事，也不可能事必躬亲。领导者要成大事，就要爱贤、尊贤、用贤，而用贤就要用其所长。冯简子、公孙挥、裨谌、子太叔，各有所长，子产每遇大事，都要和他们咨询商议，特别是裨谌，思考问题需要安静的地方，子产就亲自与他同乘一辆车子，到郊外让他静心谋划。左丘明用“是以鲜有败事”这六个字肯定了子产的做法，并称赞这就是北宫文子（春秋卫国大夫）所说的“有礼”。事实确实如此，子产可谓善于用贤，善于“从政”矣。

原文：公问晏子曰：“古之莅（lì）国治民者，其任人何如？”晏子对曰：“地不同生，而任之以一种，责其俱生不可得；人不同能，而任之以一事，不可责遍成。责焉无已，智者有不能给；求焉无餍（yàn），天地有不能赡也。故明王之任人，谄谀不迩乎左右，阿党不治乎本朝；任人之长，不彊其短，任人之工，不彊其拙。此任人之大略也。”

注释：本文引自春秋晏婴《晏子春秋·内篇·问上》。

（1）公：齐景公。（2）莅：治理。（3）任：任意。（4）责：要求。（5）餍：满足。（6）谄谀：谄媚，阿谀。（7）阿党：逢迎上意。（8）彊：通“强”。

译文：齐景公问晏婴说：“古代理国治民的君主，他们怎么任用贤人呢？”晏婴回答说：“土地的质地性能不一样，然而却用它种同一种作物，要求它们全都能生长得很好，那是不可得的事情。人的能力不同，却让他们做相同的事，不能要求他们全都成功。要求无止境，智慧的人也有不能满足的时候；要求不满足，天地也有供应不足的时候。所以圣明的君王用人，不让专于谄媚、讨好或说别人坏话的人待在身边，不让结党营私的人在朝中存在。用人要用其所长，不强行用其所短，让他们去干那些各自擅长的工作，不要强行让他们去干那些不会干的事情。这就是任用贤人的一般做法。”

评析：如何知人善任，这是为政者最为关心的问题。晏婴用土地种植作物作比喻，形象说明了贤人不是全能的道理。人有特长，贤人也是如此，所以为政者要认真区分辨别每一个人的长处，“任人之长，不彊其短，任人之工，不彊其拙”，同时要注意“谄谀不迩乎左右，阿党不治乎本朝”，让贤人充分发挥其特长，不让谄谀、阿党者得势横行，明白并做到这一点，就可以“莅国治民”了。

原文：亹(wěi)亹文王，令闻不已。陈锡哉周，侯文王孙子。文王孙子，本支百世，凡周之士，不显亦世。世之不显，厥犹翼翼。思皇多士，生此王国。王国克生，维周之桢(zhēn)；济济多士，文王以宁。

注释：本文出自《诗经·大雅·文王》。

(1)亹亹：勤勉不倦貌。(2)令闻：美好的名声。(3)不已：无尽。(4)陈：布施。锡：赏赐。(5)哉：通“載”，初、始。(6)侯：乃。(7)孙子：子孙。(8)本支：树木的本枝，比喻子孙繁衍。(9)士：公侯卿士百官。(10)亦世：奕世，即累世。(11)厥：其。(12)犹：同“猷”，谋划。(13)翼翼：恭谨勤勉貌。(14)思：语首助词。(15)皇：美、盛，美好。(16)克：能。(17)桢：支柱、骨干。王宗石《诗经分类诠释》据《校勘记》谓“桢”字唐石经初刻“桢”，后改为“祯”。“祯”，吉祥福庆之意。(18)济济：盛多、整齐美好。

译文：勤勉进取的文王啊，美名永远传扬人间。上帝厚赐他兴起周邦，也赏赐子孙宏福无边。文王的子孙后裔，本宗旁支繁衍绵延。凡周朝继承爵禄的卿士，累世都光荣尊显。累世都光荣尊显，深谋远虑恭谨辛勤。贤良优秀的众多人才，在这个王国降生。王国得以成长发展，他们是周朝栋梁之臣。众多人才济济一堂，文王任用他们安国定邦。

评析：这是《诗经·大雅·文王》对周文王歌功颂德中的一段文字。周文王为周朝兴起操劳一生，他的子孙乃至周朝公侯卿士百官，世世代代光荣尊显。总结周王朝兴盛的原因，是因为周王朝人才济济，他们才是周王朝栋梁之臣。这篇文字表明，国家兴旺昌盛要靠两个方面：第一是君主英明勤勉，第二是重用贤良优秀人才。君明臣贤，上下同心，这是一个国家兴旺发达的根本所在。

原文：为贤之道将奈何？曰：有力者疾以助人，有财者勉以分人，有道者劝以教人。若此，则饥者得食，寒者得衣，乱者得治，此安生生。

注释:本文出自战国墨翟《墨子·尚贤下》。

(1)为贤之道:做贤人的方法。(2)奈何:怎么办。(3)疾:迅疾,赶快。(4)勉:勉励,努力。(5)劝:劝勉,劝导。(6)安生生:乃以生为生。

译文:那做贤人的道理又是怎样的呢?回答说:有力气的赶快帮助别人,有钱财的勉力分给别人,有道的人劝勉教导别人。如果这样,饥饿的人就可以得到食物,寒冷的人就可以得到衣服,混乱的状况就可以得到治理。这样一来,就可以使人各安其生。

评析:墨子崇尚贤人,有人问什么样的人才是贤人呢?墨子的回答就是有力者帮助别人,有钱者分给别人,有道者教导别人,如此,饥者可得食,寒者可得衣,乱者可得治,民众百姓就可各自安于自己的生活了。管仲"仓廪实而知礼节,衣食足而知荣辱",说的也是这个道理。贤人用力、用财帮助了饥者、寒者,用道劝导治理了社会乱象,社会安定,民众自然就能"安生生"了。"安生生"三个字,有学者译为"自强不息得以生存"。

原文:贤者任人,故年老而不衰,智尽而不乱。故治国之难,在于知贤,而不在自贤。

注释:本文出自先秦列御寇《列子·说符》。

(1)年老:年纪老迈。(2)乱:昏乱。(3)知贤:认知贤人。(4)自贤:自己贤能。

译文:贤明的人任用贤人,因而自己年纪老了政事也不衰替,自己智力尽了政治也不昏乱。所以治理国家的困难在于认知贤人而不在于自己贤能。

评析:政治不是一代人的事情,如何让国家长治久安,这是为政者要考虑的首要问题,所以任用贤人、培养贤人,便成为为政者的一项重要职责。贤明的为政者懂得这个道理,把选贤任贤当作当务之急,做到选贤任贤,政治就不会因自己年老而衰败,不会因自己智尽而昏乱。所以,治理国家的难处,不仅是要自己贤明,更重要的是在于能否知贤任贤。

原文:故明主之吏,宰相必起于州部,猛将必发于卒伍。夫有功者必赏,则爵禄厚而愈劝;迁官袭级,则官职大而愈治。

注释:本文出自战国韩非《韩非子·显学》。

(1)明主:英明的君主。(2)州部:州县基层。(3)卒伍:士卒兵伍。(4)迁官：升迁官职。(5)袭级：按顺序晋级。

译文：所以英明君主的官吏，宰相一定是从州县地方官中选拔上来的，猛将一定是从普通士兵队伍中挑选出来的。有功劳的人必定给予奖赏，那么爵位愈高俸禄越优厚就愈有激励作用；官吏逐级晋升，那么官职愈大就愈有治国理政的能力。

评析：宰相，一人之下，万人之上，权威显赫，德高望重，但真正能做好宰相职责的，往往是从州县基层提拔起来的官员，这是因为他们了解民众疾苦，所做决策，所提建议，更能切合实际，贴近民情。一个优秀将领也是如此，从底层士兵队伍中提拔起来的将领实战经验丰富，谋略更符合实战。文官武将政治决策能力、军事谋划能力，都是在实际工作中逐渐磨炼、提升起来的，所以“迁官袭级”，更有利于让文官武将能符其职，德配其位。由此而言，韩非在这里讲的任官命将原则，对于今天提拔任用干部，也有很重要的借鉴作用。

原文：有道之士固骄人主，人主之不肖者亦骄有道之士，日以相骄，奚时相得？若儒、墨之议与齐、荆之服矣。贤主则不然，士虽骄之，而己愈礼之，士安得不归之？士所归，天下从之，为帝。帝也者，天下之适也；王也者，天下之往也。……尧不以帝见善绻(quǎn)，北面而问焉。尧，天子也；善绻，布衣也。何故礼之若此其甚也？善绻，得道之士也。得道之人，不可骄也。尧论其德行达智而弗若，故北面而问焉。此之谓至公。非至公其孰能礼贤？

注释：本文出自秦代吕不韦《吕氏春秋·下贤》。

(1)有道之士：有才华的人，明白事理的人。(2)骄：傲视。(3)不肖：不贤明，无才德。(4)奚：疑问代词，什么。(5)荆：楚国代称。(6)善绻：人名。(7)至公：无比公正。

译文：有道的士人，本来就傲视君主；不贤明的君主，也会傲视有道的士人。士人和君主天天这样互相傲视，什么时候才能情意相投呢？这就像儒家墨家思想不同而相互非议指责，齐国楚国衣服式样不同的情况一样。贤明的君主就不是这样。有道的士人虽然傲视自己，而自己对他却更加以礼相待。这样，士人怎么会不归附呢？士人所归附的君主，天下的人也会顺从，这样的人就可以成为帝王。所谓帝，就是天下的人都来亲附；所谓王，就是天下的人都来归服。……唐尧不用帝王的身份去会见善绻，面朝北恭敬地向他请教。唐尧是天子，善绻是平民，唐尧为什么这样过分地礼遇他呢？因为善绻是得道的人。对得道的人，不可傲视。唐尧衡量自己的德行智谋不如善绻，所以面向北恭敬地向他请教。这就叫作无比公正。不是无比公正,谁又能礼遇贤者呢?

评析:有才华的人往往看不起周围的人,这就叫恃才傲物。古时有才华的人,王者不得而臣,诸侯不得而友,原宪、孔伋就是这样的人。士人看不起君主,只是个人问题;君主看不起士人,则关乎能否爱贤、用贤治理国家之大事了。唐尧贵为天子,却能礼遇平民,"北面而问"。唐尧为什么不讲身份是否平等,而去礼遇一个平民?就是因为这个平民善绻是得道之士。唐尧能礼遇得道之士,这才是他能成为一代圣王的原因所在。

原文:所任者得其人,则国家治、上下和、群臣亲、百姓附;所任非其人,则国家危、上下乖、群臣怨、百姓乱。故一举而不当,终身伤。

注释:本文出自西汉刘安《淮南子·主术训》。

(1)所任:所任用的人。(2)亲:亲和。(3)附:归附。(4)乖:背离。

译文:如果所任用的人得当,那么国家就能治理得好,上下和睦,群臣关系亲和,百姓归附;如果所用的人不是得当的人,那么国家就有危险,上下乖悖,群臣互相怨恨,百姓动乱。所以君主一次政策失误,便会终身受害。

评析:国家能不能治理得好,关键在所任者得其人;上下能不能协调和睦,群臣能不能关系融洽亲和,百姓能不能安抚归顺,关键在所任者得其人。所以,选任贤才治理一个地方、一个部门,乃至整个国家,对于为政者来说是头等大事,万万不可粗心大意。为政者特别是组织部门的领导干部,一定要把考察识别任用干部的工作做细做好,坚持德才兼备、以德为先的用人标准,大力培养选拔信念坚定、为民服务、勤政务实、敢于担当、清正廉洁的好干部,为实现社会全面发展提供坚强的组织保证和干部人才支撑。

原文:盖有非常之功,必待非常之人。故马或奔而致千里,士或有负俗之累而立功名。夫泛驾之马,跅(tuò)弛之士,亦在御之而已。其令州郡察吏民有茂才异等,可为将相及使绝国者。

注释:本文出自东汉班固《汉书·武帝纪》。

(1)非常:不同寻常。(2)或:有的。(3)负俗:背负世俗。(4)泛:通"覆"。泛驾:不服人驾驭。有才能而不循旧规的人。(5)跅弛:放荡不羁的人。(6)茂才:秀才,因避光武帝刘秀名讳而改。秀才,即秀材,优秀人才。(7)异等:不同等级。(8)绝国:极远的国家。(9)班固:字孟坚,东汉扶风安陵(今陕西咸阳)

人，著名史学家。

译文：如果有异乎寻常的事业，一定要依靠不同一般的人才能完成。因此有的千里马不驯服但却能日行千里，有些有本事的人背着世俗讥议的包袱，却能建立功名。难于驾驭的马，放纵不羁的人才，只不过在于人们如何驾驭、如何使用他们罢了。命令州郡长官考察并向上推荐当地官民中具有超等杰出的才能、可以作为将相以及能出使极远国家的人。

评析：这是汉武帝为下令求贤而写的诏书。这篇诏书讲了一个很重要的问题，就是选拔人才标准。第一，要完成不同寻常的功业，一定要有不同寻常的人才。第二，人才往往不是循规蹈矩，而是放荡不羁，难以驾驭的人。第三，如何驾驭不羁人才，关键是看在上位者的领导能力。当今盛世，干部选拔、职务晋级容易陷于论资排辈，这样容易压制人们创业干事的积极性，所以，要建立完善考核选拔晋升机制，让优秀人才脱颖而出，充分发挥他们的热情和才智，如此，才可得非常之人，建非常之功。

原文：遍得天下之贤人，则三王之盛易为，而尧、舜之名可及也。毋以日月为功，实试贤能为上，量材而授官，录德而定位，则廉耻殊路，贤不肖异处矣。陛下加惠，宽臣之罪，令勿牵制于文，使得切磋究之，臣敢不尽愚。

注释：本文出自东汉班固《汉书·董仲舒传》。

(1)三王：唐尧、虞舜、大禹三代圣王。(2)盛：兴盛。(3)日月：时间。毋以日月为功：不要以任职时间来衡量功劳大小。(4)实试：实际测试。(5)量才：量度才能。(6)录德：根据德行。(7)廉耻：廉洁、无耻。

译文：到处得到天下的贤人，那么唐尧、虞舜、大禹三代圣王的盛世就容易开创，而唐尧、虞舜的声名也可以达致。不要以任职时间的长短来衡量他功劳的大小，要以实际测试有贤德能力的人为上策，量度他的才能授予官职，根据他的德行决定他的位置，如此，就能使清廉者与无耻之徒不在一条路上，贤能者与不肖之徒不会在一处了。陛下施加恩惠，宽限臣子的罪责，法令不受文藻的限制，使臣子得以切磋研究，臣怎敢不尽愚笨之力呢。

评析：汉武帝以任贤为题，策问州郡所举贤良文学之士，这段话就是董仲舒对策中的一段文字。董仲舒认为，“遍得天下之贤人，则三王之盛易为，而尧、舜之名可及也”。而要“遍得天下之贤人”，一是不要按任职时间论资排辈，二是要“量才而授官，录德而定位”。量才、录德，“毋以日月为功，实试贤能为上”，董仲舒提出的这几项选任贤才的做法，对现在选拔任用各级领导干部仍具有十分重要的现实意义和借鉴作用。

原文: 夫国之匡辅,必恃忠良。任使得人,天下自治。

注释: 本文出自唐太宗李世民《帝范·求贤》。

(1)匡辅:辅助。(2)恃:依仗,依靠。(3)任使:任用,使唤。

译文: 匡世辅君,治理国家,一定要依靠忠臣良将。倘若任用人才得法,天下自然就会太平。

评析: 唐太宗认为,忠臣良将,是治国理政的根本保证。作为为政者,一定要注重选人用人,选对人,用对人,什么事情就都好办了。唐尧懂得这个道理,所以选拔忠良为四方部落首领;虞舜懂得这个道理,所以向唐尧举荐伯奋、仲堪、叔献、季仲、伯虎、仲熊、叔豹、季狸八位贤人辅政,由此出现尧舜盛世。所以作为一个合格的领导人,一定要敬贤思贤、识贤举贤、用贤护贤,这样才能出现并巩固生机蓬勃、政通人和的大好局面。

原文: 贞观元年,有上封事者,请秦府旧兵并授以武职,追入宿卫。太宗谓曰:"朕以天下为家,不能私于一物,惟有才行是任,岂以新旧为差?况古人云:'兵犹火也,弗戢(jí)将自焚。'汝之此意,非益政理。"

注释: 本文出自唐代吴兢《贞观政要·论公平》。

(1)贞观:唐太宗年号。(2)封事:密封的奏章。(3)秦府:秦王府,李世民称帝前受封秦王。(4)太宗:一般为一个朝代的第二代皇帝庙号。此指李世民。(5)宿卫:值夜的警卫,禁卫军。(6)朕:皇帝自称。(7)才行:才能德行。(8)戢:收敛,控制。(9)汝:你。

译文: 贞观元年(627年),有人密封上书,请求把秦府旧兵都授予武职,补充进宫中做侍卫。太宗说:"我以天下为家,不能偏私于一人。只要有才能德行的人就任用,怎能因为新旧关系而有所分别呢?况且古人说:'士兵就像火一样,不控制就会把自己烧死。'你的提议,对治理国家没有好处。"

评析: 李世民做了皇帝,有亲近之人密封奏事,建议把原秦王府的人员授以官职,并充作禁卫军。李世民断然拒绝说:"朕以天下为家,不能私于一物,惟有才行是任,岂以新旧为差?"这里说了两层意思:第一,为政者心系天下,不能偏私于一人;第二,为政者以才德取人,不能以关系新旧为标准。关于第二层意思,《贞观政要》还记述了唐太宗重臣房玄龄的一句话,与此意思完全相同:"用人但问堪否,岂为新故异情。”唯才是用，唯德是用，不偏私于故人，不偏私于亲人，这是一条十分重要的治理准则。如此，国家才能人才兴盛，社会才可治理得当。

原文：魏征对曰：“自古已来，元首股肱(gōng)不能备具，或时君称圣，臣即不贤，或遇贤臣，即无圣主。今陛下明，所以致治。向若直有贤臣，而君不思化，亦无所益。”

注释：本文出自唐代吴兢《贞观政要·论慎终》。

(1)魏征：唐太宗李世民贞观年间著名谏臣。(2)元首：君主。(3)备具：齐备，完备。(4)向若：假如。(5)直：通“只”。(6)思化：想着教化。

译文：魏征回答说：“自古以来，明君和贤臣往往不能同时具备。有时君主圣明，而臣下不贤；有时遇上贤臣，却没有圣明的君主。如今陛下圣明，所以天下太平，假如当初大唐只有贤臣，而君主不想广施教化和仁义，要想促成今日之美政，也是不可能的。”

评析：贞观五年(631 年)，唐太宗李世民论及“当今远夷率服，百谷丰稔，盗贼不作，内外宁静”，认为“此非朕一人之力，实由公等共相匡辅”。魏征在对答时论述了明君与贤臣的关系，认为历史上常常出现“元首股肱不能备具”的现象，有时君主圣明，却不遇贤臣；有时贤臣在朝，却不遇明君。而现在明君贤臣备具，所以能实现天下太平盛世。魏征这段话说明，只有君主思化，贤臣才有用武之地，所以为政者一定要有任贤思治之心，贤者才会辈出，并能大显身手，为国家社会人民贡献自己的聪明才智。

原文：臣观前代邦之兴，由得人也；邦之亡，由失人也。得其人，失其人，非一朝一夕之故，其所由来者渐矣。天地不能顿为寒暑，必渐于春秋；人君不能顿为兴亡，必渐于善恶。善不积，不能勃焉而兴；恶不积，不能忽焉而亡。

注释：本文出自唐代白居易《策林·辨兴亡之由策》。

(1)邦：国家。(2)兴：兴盛。(3)人：人才。(4)渐：逐渐。(5)顿：立即，马上。(6)勃：蓬勃。(7)忽：倏忽，快速。(8)白居易：字乐天，唐朝著名诗人。

译文：臣下观察到前代国家的兴盛，在于得到人才；国家的衰亡，在于失去人才。得到人才，失去人才，这不是一朝一夕的缘故，造成这样的原因是渐渐发生的。天地不能一下子寒冷酷暑，一定要经过春秋季节的逐渐过渡。君主也不会一下就能兴盛或者衰亡，一定是因为君主的善恶而逐渐兴盛或者衰亡。君主善德不逐渐积累，国家就不可能蓬勃兴盛；君主恶行不逐渐积累，国家就不可能很快衰亡。

评析：《策林》是唐代诗人白居易于元和元年(806 年)参加制举试前，"揣摩当代之事"，独自拟作的 75 篇策目。在《辨兴亡之由策》中，白居易分析历代兴亡教训，认为国家兴衰，其根本原因在于是得人才还是失人才。得人才者得天下，失人才者失天下。如何广揽人才，这是一个长期工程，需要君主善德善性善心的积累。所以，为政者一定要注意修德积德，靠善言善行得到人民群众的好感，赢得人民群众的拥护和支持，如此，才可以永葆国家社稷兴旺发达，久盛不衰。

原文：夫才与德异，而世俗莫之能辨，通谓之贤，此其所以失人也。夫聪察强毅之谓才，正直中和之谓德。才者，德之资也；德者，才之帅也。

注释：本文出自北宋司马光《资治通鉴·周纪一》。

(1)才：才华，才干，能力。(2)德：德行。(3)异：区别，不同。(4)聪察强毅：聪明、明察、坚强、果毅。(5)中和：公道宽和。(6)资：辅助、支撑、凭借。(7)帅：统帅，主导。

译文：才与德是不同的两回事，而世俗之人往往分不清，一概而论都称之为贤明，这就是看错了人。所谓才，是指聪明、明察、坚强、果毅；所谓德，是指正直、公道、平和待人。才，是德的辅助；德，是才的统帅。

评析：这段话是司马光对智伯之亡引发的一段议论。"德胜才，谓之君子；才胜德，谓之小人。"司马光认为，智伯的死，就是因为他是"才胜德"的小人。司马光分析说，才和德不是一回事，不能把才和德以"贤明"同等视之。才表现为能力，聪明的人，能洞察时势的人，坚强的人，果敢而有毅力的人，这都是才的表现。贤表现为品德，譬如正直的人，办事公道的人，待人宽和的人，这样的优秀品质才是德的表现。有才能的人，必须有德，才是君子，才能予以重任。有才能的人，如果没有德，就是小人，这样的人一定不能重用。司马光识人用人观与我们选拔重用德才兼备的人担任各级领导干部职务的人才观完全是一致的。

原文：为治之要，莫先于用人，而知人之道，圣贤所难也。是故求之于毁誉，则爱憎竞进而善恶浑淆；考之于功状，则巧诈横生而真伪相冒。要之，其本在于至公至明而已矣。为人上者至公至明，则群下之能否焯(zhuō)然形于目中，无

所复逃矣。苟为不公不明，则考课之法，适足为曲私欺罔之资也。

注释：本文出自北宋司马光《资治通鉴·魏纪五》。

(1)要：重要，重大，关键。(2)毁誉：毁谤赞誉。(3)浑淆：混淆。(4)功状：报告立功情况的文书。(5)巧诈：机巧诈伪。(6)要之：总之。(7)焯然：昭著。(8)曲私：偏私。(9)欺罔：欺骗蒙蔽。(10)资：凭借。

译文：治理国家的关键，没有比用人更重要的了；然而识别人才的办法，连圣贤也感到困难。所以只好求助于舆论的毁谤或赞誉，于是个人爱憎争相掺杂进来，使善良和邪恶混淆；用档案进行考核，于是奸巧欺诈横生，真假不明。总之，识别人才的根本在于主上的至公至明而已。居上位的人至公至明，那么属下有能无能就会清清楚楚地反映在眼中，无所遁形。如果在上位者不公不明，那么考绩之法，恰好能够成为徇私、欺骗的凭借。

评析：这是司马光关于用人考选的一篇评论文字。司马光认为，治理国家的关键，在于起用人才，但如何知人，则是圣贤也感到为难的事情。考选人才，一般有两种办法，一种是舆论，一种是档案。这两种办法效果怎么样呢？靠舆论毁谤赞誉选拔人才，个人爱憎因素夹杂其间，善恶被舆论所混淆；靠档案选拔人才，巧诈横生、真伪相冒。这两种考选方法都不可靠，那什么可靠呢？司马光认为关键在于在上位者至公至明，这样属下有无能力就可一目了然。如果在上位者不能至公至明，则任何考选之法，都会流于形式，甚至成为曲私欺罔之凭借。司马光这番议论，对我们考选领导干部，应该引以重视。

原文：司徒杨震上疏曰："臣闻政以得贤为本，治以去秽(huì)为务；是以唐、虞俊乂(yì)在官，四凶流放，天下咸服，以致雍熙。"

注释：本文出自北宋司马光《资治通鉴·汉纪四十二》。

(1)杨震：字伯起，弘农华阴(今陕西华阴)人，东汉名臣。(2)秽：肮脏，丑恶。(3)俊乂：俊杰贤才。(4)四凶：三苗、驩兜(huān dōu)、鲧(gǔn)与共工；一说为混沌、穷奇、梼杌、饕餮。(5)雍熙：和乐升平。

译文：司徒杨震上书说："我听说，处理政事，以得到贤才为基本条件；治理国家，以铲除奸恶为主要任务。因此唐尧、虞舜时代，俊杰之士当权，'四凶'之类的恶人遭到流放，天下全都敬服，因此达到和乐升平局面。"

评析：汉安帝初年，权臣乱政，司徒杨震因此上疏劝谏。杨震在奏章中提出一个重要观点，即"政以得贤为本，治以去秽为务"。处理政事，一定要以求得贤才为基础；治理国家，一定要以除去邪恶为要务。尧舜时代俊杰贤才身居官位，邪恶四凶被流放，所以达致天下和乐升平的盛世。“政以得贤为本，治以去秽为务”，为政者应把这句话当作治世名言，努力践行，不仅自己要以贤能为本，还要推举重用贤才，铲除并防止邪恶之人作威作福。这样才能“天下咸服”，达致民众安居乐业的太平盛世。

原文：夫国以一人兴，以一人亡。贤者不悲其身之死，而忧其国之衰，故必复有贤者，而后可以死。

注释：本文出自北宋苏洵《管仲论》。

(1)悲：悲伤，悲痛。(2)忧：忧虑，担忧。(3)复：再。

译文：国家因一个人而兴盛，一个人而灭亡。贤人不悲痛自己的死亡，而忧虑国家的衰败。因此必须再推选出贤明的人才，然后才可以放心死去。

评析：国家政治，最怕因一人在而兴，因一人去而亡。所以贤能的政治家，总是忧虑长远，而不是担忧自己的生死，他们一定会选贤任能，培养出合格的继任者，这样事业才能久远，这样才能死无牵挂。为政者一定要放大格局，放眼长远，注意发现人才、培养人才、重用人才、推举人才，这样才能传好接力棒，让一代代贤能之才续写事业的辉煌。

原文：遭事不惑，则知其智；犯难不避，则知其节；临财不私，则知其廉；应时不疑，则知其辩。

注释：本文出自北宋刘攽(bān)《送焦千之序》。

(1)遭：遇见，碰到。(2)惑：困惑。(3)犯难：发生困难，处于困境。(4)应时：顺应时势。(5)刘攽：字贡夫，号公非，进士出身，北宋史学家。(6)焦千之：字伯强，北宋官员，曾师从欧阳修。

译文：碰到事情而不困惑，这样才能知道这个人的智慧。处于困境而不躲避，这样才能知道这个人的气节。遇到钱财而不动私心，这样才能知道这个人的清廉。顺应时势而没有怀疑，这样才能知道这个人辨别事物的能力。

评析：在平常时候，很难看出一个人的品格、才能，只有在关键时刻才能展示一个人的可贵之处。刘攽在《送焦千之序》中认为，遇到事情有主见，这样的人才称得上是智慧；国家有难挺身而出，这样的人才是有气节的大丈夫；财产面前没有私欲，这样的人才称得上是清廉的人；顺应时势没有任何怀疑，这样的人才是真正有分辨能力的人。疾风知劲草，烈火见真金。刘攽列举的这四件事，可以作为识察人才、考选干部的重要参考。

原文：人主之德，在于知人，其病在于多才。知人而善用之，若已有焉，虽至于尧舜可也。多才而自用，虽有贤者，无所复施，则亦仅自立耳。

注释：本文出自北宋苏辙《历代论·汉光武上》。

(1)人主：君主。(2)德：品行，优点。(3)病：缺点，弊病。(4)多才：多方面的才能。(5)若己有：别人的才能等于自己所有。

译文：作为人主的最高品行，在于识别人才；他的缺点往往在于自己有多方面的才能。识别人才而善于使用，就好像自己具有人才的作用，这样即使想达到尧舜的境界也是可以的。自己具备很多才能而只靠自己，尽管有贤才而不使用，那样也只能自立而已。

评析：领导之所以称之为领导，是因为他领导一批人跟随他工作。领导最大的能力不是自己多有才华，而是看他能不能知人善用。“知人而善用之，若已有焉”，是领导者心胸格局的最大体现。如果一个领导只是凭着自己一己之力做事，不想方设法调动下属的积极性，不知人善任，那么他即使有再大的能力，所能做到的，不过是自立而已。如果领导能把大家的才华发挥到极致，他的事业一定会欣欣向荣，蒸蒸日上。

原文：骏马能历险，犁田不如牛；坚车能载重，渡河不如舟。舍才以避短，资高难为谋。生材贵适用，勿复多苛求。

注释：本文出自清代顾嗣协《杂诗》。

(1)骏马：跑得快的好马。(2)历险：经历险地。(3)坚车：坚固的车子。(4)资高：天资很高，非常聪明。(5)谋：谋划。(6)勿复：不要。(7)顾嗣协：字迂客，江苏长洲(今江苏苏州)人。清代著名诗人。

译文：跑得快的好马能够穿越艰难险阻的地方，但耕起田地来就不如牛了；坚固的车子能够载很重的东西，但过河就比不上舟船了；舍弃了他们的长处优点却要求他们在其不擅长的地方发挥作用，就是再聪明的人也很难谋划成事。天地生出良才最可宝贵的就是适用于某个方面，所以对人才不要过分的苛求。

评析：金无足赤，人无完人，才无完才。我们不可能也没有必要要求人才十全十美。什么都能做，什么都能行的全才，这在现实社会中几乎是不可能的。作者用骏马、耕牛、坚车、舟船形象说明了这个道理。选才就要选其所长，用才就要才尽其用。避人之长，用人之短，这样人才就不成其为人才，要想做好工作那是根本不可能的。所以，对人才不能过分苛求，根据各行各业、各个工作岗位对人才的需求，选好人才去担任一方面的工作，让优秀人才完成一个方面的任务，这就是最好的用人原则。

原文：九州生气恃(shì)风雷，万马齐喑(yīn)究可哀。我劝天公重抖擞，不拘一格降人才。

注释：本文出自清代龚自珍《己亥杂诗》。

(1)九州：中国代称。(2)生气：生机勃勃。(3)风雷：疾风迅雷般的社会变革。(4)喑：缄(jiān)默，没有声音。万马齐喑，比喻社会政局毫无生气。(5)究：终究。(6)天公：天老爷。隐喻朝廷。(7)不拘一格：不局限于一种规格或一个格局。(8)龚自珍：字瑟(sè)人，号定盦(ān)，浙江仁和(今浙江杭州)人。清朝中后期著名思想家。

译文：只有风雷激荡般的社会改革才能使中国大地发出勃勃生机，然而朝野臣民噤(jìn)口不语终究是一种悲哀。我奉劝天帝能重新振作精神，不要拘守一定规格降下更多的人才。

评析：作者感叹于当时万马齐喑、死气沉沉的社会政局，认为只有疾风雷霆般的社会变革才能让中国焕发出勃勃生机。社会变革最需要的就是大批人才，而朝廷当务之急就是不拘一格选拔人才，这样中国才有希望。无论做什么事情，人才都是事情能否成功的关键，所以大力培养人才，认真选拔人才，大胆使用人才，就成为为政者非常重视的一个课题。

纳谏篇

najianpian

封侯非我意，但愿海波平！

——戚继光

戚继光

戚继光(1528～1588 年)，字元敬，号南塘，晚号孟诸。山东蓬莱人，祖籍安徽定远，生于运河航道(今山东微山鲁桥镇)。明朝抗倭名将。

明嘉靖二十三年(1544 年)，戚继光继承祖上职位，任登州卫指挥佥事。其后练就戚家军，在东南沿海抗击倭寇 10 余年，扫平多年为虐沿海的倭患；后又在北方抗击蒙古部族内犯 10 余年，保卫了北部疆域的安全，促进了蒙汉民族的和平发展。

万历十三年(1585 年)，戚继光遭弹劾免官。

著有《纪效新书》和《练兵实纪》等兵书。

原文:禹曰:“都!帝,慎乃在位。”帝曰:“俞!”禹曰:“安汝止,惟几惟康。其弼直,惟动丕应。徯(xī)志以昭受上帝,天其申命用休。”帝曰:“吁!臣哉邻哉!邻哉臣哉!”禹曰:“俞!”

注释:本文出自先秦《尚书·虞书·益稷》。

(1)慎:谨慎小心。在位:居官任职。此言舜在帝位。一说为在位臣僚。(2)安:安定,静心,无所勉强曰安。止:心之所安谓之止。安汝止:您居帝位要心安理得。(3)惟:思,考虑。几:危险。康:安康。(4)弼:辅佐。直:正直。(5)动:不静,不安。丕:大。应:回应。惟动丕应:谓人心不安必将天下大乱。(6)徯:等待。(7)志:心之所之。一作有德之人。(8)昭:通“诏”,指导。(9)受:承受,容纳。上帝:天。(10)邻:左右辅弼曰邻。

译文:大禹说:“啊!舜帝,您身居帝位一定要慎之又慎。”舜帝说:“好啊!”大禹说:“您尊为天子要心安理得,要安静你的心意,考虑天下的安危,只有心志精粹纯一才可洞察几微,葆有赤子之心方可安之若素,辅弼之臣一定要用正直的贤才。人心不安必将天下大乱。替天行道,要以光明澄澈之心顺承天意,而天道酬勤,您的事业一定能够锦上添花。”舜帝说:“是啊!臣工就是天子左右的辅弼!天子左右的辅弼就是你这样的臣工啊!”大禹说:“您说的对啊!”

评析:这是虞舜和大禹的一段对话,同时也是大禹作为臣子对舜帝的劝谏。“慎乃在位”,这四个字是大禹对舜帝提出的殷切希望。而舜帝的回答说明他接受了大禹的劝导。以此为开始,大禹对舜帝提出了具体要求:“安汝止,惟几惟康。其弼直,惟动丕应。”舜帝欣然纳谏,称赞大禹是像邻居一样的臣子。大禹对舜帝的态度和看法表示了赞同。“臣哉邻哉!邻哉臣哉!”臣工就像四邻,四邻就像臣工。虞舜说的这八个字,表明中国上古社会君臣之间地位虽然有尊贵之分,但身份却是平等的。

原文:信言不美,美言不信。善者不辩,辩者不善。知者不博,博者不知。圣人不积,既以为人己愈有,既以与人己愈多。天之道,利而不害。圣人之道,为而不争。

注释:本文出自春秋老聃《老子》第八十一章。

(1)信:真实,诚实。(2)善者:善良的人。(3)辩:争辩。(4)知:通“智”,智慧。(5)博:渊博。(6)不积:不积蓄,不占有。

译文:真实的话不漂亮,漂亮的话不真实。善良的人不巧辩,巧辩的人不善良。有智慧的人知识不博杂,知识博杂的人不是有智慧。圣人不积蓄不占有,已经给了别人,他自己也更为充足;尽力给予别人,自己反而更丰富。自然规律就是让万事万物都得到好处,而不伤害它们。圣人的行为准则是,只是施与而不争夺。

评析:这是《老子》道德经最后一章。本章前三句提出"信与美""善与辩""知与博"三对范畴,反映出事物表面形式与其实质并不一致的现象。这一章后半部讲了圣人不积、为人与人、利民而不争的治世要义。这一段文字含有朴素的辩证法思想,是评判人类真、善、美行为的道德标准。譬如以"信言不美,美言不信"为例,老子告诫人们,真话实话并不一定是漂亮的,漂亮的话往往不是真话实话。谏争的话之所以不容易被接受,就是因为谏争的话虽然真实坦率,但表现形式却往往让人感到刺耳。懂得这个道理,为政者听到逆耳忠言就要反思自己,这样才能认识错误并改正错误。

原文:我虽异事,及尔同僚。我即尔谋,听我嚣嚣。我言维服,勿以为笑。先民有言:"询于刍荛(ráo)。"

注释:本文出自《诗经·大雅·板》。

(1)异事:不相同的事。(2)即:靠近,接近。(3)嚣嚣:喧哗,多言。自谦词,意思是自己说话打扰别人。(4)维:是。服:用。我言维服:我说的话是有用的。(5)先民:古代贤人。(6)刍荛:草、柴,樵夫。

译文:我们做的事虽然不一样,但与你毕竟为同僚相帮。我来和你一起商议谋划,你权且听我喧哗嚷嚷。我说的话都是有用之言,你切莫不要当笑话一场。古代贤人说过这样的话:"有事情就要请教割草砍柴的儿郎!"

评析:《诗经·大雅·板》是卿士凡伯为讽刺周厉王"防民之口,甚于防川"而作,全诗八章,这是第三章。凡伯作为卿士、老臣,所以有资格称自己与周厉王同僚,明言自己进谏是与周厉王共同商议,且带有高声喧哗的语气。凡伯正告周厉王"我言维服,勿以为笑",且举古代贤人所说"询于刍荛"来警诫周厉王。有事情就要向樵夫请教,更何况我这样的老臣,对你说的话,就更不能当成耳旁风了。"询于刍荛"这四个字对为政者来说的确非常重要,遇到事情,就是要问计于众,千万不可独断专行。

原文:孔子曰:"忠臣之谏君有五义焉:一曰谲(jué)谏,二曰戆谏,三曰降谏,

四曰直谏，五曰风谏。唯度主而行之，吾从其风谏乎。"

注释：本文出自先秦《孔子家语·辩政》。

(1)五义：五种方法。(2)谲：怪异，诡谲，说话绕弯子。(3)憨：鲁莽刚直。(4)降：降低姿态，和颜悦色。(5)风：通"讽"，婉言隐喻。(6)度：揣度。

译文：孔子说："忠臣劝谏君主，有五种方法：一是委婉而郑重地规劝，二是刚直地规劝，三是低声下气地规劝，四是直截痛快地规劝，五是用婉言隐语来规劝。这些方法需要揣度君主的心意来采用，我愿意采用婉言隐语的方法来规劝啊。"

评析：劝谏的目的是让君主止恶从善，动机虽然是好的，但效果却不一定能如其所愿。所以，劝谏一定要讲求方法，孔子在这里列举了五种方法。第一是谲谏，用心计委婉劝谏；第二是憨谏，不看君主脸色，只管刚直鲁莽地进谏；第三是降谏，降低姿态，心平气和地劝谏；第四是直谏，讲事实，摆道理，直言进谏；第五是风谏，用隐喻的方式劝谏。孔子认为，相对而言，风谏这种方式更容易被君主所接受，所以他赞同用风谏的方式规劝君主。对于为政者来说，应当因人因时因事，选取不同的劝谏方式，这样才能容易被人接受，从而达到劝谏者想要得到的效果。

原文：孔子曰："明王有三惧：一曰处尊位而恐不闻其过，二曰得志而恐骄，三曰闻天下之至道而恐不能行。"

注释：本文出自西汉韩婴《韩诗外传》卷七。

(1)明王：英明的君王。(2)尊位：尊贵的位置，此指帝位。

译文：孔子说："圣明的君主有三种惧怕的情况：其一是身处帝位却怕听不到别人议论他的过失，其二是实现志向之后却怕得意忘形以致骄纵，其三是听到天下最好的意见而担心自己不能实行。"

评析：孔子说的这三种惧怕，前两种是人们经常看到的：第一是喜欢听好话，不喜欢听别人的批评，这是每一个人共同特点，在上位者往往不能免俗，所以这也是小人能得到宠信的主要原因。第二是"子系中山狼，得志便猖狂"，这就是那些暴发户和小人得志的最好写照。最后一种惧怕，是说明王听到好的意见，就要思虑如何采纳实行。这三种惧怕不仅是明王所要警惕的，而且每一个为政者，每一位社会公民，也都应该加以警惕。

原文:吴王欲伐荆,告其左右曰:"敢有谏者死!"舍人有少孺子者,欲谏不敢,则怀丸操弹,游于后园,露沾其衣,如是者三旦。吴王曰:"子来,何苦沾衣如此?"对曰:"园中有树,其上有蝉,蝉高居悲鸣,饮露,不知螳螂在其后也;螳螂委身曲附,欲取蝉,而不知黄雀在其傍也;黄雀延颈,欲啄螳螂,而不知弹丸在其下也。此三者皆务欲得前利,而不顾其后之患也。"吴王曰:"善哉!"乃罢其兵。

注释:本文出自西汉刘向《说苑·正谏》。

(1)吴王:阖闾。(2)荆:楚国。(3)左右:近臣。(4)舍人:门客,豪门中收养的各种人才。(5)少孺子:年轻人。(6)三旦:三个早上。(7)委身曲附:缩着身子弯曲肢体附着在树枝上。(8)顾:考虑。(9)患:灾祸。

译文:吴王阖闾想要攻打楚国,告诫大臣们说:"谁敢劝谏就处死!"门客中有一个年轻人想要劝谏但又不敢,于是每天早晨,拿着弹弓、弹丸在王宫后花园游玩,露水沾湿了他的衣衫,接连三个早晨都是如此。吴王说:"你过来,为什么要把衣服弄得这么湿呢?"年轻人回答说:"园子里有一棵树,树上有一只知了,知了停息在树上一边鸣叫一边吸饮露水,却不知道有只螳螂就在它的身后;螳螂缩着身子紧贴树枝,弯起了前肢,想要捕捉知了,却不知道有只黄雀就在它的身旁;黄雀伸长脖子想要啄食螳螂,却不知道有个小孩举着弹弓在树下要射击它。这三种动物,都只是一心专注于得到它们眼前的利益,却没有考虑到它们身后的祸患。"吴王阖闾说:"你讲得很有道理!"于是吴王放弃了攻打楚国的打算。

评析:这是刘向《说苑·正谏》记述的一个故事:吴王阖闾决定征伐楚国,并且声言"敢有谏者死"!在这种情况下,想要劝谏吴王的少孺子只有另寻劝谏的方式,他一连三天早晨把自己的衣服弄得湿淋淋的,终于成功引起吴王阖闾的注意:"何苦沾衣如此?"少孺子这时才讲了一个"螳螂捕蝉,黄雀在后"的寓言,阖闾由此醒悟,主动放弃了攻伐楚国的作战计划。这个故事形象说明进谏也要讲究一定的技巧,这样才更容易被接受。我们在进谏前不仅要考虑自己的进谏是否正确,还要考虑采取什么样的劝谏方式,让对方容易并乐于接受,这样才能真正达到进谏的目的和效果。

原文:好善优于天下,而况鲁国乎?夫苟好善,则四海之内皆将轻千里而来告之以善;夫苟不好善,则人将曰:"訑訑(yi yi),予既已知之矣。"訑訑之声音颜色距人于千里之外。士止于千里之外,则谗谄面谀之人至矣。与谗谄面谀之人居,国欲治,可得乎?

注释:本文出自战国孟轲《孟子·告子下》。

(1)好:喜好,喜欢。(2)善:善言,谏言。(3)优:充足。优于天下:优于治理天下。(4)况:况且,何况。(5)轻:容易。轻千里:以千里为容易。(6)也也:自满自得的样子。(7)距:通"拒"。(8)谗:谗言,进谗,说陷害人的坏话。(9)谄:奉承,巴结。(10)谀:讨好逢迎。

译文:喜欢听取善言,治理天下就绰绰有余,何况治理一个鲁国?假如喜欢听取善言,四面八方的人从千里之外都会赶来把善言告诉他;假如不喜欢听取善言,那别人就会模仿他说:"呵呵,我都已经知道了!"呵呵的声音和脸色就会把别人拒绝于千里之外。士人在千里之外停止不来,那些进谗言的阿谀奉承之人就会来到。与那些进谗言的阿谀奉承之人住在一起,要想治理好国家,办得到吗?

评析:善言,不一定顺耳,但对于治理国家、施行仁政会有很大的帮助。善言,在一定意义上说,就是谏言,进善言,就是进谏;听取善言,就是纳谏。君主善于纳谏,从善如流,如此就可以治理天下,何况治理鲁国这样一个诸侯小国呢?君主拒绝纳谏,士人则不会进献善言,而阿谀奉承的人就会乘虚而入,君主周围全是阿谀奉承的小人,国家又怎么能得到治理呢?所以,为政者要喜好谏言而不要喜好谗谄面谀之人,这样才能"优于天下,而况鲁国乎"。

原文:千羊之皮,不如一狐之腋;千人之诺诺,不如一士之谔谔。武王谔谔以昌,殷纣墨墨以亡。

注释:本文出自西汉司马迁《史记·商君列传》。

(1)腋:胳肢窝。狐狸胳肢窝里的皮毛最为珍贵。(2)诺诺:答应顺从的样子。(3)谔谔:直言争辩的样子。(4)墨墨:默默。

译文:一千张羊皮,也不如一只狐狸腋下皮毛的价值珍贵。一千个人说恭维顺从的话,不如一个人说真话有价值。周武王因有大臣直言争辩得以昌盛,殷纣王则因群臣默默无声导致灭亡。

评析:这是战国策士赵良对秦相商鞅说的一段话。这段话三层意思。第一层以比喻引入话题:千羊之皮,不如一狐之腋。第二层说出结论:千人之诺诺,不如一士之谔谔。第三层用史实支持论点:武王谔谔以昌,殷纣墨墨以亡。这三层意思归结为一点,就是谏臣直言诤谏是国家昌盛的根本所在。"良药苦口利于病,忠言逆耳利于行",多听一些批评意见,多听一些反对意见,多有一些谔谔之士,对我们的工作和事业大有益处。

原文:仁贤之智,圣明之虑,负薪之言,廊庙之语,兴衰之事,将所宜闻。将者,能思士如渴,则策从焉。夫将,拒谏则英雄散;策不从则谋士叛。

注释:本文出自秦代黄石公《黄石公三略·上略》。

(1)仁贤:仁人贤人。(2)圣明:君主。(3)负薪:背负柴草,地位低微的人。(4)廊庙:大殿太庙,朝廷。(5)策:策士,有智谋有谋略的人。(6)黄石公:秦时隐士,曾传兵书于张良。

译文:举凡仁者贤人的睿智,君主的思虑,民众的议论,官员的意见,以及天下兴衰的往事,都是将帅所应当了解的。将帅若能思贤如渴,有谋略的人就会聚集在他周围。将帅不听下属的意见,杰出的人才就会散去;不采纳谋士的良策,谋士就会叛离。

评析:黄石公认为,将帅是国家命运的掌握者。将帅能率军战胜敌人,国家才会安定(夫将者,国之命也。将能制胜,则国家安定)。作为将帅必备的优良素质,就是要广见博闻,各方的意见建议,古代治乱兴衰,都要详细了解。将帅还要思士若渴,认真听取并接受下属的意见,采纳谋士的献策。如果拒绝接受谏言,不听从谋士策略,谋士就会叛离散去。为政者也要像黄石公所说将帅那样,广博见闻,思贤若渴,虚心接受各个方面、各个层次的谏言,如此才能人才兴盛,才能保证国家政治清明、长治久安。

原文:六经之作皆有据。由此言之,书亦为本,经亦为末,末失事实,本得道质,折累二者,孰为玉屑?知屋漏者在宇下,知政失者在草野,知经误者在诸子。诸子尺书,文明实是。说章句者终不求解扣明,师师相传,初为章句者,非通览之人也。

注释:本文出自东汉王充《论衡·书解》。

(1)六经:儒家《诗经》《尚书》等六部著作。(2)书:诸子百家写的书。(3)折累:分析比较。(4)玉屑:玉的碎末,意为真正的软玉。(5)宇:屋檐。(6)失:过失。(7)草野:民间。(8)诸子:诸子百家。(9)尺书:书籍。(10)章句:段落词句。(11)扣:通"叩",叩问。(12)初:为"仍"字之误。初为章句者:仍为章句者。

译文:六经的写作全都有所依据。由此而言,诸子的书是根本,经书则是枝节,枝节偏离了事实,根本却具备了道的实质。分析比较二者,哪个才是真正的美玉呢?知道房屋漏雨的人在屋檐下,知道政治有失误的人在民间,知道经书错误的人在诸子。诸子的著述，文句明白，事情真实。解释经书章句的人不想求得彻底地理解而去问个一清二楚，一代代师承下去，仍然如此解释经书章句的人，就不会是通晓古今的人。

评析：王充在文章中提出儒家“六经之作皆有据”这个前提，认为东汉所流传的儒学六经已经不是孔子的原著，现存儒学六经所根据的恰恰是诸子百家之著作，并由此得出“书亦为本，经亦为末，末失事实，本得道质”的结论。就像知道屋子漏雨的是在屋檐下的人，知道朝政失误的是在民间的人一样，知道六经错误的是诸子百家的著作。王充因此讽刺那些只知诵读六经，却不研究叩问“文明实是”的诸子尺书的儒生，由老师学生代代相传，又怎么会是通晓古今的人呢？王充对东汉所流传儒学六经本于诸子百家的观点我们不作讨论，本处所引王充这段文字，重点在于“知政失者在草野”这一句，既然草野之人知道朝政过失，为政者就要放下架子，深入基层调查研究，如此才能得民情知民意，这样既有利于修正为政之失，又能制定符合民情民意的政策措施。为政者如果只知在上面发号施令，则非为政之人也。

原文：观于明镜，则疵瑕不滞于躯；听于直言，则过行不累于身。

注释：本文出自东汉王粲《仿连珠》。

(1)疵瑕：瑕疵，小的毛病，缺点。(2)直言：直率的语言。(3)过行：错误的行为。(4)王粲：东汉文学家，建安七子之一。

译文：经常用明亮的镜子检查自己，那么污垢斑渍就不会留在身上；能听取直率的批评，那么错误的行为就不会连累自身。

评析：王粲，山阳高平(今山东济宁)人，因说服刘表之子刘琮归降曹操，受封关内侯。王粲在这篇文章中把直言比喻作明镜，形象说明了纳谏的重要性：一个人经常照镜子，就不会有瑕疵停留在脸上；善于听取直言，就能及时改正错误，不让错误的行为连累自身。所以，一个好的领导者，不仅要经常照镜子，检查自己的言行是否正确，还要善于听取坦率的批评，如此则会尽可能避免犯错误，犯了错误就能及时改正错误，绝不会让错误的行为一直存在下去。

原文：专己者孤，拒谏者塞。孤塞之政，亡国之风也。虽有明圣之姿，犹屈己从众，故虑无遗策，举无过事。夫圣人不以独见为明，而以万物为心。顺人者昌，逆人者亡，此古今之所共也。

注释:本文出自南朝宋范晔《后汉书·申屠刚传》。

(1)专己:固执己见,独断独行。(2)塞:闭塞。(3)姿:通“质”。质材,才能,才干。(4)遗策:失策,失算。(5)过事:错事。(6)申屠刚:字巨卿,扶风茂陵(今陕西兴平)人,东汉官员,为“一时刚直之臣”。

译文:一意专行的人容易孤立,拒绝纳谏的人容易闭塞。孤立闭塞的政治,是亡国的先兆。虽有明贤圣者的资质,还要委屈自己服从众议,所以才能考虑周到没有失误,举动适当而无错事。圣人不以自己的独见为高明,而以万物为心。顺人者昌盛,逆人者灭亡,这是古今共同的道理。

评析:这段文字是东汉初年申屠刚应光武帝刘秀征召时,给割据一方的隗(kuí)嚣写的一封信中所表述的观点。申屠刚认为,圣人以万物为心,屈己从众,顺应民意,这样才能虑无遗策,举无过事。如果一意独断专行,拒绝谏言,最终结果只能是政败国亡。“顺人者昌,逆人者亡”,顺应民众的利益就能昌盛,违逆民众的利益就会灭亡,这是古今共同的道理,也是为政者应谨记的真理。中国共产党的宗旨就是全心全意为人民服务,牢记并自觉践行党的宗旨,这是每一个党政领导干部的使命所在。

原文:太宗谓征曰:“人臣事主,顺旨甚易,忤(wǔ)情尤难。公作朕耳目股肱(gōng),常论思献纳。朕今闻过能改,庶几克终善事。若违此言,更何颜与公相见?复欲何方以理天下?”

注释:本文出自唐代吴兢《贞观政要·论慎终》。

(1)太宗:唐太宗李世民。(2)征:魏征。(3)旨:旨意,目的,意图。(4)忤:忤逆,违背。(5)股肱:大腿、胳膊,辅弼。(6)献纳:提出意见以供接受。(7)庶几:差不多。(8)克终:能够结束。(9)吴兢:汴州浚仪(今河南开封)人,唐代史学家。武则天时入史馆,修国史。

译文:唐太宗对魏征说:“臣子侍奉君主,只顺从旨意是很容易的,忤逆君王的心意可就太难了。你作为我的辅弼,能常常想着向我进谏,的确难能可贵。现在我已经知道了自己的过错,希望能够改正,在政务上做到善始善终。如果违背了你的意见,我又有何颜面再见到你?又有什么方法能治理天下呢?”

评析:这是唐太宗李世民对魏征说的肺腑之言。李世民明白“人臣事主,顺旨甚易,忤情尤难”的道理,所以更能体贴魏征作为耳目股肱辅弼大臣“论思献纳”之不易。更难能可贵的是,李世民认识到正是因为自己“闻过能改”,才能“庶几克终善事”。最后李世民指出,如果违背魏征的劝谏,不只是没有颜面与魏征见面，更重要的是没有什么更好的方法治理天下。李世民这番推心置腹的话语，更能让人想见当时李世民与魏征肝胆相照的风采，一个敢于进谏，一个善于纳谏，如此君臣合作，缔造出一个大唐盛世。由此而言，臣下敢于劝谏、君主善于纳谏，可谓治理天下之要务良方矣！

原文：贞观二年，太宗问魏徵曰："何谓为明君暗君？"征曰："君之所以明者，兼听也；其所以暗者，偏信也。《诗》云：'先人有言，询于刍荛。'昔唐、虞之理，辟四门，明四目，达四聪。是以圣无不照，故共、鲧之徒，不能塞也；靖言庸回，不能惑也。秦二世则隐藏其身，捐隔疏贱而偏信赵高，及天下溃叛，不得闻也。梁武帝信朱异，而侯景举兵向阙，竟不得知也。隋炀帝偏信虞世基，而诸贼攻城剽(piāo)邑，亦不得知也。是故人君兼听纳下，则贵臣不得壅蔽，而下情必得上通也。"太宗甚善其言。

注释：本文出自唐代吴兢《贞观政要·论君道》。

(1)辟四门：打开四方之门。(2)四目：能观察四方的眼睛。(3)四聪：能听到四方的耳朵。(4)靖言庸回：当面说得好听，背后又在捣鬼。(5)秦二世：秦始皇少子胡亥。(6)赵高：宦官，秦二世时丞相。(7)梁武帝：萧衍，南朝梁开国皇帝。(8)朱异：梁朝散骑常侍。(9)剽：抢劫，掠夺。(10)隋炀帝：杨广，隋朝亡国之君。

译文：贞观二年(628年)，唐太宗问魏徵说："什么叫作圣明君主、昏暗君主？"魏徵答道："君主之所以能圣明，是因为能够兼听各方面的话；其所以会昏暗，是因为偏听偏信。《诗经》说：'古人说过这样的话，要向割草砍柴的人征求意见。'过去唐尧、虞舜治理天下，广开四方门路，招纳贤才；广开视听，了解各方面的情况，听取各方面的意见。因而圣明的君主能无所不知，所以像共工、鲧这样的坏人不能蒙蔽他，花言巧语也不能迷惑他。秦二世却深居宫中，隔绝贤臣，疏远百姓，偏信赵高，到天下大乱、百姓背叛，他还不知道。梁武帝偏信朱异，到侯景兴兵作乱举兵围攻都城，他竟然不知道。隋炀帝偏信虞世基，到各路反隋兵马攻掠城邑时，他还是不知道。由此可见，君主只有通过多方面听取和采纳臣下的建议，才能使显贵大臣不能蒙上蔽下，这样下情就一定能上达。"太宗很赞赏他讲的话。

评析："君之所以明者，兼听也；其所以暗者，偏信也。"这句话最早出自东汉王符《潜夫论·明暗篇》。"先人有言，询于刍荛"，则是出自《诗经·大雅·板》。魏徵在回答唐太宗"何为明君暗君"这个问题时，引用了这两段话，然后举唐尧、虞舜两个例子作正面论述，进而列举秦二世胡亥、梁武帝萧衍、隋炀帝杨广三个反面典型作进一步例证。毫无疑问，唐尧、虞舜两位君王是明君，秦二世、梁武帝、隋炀帝三位君主是暗君。尧舜能"辟四门，明四目，达四聪"，广听多闻，自然能成为不被奸臣所惑的明君。秦二世、梁武帝、隋炀帝，崇信奸佞小人，自然成为不谙世事的暗君。所以，为政者在纳谏的同时，还要考虑到不要偏听偏信的问题。要防止偏听偏信，第一要考察观察说话人的立场、态度；第二要开阔视野，拓展思路；第三要深入实际，多作调查研究，多接触方方面面，这样才能做到虽有"共、鲧之徒"，却"不能塞也"；虽有"靖言庸回"之人，却"不能惑也"。

原文：贞观五年，太宗谓房玄龄等曰："自古帝王多任情喜怒，喜则滥赏无功，怒则滥杀无罪。是以天下丧乱，莫不由此。朕今夙夜未尝不以此为心，恒欲公等尽情极谏。公等也须受人谏语，岂得以人言不同己意，便即护短不纳？若不受谏，安能谏人？"

注释：本文出自唐代吴兢《贞观政要·论求谏》。

(1)太宗：唐太宗李世民。(2)房玄龄：字乔松，齐州临淄（今山东章丘）人，唐朝开国宰相。(3)任情：任意，恣意。(4)滥：不加限制。(5)夙夜：早晚。(6)未尝：不曾。(7)护短：袒护自己的短处。

译文：贞观五年(631年)，唐太宗对房玄龄等人说："自古以来有很多帝王恣意喜怒，高兴就随意升赏无功的人，不高兴就滥杀无罪的人，所以社稷沦丧，天下混乱，没有不是因此而造成的。我现在早晚没有不把这当成心事，一直想让你们尽力进谏。你们也要接受别人的谏言，怎么可以因为别人的话与自己的不同，就护短不接纳呢？如果不能接受别人的谏言，又怎么能去劝谏别人呢？"

评析：这是贞观五年唐太宗李世民对宰相房玄龄等近臣的训示。唐太宗指出，自己夙夜所虑，就是帝王任情喜怒，滥赏滥杀，以致天下丧乱，所以希望臣下尽情极谏。唐太宗说到这里，话锋一转，指出群臣"也须受人谏语"，如果别人说的不合乎自己的心意，就拒绝采纳，这就不是一个好的谏臣。"若不受谏，安能谏人"，这八个字很有思想见地，作为为政者，不论处于哪个层级，既要敢于进谏上级，又要勇于接受下级谏言，还要同级之间互谏，这样才有助于实现上下级之间、各部门之间相互监督、避免失误的良好局面。

原文：征曰："贞观之初，恐人不言，导之使谏。三年已后，见人谏，悦而从

之。一二年来，不悦人谏，虽黾(mǐn)勉听受，而意终不平，谅有难色。”

注释：本文出自唐代吴兢《贞观政要·论纳谏》。

(1)贞观：唐太宗李世民年号。(2)黾勉：努力，勉力。(3)听受：听取接受。(4)意：心意，内心。(5)谅：信实，真实。

译文：魏征说：“贞观初年，陛下唯恐没有人进谏，千方百计引导臣子们大胆进谏；三年以后，陛下见有人规谏，就高兴地听取接受；近一两年来，陛下已经不喜欢别人进谏，虽然也能勉强听取意见，而内心却始终不高兴，脸上确实有勉为其难的表情。”

评析：贞观十一年(637年)，唐太宗李世民向魏征询问自己所做事情与以前有哪些不同(所行比往前何为异)？魏征从李世民对待纳谏的角度作了中肯的回答。魏征认为，贞观之初，李世民鉴于隋朝败亡教训，“恐人不言，导之使谏”。在李世民的真诚引导下，三年后进谏的开始多了起来，唐太宗这时的态度是“见人谏，悦而从之”。但随着天下太平兴盛，李世民逐渐滋长骄奢自满的情绪，特别是最近一两年，对进谏者的态度有所转变，表现为“虽黾勉听受，而意终不平，谅有难色”。李世民作为历史上以善于纳谏著名的帝王，当面临太平盛世时尚且“不悦人谏”，由此可见纳谏之难。为政者要以此为借鉴，不论处于逆势或顺势，都要认真听取别人的意见，正确对待给自己提意见的人，这样才能吸纳各个方面的建议，把各项工作做得更好。

原文：主事茹太素上书万余言。帝怒，问廷臣。或指其书曰：“此不敬，此诽谤非法。”问濂，对曰：“彼尽忠于陛下耳，陛下方开言路，恶可深罪。”既而帝览其书，有足采者。悉召廷臣诘(jié)责，因呼濂字曰：“微景濂，几误罪言者。”

注释：本文出自清代张廷玉《明史·宋濂传》。

(1)茹太素：泽州(今山西晋城)人，明初官员，曾任刑部侍郎、户部尚书。(2)帝：明太祖朱元璋。(3)廷臣：朝廷大臣。(4)濂：宋濂，字景濂，号潜溪，浦江(今浙江浦江)人，朱元璋誉之为“开国文臣之首”。(5)恶：安，怎么。(6)既而：稍后。(7)足：足够，值得。(8)采：采纳。(9)诘责：质问责备。(10)微：无，非，没有。(11)张廷玉：字衡臣，号砚斋，安徽桐城(今安徽桐城)人，清代官员，雍正时官至内阁首辅，主持修撰《明史》。

译文：主事茹太素上奏疏1万多字。皇帝朱元璋大怒，询问朝中的臣子。有人指着茹太素的奏章说：“这里不敬，这里的批评不合法制。”皇帝问宋濂，宋濂回答说：“他只是对陛下尽忠罢了，陛下正广开言路，怎么能够重责他呢？”不久皇帝看茹太素的奏章，有值得采纳的内容。于是把朝臣都招来斥责，并口呼宋濂的字说："如果没有景濂，我就会错误地怪罪进谏的人了。"

评析：这个故事说明进谏难纳谏更难。刑部主事茹太素上书本来有值得采纳的地方，仅仅是因为文字长了一些，就惹得龙颜大怒，而朝廷大臣也火上浇油，指责这篇奏疏这里不敬那里诽谤。朱元璋向开国文臣之首宋濂咨询，宋濂也只能说茹太素这次上书主观动机是好的，况且陛下现在正"方开言路"，所以不可深罪重责。幸好朱元璋还算开明，自己把这篇1万多字的奏疏仔细看了一遍，发现"有足采者"，茹太素这篇奏疏这才拨云见日，发挥了应有的作用。

廉政篇

lianzhengpian

知行合一：知之真切笃实处即是行，
行之明觉精察处即是知。

——王守仁

王守仁

王守仁(1472～1529年)，幼名云，字伯安，别号阳明，以阳明先生名世。浙江绍兴府余姚(今浙江余姚)人。王守仁12岁有志于读书做圣贤之人，15岁上书献平贼策。弘治十二年(1499年)进士，历任刑部主事、贵州龙场驿丞、庐陵知县、右佥都御史、南赣巡抚、两广总督等职，晚年官至南京兵部尚书、都察院左都御史，封新建伯。临终遗言："此心光明，亦复何言!"谥号文成。隆庆年间追赠新建侯。

王守仁倡导心学，集立德、立言、立功于一身，与孔子、孟子、朱熹并称为"孔、孟、朱、王"。

原文:《象》曰:天地不交,否;君子以俭德辟难,不可荣以禄。

注释:本文出自《易经·否卦·象传》。

(1)交:交合。(2)否:闭塞,隔阂,蒙蔽。(3)俭:俭约。(4)辟:通"避"。(5)荣以禄:以利禄为荣。

译文:《象传》说:天与地不相交合,象征闭塞不通。君子应以俭约为德,避开危难,不可追求利禄以谋求荣华富贵。

评析:《易经·否卦·象传》认为,当一个人遇到闭塞不通的时候,也即遇到危难之时,应当崇尚俭德以躲灾避难,要克制自己的欲望,对利禄不可有过分的追求。从大的环境看,当国家政治昏暗的时候,君子必须坚持贞正、诚信、慈俭、不敢为天下先的美德,以避开危险与灾难;而不能与小人为伍,去谋取高官厚禄和荣华富贵。"君子以俭德辟难",以俭朴为美德,这句话不仅适用于身处逆境的时候,而应当作为君子一生践行的箴言。

原文:宋人或得玉,献诸子罕。子罕弗受。献玉者曰:"以示玉人,玉人以为宝也,故敢献之。"子罕曰:"我以不贪为宝,尔以玉为宝,若以与我,皆丧宝也。不若人有其宝。"

注释:本文出自春秋左丘明《左传·襄公十五年》。

(1)或:有人。(2)诸:兼词,相当于"之于"。(3)子罕:春秋宋国司城(司空)。(4)示:给……看。(5)故:所以。(6)尔:你。(7)若:如果、假如。(8)不若:不如。(9)人:各人,各自。

译文:宋国有个人得了一块玉石,把它献给子罕,子罕不肯接受。献玉石的人说:"我已经给玉匠看了,玉匠说这是块宝石,所以我才敢把它献给您。"子罕说:"我把不贪婪当作宝物,你把玉石当作宝物。如果你把玉石给了我,我们都失掉了自己的宝物。还不如各人都保留自己的宝物呢。"

评析:美玉,是人人喜爱的宝物,子罕也不会例外。面对有人送来的玉石,子罕却不肯接受。这是为什么呢?这是因为子罕心目中还有一个比玉石还要贵重的宝物:"不贪。""以不贪为宝",为政者若能以此为准则,则廉洁不难,廉政亦不难矣。

原文:临官莫如平,临财莫如廉,廉平之守,不可攻也。

注释:本文出自西汉刘向《说苑·政理》。

(1)临:面临,到。(2)平:公平。(3)守:操守。

译文:做官为政没有比公平更好的美德,面对财货没有比廉洁更好的节操。一个人如果保持廉洁公平的操守,就没有什么能攻克他。

评析:孔子弟子子贡被任命为信阳宰,向孔子辞行,孔子给他讲了为政之道,这是其中的一条。孔子认为,为政之理在于公正廉洁,不偏私,不贪财,这样才能深得民心,为人民所拥戴。有了这样的操守,就可以经受各种考验而立于不败之地。孔子这句话也可以理解为:"整顿官风,没有比公平更好;面对财货,没有比廉洁更好。清廉和公平的操守,怎么也不能变易啊。"

原文:廉者常乐于无求,贪者常忧于不足。

注释:本文出自隋代王通《中说·王道》。

(1)廉者:廉洁的人。(2)贪者:贪婪的人。(3)王通:字公达,琅琊临沂(今山东临沂)人,隋代学者,教育家。

译文:居官清廉的人,常常因为自己无所求取而感到快乐;贪婪的人,常常因为自己物欲不满足而感到忧虑。

评析:居官清廉,于应得俸禄之外无所求,无欲则刚,心中自然安享快乐。为官贪污受贿,欲壑难填,甚至要为己升迁送礼行贿,心中自然常常忧虑不安。正所谓"心正无私天地宽",为政者就要一心为公,廉洁自律,踏踏实实为人民服务,做一个廉洁的清官,这样才能做到无所忧虑,心中常乐。

原文:十七年,太宗问遂良曰:"舜造漆器,禹雕其俎(zǔ),当时谏舜、禹者十余人。食器之间,苦谏何也?"遂良对曰:"雕琢害农事,纂(zuǎn)组伤女工。首创奢淫,危亡之渐。漆器不已,必金为之;金器不已,必玉为之。所以诤臣必谏其渐,及其满盈,无所复谏。"太宗以为然。

注释:本文出自后晋刘昫《旧唐书·褚遂良传》。

(1)十七年:贞观十七年。(2)太宗:唐太宗李世民。(3)遂良:褚遂良,字登善,唐太宗李世民重要谋士。(4)俎:古代祭祀器具。(5)之间:之类。(6)纂组:赤色绶带,精美织锦。(7)首创奢淫,危亡之渐:《新唐书》为"奢靡之始,危亡之渐"。

译文:贞观十七年(643年),太宗问褚遂良:"舜帝制造了漆器,禹帝雕饰俎器,当时谏诤舜、禹的有十多人。食器之类的事情,为什么要如此苦谏呢?"褚遂良回答说:“雕琢妨害了农事,过分的彩绣耽误了女工。带头奢侈浪费,这是危险灭亡的开始。喜好漆器不断,发展下去一定会用金子来做器具;喜好金器不断,发展下去一定会用玉来做器具。因此诤臣必须在刚开始露出奢侈的苗头时进谏,一旦奢侈成风,再进谏就难了。”太宗认为这话说得对。

评析:这是唐太宗和大臣褚遂良关于上古一则史实的讨论。舜帝制作漆器,大禹雕饰祭祖器具。唐太宗认为作为帝王,“造漆器”“雕其俎”应该不是大事,而群臣十几人苦苦劝谏,这是为什么呢?褚遂良回答说:“首创奢淫,危亡之渐。”喜好漆器,就会进一步喜欢金器,喜欢金器就会进一步喜欢玉器,人的贪婪就是由小到大,乃至于不可遏制。作为在上位者,就要防微杜渐,防患于未然,发现危险苗头及时制止,这样才不会铸成大错。

原文:历览前贤国与家,成由勤俭破由奢。何须琥珀方为枕,岂得真珠始是车?运去不逢青海马,力穷难拔蜀山蛇。几人曾预南薰曲,终古苍梧哭翠华。

注释:本文出自唐代李商隐《咏史》。

(1)历览:纵览历史。(2)前贤:先前的贤明。(3)琥珀:琥珀枕,南北朝宋朝开国皇帝刘裕所得,自己没有占有,而是捣碎成粉,分给将士们疗伤。(4)真珠:珍珠车,齐桓公与诸侯会盟,诸侯们以车上饰以珍宝为炫耀,而齐桓公以人才为珍宝。(5)青海马:产于青海的千里马。(6)蜀山蛇:蜀山之蛇,钻入山洞,蜀国五壮士共拔蛇尾,结果蜀山崩塌。(7)预:参与。(8)南薰曲:传为虞舜所作,一唱而天下太平。(9)苍梧哭翠华:苍梧山,虞舜南巡死于此地,妻子娥皇、女英于此哭泣不已,把枝枝翠绿的竹子染得斑斑点点。(10)李商隐:字义山,进士出身,唐朝著名诗人。

译文:纵览历代贤哲,看到祖国或家庭,成功都是因为勤俭,破败则是由于奢华。何必必须是琥珀做的枕头才是枕头呢?难道只有珍珠装饰的车子才是车子吗?时运已去再也见不到产于青海的千里马,力量穷尽难以拔动蜀山之蛇。还有几个人能亲耳听到虞舜的《南风歌》?只听到终古不息的虞舜妃子在苍梧哭泣,把翠绿的竹子染得斑斑点点。

评析:李商隐这首诗名为《咏史》,其实为“叹今”。纵观历史,历朝历代无一不是成功于勤俭,破败于奢华,唐王朝的衰败何尝不是如此?李商隐感叹人们非要用琥珀做枕,非要用真珠饰车。过度的奢华已经让唐王朝无力回天,既遇不到青海马,也拔不动蜀山蛇。人们已经没有幸运听到南薰曲这样的太平音乐了,能听到的不过是虞舜这样的贤明君王已经不在人世的痛哭之声了。“历览前贤国与家，成由勤俭破由奢”，这是历史给我们留下的宝贵经验和惨痛教训，我们要保持勤俭的优良传统，力戒奢靡浮华之风，如此国家才能长治久安。

原文：廉者，民之表也；贪者，民之贼也。

注释：本文出自北宋包拯《乞不用赃吏》。

(1)表：表率。(2)贼：盗贼。

译文：廉洁的官员，是民众的表率；贪赃的官员，是民众的盗贼。

评析：这句话是包拯《乞不用赃吏》奏疏中的第一句话，是对廉和贪的准确定性。清正廉洁，给民众树立了表率，整个社会才能风清气正；贪赃枉法，是对民众的祸害，也会给社会造成严重恶果。所以，弘扬廉洁风气，严惩贪赃官吏，是整顿吏治的首要任务。

原文：礼义，治人之大法；廉耻，立人之大节。盖不廉，则无所不取；不耻，则无所不为。人而如此，则祸乱败亡，亦无所不至，况为大臣而无所不取，无所不为，则天下其有不乱，国家其有不亡者乎！

注释：本文出自北宋欧阳修《新五代史·冯道传》。

(1)治人：治理人民。(2)大节：根本法则。(3)其：通“岂”。(4)冯道：字可道，号长乐老，瀛洲景城(今河北沧州)人，历任燕、唐、晋、汉、周五代宰相。

译文：礼法和道义，是治理民众的根本大法；廉操与知耻，是培养人的道德规范的根本法则。如果不知道廉洁，就会没有什么东西不想得到的；如果不知道羞耻，就会没有什么事情不敢做的。一般人如果是这样，那么祸患混乱失败灭亡，就会没有不祸及其身的；何况身为大臣，而什么东西都想得到，什么坏事都可以做，那么天下岂有不混乱的呢？国家岂有不灭亡的呢？

评析：这段话是欧阳修在写五代宰相冯道传时发出的一番感慨。冯道是五代宰相，早年曾效力于燕王刘守光，历仕后唐、后晋、后汉、后周四朝，司马光斥其为“奸臣之尤”。欧阳修认为，冯道作为宰相，竟不知廉耻，这正是天下大乱、朝代相继更替的根本原因。“礼义，治人之大法；廉耻，立人之大节”这一句，被清代顾炎武收入其著作《日知录》，故有学者误认为是顾炎武所说。

原文：地力之生物有大数，人力之成物有大限。取之有度，用之有节，则常

足；取之无度，用之不节，则常不足。

注释：本文出自北宋司马光《资治通鉴·唐纪五十》。

(1)地力：大地的力量。(2)大数：最高的数量。(3)成物：创造事物。(4)度：限度。(5)节：节制。

译文：靠大地的力量生长物产是有定数的，靠人的力量创造物产也是有限度的。取用它们有限度，使用它们有节制，那么就能时常充足；取用它们没有限度，使用它们没有节制，那么就会经常不能满足。

评析：我们的生活资料来自大地自然资源的供养，但大地能够提供的自然资源毕竟有固定的数量；我们人类创造了生活资料供我们享用，但人力所能创造的生活资料也是有限度的。所以，当我们使用自然资源和各种物产时一定要有节制、有限度，这样才能充足富有，否则就会感到不足。人类要想与大自然和睦共处，共生共荣，就应该珍惜每一项来之不易的资源，切莫以为资源无处不在、无时不有而大肆挥霍浪费。

原文：一心可以兴邦，一心可以丧邦，只在公私之间尔。

注释：本文出自北宋程颢、程颐《二程遗书》卷十一。

(1)一心：一个人的心。(2)邦：国家社稷。(3)程颢、程颐：程氏兄弟，北宋思想家，为理学奠基者。

译文：一个人的心可以让国家兴盛，一个人的心也可以使国家灭亡，出现这两种不同结果，其根本原因就在于这个人的心是公心还是私心而已。

评析：《论语》中有一段鲁定公与孔子的对话，就提到“一言而可以兴邦”“一言而丧邦”的话题。二程在讲述《论语》时则明确提出，国家兴亡取决于为政者之心是公心还是私心。出于公心，国家可以繁荣昌盛；出于私心，将导致国破家亡。

原文：陈涉之得民也，以项燕、扶苏。项氏之兴也，以立楚怀王孙心。而诸侯叛之也，以弑义帝。且义帝之立，增为谋主矣。义帝之存亡，岂独为楚之盛衰，亦增之所与同祸福也。未有义帝亡，而增独能久存者也。羽之杀卿子冠军也，是弑义帝之兆也。其弑义帝，则疑增之本也，岂必待陈平哉？物必先腐也，而后虫生之。人必先疑也，而后谗入之。陈平虽智，安能间无疑之主哉？

注释：本文出自北宋苏轼《范增论》。

(1)陈涉:秦末农民起义领袖。(2)项燕:楚国将领。(3)扶苏:秦始皇长子。(4)项氏:项羽。秦末反秦领袖。(5)楚怀王:名熊槐,战国时楚国国君。(6)心:即熊心,楚怀王之孙,被反秦武装力量推举为楚怀王,后被尊为义帝。(7)卿子冠军:秦末楚怀王上将军宋义的尊号。(8)弑:以下杀上。(9)增:范增。(10)陈平:刘邦谋士。

译文:陈涉得到百姓拥护,是因为假托了项燕、扶苏的名义。项家的兴起是因为立了楚怀王的孙子熊心。诸侯背叛项羽,是因为他杀了义帝;而立义帝,范增是主谋。义帝的存亡,难道只是楚国的盛衰?也是范增跟他同一祸福呀。不可能义帝死了而范增还能活得长久。项羽杀卿子冠军宋义,是杀义帝的先兆。他杀义帝,就是怀疑范增的根本原因。难道一定要等陈平来离间吗?物体必定是先腐败,然后才有虫生出来。人必定是先有疑心,然后才有谗言进入。陈平虽然聪明,又怎么能离间没有疑心的君主呢?

评析:苏轼《范增论》是一篇史论结合的典范。挟天子以令诸侯,古已有之,春秋时齐桓公、管仲就是打着尊王攘夷的旗号成为春秋首霸。项燕是抗击秦国武力征服的英雄,扶苏则是反对暴君暴政的勇士,所以他们成为陈涉大泽乡农民起义的旗帜。项燕之子项梁采纳谋士范增建议,立楚怀王之孙熊心为王,以此号召天下。当起义军亡秦不久,项羽弑杀义帝。其后,刘邦谋士陈平散布谣言,并设计离间范增,项羽因此遣送范增回乡,病死途中。苏轼叙述这一史实,认为项羽早就因范增建议立楚怀王而对其有所疑忌,陈平离间计不过是表面现象而已。由此得出结论:"物必先腐也,而后虫生之。"这一结论很有哲理意蕴。任何事物的兴衰成败,外因是条件,内因是根据,只有保持自己内部不腐烂,虫子就无由而生。党政领导干部明白这个道理,就要加强党性修养,严于律己,拒腐蚀,永不沾,如此才能永远立于不败之地。

原文:百年宝贵今谁见,一代功名托至公。

注释:本文出自北宋诗人陈师道《东山谒外大父墓》。这是陈师道在东山祭奠外祖父写下的一首诗,原诗如下:土山宛转屈苍龙,下有盘盘盖世翁。万木刺天元自直,丛篁侵道更须东。百年宝贵今谁见,一代功名托至公。少日拊头期类我,暮年垂泪向西风。

(1)百年:概指时间之长,年代久远。(2)宝贵:一作富贵,富贵尊荣的地位或宝贵财富。(3)至公:极其公正。

译文:历史上那些拥有财宝、地位显贵的人,今天谁还能见到他们呢?只有那些一心为公的人，才能成就一代功勋和美名。

评析：陈师道(1053～1102年)，字履常，一字无己，号后山居士，彭城(今江苏徐州)人。元祐初，苏轼等荐其文行，起为徐州教授，历仕太学博士、颍州教授、秘书省正字。一生安贫乐道，闭门苦吟，论者称“老杜(杜甫)诗为唐诗之冠，黄(庭坚)、陈(师道)诗为宋诗之冠”。陈师道这句诗是对历史的感慨，多少人生时富贵，死后寂灭；只有那些一心为公的人，才能成就一世功勋，留下一代美名。

原文：律己以廉。凡名士大夫者，万分廉洁，止是小善一点，贪污便是大恶不廉之吏。如蒙不洁，虽有它美，莫能自赎。

注释：本文出自南宋真德秀《西山政训》。

(1)万分：极言最大。(2)止：通“只”。(3)蒙：蒙受。(4)自赎：自己弥补罪过。(5)真德秀：本姓慎，因避宋孝宗讳改姓真。始字实夫，后更字景元、希元，号西山，世称西山先生，福建浦城(今福建浦城)人，南宋著名理学家。真德秀在所著《西山政训》中以四事与同事共勉。所谓四事，一是律己以廉，二是抚民以仁，三是存心于公，四是莅事以勤。真德秀认为，“廉仁公勤四者，乃为政之本领”，而“律己以廉”为四事之首。

译文：要以廉洁自律。凡是为官者，即使能够做到万分廉洁，也只是一点小善，而贪污受贿便是罪大恶极的贪官污吏。如果蒙受不廉洁的名声，即使有其他的优点，也不能够弥补自己的罪过。

评析：尽公者，政之本也；树私者，乱之源也。以廉洁自律，这是为官从政者的本分，所以说即使做到万分廉洁，对为政者来说“止是小善”。为政者不可谋取私利，特别是贪污受贿，更是大恶不廉的行为。所以，为政者要以廉洁奉公为本，切不可为私利私欲所蒙蔽，最后难以自赎。清初有个官员叫郑端，他在《正学录》中把真德秀这段话减缩为16个字：“万分廉洁，止是小善；一点贪污，便为大恶。”

原文：宁公而贫，不私而富；宁让而损己，不竞而损人。

注释：本文出自元代张养浩《牧民忠告》。

(1)宁：宁可。(2)公：为公，因公。(3)私：为私，谋私。(4)竞：争竞，竞争。(5)张养浩：字希孟，号云庄，济南(今山东济南)人，元代官员，著有《三事忠告》，其中《牧民忠告》为堂邑县尹时所著，《风宪忠告》为监察御史时所著，《庙堂忠告》为参议中书省事时所著。

译文:为政者宁可因一心为公而贫穷,决不能因谋求私利而富有。宁可由于谦让而得不到私人利益,不能为了钻营竞争而有损于他人。

评析:张养浩因为官清正,屡抨时政,为当时的权贵所不容而辞官隐退,居住于济南大明湖畔县西巷。朝廷六次聘请而不出,第七次为救灾重返仕途,最后累死在救灾岗位上。这段文字可以说是张养浩的为官做人准则。"宁公而贫,不私而富",这是多么高尚的精神境界;"宁让而损己,不竞而损人",这是多么宽广的胸怀。这种境界胸怀,为每一位为政者树立了光辉的榜样。张养浩《牧民忠告》里对为政者之所以沦为贪官,总结出一个很重要的原因,就是"居官所以不能清白者,率由家人喜奢好侈,使然也"。

原文:惟俭可以助廉,惟恕可以成德。

注释:本文出自元代脱脱《宋史·范纯仁传》。

(1)俭:俭朴,节俭。(2)廉:廉洁。(3)恕:宽恕。(4)脱脱:脱脱帖木儿,字大用,蒙古族蔑儿乞人,元代政治家、军事家,主持修撰《宋史》。

译文:只有节俭节约,可以对人保持廉洁奉公有所助益;只有宽容待人,可以使人养成好的品德。

评析:这是北宋大臣范纯仁在亲属向其请教时说的一句箴言。俭朴是人的美德,为政者只有以俭朴自律,才能廉洁奉公;宽恕是儒家倡导的品行,只有宽恕待人,才能成就好的德行。近代曾国藩有一副对联,对俭、恕作了更深入的解释:"俭以养廉,誉洽乡党。直而能忍,庆流子孙。"其意为:勤俭可使人廉洁清明,自然会受到乡邻们的敬重和赞誉;正直诚恳而又能容忍别人的不足之处,子孙后代都将受益。党政领导干部应常修为政之德,常思贪欲之害,常怀律己之心,用理性控制奢侈,才能自觉抵制各种腐朽思想的侵蚀,真正做到秉公用权、廉洁从政。

原文:惟廉而后能平,平则公矣。不廉必有所私,私则法废,民无所措手足矣。

注释:本文出自明代杨士奇《历代名臣奏议·考课》。

(1)平:公平。(2)公:公正,公义。(3)措:放置,安放。

译文:为政者只有廉洁然后才能做到办事公平,办事公平才能体现公正公义。为政者不廉洁，处理事情就一定会有所偏私，处事偏私就等于废除了法令制度，这样人民就会不知道怎么办才好了。

评析：廉洁是为政者的根本，为官廉洁，才是公平公正公义的体现和保障；为官不廉，公平公正公义，一切无从谈起。国家法令制度，是为人民而设，是为公平公正公义而设，如果为政者因不廉而有所偏私，法令制度就成了一张空文，人民就会“无所措手足”。

原文：吏不畏吾严而畏吾廉，民不服吾能而服吾公。公则民不敢慢，廉则吏不敢欺。公生明，廉生威。

注释：本文出自明代郭晟《官箴》。

(1)吏：衙门内办事的职员。(2)严：威严。(3)廉：清廉。(4)能：才干。(5)慢：怠慢。(6)欺：欺瞒。(7)明：清明。(8)威：威信。(9)郭晟：生卒年不详，官任西安府同知，曾刻“公生明，廉生威”36字“官箴”碑于府衙。

译文：当官的不是害怕我的威严而是害怕我的清廉，老百姓信服我的不是我的才能而是我的公正。如果为官公正，那么老百姓就不敢怠慢；如果做人廉洁，那么官吏就不敢欺瞒。公正为政就会清明，廉洁自律才能树立威信。

评析：这段官箴只有36个字，言简意赅，突出两个字，一个是“公”，一个是“廉”，“公生明，廉生威”，公和廉是为政者最要重视的两个做官准则。这段官箴最早出自于曹端，曹端字正夫，号月川，河南渑池人，明初著名学者、理学家。《明史·曹端传》记载：(西安)知府郭晟问为政，端曰：“其公廉乎。公则民不敢谩，廉则吏不敢欺。”《年谱》记为：“‘其公、廉乎！’古人云：吏不畏吾严而畏吾廉；民不服吾能而服吾公。公则民不敢慢，廉则吏不敢欺。郭公佩其言。”时在永乐二十二年(1424年)。按郭晟问政时实为同知，九年后升任知府，总结为官经历，在曹端官箴后加“公生明，廉生威”六个字，并刻石于府衙。这六个字是对曹端官箴的提炼，提升了境界，实有画龙点睛之妙，曹端“官箴”因此流传。其后有安徽省怀远县人年富任山东巡抚，亲自抄录官箴，并“刊行以儆(jǐng)有位者”，时在天顺三年(1459年)。明弘治十四年(1501年)，自称“贞庵主人”的泰安知州顾景祥(今江苏苏州人)“重刻”官箴碑，立于泰安州署，“亦以自儆”。明正德十六年(1521年)，山东曲阜县郭允礼以举人任河北无极知县，嘉靖三年(1524年)十月在任所将“官箴”文字题书“居官座右铭”，并请工匠镌刻于石，传之后世。此碑至今仍存。清代乾隆十八年(1753年)，广东连平人颜希深任泰安知府，偶在衙内残壁中发现顾景祥所刻《官箴》碑文，感受颇深，遂将此碑重刻，并附以跋文。嘉庆十九年(1814年)农历七月，颜希深之子颜检调任山东盐运使，泰安知府汪汝弼寄给他数十本府内石刻拓本。嘉庆二十年(1815年)仲秋，颜检依照泰安石刻拓本重新刻石并跋其后，镶嵌在杭州治所大厅的墙壁上。清道光四年(1824年)，时任延榆绥道道台的颜伯焘(颜希深之孙)，把其父颜检所赠之官箴拓本并自己写的一篇跋文，寄给长安知府张爱涛(字聪贤)，请其刻石立碑，以广其传。同年农历十月，张爱涛为之作跋立碑。这就是收藏于现西安碑林博物馆官箴石碑。值得一提的是，几百年来凡为此"官箴"刻石立碑的官员，全是践行"公""廉"二字的清官。

原文：门如市，心如水，一尘不染；提得起，放得下，百事敢为。

注释：本文出自明代谈迁《枣林杂俎(zǔ)·圣集》。

(1)市：集市。门如市：门庭若市。(2)一尘：一点灰尘。(3)谈迁：原名以训，字仲木，号射父；明亡后改名迁，字孺木，号观若，明末清初史学家。

译文：门庭若市，心却如水一样平静，不染一粒灰尘。心胸博大，什么事情都能拿得起，放得下，这样无论什么困难的事都能敢于承担了。

评析：作为一个有权势的官员，在位时要想闭门谢客，几乎是不可能的事情。但如何对待门庭若市，则是一个官员的境界、人品所决定。明朝史学家谈迁所说"心如水"，就是为政者对待"门若市"的最好境界。为政者在市场经济下这个浮躁时代，这个物质时代，这个势利时代，关键是要把握自己的心境不受一尘污染。掌权为公，掌权为民，无欲则刚，心胸豁达，凡事能拿得起放得下，如此则百事敢为，百事可为矣。

原文：诚欲正朝廷以正百官，当以激浊扬清为第一义，而其本在于养廉。

注释：本文出自清初顾炎武《与公肃甥书》。

(1)诚：真的，果真。(2)激：冲去。浊：脏水。清：清水。激浊扬清：冲去污水，让清水上来。比喻清除坏的，发扬好的。(3)顾炎武：字宁人，南直隶苏州府昆山(今江苏昆山)人，明末清初著名思想家。(4)公肃：徐元文字公肃。(5)公肃甥：外甥公肃。

译文：果真要端正朝廷并端正百官，就应当把斥恶奖善当作首要的旨义，而它的根本则在于培养并保持廉洁的操守。

评析：《与公肃甥书》是顾炎武写给外甥徐元文的一封信。顺治十六年(1659年)，徐元文榜中状元，顾炎武在信中告诫外甥要"以道事君，不可则止"，不可贪恋权位，丧失人格。并指出如果徐元文的确有正百官以正朝廷之志，就应以激浊扬清为第一要旨，培养官员廉洁操守作为整治官吏的根本。“加强党的建设，必须营造一个良好从政环境，也就是要有一个好的政治生态。”培养和保持干部廉洁的操守，清除腐败官员，选拔德才兼备的干部充实各级领导班子，这无疑也应成为当今做好干部工作的第一要义。

原文：人只一念贪私，便销钢为柔，塞知为昏，变恩为惨，染洁为污，坏了一生人品，故古人以不贪为宝。

注释：本文出自清代陈弘谋《从政遗规》卷下《言行汇纂》。

(1)念：心中想法，看法。一念：一个念头。(2)贪私：贪求私利。(3)销：销熔，熔化金属。(4)塞：闭塞。(5)知：通“智”，智慧。(6)恩：恩惠。(7)陈弘谋：字汝咨，号榕门，广西临桂(今广西壮族自治区临桂)人，进士出身，清代官员，官至两广总督。

译文：一个人只要有贪求私利的一个念头，便会销熔钢铁般的意志成为柔弱不堪，闭塞心智成为昏庸贪官，对百姓应该施予的恩惠就会变为惨酷的索求，纯洁的心灵就会污染成污秽，毁坏了自己一生的高尚品德，所以古人以不贪图私利为宝。

评析：贪与廉，是一字之差，也是一念之差。很多贪官正是最初的一念之差而陷入不可自拔的泥潭中。心中有了贪欲，钢铁般的意志也会销熔，聪明才智就会闭塞而变得昏庸不堪，对待百姓民众就会无休止地惨酷索求，纯洁的心灵就会被玷污。所以，为政者要像古人子罕那样以不贪为宝，防微杜渐，筑牢反腐防变的第一道防线，这样才能无愧于党，无愧于民，无愧于自己的人生。

原文：一丝一粒，我之名节；一厘一毫，民之脂膏。宽一分，民受赐不至一分；取一文，我为人不值一文。谁云交际之事，廉耻实伤；若非不义之财，此物何来？

注释：本文出自清代张伯行《禁止馈送檄》。

(1)名节：名誉节操。(2)脂膏：财富。(3)交际：交往。(4)张伯行：字孝先，清代河南仪封(今河南兰考)人，进士出身，曾为济宁道台，官至礼部尚书，曾被康熙评定操行为“天下第一清官”，今曲阜孔庙东庑有其牌位。

译文：一丝布一粒米，关乎我的名誉节操；一厘钱一毫钱，都是民众百姓的财富。在上者宽松一分，民众所受恩赐不止一分；取下面一文钱，我们的为人就连一文钱都不值。有人说这是人际交往，而实际上是伤害了我们的廉耻之心。况且如果不是不义之财，那这些东西是从哪里来的呢？

评析：这篇文字应是张伯行任福建巡抚时所作，当时是写在官衙居处门前。任江苏巡抚时传至州县，故以“檄”字题于篇名后面。这篇文字不长，但“一”字出现八处，表达了张伯行关心民众疾苦，注重个人名节，反对以交际之名送礼行贿的主张。一位名为“gxinguo”的博主读《禁止馈送檄》发表感慨：“一是防微杜渐。以事之小而不防之，则事必大，事渐而不杜，必至于不可杜。千里之堤毁于蚁穴。二是洁身自爱。善禁者，先禁身，而后人；不善禁者，先禁人，而后身。己身正，无令则行；己身不正，虽令不从。天作孽犹可活，自作孽不可活。三是慎初慎独。管住自己的手，管住自己的嘴，管住自己的腿，不该拿的不拿，不该吃的不吃，不该去的不去。”

原文：官能清，则冤抑渐消；吏能廉，则风欲自厚。

注释：本文出自清代钱泳《履园丛话·杂记》。

(1)清：清正廉洁。(2)冤抑：冤屈。(3)风欲：风气，习俗。(4)钱泳：字立群，号台仙，江苏金匮(今江苏无锡)人，曾客游清湖广总督毕沅幕中。

译文：官吏能清正廉明，那么冤案自然就会减少；官吏能廉洁自守，社会风气自然就会日趋淳厚。

评析：钱泳这句话，可以从两个方面理解。第一，官员清正廉明，能够公正断案，就不会有那么多的冤案错案发生，这就叫作“冤抑渐消”。第二，官风影响民风，官风带动民风，在上正，在下自然会正，官员廉洁自守，社会风气自然就会向好的方向转，这就叫作“风欲自厚”。

原文：俭则约，约则百善俱兴；侈则肆，肆则百恶俱纵。

注释：本文出自清代金缨《格言联璧·持躬》。

(1)俭：节俭。(2)约：约束、节制。(3)侈：奢侈。(4)肆：放肆，任意妄为。(5)纵：发起。(6)金缨：清代学者，浙江山阴(今浙江绍兴)人，生平不详，编著《格言联璧》一书传世。

译文：节俭就会有节制，有了节制，那么各种善事好事都能兴办起来；奢侈就会放肆，一旦放肆，各种恶行都会放纵发生。

评析:俭与奢,一般人会认为是个人问题,但金缨把它提升为大是大非的问题来看待。金缨认为,作为一个官员,如果注重节俭,做事就会有节制,这样,就可以把节省下来的钱做各种有利于民的善事好事。作为一个人,如果贪图奢侈,就会无所顾忌,什么样的坏事恶事都能做出来。勤俭持家,勤俭治国;戒除奢侈之风,杜绝一切奢侈行为。

原文:海纳百川,有容乃大;壁立千仞,无欲则刚。

注释:本文出自清代林则徐《自题》。

(1)纳:接纳,吸纳。(2)百川:众多河流。(3)容:包容。(4)壁:像墙壁一样陡立的悬崖峭壁。(5)仞:计量单位。

译文:大海能够吸纳千百条河流大川,它能够包容这一切才成就浩瀚的海洋;悬崖峭壁能像墙壁一样陡立千仞,它没有任何凡世杂欲才能如此刚毅。

评析:这是近代民族英雄林则徐书于督部大堂的一副对联。林则徐用“海纳百川,有容乃大”,告诫自己要像浩瀚的大海能容纳千百条河流大川一样,能够吸收各种不同意见,要有宽广的胸怀;用“壁立千仞,无欲则刚”,激励自己无私无欲,廉洁奉公,只有这样才能站得稳,立于不败之地。

原文:勤、廉二字看似平浅,实则获上在此,信友在此,服民亦在此,舍此二字,上司即偶然表盼,亦不能久;欲求寅僚之敬佩,百姓之爱戴,即袭取于偶然,亦不可得矣!

注释:本文出自清代曾国藩《曾文正公全集》。

(1)勤:勤勉。(2)廉:廉洁。(3)获上:获得上司的欣赏。(4)表盼:表扬盼顾。(5)寅僚:同僚。(6)袭取:袭夺,袭取沿用。

译文:勤和廉这两个字,看起来似乎平淡浅显,但实际上获得上司的认可就在这两个字,获得朋友的相信就在这两个字,获得民众的信服也就在这两个字。除去这两个字,即使偶然得到上司的表扬或看重,也不会持久;想要得到同事们的敬佩,百姓的爱戴,即使想要像偶然获得上司的表扬看重一样,也是不可得到的呢。

评析:勤勉、廉洁是为政者必备的基本素质。做到勤勉就是勤政,做到廉洁就是廉政。曾国藩从对上、对友、对民的关系上论述勤、廉二字,则更有独到之处。曾国藩认为,做到勤勉、廉洁,是获得上司看重、取得同僚信任、求得民众信服的基础,如果不勤、不廉,或许偶然得到上司的表扬或看重,但这绝不会持久。

作为同事朝夕相处，作为民众每天面对，自己一言一行他们都看在眼里，记在心里，倘若自己不勤、不廉，即使是想偶然得到他们的表扬推重，也是不可能的呢。

原文：廉不言贫勤不言苦，尊其所闻行其所知。

注释：本文出自河南内乡县衙楹联。

(1)廉：清廉，廉洁。(2)勤：勤奋，勤政。(3)尊：重视，崇尚。

译文：真正廉洁的人不会抱怨自己如何清贫，真正勤政的人不会抱怨自己如何辛苦；重视自己所听到的善言，努力践行自己所认知的理论。

评析：甘于清贫才是真正的廉洁，甘于劳苦才是真正的勤政。作为任何时代的官员，凭借俸禄收入几乎都是清贫的，但既然要廉洁为公，就会安于清贫，而不会抱怨自己如何清贫。作为为政者，就要兢兢业业，勤于政事，但既然自己公而忘私，就不会抱怨自己如何劳苦。一个官员仅仅做到廉洁、勤政还不够，还要开阔视野，广博见闻，并努力践行自己所认知的理论。

警诫篇

jingjiepian

苟利国家生死以，
岂因祸福避趋之。
——林则徐

林则徐

林则徐（1785～1850年），福建省侯官（今福建福州）人，字元抚，又字少穆，晚号俟村老人。嘉庆十一年（1806年），林则徐担任厦门海防同知书记。福建巡抚张师诚赏识其才华招为幕僚。

嘉庆十六年，林则徐第三次赴京会考中榜，选庶吉士，授翰林编修。后任江苏按察使、河道总督，湖广总督，受命钦差大臣；严禁鸦片，主持虎门销烟。

林则徐抗英有功，却遭投降派诬陷，被道光帝革职，发往新疆伊犁。1845年，他再被重用，历任陕甘总督、云贵总督。1850年在普宁老县城病逝。

原文:大战于甘,乃召六卿。王曰:"嗟!六事之人,予誓告汝:有扈氏威侮五行,怠弃三正,天用剿绝其命,今予惟恭行天之罚。"

注释:本文出自先秦《尚书·夏书·甘誓》。

(1)甘:地名,在有扈国都郊外,今陕西鄠(hù)县。(2)六卿:六军之将。《周礼》:"'六军皆命卿'。则三代同矣。"六卿分别为大宰、大司徒、大宗伯、大司马、大司寇、大司空。平时各任其职,临事则为军将。(3)六事:各有军事,故曰六事。(4)誓:约束,集将士而戒之曰誓。(5)威侮:威逼、侮谩。五行:水火金木土,分行四时,各有其德。威侮五行:轻慢帝王五行之德。(6)怠弃:懈怠、背弃。三正:王者三政之事,即正德、利用、厚生。一说为建子、建丑、建寅之三正。这是说有扈氏废弃正朔,不用夏正,亦不用唐虞以前建子、建丑之正。(7)用:因此。(8)剿绝:剿杀灭绝,消灭。

译文:夏启与有扈氏大战于甘地,交战之前,夏王启召集并告诫六军将士。王启说:"啊,六军将士们!我将你们召集在一起,并郑重地告诫你们。有扈氏威逼王权、侮谩王法,忽视五行之德,懈怠、背弃正德、利用、厚生三政之事,上天因此要将他们消灭。现在,由我奉命执行皇天对他们的惩罚!"

评析:这是中国历史上记载的第一篇战争檄文。本文以夏王启的口吻,指责有扈氏"威侮五行,怠弃三正",既抛弃了作为国君应有的帝王之德,洪范大法,又废弃懈怠王者应为三正之事,天怒人怨,所以这次征伐是替天行道,兴正义之师。《甘誓》警诫为政者,一定要修德养身,谨慎地处理好各项政务,否则就会遭受上天的惩罚,就会落得身亡政息的可悲下场。

原文:火炎昆冈,玉石俱焚。天吏逸德,烈于猛火。

注释:本文出自先秦《尚书·夏书·胤征》。

(1)炎:焚烧。昆冈:昆仑山,出美玉。(2)玉石俱焚:石头美玉一起被火烧毁,比喻善恶同受其害。(3)天吏:奉行天命的官吏。逸德:丢失了德性。一说为施行德化的措施过于严厉,即过犹不及之意。

译文:如果大火烧了昆仑山,美玉和顽石都将被焚毁,这样无论善恶都一起受害。天王的官吏们如果丢失了德性,其对国家社会的危害程度将要远远大于烈火。

评析:《胤征》是夏王掌管六师的胤侯,在接受王命、征伐玩忽职守的大臣羲和时所作的一篇战前动员。誓词从正面论述"官师相规,工执艺事以谏。其或不恭，邦有常刑”，然后声讨羲和“颠覆厥德，沈乱于酒，畔官离次，俶扰天纪，遐弃厥司”，指出其危害如“火炎昆冈”，国家根基都会被颠覆。特别是“天吏逸德，烈于猛火”八个字，更是如洪钟大吕，为政者不可不警哉，戒哉！

原文：王曰：“格尔众庶，悉听朕言，非台(yí)小子，敢行称乱！有夏多罪，天命殛(jí)之。今尔有众，汝曰：‘我后不恤(xù)我众，舍我穑(sè)事而割正夏？’予惟闻汝众言，夏氏有罪，予畏上帝，不敢不正。今汝其曰：‘夏罪其如台？’夏王率遏(è)众力，率割夏邑。有众率怠弗协，曰：‘时日曷丧？予及汝皆亡。’夏德若兹，今朕必往。”

注释：本文出自先秦《尚书·商书·汤誓》。

(1)格：至，来。(2)悉：皆，全。朕：我。(3)非：不是。台：我，予。小子：古者天子自称曰予小子。(4)敢：勇，无所畏惮。行：往。称：举。乱：兵寇。称乱：作乱。(5)有夏：有夏之君夏桀。(6)殛：诛杀。(7)有：助词。有众：众人。(8)我后：我君夏桀。(9)恤：赈，怜悯，赈贫曰恤。(10)舍：释，放下。穑，谷可收曰穑。穑事：农事。割：损，害，剥夺。正：通“政”。夏：有夏，夏国。(11)予：我，成汤。畏：惮，惧怕。上帝：天帝。(12)正：正其不正。(13)其：乃。如：奈。如台：奈何。(14)率：轻率。遏：止，绝。众力：民事，徭役。(15)率：轻率。(16)率：语助词。怠：懈怠，不经意。弗：不。协：辅助。(17)时日：吉日。一说为太阳。曷：何。丧：丧失。(18)夏德若兹：夏桀败德如此。(19)必往：一定要去诛伐夏桀。

译文：商王成汤说：“来吧，各位将士，你们都听听我的告诫之言，讨伐夏桀，不是因为小子我肆无忌惮地举兵作乱，确实是夏桀罪恶累累，上天命令要我诛伐他。现在我们是‘奉辞伐罪’，是替天行道。现在你们说：‘我们的君主不怜悯抚恤百姓，废弃农事而去征伐夏国。’我虽然理解你们的说法，但夏桀为有罪之君，我成汤敬畏于天命，因此不得不率众出征，讨伐并匡正暴君的过失。现在你们又问：‘夏桀暴恶，值得我们如此兴师动众吗？’夏王轻率于王政，以至于民力穷竭，损害了夏国的国家利益。老百姓也因此怠慢不恭，不愿意辅助夏王的治理，抱怨说：‘好日子为什么丧失？我和你们都将与国君一起灭亡。’夏桀德性丧失，国家如此不堪，所以今天我将果断地率领你们前往，诛伐这个暴君。”

评析：这是商王成汤在出师征伐夏桀前所进行的战前动员。成汤首先表明夏桀多罪，自己兴兵征讨是替天行道，这就把将要发动的战争置于道德的制高点上。接着，成汤解释了将士们心中的疑虑，一是为什么要废弃农事，二是为什么要兴师动众讨伐夏桀。他指出自己敬畏天命，所以不得不率众出征。成汤还特别指出，夏国人民已经与夏桀离心离德，甚至愿意与夏桀一起灭亡。“时日曷丧，予及汝偕亡！”这句话成为民众痛恨暴君暴政的千古名言。

原文：曰“敢有恒舞于宫，酣歌于室，时谓巫风；敢有殉于货色，恒于游畋(tián)，时谓淫风；敢有侮圣言，逆忠直，远耆(qí)德，比顽童，时谓乱风。惟兹三风十愆(qiān)，卿士有一于身，家必丧；邦君有一于身，国必亡。臣下不匡，其刑墨，具训于蒙士。”

注释：本文出自先秦《尚书·商书·伊训》。

(1)敢：无所畏惮。恒：经常，长久。(2)酣歌：嗜酒行乐歌舞。室：宫室，因其四面穹隆则曰宫，因其财物充实则曰室。(3)时：是。巫：巫祝，以舞降神，为人祈祷者。巫风：巫祝以歌舞事神，故歌舞为巫觋(xī)之风俗。(4)殉：贪求，凡以身从物皆曰殉。货色：财物美色。(5)游畋：游荡田猎。(6)淫：溢出，过多；惑乱。淫风：淫惑之风，过多淫溢以惑人心志。(7)侮：轻慢。圣言：圣人之言。圣人，指人格德行最高者。(8)逆：干名犯分。《左传》：“贱妨贵，少陵长，远间亲，新间旧，小加大，淫破义，所谓‘六淫’也。”忠直：忠诚耿直。(9)远：疏远。耆，长，老者。耆德：厚德，德高望重之人。(10)比：亲近；阿附。顽：愚，无知识而妄为。顽童：童稚之顽嚚(yín)者。嚚：愚蠢顽劣；口不道忠信之言为嚚。顽童：傲慢无知、桀骜不驯、言不由衷的逆子。(11)乱：紊乱，凡事物之不理皆曰乱。(12)三风：即“巫风”“淫风”“乱风”。(13)愆：恶疾。十愆：舞、歌、货、色、游、畋、侮圣言、逆忠直、远耆德、比顽童。(14)卿士：春秋时官名，有二义。一泛指卿大夫、士而言者。二专指执政者。《左传》：“郑武公、庄公为平王卿士。”(15)邦君：国君，封国君主。(16)匡：匡救，辅助。(17)刑墨：服墨刑。墨刑，古“五刑”之一。以治罪轻者，刺字于额，而涅之以墨。故谓之墨刑。(18)具：通“俱”。(19)训：教诲。蒙士：谓蒙暗之士，下士。

译文：《官刑》上说：“敢于毫无顾忌地在宫中舞蹈，在房中终日歌舞及饮酒宴乐者，就叫作巫风；敢于毫无顾忌地贪求财货美色，终日游荡田猎者，就叫作淫风；敢于毫无顾忌地轻慢圣人之言，干犯忠诚耿直之士，疏远德高望重之人，阿比亲近于傲慢无知、桀骜不驯、言不由衷的逆子者，就叫作乱风。这三种恶劣风气与十种恶疾，执政的卿士染指其中之一者，必家破人亡；邦国之君染指其中之一者，必国破家亡。臣工不匡正君王之过者，必服墨刑以惩戒。将这些道理讲清楚、讲明白，来教诲那些浑浑噩噩、昏头昏脑的蒙暗之士。”

评析：这是商朝大臣伊尹对商王太甲的教训之词，故名《伊训》。伊尹在这里引用商汤所作《官刑》，着重申述“三风十愆”的危害。他指出卿士只要沾染其中之一条，就会身家丧失；君主只要沾染其中之一条，就会国破家亡。此外，伊尹还指出臣工对君主过失有劝谏匡正之责，如果不能做到就要刑之以墨刑。伊尹要求把这些道理弄清楚，讲明白，即使一般下等士人，也要加以教诲。防范“三风十愆”，杜绝“三风十愆”，不仅仅是对古代君臣，对今天为政者也有非常重要的借鉴意义。

原文：象曰：“饮酒濡首，亦不知节也。”

注释：本文出自《易传·未济卦·象传》。

译文：《象传》上说：“饮酒过度而弄湿头部，这是沉湎过度不知节制。”

评析：上九居未济之极，未济已成既济，消闲饮酒，享受生活，无可咎责。但饮酒须有度，若不知节制而至“濡首”，则失饮酒宴乐之道。做任何事都要有节制，否则就是过犹不及。孔子以“不知节”三字为《易传》之终句，警诫劝勉之意，深寓其中，读者不可不知，不可不察！

原文：儆(jǐng)，诫也。记武王诏周公旦立后嗣，训诫太子姬诵之事。

惟十有二祀四月，王告梦，丙辰，出金枝。郊宝，开和细书，命诏周公旦立后嗣，属小子诵文及宝典。王曰：“呜呼，敬之哉！汝勤之无盖□周未知所周不知商□无也。朕不敢望，敬守勿失，以诏宥(yòu)。”小子曰：“允哉。”“汝夙夜勤性之无穷也。”

注释：本文出自先秦《逸周书·武儆解》。

(1)武王：周武王姬发。(2)后嗣：后代子孙，此处意为承嗣王位的人。(3)祀：祭祀，此指一年。(4)金枝：帝王子孙的贵称。(5)郊宝、开和：一般解释为书名。笔者意为郊宝为郊野祭祀。(6)细书：写得很详细周密。(7)属：通“嘱”，嘱咐。(8)小子：太子姬诵。(9)□：文中缺字替代。(10)望：通“忘”，忘记。(11)诏宥：下诏宽恕。(12)《逸周书》：先秦史籍，作者不详，今本全书10卷，正文70篇，其中11篇有目无文，42篇有晋五经博士孔晁作注。

译文：儆，告诫的意思。记述周武王诏命周公旦立后嗣，训诫太子姬诵的故事。

周武王十二年四月，武王告诉说做了一梦，丙辰日要出承嗣王位的人。于是在郊野供奉宝物，详细书写以告天地祖宗。诏命周公旦确立太子，把小子姬诵立为太子事记入文字和宝贵典册。周武王(对太子)说:"啊呀,重视它啊!你要勤奋不懈。不知道该做什么,而知道了又不去做,商纣王由此灭亡了。我不敢忘记这个教训。你要谨慎地守着它,不要丢失。"小子姬诵说:"好啊!"周武王又叮嘱说:"你要早晚勤奋,以至于永永远远。"

评析:《逸周书·武儆解》篇讲述了周武王姬发诏立太子的故事。周武王十二年(前1057年)四月的一天,周武王说他做了一个梦,要在丙辰日确立太子。这是一件大事,于是在郊野贡献宝物,祭祀天地祖宗,并把经过详细书写昭告神灵,然后命周公旦宣布确立太子,并把这一事件记入宝贵典册。周武王对太子训诫,告诫太子要勤奋不懈和牢记殷商之所以灭亡的教训。太子姬诵表示承诺。周武王最后又一次作了强调:"汝夙夜勤性之无穷也。"按殷商败亡的原因,周武王概括为第一不知道做什么(□周未知),第二是知道做什么又不去做(所周不知商□无)。不知道做什么,这是荒谬;知道了不去做,这是懒惰。周武王说这番话的意思就是儆诫太子,要夙夜勤奋,做一个明白君王。一个"勤"字,一个"明"字,为政者要牢记在心,至于"无穷也"。

辨析:金枝,有学者解释为金版或铜版,认为"金枝"为"金版"之误写。其实"金枝"和丙辰联系在一起,"丙辰出金枝",就是周文王姬发所要表达的意思,要在丙辰日确立太子。"郊宝""开和"有学者解释为两本书名。笔者认为郊宝应该是郊野奉献宝物,"开和细书",则有详细记述以昭告祖宗的意思。"小子诵"就是太子姬诵,不是太子念读的意思。

原文:常令不审,则百匿胜;官爵不审,则奸吏胜;符籍不审,则奸民胜;刑法不审,则盗贼胜。国之四经败,人君泄见危。人君泄,则言实之士不进;言实之士不进,则国之情伪不竭于上。

注释:本文出自春秋管仲《管子·七法》。

(1)常令:固定的法令。(2)审:周密,推究。(3)匿:通"慝",奸邪。百匿:各种邪恶,众多奸慝。(4)符籍:符伍与名籍。(5)四经:法令、官爵、符籍、刑法。(6)败:败坏,破坏。(7)泄:亵渎,轻慢。(8)见危:看到危险。(9)言实:说实话,说真话。(10)情伪:真假,真实与虚假。

译文:国家法令不严明,朝廷内众多坏人就会得逞;官爵制度不严明,奸邪的官吏就会得逞;符籍制度不严明,刁滑的奸民就会得逞;刑法制度不严明,盗贼就会得逞。一国的四经:法令、官爵、符籍、刑法遭到破坏,君主又轻慢臣下,危亡就会出现。这是因为人君轻慢臣下,说真话的人就不肯进谏;说真话的人不进言,国家的情况好坏君主就不能掌握了。

评析:管仲认为,立国有四经:法令,官爵,符籍,刑法。四经不审,则上至朝廷,下至山泽,必然奸邪横生,国家危乱。所以,为政者要注重审定法令,明定官爵,管理符籍,制定刑法,这样才能使社会安定,国家稳固。此外,为政者一定要待人有礼,乐于纳谏,这样才能让言实之士敢于进言,才有利于掌握真实情况。为政者若能掌握真实情况,处理事情就好办了。

原文:今公自奋乎勇力,不顾乎行义,勇力之士,无忌于国,身立威强,行本淫暴,贵戚不荐善,逼迩不引过,反圣王之德,而循灭君之行,用此存者,婴未闻有也。

注释:本文出自春秋晏婴《晏子春秋·内篇·谏上》。

(1)公:齐庄公。(2)奋:鼓动,鼓励。(3)行义:施行仁义。(4)无忌于国:在国中横行无忌。(5)威横:威风强横。(6)淫暴:过分强暴。(7)荐善:推荐好人。(8)逼迩:近臣。(9)引过:承认过失。(10)反:违反。(11)循:遵循。(12)灭君:亡国之君。

译文:现在您自己崇尚鼓励武勇暴力,不顾及施行仁义,致使武勇有力的人,在国中肆行无忌,以威风强横立身,行为以放纵暴戾为本,帝王亲族不推荐良善,近臣不承认过失,违反英明君王的道德,而遵循亡国之君的做法,用这种方法存立于世的,晏婴从来没有听说过。

评析:这段文字是晏婴对齐庄公的谏文。齐庄公崇尚武力,不讲仁义道德,结果是“勇力之士,无忌于国,身立威强,性本淫暴”,帝王亲族不推荐良善,身边近臣不承认过失。晏婴认为这是亡国之君的做法,所以劝谏齐庄公顾乎行义。古今历史证明,一个国家不能没有武装力量,不能没有军队保家卫国,但立国应当以德为本,如若过分崇尚武力最后都不会有好的结果。

原文:圣人所以能成其事者有五:有以阳德之者,有以阴贼之者,有以信诚之者,有以蔽匿之者,有以平素之者。阳励于一言,阴励于二言,平素枢机,以用四者,微而施之。于是度之往事,验之来事,参之平素,可则决之。

注释:本文出自春秋鬼谷子《鬼谷子·决篇》。

(1)成其事:完成他的事情。(2)德:感激,恩惠。(3)贼:毁坏,惩治。(4)蔽:遮蔽。(5)匿:隐藏。(6)素:朴素。(7)励:勉力,努力。(8)平素:平时。

(9)枢机:事物的关键部分,关键时刻。(10)微:微小,小心。(11)度:揣度。

译文:圣人所以能够完成大事业,主要有五个途径:有用阳道来感化的,有用阴道来惩治的,有用信义来教化的,有用爱心来庇护的,有用廉洁来净化的。行阳道则努力守常如一,行阴道则努力掌握事物对立的两面。要在平时和关键时刻巧妙地运用这四方面,小心谨慎行事。推测揣度以往的事,验证未来的事,再参考日常的事,如果一致,就能作出决断。

评析:做事情什么最难?能找到正确的方法最难,能作出正确决策最难。鬼谷子总结圣人完成大事业的经验,认为有五种技巧、四种操作方法和一个总的原则。这五种技巧就是阳德之、阴贼之、信诚之、蔽匿之、平素之;四种方法是"阳励于一言,阴励于二言"及分清平时和关键的时刻;一个总原则是"度之往事,验之来事,参之平素"。按照总的原则小心谨慎地综合运用这五种技巧、四种方法,就能作出正确的决策,做好要做的事情。

原文:臣下重其爵位而不言,近臣则喑(yīn),远臣则吟,怨结于民心。谄谀在侧,善议障塞,则国危矣。

注释:本文出自战国墨翟《墨子·亲士》。

(1)不言:不说话,不发表意见。(2)喑:缄默不语。(3)障:障碍。

译文:如果臣下只以爵禄为重,不对国事发表意见,近臣缄默不言,远臣闭口暗叹,怨恨就郁结于民心了。谄谀阿奉之人围在身边,好的建议被他们阻障难进,那么国家就危险了。

评析:君主不接受谏言,是国家危亡的重要原因之一。君主拒绝接受谏言,做臣子的就会为保其爵位而不敢发表意见,表现为身边的臣子遇事缄默不言,外边的臣子闭口暗叹,百姓的疾苦情势无从上达,由此产生怨恨之心。特别是身边任用谄谀小人,阻止壅塞好的建议,这样国家就必然处于危险境地了。所以,为政者一定要广开言路,广泛吸取采纳好的建议,让党的中心工作更加贴近群众、更加贴近实际,更加赢得群众的理解、支持和参与。

原文:危道:一曰斲(zhuó)削于绳之内,二曰斲割于法之外,三曰利人之所害,四曰乐人之所祸,五曰危人之所安,六曰所爱不亲、所恶不疏。如此,则人失其所以乐生,而忘其所以重死。人不乐生,则人主不尊;不重死,则令不行也。

注释:本文出自战国韩非《韩非子·安危》。

(1)危道：危乱的途径。(2)斲：通“斫”，砍伐，伤害。(3)绳：墨线。(4)斲割：砍伐，制裁。(5)利人之所害：从别人受到损害中得到利益。(6)乐生：以生为乐。(7)重死：重视死亡。

译文：使国家危乱的途径：第一是像砍削木板砍到墨线以内那样对臣民乱加诛杀，第二是对法律之外的行为乱加制裁，第三是从别人受到损害中谋取利益，第四是把别人的灾祸当成快乐，第五是危害别人的平安，第六是不亲近自己喜爱的人、不疏远自己憎恶的人。像这样的话，那么人们就会失去快乐的人生，而忘记了为什么要重视死亡。人们不乐于活着，那么君主就得不到尊敬；人们不重视死亡，那么法令就不能实行。

评析：韩非在《安危》篇中说到使国家安定的方法(安术)有七种，使国家危乱的途径(危道)有六种。使国家安定的七种方法是：赏罚根据是非；福祸根据善恶；生死根据法律；人贤和不贤，不能根据个人的好恶进行判断；愚和智是客观存在的，但不能根据别人的诽谤或赞美来确定；衡量事物有客观标准而不凭主观猜想；守信用而不欺诈(赏罚随是非，祸福随善恶，死生随法度，有贤不肖而无爱恶，有愚智而无非誉，有尺寸而无意度，有信而无诈)。与七种安术相对的就是六种危道：第一种是徇私枉法，第二种是任意裁断，第三种是损人利己，第四种是幸灾乐祸，第五种是危害别人，第六种是亲疏不分。如果任由这六种危道蔓延，人们就会了无生趣，觉得生不如死，如此则人主不尊，法令不行，国将不国，危乱也就到来了。

原文：天有常福，必与有德；天有常菑(zāi)，必与夺民时。故夫民者至贱而不可简也，至愚而不可欺也。故自古至于今，与民为仇者，有迟有速，而民必胜之。知善而弗行谓之狂，知恶而不改谓之惑。故夫狂与惑者，圣王之戒也，而君子之愧也。呜呼！戒之戒之！

注释：本文出自西汉贾谊《新书·大政上》。

(1)菑：通“灾”。(2)与夺：赐予和剥夺，奖励和惩罚。与夺民时：给予剥夺民时的人。(3)简：简慢。(4)戒：戒除。(5)愧：愧疚。

译文：上天有固定的福佑，一定会赐给有德之人；上天有固定的灾难，一定会降给那些让百姓耽误农事的人。所以对于民众，即使是地位最低的人，也不可以简慢；即使是最愚笨的人，也不可以欺骗。所以从古到今，凡与人民为敌的，迟早迟晚，有快有慢，但最终人民一定会胜利。知道好却不实行称为狂悖，知道有害却不改正称为昏庸。所以狂悖和昏庸的事，都是圣明的君王所要戒除的，也是君子以为愧疚的。啊，要谨慎再谨慎啊！

评析：天代表自然规律，有德的人遵循了自然规律，所以能得天之常福。狂悖昏庸的人，做事违背自然规律，譬如让民众耽误农时，这样的人一定会遭到天之常灾。民众是国家的根基，低贱、愚笨的人尚且不可简慢、不可欺骗，更何况面对广大的民众？民众的力量是伟大的，那些不管民众死活、与民众作对的独夫民贼，无一例外，都要落得身败名裂的可悲下场。为政者，要牢固树立办事遂民意、为民谋利益理念，勤政廉政，如此才能得天之常福。

原文：人情得足，苦于放纵，快须臾之欲，忘慎罚之义。惟诸将业远功大，诚欲传于无穷，宜如临深渊，如履薄冰，战战栗栗，日慎一日。

注释：本文出自南朝宋范晔《后汉书·光武帝纪上》。

(1)人情：人的本性。(2)须臾：片刻。(3)慎罚之义：劝人为善。

译文：人的本性在得到满足时，却苦恼于放纵情性，常常快意于短暂的欲望，而忘却了警惕刑罚的道理。诸位将军事业高远而功绩伟大，如果想传递无穷后世，就应当像站在深渊旁边，像踩在薄冰之上，小心谨慎，一天比一天警惕。

评析：汉光武帝刘秀于25年登基称帝，分封功臣，功臣将领们开始滋长骄横跋扈情绪。刘秀因此于光武二年(26年)发布诏书，警诫大臣们不要放纵情欲，为满足片刻欢愉而忘掉朝廷慎重刑罚的意义在于劝人为善。诸位将领虽然业远功大，但要想传承功勋于后世，就要如临深渊，如履薄冰，战战兢兢，遵纪守法，避免触犯刑律。刘秀这个诏书，对于今天党政领导干部来说，仍然有十分重要的警醒教育意义。

原文：易曰："德薄而位尊，智小而谋大，力少而任重，鲜不及矣。"是故德不称其任，其祸必酷；能不称其位，其殃必大。

注释：本文出自东汉王符《潜夫论·忠贵》。

(1)智：智慧。(2)谋：谋略。(3)王符：字节信，安定临泾(今甘肃镇原)人，东汉政论家、思想家。

译文：《周易》上说："才德浅薄而地位尊贵，智能有限而图谋宏大，力量不足而身负重任，这样的人很少有不招致祸害的。"所以德行和他所任的职位不相称，给他带来的祸害一定很残酷；才能和他所在的职位不相称，给他带来的灾祸一定很大。

评析：厚德载物，厚德才能承载万物。德配其位，灾难消弭；德不配位，必有灾殃。王符引用《周易》孔子所说的一段话论证了“德不称其任，其祸必酷；能不称其位，其殃必大”的道理。这一段议论颇具警示教育意义。一个人如果对自己负责，对国家和人民负责，就要注意立身修德，不要投机钻营谋官位，不要阿谀奉承骗官位，不要重金贿赂买官位。无德无才而居其位，只能殃其自身，甚至祸国殃民。无数的历史事实证明，为政者在其位、谋其政，必须修其德、养其才，加强学习，增长才干，提升素质才是从政之正道。

原文：臣闻国无三年之储，谓之非国，而今无一年之畜，此臣下责也。而诸公卿位处人上，禄延子孙，曾无致命之节，匡救之术，苟进小利于君，以求容媚，荼(tú)毒百姓，不为君计也。自从孙弘造义兵以来，耕种既废，所在无复输入，而分一家父子异役，廪(lǐn)食日张，畜积日耗。民有离散之怨，国有露根之渐，而莫之恤也。民力因穷，鬻(yù)卖儿子，调赋相仍，日以疲极，所在长吏，不加隐括，加有监官，既不爱民，务行威势，所在骚扰，更为烦苛，民苦二端，财力再耗，此为无益而有损也。愿陛下一息此辈，矜(jīn)哀孤弱，以镇抚百姓之心。此犹鱼鳖得免毒螫(zhē)之渊，鸟兽得离罗网之纲，四方之民襁(qiǎng)负而至。如此，民可得保，先王之国存焉。

注释：本文出自西晋陈寿《三国志・吴书・陆凯传》。

(1)储：储备，积蓄。(2)致命之节：献身的节操。(3)匡救：扶正挽救，纠正错误，弥补过失。(4)荼毒：毒害，残害。(5)廪食：国家供给的粮食。(6)鬻：卖。(7)调赋：租赋、赋税。(8)隐括：修改润饰。(9)烦苛：繁杂苛细。(10)矜哀：哀怜。(11)镇抚：安抚。(12)襁负：肩背驮物。

译文：臣下听说国家没有三年的储备，便不能说是个国家，而今却没有一年的积蓄，这都是做臣子们的责任。而各位公卿位在万人之上，优厚的爵禄延续给子孙，竟都没有为国献身的节操，纠偏救弊的办法，只是一味给国君进献一些小利，以此求媚国君的欢心，荼毒天下的百姓，不为国君所深远考虑。自从孙弘创制义兵制度以来，农事耕种被废除，部队所在再无经济上的输入，而分散一家父子去服不同的劳役，官府供应一天天地增长，国家积蓄一天天地耗尽，百姓有亲人离散的怨忿，国家则有大树露根的趋势，却无人来体恤如此事情。百姓的经济困乏穷竭，只好卖儿卖女，而各种赋税征收仍然催缴频繁，他们的疲惫已到了极点，所在地方的官吏对此不加以庇护和修正。加之一些监官，不仅不爱恤百姓，反而作威作福，所辖地区受到骚扰，那里的百姓更是烦忧万分。人民受着这两方面的困苦，财力一再耗竭，这是没有益处只有损害的制度。希望陛下全部撤除这类官吏，怜惜孤苦弱衰的百姓，以此来安定抚慰国人之心。这好比鱼鳖能够免除有毒螯的深潭，鸟兽得以逃脱捕捉它们的罗网，这样四方百姓就会扶老携幼前来归附了。如此以往，民众可以得到保护，先王创建的国家得以长存。

评析：这段文字是吴国陆凯对皇帝孙皓的上疏，主要揭露和抨击孙权时期中书令、少傅孙弘创制的义兵制度对社会造成的危害："自从孙弘造义兵以来，耕种既废，所在无复输入，而分一家父子异役，廪食日张，畜积日耗。""民有离散之怨，国有露根之渐，而莫之恤也。"从陆凯这篇上疏中，我们得到的启示是：制定一项政策，一定要在政策出台前慎重考虑，广泛征求意见，充分考虑各种利弊，同时还需要在多个地方进行试点，在实践中检验政策的可操作性，并及时发现问题、解决问题，这样制定出来的政策才具有可行性。

原文：勉人为善，谏人为恶，固是美事，先须自省。若我之平昔自不能为，岂惟人不见听，亦反为人所薄。

注释：本文出自南宋袁采《袁世范·正己可以正人》。

(1)勉：劝勉。(2)谏：规劝。(3)薄：鄙薄。(4)袁采：字君载，衢州信安(今属浙江衢州)人，进士出身，南宋官员。(5)《世范》：一名《袁氏世范》，袁采所写家训，有"《颜氏家训》之亚"的美誉。

译文：劝勉别人做好事，规劝别人不做坏事，这当然是好事，但必须要做自我反省。如果我往常自己都不能做到，岂止不但是别人不听你的劝告，也可能会反被别人所鄙薄。

评析：正人先正己，教人先自教。劝人为善，一定要先反省自己做到没有。如果是自己平时做不到或者根本不想去做的事，却要规劝别人去做，不仅是自欺欺人，而且还会受人鄙薄，肯定不会收到好的效果。孔子有言："其身正，不令而行；其身不正，虽令不从。"言传身教，身体力行，以身作则，永远是党政领导干部的廉政勤政准则。

原文：是非毁誉，自古为政所不能无者。是则归人，非则归己；闻誉则归人，闻毁则归己；无长无贰，处之皆当如是也。前辈云："恩欲己出，怨将谁归？"呜呼！此真博大君子之言也。

注释：本文出自元代张养浩《三事忠告·牧民忠告》。

(1)是非:对错。(2)毁誉:毁损与赞誉。(3)长:正职。(4)贰:副职。(5)前辈:北宋王曾。(6)《三事忠告》:又名《为政忠告》《权力忠告》,分《牧民忠告》《风宪忠告》和《庙堂忠告》三部分。

译文:对与错、毁损与赞誉,从古以来为政者没有不遇到的。对的归于别人,错的归于自己;听到赞誉就归功于别人,听到毁损就归咎于自己。无论正职副职,处理事情都应当这样。前辈人曾说:"恩德都想出于自己,那么怨恨又将归之于谁呢?"哎呀,这真是渊博雅量的君子所说的话呀。

评析:是非毁誉,是为政者常常遇到的问题,关键是应该如何对待。张养浩认为,对的归于别人,错的则归于自己;赞扬归于别人,指责则归于自己。无论是长官还是副职,处理事情都应当如此。为了论证自己的观点,张养浩引用北宋宰相王曾对范仲淹说的一段话。当时开封府尹范仲淹弹劾宰相吕夷简,另一个宰相王曾作壁上观,范仲淹非常郁闷,责问王曾说:"明扬士类,宰相之任也。公之盛德,独少此耳。"王曾笑了笑说:"夫执政者,恩欲归己,怨使归谁?"范仲淹闻言,默然良久,拱手致礼而出。所以,为政者就应像博大君子那样,"是则归人,非则归己;闻誉则归人,闻毁则归己",做到心胸坦荡、不计得失、淡泊名利、勇于担当。

天下篇

tianxiapian

各出所学，各尽所知，使国家富强，
不受外侮，足以自立于地球之上。

——詹天佑

詹天佑

詹天佑（1861～1919 年），字眷诚，号达朝，祖籍徽州婺源（今江西婺源），生于广东省广州府南海县（今广东广州）。12 岁被派留学美国，1878 年考入耶鲁大学土木工程系。3 年后结业回国入福州船政局后学堂学习海军轮船驾驶。毕业后任广东博学馆教习。清光绪十四年（1888 年），由留美同学邝孙谋介绍，到天津中国铁路公司任工程师。1905 年主持修建中国自主设计并建造的第一条铁路——京张铁路；创设“竖井开凿法”和“人”字形线路，震惊中外。有“中国铁路之父”“中国近代工程之父”之称。

原文:夫轻重强弱之形,诸侯合则强,孤则弱。骥之材,而百马伐之,骥必罢(pí)矣。强最一伐,而天下共之,国必弱矣。强国得之也以收小,其失之也以恃强。小国得之也以制节,其失之也以离强。夫国小大有谋,强弱有形。服近而强远,王国之形也;合小以攻大,敌国之形也;以负海攻负海,中国之形也;折节事强以避罪,小国之形也。自古以至今,未尝有先能作难,违时易形,以立功名者;无有常先作难,违时易形,无不败者也。

注释:本文出自春秋管仲《管子·霸言》。

(1)形:形势。(2)骥:良马。(3)罢:同"疲",疲劳,疲惫。(4)强最:最强。(5)收小:收容小国。(6)失之:失之于,失误。(7)恃强:恃强凌弱。(8)制节:制度适宜。(9)离强:离开,摆脱强国。(10)作难:发难,起事。(11)违时:违逆时机。(12)易形:改变形势。

译文:关于国家轻重强弱的形势问题,各诸侯国联合起来则强,孤立则弱。骐骥之材,用百马轮流与它竞逐,它也一定疲惫;冠绝一代的强国,举天下者去攻它,也一定会弱下来。强国的正确做法是容纳小国,其失误在于自恃其强;小国的正确做法是折节事强,其失误在摆脱强国。国家无论大小,都有自己的谋算;无论强弱,都有自己的形势。征服近国而威胁远国,是保持王国的形势;联合小国以攻击大国,是保持势均力敌国家的形势;以负海之国攻伐负海之国,是保持中原国家的形势;折节事奉强国以避罪,是保持小国的形势。从古到今,没有首先起事,违背时机,变更形势,而能建立功业的;也没有经常首先起事,违背时机,变更形势,而不失败的。

评析:这是管子关于诸侯国如何处理国与国关系的一段论述。管子认为,国家联合起来才会强盛,孤立自己就会弱小。就像一匹骏马,如果百匹马轮流与之角逐,骏马也势必会疲弱不堪。所以,强国要容纳小国,不可恃强凌弱;小国要折节事强,不可与强国为敌,这才是存亡之道。"合则强,孤则弱",这无论对于大国小国、强国弱国,都应作为处理国与国之间关系的一条重要准则。合作共赢,应当成为各国处理国际事务的基本政策取向。

原文:天下有道,却走马以粪;天下无道,戎马生于郊。祸莫大于不知足,咎莫大于欲得。故知足之足,常足矣。

注释:本文出自春秋老聃《老子》第四十六章。

(1)却:屏退,退回。(2)走马:奔驰的战马。(3)粪:耕种,播种。(4)戎马:

战马。(5)生于郊:生于郊外。(6)咎:过错。(7)欲得:想要得到。(8)足:满足。(9)常足:永远满足。

译文:天下循道而治,就可以做到太平安定,把战马退还到田间给农夫用来耕种。不以道治理天下,连怀胎的母马也要送上战场,在战场的郊外生下马驹。最大的祸害是不知足,最大的过失是贪得的欲望。知道到什么地步就该满足了的人,永远是满足的。

评析:老子这一章主要讲了战争对社会的伤害并探讨了战乱发生的原因。当社会安定时,战马也成为耕地的家畜;当战乱发生时,就连怀孕的母马也会被送上战场,在荒郊野地产下马驹。战争的原因,一是上位者不能遵循道义治理国家,二是上位者对财富永不满足的欲望。老子以此告诫为政者,第一要按照道义治理国家,保持天下太平安定;第二要知足,知足才能避免战争祸乱。"知足不辱,知止不殆,可以长久。""不知足"和"欲得",是为政者所要警惕的两大祸咎之源。

原文:郑伯请成于陈,陈侯不许。五父谏曰:"亲仁善邻,国之宝也。君其许郑!"

注释:本文出自春秋左丘明《左传·隐公六年》。

(1)郑伯:郑庄公寤生,因郑国为伯爵,故称郑伯。(2)请成于陈:请求与陈国修好。(3)陈侯:陈桓公。(4)五父:陈桓公弟弟公子佗,陈国大夫。

译文:郑庄公向陈国请和,陈桓公不答应。陈大夫五父劝谏说:"亲近仁义,对邻国友善,这是立国的法宝。君王还是答应郑国的请求吧!"

评析:这段文字是对从前郑、陈两国关系的追述。当年,卫、陈联合伐郑,郑伯向陈国求和,陈桓公不答应,公子佗以"亲仁善邻,国之宝也"劝谏,陈桓公说:"宋、卫实难,郑何能为?"意思是:"宋、卫两国才是我们的祸患,小小郑国能有什么作为?"陈桓公拒和的结果,就是隐公六年(前717年)五月被郑国入侵,遭受大败。《左传》在记述这段文字后,引用"君子曰"评述说:"善不可失,恶不可长。其陈桓公之谓乎?"善德不可丢失,坏事不可滋长,这不是说的陈桓公吗?"亲仁善邻",这是处理国家关系的法宝,也是处理邻里关系、同事关系的法宝。

原文:宾至如归,无宁灾患,不畏寇盗,而亦不患燥湿。

注释:本文出自春秋战国左丘明《左传·襄公三十一年》。

(1)宾:宾客。(2)如归:好像回到家里一样。(3)无宁:难道。(4)灾:一作

“菑(zāi)”,灾祸。(5)燥湿:干燥潮湿。(6)襄公三十一年:前542年。

译文:宾客来到好像回到家里一样,难道还会有什么灾祸吗?不仅不会害怕强寇盗贼,也不会担心会有干燥和潮湿的情况。

评析:这段文字出自郑国大夫子产与晋国大夫士文伯的一段对话。鲁襄公三十一年,子产随郑简公去晋国,晋平公因为鲁襄公丧事而没有会见,子产派人拆毁宾馆围墙让车马进去。士文伯因此责怪子产,子产辩解是因为晋国宾舍太狭小所以拆毁围墙。并指出如果晋国能做到宾舍宽敞、宾至如归,客人何至于拆毁围墙?士文伯将子产的话如实上报,结果晋平公立即接见郑简公,并按照高标准、高规格修建了宾舍。宾至如归,现在不仅被宾馆推崇为待客之道,也是我们国家待客之道,是我们中华民族待客之道。

原文:益,利有攸往,利涉大川。……益,损上益下,民说无疆。自上下下,其道大光。利有攸往,中正有庆。利涉大川,木道乃行。益动而巽,日进无疆。天旋地生,其益无方。凡益之道,与时偕行。

注释:本文出自《易传·益卦·彖传》。

(1)益:益卦,卦象为震下巽上。(2)利:有利。(3)攸:所。攸往:所往。(4)涉:涉水,步行过河。(5)疆:边界。(6)中正:刚中纯正。(7)木道:乘木舟而行。

译文:益卦,有利于前往,有利于涉过大川险阻。……益卦,减损上边,增益下边,百姓喜悦无边。从上方施利于下,道德广大光明。有利于前往,说明刚中纯正而有喜庆。有利于涉过大川险阻,木舟能在水上行进。益卦动而能随顺,日复一日前进没有疆界。天旋转,地生养,增益没有固定的方式。大凡增益的法则,都要配合其时序一起前行。

评析:震卦为雷,巽卦为风。震在下,巽在上,就组成了益卦。初九爻,在乾卦为位处低下不可做事,而益卦则有风雷相助可以大有作为。益卦有利于百姓,是因为此卦为损上而益下;益卦有利于涉险,是因为木舟可以在风雷云水前行。益卦的根本,是要配合时序的变化,这就叫作“凡益之道,与时偕行”。世上万事万物都是不断运动和变化的,只有顺应时代发展,准确把握现实脉搏,才能在风云变幻的国际形势中走出一条正确的发展道路。

原文:夫《易》,圣人之所以极深而研几也。惟深也,故能通天下之志;惟几

也，故能成天下之务；惟神也，故不疾而速，不行而至。子曰"《易》有圣人之道四焉"者，此之谓也。

注释：本文出自《易传·系辞上》。

(1)极深：极其深奥的道理。(2)几：几微，非常微小，细微。(3)志：心志。(4)务：事务，要务。(5)疾：匆忙。(6)速：快速，迅速。(7)行：行动。(8)至：到达。

译文：《周易》，是圣人用来探究极其深奥的道理，并探研细微征象的书。只有穷究幽隐深奥的道理，才能了解天下人各种各样的思想，才能会通天下人的心志；只有探研细微的征象，才能完成天下种种不同的事务；只有通晓神明，才能不匆不忙而能万事快速完成，好像没有行动就已经达成了。孔子说"《周易》有圣人运作的四种方法"，说的应该就是这个意思吧？

评析：《易传·系辞》这段文字在前八章基础上进一步介绍《周易》的重要作用。圣人可以用这本书来探究深奥的道理，因为只有这样才能了解天下人各种各样的思想，才能引导天下人统一思想，共同干事创业。可以用《周易》探研非常细微的征象，因为只有这样才能认识天下万事万物所隐含的自然规律，才能把任何事情都能做得完美无缺。那些了解通晓《周易》的人真是太神了，他们看起来不慌不忙、从容不迫，但却很快就能把事情做好；他们看起来好像没有任何行动，但却已经实现了他们所要完成的目标。孔子所说"《周易》中含有圣人做事的四种方法"，大概说的就是上面这些神奇作用吧？《易经》是一部教人做君子、教君子做事的中国古代典籍。习近平总书记倡导弘扬优秀传统文化，《易经》应当是必读书籍。拙著《易经注译解读》以阐释德义精髓为主旨，译文解读通俗易懂，是一部辅助党政领导干部阅读《易经》的最佳读本。

原文：仲尼祖述尧舜，宪章文武，上律天时，下袭水土。辟如天地之无不持载，无不覆帱(dào)，辟如四时之错行，如日月之代明。万物并育而不相害，道并行而不相悖。小德川流，大德敦化。此天地之所以为大也！

注释：本文出自先秦《中庸·祖述章》。

(1)仲尼：孔子，字仲尼。(2)祖述：遵循、效法，远宗。(3)宪章：效法，典章制度，法度。(4)上律：顺从，遵循。(5)下袭：因袭，顺应。(6)水土：自然条件，地理。(7)辟如：譬如。(8)覆帱：覆盖。(9)错：更迭。错行：交错运行。(10)代明：交替照明。(11)悖：抵触。(12)敦：敦厚，忠厚。(13)化：化育。

译文：孔子远效法尧舜，近以文王、武王为典范，上遵循天时，下符合地理。

就像天地那样没有什么不能承载，没有什么不能覆盖。又好像四季的交错运行，日月的交替光明。万物一起生长而互不妨害，道路同时并行而互不冲突。小的德行如河水一样长流不息，大的德行使万物敦厚纯朴。这就是天地的伟大之处啊！

评析：《中庸》祖述一章，歌颂了孔子的伟大："祖述尧舜，宪章文武，上律天时，下袭水土。辟如天地之无不持载，无不覆帱，辟如四时之错行，如日月之代明。"孔子之道可使"万物并育而不相害，道并行而不相悖"，体现了宇宙和大自然法则中的包容精神与和合之道。孔子之道，从小处说，如河水长流不息；从大处说，可以使万物得到化育。孔子及其儒学，可与天地比肩，与日月同辉，为人们塑造了一个伟大、崇高而不朽的形象，使他流芳百世而成为后代人永远学习与敬仰的楷模。

原文：孔子登东山而小鲁，登泰山而小天下。

注释：原文出自战国孟子《孟子·尽心上》。

(1)东山：一说为山东临沂平邑境内的蒙山，一说为山东济宁邹城境内的峄山。(2)小鲁：以鲁国为小。

译文：孔子登上东山，感到鲁国都小了；孔子登上泰山，感到天下都小了。

评析：登高望远，会提高人们的精神境界，会开阔人们的视野，会有与平时不一样的感受。孔子登上东山，环看鲁国，觉得鲁国好像比过去小了很多。孔子登上更高的泰山之巅，环视远眺，觉得天下都小了许多。孟子这句话告诉我们，人登的愈高，视野就越宽广，人们的心胸格局就会更加宽大，人们对世事人生就会有更深刻的感悟。所以，一个人要心存高远，特别是为政者，要有胸怀天下的宽广格局，要有放眼世界的宽广眼界，要有从容面对天下的战略思维和战略定力，面对错综复杂、瞬息万变的世界局势，既要冷静观察、稳住阵脚，又要有敏锐眼光、抢抓机遇，不断把各项事业向前推进。

原文：《司马法》曰："国虽大，好战必亡；天下虽安，忘战必危。"

注释：本文出自战国司马穰苴《司马法·仁本》。

(1)《司马法》：古代兵书，现仅存一卷五篇。

译文：《司马法》上说："国家即使再大，爱好战争必然灭亡；天下即使安定，忘记战争必然危险。"

评析：军队是国家安全的保护神。国不可一日无兵。“兵者百岁不一用，然不可一日忘也。”（《鹖冠子·近迭》）当今时代，和平与发展是世界两大主题的论断没有过时，但也要看到，战争的阴影无时不在。“居安思危，常备不懈”，这就是“天下虽安，忘战必危”的最佳解读。

原文：孟子曰：“天时不如地利，地利不如人和。三里之城，七里之郭，环而攻之而不胜。夫环而攻之，必有得天时者矣，然而不胜者，是天时不如地利也。城非不高也，池非不深也，兵革非不坚利也，米粟非不多也，委而去之，是地利不如人和也。故曰：域民不以封疆之界，固国不以山溪之险，威天下不以兵革之利。得道者多助，失道者寡助。寡助之至，亲戚畔之；多助之至，天下顺之。以天下之所顺，攻亲戚之所畔，故君子有不战，战必胜矣。”

注释：本文引自战国孟轲《孟子·公孙丑下》。

(1)天时：有利于攻战的自然气候条件。(2)地利：有利的地势。(3)人和：人心的团结。(4)郭：外城。(5)环：包围。(6)兵革：兵器铠甲。(7)委：丢弃，舍弃。(8)畔：通“叛”，背叛。

译文：孟子说：“有利的天时不如有利的地势，有利的地势不如人心的团结。三里的内城，七里的外城，包围起来攻打它，却不能取胜。包围起来攻打它，必定有得天时的战机，然而却不能取胜，这是有利的天时不如有利的地势。城墙不是不高，护城河不是不深，兵器铠甲不是不坚利，粮食不是不多，可是敌人一来就弃城逃离，这便是有利的地势不如人心的团结。所以说，留住人民不迁逃，不靠国家的疆界，保卫国家不靠山川的险阻，威服天下不靠兵器铠甲的坚利。得到道德仁义的人，帮助他的就多；失掉道德仁义的人，帮助他的就少。帮助他的人少到极点，连家里人都背叛他；帮助他的人多到极点，天下的人都归顺他。让天下人都归顺他的人去攻打连家里人都背叛他的人，必然所向无敌。所以君子不战则罢，战则必胜。”

评析：天时不如地利，地利不如人和。一个国君所想所做不过三件事：留住百姓，固守国家，威行天下。但要想做好三件事，不要靠疆界，不要靠险阻，不要靠兵器铠甲，所靠者，唯道德仁义也。行道德仁义，则得人心，得人心则得天下；背弃道德仁义，连家里人都会背叛自己。国君何去何从，唯选择道义施行仁政而已。如此，则可每战必胜矣！

原文:居天下之广居,立天下之正位,行天下之大道;得志,与民由之;不得志,独行其道。富贵不能淫,贫贱不能移,威武不能屈,此之谓大丈夫。

注释:本文出自战国孟轲《孟子·滕文公下》。

(1)居:居住。(2)居:居所。(3)立:站立。(4)正位:正确位置。(5)得志:实现志愿。(6)由之:从这条路走。(7)淫:过分,迷惑。

译文:居住在天下最宽广的住宅"仁"里,站立在天下最正确的位置"礼"上,行走在天下最宽广的道路"义"上;能实现理想时,就同人民一起走这条正道;不能实现理想时,就独自行走在这条正道上。富贵不能迷乱他的思想,贫贱不能改变他的操守,威武不能屈服他的意志,这才叫作大丈夫。

评析:什么是天下之广居?是仁。什么是天下之正位?是礼。什么是天下之大道?是义。君子坚守自己的理想信念,心胸坦坦荡荡,得志则与民共享,不得志则独善其身。"富贵不能淫,贫贱不能移,威武不能屈",做到这三个"不能",才有资格称得上大丈夫。这三个"不能",包罗气象万千,儒家人格精神展现无遗,令人仰之,敬之,且愿倾力为之!

原文:若使天下兼相爱,国与国不相攻,家与家不相乱,盗贼无有,君臣父子皆能孝慈,若此,则天下治。故圣人以治天下为事者,恶(wū)得不禁恶(è)而劝爱?故天下兼相爱则治,交相恶则乱。故子墨子曰"不可以不劝爱人"者,此也。

注释:本文出自战国墨翟《墨子·兼爱上》。

(1)若使:假使,假如,如果。(2)相乱:相互侵扰。(3)恶:通"乌",怎么。(4)劝:说服,勉励,鼓励。(5)交相恶:互相憎恶。

译文:假若天下的人都相亲相爱,国家与国家不相互攻伐,家族与家族不相互侵扰,盗贼没有了,君臣父子间都能孝敬慈爱,如果这样,天下就实现了治理。所以圣人以治理天下为职业,怎么能不禁止相互憎恶而鼓励相互亲爱呢?因此天下的人相亲相爱就会治理好,相互憎恶就会混乱。所以墨子先生说"不能不鼓励爱别人",道理就在于此。

评析:兼爱,是墨子提倡的一种伦理学说。墨子认为,社会之所以动乱是因为人们自爱而不相爱,以至于相互憎恶侵扰。所以治国者要鼓励人们互相亲爱,才是治理国家的根本。在科学技术高速发展的今天,人们的理智与克制也达到一个相当高的层面,合作共赢已经成为世界有志之士的共识,在这种世界各国优势互补、共同发展的大背景下,墨子提倡的"天下兼相爱"就更加具有现实意义。

原文:列星随旋,日月递炤,四时代御,阴阳大化,风雨博施。万物各得其和以生,各得其养以成,不见其事而见其功,夫是之谓神。

注释:本文出自战国荀况《荀子·天论篇》。

(1)列星:恒星。(2)炤:通"照",照耀。(3)四时:四季。(4)御:驾驭,控制。(5)博施:广泛地施于。(6)神:神妙。

译文:布列于天空的恒星互相伴随着旋转,太阳月亮在交替照耀,春夏秋冬四季轮流控制着节气,阴阳的交互作用滋生万物,风雨普遍地施加于大地。万物各自得到了阴阳形成的和气而产生,各自得到了风雨的滋养而成长。看不见阴阳化生万物的过程但却见到它化生万物的成果,这就叫作神妙。

评析:荀子《天论》是阐发天人关系的一篇文章。这篇文章开篇就讲"天行有常,不为尧存,不为桀亡",但天又与万物包括人有必然不可分的关系,这种关系就是"天人合一"。自然界的运动变化有其客观规律,不以人的意志为转移。世界万物无不受阴阳二气相互作用而生,无不受风雨滋长而成。这个过程的确很神妙,所以,人们要尊重自然,同时要认识自然,利用自然。用荀子《天论》中的话来表述,就是"大天而思之,孰与物畜而制之?从天而颂之,孰与制天命而用之?望时而待之,孰与应时而使之"。意思是:认为大自然伟大而思慕它,哪里比得上把它当作物资积蓄起来而控制它?顺从自然而颂扬它,哪里比得上掌握自然规律而利用它?盼望时令而等待它,哪里比得上因时制宜而使它为我所用?放弃了人的努力主观而寄希望于天,那就违背了万物的实际情况(故错人而思天,则失万物之情)。

原文:抱朴子曰:"志合者不以山海为远,道乖者不以咫尺为近。故有跋涉而游集,亦或密迩而不接。"

注释:本文出自东晋葛洪《抱朴子·外篇·博喻》。

(1)抱朴子:葛洪,自号抱朴子。(2)志:志向。(3)乖:背离,违背。(4)游集:从各处来聚集。(5)密迩:靠近,贴近。(6)接:交接。

译文:抱朴子说:"志向投合的人不认为山海阻隔为遥远,意见不合的人不认为咫尺距离很接近。所以有的人跋山涉水从各处来相聚,也有的人就在眼前却不相交往。"

评析:志合者不以山海为远,即使相隔千万里也要相聚在一起。道乖者不以咫尺为近，即使居处接近也从不交往。这个道理就是古人所说“天涯咫尺”“咫尺天涯”。两个人的交往，不是以物理距离为远近，而是以心理距离为远近。两人心灵志向相合，天涯若比邻；两人道不同，即使近在咫尺也不相为谋。两个人的关系是如此，两个国家的关系也是如此。一个国家，要想和世界各国友好合作，就要抱着“求大同存小异”的态度，真心诚意地寻求“志合”之处，联合世界上一切爱好和平的国家一道，求和平、谋发展、促合作、图共赢，共同为实现世界持久和平做出努力和贡献。

原文：大其心，容天下之物；虚其心，受天下之善；平其心，论天下之事；潜其心，观天下之理；定其心，应天下之变。

注释：本文出自唐代施肩吾《西山群仙会真记》。

(1)大：放大。(2)虚：谦虚。(3)平：平静。(4)潜：专心。(5)施肩吾：杭州府(今浙江杭州)人，唐宪宗元和十五年(820 年)状元及第，后因战乱率领族人避居澎湖，信奉道教。

译文：放宽心胸，容纳天下事物；谦虚谨慎，接受天下仁善；平心静气，分析天下事情；潜心钻研，纵观天下事理；坚定信念，应付天下变化。

评析：施肩吾这段话虽然有道家思想，但对为政者仍有警醒意义。作为为政者，就要放大心胸格局、虚怀若谷，能容天下之物，能受天下之善。论天下之事，要平心静气，才能客观评论；观天下之理，要潜心钻研，才能得其真髓。世界局势风云变幻，首先要坚定自己的信念，这样才不会为世界变幻所迷惑，才能把世界变化的本质看准看清看透，由此才能认识世界发展大势，跟上时代潮流。这对为政者来说，是一个极为重要并且常做常新的课题。

原文：浩淼行无极，扬帆但信风。云山过海半，乡树入舟中。波定遥天出，沙平远岸穷。离心寄何处，目断曙霞东。

注释：本文出自唐代尚颜(据《全唐诗》)《送朴(piao)山人归新罗》，此诗作者一说为马戴。

(1)浩淼：广阔的水面。(2)无极：没有尽头。(3)但：只。(4)信：听凭，任由。(5)海半：海中间。(6)乡树：家乡的林木。(7)穷：完，尽。(8)离心：离别时的心情。(9)曙霞：曙光和晚霞。曙霞东，太阳升起的地方，指新罗。(10)尚颜：字茂圣，俗姓薛，著名诗僧，唐代汾州(今山西汾阳)人。(11)朴山人：朝鲜旅华隐士。山人，隐士别称。(12)新罗：朝鲜的古称。(13)马戴：字虞臣，唐定州曲阳(今江苏省东海县)人。

译文：舟船行在广阔的水面似乎没有尽头，只是凭借着海风扬起船帆。远方云雾环绕着群山已经过了大海的一半，眼看着家乡的树木映照在舟船之中。波涛平定舟船从遥远的天边驶出，平坦的沙滩让远处的海岸看起来似无穷尽。我与你离别的心情愁绪寄放在什么地方呢？我的双目遥望着曙光朝霞东边的新罗国。

评析：这是一首意境优美的离情送别诗。诗人虽然没有送友人一起去新罗，但他在诗中对友人在大海的行程进行了丰富的联想和描绘。“浩淼行无极，扬帆但信风”，是对友人在海中扬帆的描述。“云山过海半，乡树入舟中”，是说友人已经临近家乡。“波定遥天出，沙平远岸穷”，是说友人回家急迫的心情，因为平坦的沙滩，让本来并不遥远的岸边看起来是那么的遥远。最后一句“离心寄何处，目断曙霞东”，表示自己的思绪和目光，都已经跟着友人来到了新罗。特别是首句“浩淼行无极，扬帆但信风”，反复吟咏，给人以一种眼界开阔、勇往直前却又闲庭信步的豪迈气概，读来令人心旷神怡。

原文：天下之事，未尝不败于专而成于共。专则隘，隘则睽(kuí)，睽则穷；共则博，博则通，通则成。故君子修身治心，则与人共其道；兴事立业，则与人共其功；道隆功著，则与人共其名；志得欲从，则与人共其利。是以道无不明，功无不成，名无不荣，利无不长。

注释：本文出自北宋司马光《司马文正公集》卷六十四《张共字大成序》。

(1)未尝：不曾。(2)专：专擅。(3)共：同心协力。(4)隘：狭隘。(5)睽：乖离，违背。(6)穷：穷尽，困窘。(7)张共：字大成，陕州人，举进士登上第，为越州推官。

译文：天下的事情，没有不是败于专擅而成于同心协力的。专擅就会偏私狭隘，偏私狭隘就会众叛亲离，众叛亲离就会陷入困窘穷尽。同心协力就会广博宽敞，广博宽敞就会通达顺畅，通达顺畅就会成就事业。所以君子修其身治其心，就要与人共有仁德之道；兴办大事建功立业，就要与人共享功劳；道德高尚功德卓著，就要与人共享盛名；志向达成顺从内心欲望，就要与人共享利益。所以君子没有明白不了的道理，没有建成不了的功业，没有不荣光的英名，没有不长久的利益。

评析：司马光在这里讲了“专”与“共”的关系，指出天下所有事情，几乎皆败于专擅而成于同心协力。专则隘，隘则睽，睽则穷；共则博，博则通，通则成。君子明白这个道理，所以无论修身治心、兴事立业，还是道隆功著、志得欲从，都会与人同甘共苦，共享成果。这样才能明道、功成、名荣、利长。

原文：夫为国不可以生事，亦不可以畏事。畏事之弊，与生事均。譬如无病而服药，与有病而不服药，皆可以杀人。夫生事者，无病而服药也。畏事者，有病而不服药也。乃者阿里骨之请，人人知其不当予，而朝廷予之，以求无事；然事之起，乃至于此，不几于有病而不服药乎？今又欲遽(jù)纳夏人之使，则是病未除而药先止，其与几何？

注释：本文出自北宋苏轼《因擒鬼章论西羌夏人事宜札子》。

(1)夫：发语词。(2)为国：治理国家。(3)生事：生发事端。(4)乃者：从前，以往。(5)阿里骨：北宋时少数民族河湟吐蕃角厮啰政权首领。(6)不几于：接近于。(7)遽：快，急于，仓猝。(8)苏轼：字子瞻，号东坡居士，北宋官员，唐宋八大家之一。(9)鬼章：北宋时期吐蕃青唐羌酋长。

译文：治理国家既不可随便制造事端，也不可胆小怕事。胆小怕事的弊端，与随意制造事端的害处是一样的。这就好比没有疾病而去吃药，与有了疾病而不吃药一样，都是可以死人的。随意制造事端的人，就是没有疾病而去吃药；胆小怕事的人，就是有了疾病而不去吃药。过去酋首阿里骨向朝廷报丧请封，所有的人都认为不能答应，而朝廷为求无事答应了他的请求。这是事端之起始，以至于成为现在这个样子，这不是和有病而不吃药差不多吗？现在又想要仓促接纳夏朝的使者，这和疾病没有痊愈却要停止服药一样，有什么差别呢？

评析：北宋元祐二年(1087年)八月，北宋俘获与西夏勾结的吐蕃青唐羌酋长鬼章青宜结，并槛送进京。苏轼曾作《获鬼章二十二韵》以记此事。同年九月，西夏派使者交接宋朝，在这种情况下，苏轼上书朝廷，分析了宋朝、吐蕃、西夏之间的关系，指出治理国家既不可随意制造事端，又不可遇事退缩，主张要有所作为，抓住擒获鬼章的有利时机，处理好与吐蕃、西夏之间的关系。苏轼在上书中提出的“为国不可以生事，亦不可以畏事”这一观点，对当今处理各个国家之间的关系有十分重要的参考借鉴意义。

原文：人，只有一个公、私；天下，只有一个邪、正。

注释：本文出自南宋黎靖德《朱子语类》卷三。

(1)公:公心。(2)私:私欲。(3)邪、正:邪气、正气。(4)朱子:朱熹,字元晦,号晦庵,又称紫阳先生,南宋理学集大成者。

译文:一个人,只有一个心,或公心或私欲;天下,只有一种气,或邪气或正气。

评析:公私不相容,正邪不两立。一个人出于公心,则私欲自退;一个人存有私欲,其公心就难能保有。一个人要想廉洁奉公,就不能谋求私利。天下国家也是如此,正气胜则邪气自灭,邪气胜则正气不张。所以,为政者要出于公心,弘扬正气,这样才能"存天理,灭人欲"。何为天理,何为人欲?后人有对朱熹曲解之处,其实朱熹当时就以饮食为例进行解释:"饮食者,天理也;要求美味,人欲也。"人要吃饭,这是正当要求,符合人的生理需求,所以是天理;但如果贪求美味,这就是人欲,应当控制或灭除。这就表明,朱熹所说"存天理,灭人欲",意在强调反对贪欲,严格要求自己以追求更高的道德修养。

原文:天下之事,当以天下心处之。

注释:本文出自明代薛应旂《薛方山记述》。

(1)当:应当。(2)处:处理,处置。(3)薛应旂:字仲常,号方山,今江苏省常州市人。进士出身,明代官员、学者。

译文:天下人的事情,就应当用天下之心来处理。

评析:天下之事,乃国家之事、民众之事;处理天下之事,就要有一颗为国之心、为民之心、为公之心,只有出以天下之心,才能处理好天下之事。党政领导干部是人民公仆,对于手中的权力要心存敬畏,始终铭记我们的权力是人民赋予的,必须出以公心,用来为人民谋利益。薛应旂这句话也表明了为政者应有的胸怀和格局,只有志存高远,才能有天下之心,才能处理好天下之事。"天下之事,当以天下心处之",一作"处天下事,当以天下之心处之"。

原文:但愿审度(duó)时宜,虑定而动,天下无不可为之事。

注释:本文出自明代张居正《答宣大巡抚吴环洲策黄酋》。

(1)审:周密,审慎。度:计量长短。审度:认真审视并度量。(2)时宜:当时的需要,适合于当时。(3)虑定:考虑清楚,深思熟虑。(4)宣大巡抚:主持宣府、大同两个地区边疆防御的长官。(5)黄酋:蒙古俺答汗之子黄台吉。

译文:只希望您认真审视度量情势,考虑清楚再决定如何行动,果真如此天下就没有做不成的事情。

评析:这是明朝首辅张居正给宣大巡抚吴环洲的一封信。当时蒙古俺答汗之子黄台吉给吴环洲一封书信,张居正看到吴环洲送来的黄台吉书信后写了这封回信。张居正在信中分析黄台吉贪婪放纵但缺少谋略,终将会被明王朝笼络控制;黄台吉书信在言辞中"已非昔时之倔强",所以建议吴环洲审度时宜,深思熟虑再作决定。"审度时宜,虑定而动,天下无不可为之事。"张居正在信中说的这句话,不仅是对宣大巡抚吴环洲所说,也是对天下古今官员所说。如果为政者遇事皆能"审度时宜,虑定而动",则天下事皆可为矣!

原文:夫霸天下者有三戒:毋贪,毋忿,毋急。贪则多失,忿则多难,急则多蹶(jué)。夫审大小而图之,乌用贪?衡彼己而施之,乌用忿?酌缓急而布之,乌用急?君能戒此三者,于霸也近矣。

注释:本文出自明代冯梦龙《东周列国志》第三十六回。

(1)霸:称霸。(2)忿:发怒。(3)蹶:颠仆,跌倒。(4)乌:无,没有。(5)冯梦龙:明朝文学家、思想家、戏曲家,著有《三言》《二拍》等作品。

译文:称霸天下者要戒除三种态度:不要贪婪,不要发怒,不要急躁。贪婪就会失去很多,发怒就会招致灾难,急躁就会容易受挫。如果能审视目标大小量力而行,何必要贪婪呢?如果能衡量敌我力量采取行动,何必要发怒呢?如果能斟酌轻重缓急处理问题,何必有急躁情绪呢?君主若能戒除这三种态度,就离称霸天下不远了。

评析:本文是春秋时秦国大夫蹇叔回答秦穆公问话时说的一番话。蹇叔认为要称霸就必须戒除贪婪、发怒、急躁,这三种情绪会导致多失、多难、多蹶。如何避免这三种情绪呢?蹇叔提出要审大小而图之,衡彼己而施之,酌缓急而布之。除这三种之外,还有一种方法,那就是"连上下而通之",记住这四个方法,按照这四个方法去做,就能做好各项事情。

原文:一花独放不是春,百花齐放春满园。

注释:本文出自明清文人编写的《古今贤文》。

译文:一枝花开放不能表示春天的到来,百花一起怒放春天的气息充满了整个花园。

评析:一花独放不是春,百花齐放春满园。这句话在《古今贤文》中被列入合作篇,表达了一木不成林,团结合作才能众志成城的一种哲理意境。当代也把这句话用于文学艺术的繁荣，比喻文学艺术不能拘泥于某一风格和形式，要允许和鼓励各种不同形式和风格的文学艺术自由发展。放眼世界，这句话也可以成为各个国家文明、文化多元化的一种写照，任何一个国家、一个民族的文化，都是花园中的一枝花，只有各国文明、文化的多元化，这个世界才更加绚丽多彩，春意满园。

原文：计利当计天下利，求名应求万世名。

注释：本文出自民国于右任题赠蒋经国楹联。

(1)计利：计较利益。(2)求名：求得功名。(3)于右任：陕西三原人，国民党元老，曾任国民政府监察院长，复旦大学创办人之一。(4)蒋经国：蒋介石之子。

译文：要谋求利益就要为天下人谋求利益，要求取功名就要求取万世之功名。

评析：人要生存，离不开物质需求，所以追求物质利益，是人的正当行为。但作为一个有志向的人，就要放大心胸格局，计利就要为天下人谋求利益。人过留名，雁过留声。每一个人都不应人生虚度，要留下声名传之后世。但作为一个有事业心的人，就要立志留下万世流芳的美名。计天下利，留万世名，这不仅是于右任先生对蒋经国的勉励，也是我们每一个有志者应当追求的远大目标。

参考文献

canka o wenxian

1.(明)薛瑄:《薛文清公读书录》,商务印书馆1939年版。

2.孔晁注:《逸周书》,商务印书馆1936年版。

3.司马光:《司马文正公传家集》,商务印书馆1937年版。

4.庄元臣:《叔苴子内外编》,商务印书馆1939年版。

5.杨伯峻译注:《孟子译注》,中华书局1960年版。

6.曾运乾:《尚书正读》,中华书局1964年版。

7.(明)李贽:《藏书》,中华书局1974年版。

8.桓宽原著:《盐铁论》,上海人民出版社1974年版。

9.(三国蜀)诸葛亮撰,(清)张澍辑:《诸葛亮集》,中华书局1974年版。

10.(清)严复:《原强》,杭州日报印刷厂1975年印制。

11.(南宋)陆游:《陆游集》,中华书局1976年版。

12.(唐)李贺著,(清)王琦等注:《李贺诗歌集注》,上海古籍出版社1977年版。

13.厉时熙注:《尹文子简注》,上海人民出版社1977年版。

14.(元)脱脱等:《宋史》,中华书局1977年版。

15.(后晋)刘昫等:《旧唐书》,中华书局1978年版。

16.(宋)张载著,章锡琛点校:《张载集》,中华书局1978年版。

17.(宋)刘过:《龙洲集》,上海古籍出版社1978年版。

18.(汉)王符撰,(清)汪继培笺:《潜夫论》,上海古籍出版社1978年版。

19.(清)张廷玉等:《明史》,中华书局1978年版。

20.(清)钱泳撰,张伟校点:《履园丛话》,中华书局1979年版。

21.(宋)陆九渊著,钟哲点校:《陆九渊集》,中华书局1980年版。

22.聂文郁:《王勃诗解》,青海人民出版社1980年版。

23.(汉)韩婴撰,许维遹校释:《韩诗外传集释》,中华书局1980年版。

24.(宋)司马光编著,(元)胡三省音注:《资治通鉴》,中华书局1982年版。

25.(清)魏源:《魏源集》,中华书局1983年版。

26.(清)唐甄撰,注释组注:《潜书注》,四川人民出版社1984年版。

27.(清)陈璧著,江村、瞿冕良笺证:《陈璧诗文残稿笺证》,上海古籍出版社1984年版。

28.刘攽:《彭城集》,中华书局1985年版。

29.薛应旂:《薛方山纪述》,中华书局1985年版。

30.文天祥:《文天祥全集》,中国书店1985年版。

31.(北宋)苏轼撰,(明)茅维编,孔凡礼点校:《苏轼文集》,中华书局 1986 年版。

32.王利器:《新语校注》,中华书局 1986 年版。

33.(唐)刘希夷著,陈文华注:《刘希夷诗注》,上海古籍出版社 1987 年版。

34.(汉)刘向撰,向宗鲁校证:《说苑校证》,中华书局 1987 年版。

35.时鑑主编:《孔孟之乡历史名人》,山东大学出版社 1988 年版。

36.(北齐)刘昼撰,杨明照校注:《刘子校注》,巴蜀书社 1988 年版。

37.(清)袁枚、王英志:《续诗品注评》,浙江古籍出版社 1989 年版。

38.荀况著,杨倞注:《荀子》,上海古籍出版社 1989 年版。

39.(宋)谢枋得选、(明)王相注:《千家诗》,浙江人民出版社 1980 年版。

40.(明)王廷相著,王孝鱼点校:《王廷相集》,中华书局 1989 年版。

41.葛洪:《抱朴子》,上海古籍出版社 1990 年版。

42.黄晖:《论衡校释》,中华书局 1990 年版。

43.(宋)王应麟著,(清)王相训诂:《三字经训诂》,中国书店印影出版 1991 年版。

44.(清)石成金撰集,汪茂和、翟大闽等校注:《传家宝全集》,北京师范大学出版社 1992 年版。

45.(唐)白居易著,喻岳衡点校:《白居易集》,岳麓书社 1992 年版。

46.(宋)郭茂倩辑:《乐府诗集》,上海古籍出版社 1993 年版。

47.(汉)扬雄著,张震泽校注:《扬雄集校注》,上海古籍出版社 1993 年版。

48.(宋)杨时撰,林海权点校:《杨时集》,福建人民出版社 1993 年版。

49.(宋)黎靖德类编:《朱子语类》,山东友谊书社 1993 年版。

50.(清)朱伯庐著,钟茂森讲述:《朱子治家格言研习报告》,中国华侨出版社 1994 年版。

51.(南宋)谢枋得著,熊飞等校注:《谢叠山全集校注》,华东师范大学出版社 1994 年版。

52.(汉)贾谊著,方向东集解:《贾谊〈新书〉集解》,河海大学出版社 1994 年版。

53.许嘉璐主编:《文白对照十三经》上下册,广东教育出版社、陕西人民出版社、广西教育出版社 1995 年版。

54.许嘉璐主编:《文白对照诸子集成》,广东教育出版社、陕西人民出版社、广西教育出版社 1995 年版。

55.(明)王守仁著,张立文整理:《王阳明全集》,红旗出版社 1996 年版。

56.金开诚等校注:《屈原集校注》,中华书局 1996 年版。

57.(东汉)班固:《汉书》,中州古籍出版社 1996 年版。

58.(唐)杜甫著,高仁标点:《杜甫全集》,上海古籍出版社 1996 年版。

59.颜昌峣:《管子校释》,岳麓书社 1996 年版。

60.(唐)房玄龄等:《晋书》,岳麓书社 1997 年版。

61.王国维著,吴无忌编:《王国维文集》,北京燕山出版社 1997 年版。

62.梁启超著,陈书良编:《梁启超文集》,北京燕山出版社 1997 年版。

63.张舜徽主编,吴量恺等校注:《张居正集》,河北人民出版社 1987 年版。

64.王韬著,陈恒、方银儿评注:《弢园文录外编》,中州古籍出版社 1998 年版。

65.(明)程登吉原著,陈景群、王自主注:《幼学琼林》,陕西人民出版社 1998 年版。

66.(宋)王安石著,秦克、巩军标点:《王安石全集》,上海古籍出版社 1999 年版。

67.(唐)李世民撰,宋钢、修远校释:《帝范》,内蒙古人民出版社 1999 年版。

68.(唐)李百药:《北齐书》,中华书局 1999 年版。

69.(宋)包拯撰,杨国宜校注:《包拯集校注》,黄山书社 1999 年版。

70.(宋)苏辙著,陈宏天、高秀芳点校:《苏辙集》,中华书局 1999 年版。

71.时鑑:《中华历代英杰传记》,山东大学出版社 1999 年版。

72.(东汉)徐干著,徐湘霖校注:《中论校注》,巴蜀书社 2000 年版。

73.(清)陈弘谋:《从政遗规》,内蒙古人民出版社 2000 年版。

74.(宋)苏轼著,(清)冯应榴辑注,黄任轲、朱怀春校点:《苏轼诗集合注》,上海古籍出版社 2001 年版。

75.(宋)张孝祥撰,彭国忠校点:《张孝祥诗文集》,黄山书社 2001 年版。

76.时鑑:《听毛泽东讲中国》,红旗出版社 2003 年版。

77.(宋)林逋:《省心录》,岳麓书社 2003 年版。

78.(唐)李延寿:《北史》,中华书局 2003 年版。

79.李伟民主编:《法经考释》,香港中国法制出版社 2003 年版。

80.(春秋)李聃;李存山:《老子》,中州古籍出版社 2004 年版。

81.黎翔凤撰,梁运华整理:《管子校注》,中华书局 2004 年版。

82.(北宋)程颢、程颐著,王孝鱼点校:《二程集》,中华书局 2004 年版。

83. 旧题左丘明撰，鲍思陶点校:《国语》，齐鲁书社 2005 年版。

84.（西汉）戴圣，（东汉）郑玄:《礼记注疏》，吉林出版集团 2005 年版。

85.（唐）吴兢撰，葛景春、张弦生注译:《贞观政要》，中州古籍出版社 2005 年版。

86.（清）谈迁著，罗仲辉、胡明校点校:《枣林杂俎》，中华书局 2006 年版。

87. 饶尚宽译注:《老子》，中华书局 2006 年版。

88.（宋）黄晞:《聱隅子歔欷琐微论》，国家图书馆出版社 2006 年版。

89.（明）吕坤著，李捷译注:《呻吟语》，远方出版社 2006 年版。

90.（南朝宋）范晔:《后汉书》，中华书局 2007 年版。

91.（晋）傅玄；张天昊校读:《〈傅子〉校读》，宁夏人民出版社 2007 年版。

92. 陈涛译注:《晏子春秋》，中华书局 2007 年版。

93. 尚学锋、夏德靠译注:《国语》，中华书局 2007 年版。

94.（宋）朱熹集注，金良年导读，胡真集评:《论语》，上海古籍出版社 2007 年版。

95. 张双棣等译注:《吕氏春秋》，中华书局 2007 年版。

96. 孙通海译注:《庄子》中华书局 2007 年版。

97. 时鑑:《孟子传》，中国社会出版社 2007 年版。

98. 杨伯峻:《列子集释》，中华书局 2007 年版。

99.（梁）刘勰著；徐正英、罗家湘注译:《文心雕龙》，中州古籍出版社 2008 年版。

100.（三国）诸葛亮著，张连科、管淑珍校注:《诸葛亮集校注》，天津古籍出版社 2008 年版。

101.（汉）张衡著，张震泽校注:《张衡诗文集校注》，上海古籍出版社 2009 年版。

102.（晋）陈寿撰，栗平夫、武彰译:《三国志》，中华书局 2009 年版。

103.（北宋）欧阳修著，李逸安点校:《欧阳修全集》，中华书局 2001 年版。

104.（春秋）孔丘编，陶夕佳注译:《诗经》，三秦出版社 2009 年版。

105.（唐）李隆基注，（宋）邢昺疏，金良年整理:《孝经注疏》，上海古籍出版社 2009 年版。

106. 杨朝明、宋立林主编:《孔子家语通解》，齐鲁书社 2009 年版。

107. 薛祥生、孔繁信选注:《张养浩诗文选》，济南出版社 2009 年版。

108. 刘耿生编著:《光绪事典》，紫禁城出版社 2010 年版。

109. 姚春鹏译注:《黄帝内经》,中华书局 2010 年版。
110. 金兆梓:《尚书诠译》,中华书局 2010 年版。
111. (清)金缨编,张英华注译:《格言联璧》,中州古籍出版社 2010 年版。
112. (汉)董仲舒撰,叶平注译:《春秋繁露》,中州古籍出版社 2010 年版。
113. 时鑑:《曾子传》,中国社会出版社 2010 年版。
114. 郝易整理:《黄帝内经》,中华书局 2011 年版。
115. (唐)王冰注:《黄帝内经》,中医古籍出版社 2011 年版。
116. (南宋)卫湜撰,杨少涵校理:《中庸集说》,漓江出版社 2011 年版。
117. (东周)子思原著,黎重编著:《中庸全解》,中央编译出版社 2011 年版。
118. (晋)陶渊明著,龚斌校笺:《陶渊明集校笺》(第 2 版),上海古籍出版社 2011 年版。
119. 张沛:《中说译注》,上海古籍出版社 2011 年版。
120. (明)黄淮、杨士奇编:《历代名臣奏议》,上海古籍出版社 2012 年版。
121. (汉)荀悦撰,(明)黄省曾注,孙启治校补:《申鉴注校补》,中华书局 2012 年版。
122. 许富宏译注:《鬼谷子》,中华书局 2012 年版。
123. 王世舜、王翠叶译注:《尚书》,中华书局 2012 年版。
124. 傅佩荣:《傅佩荣译解老子》,东方出版社 2012 年版。
125. 陈广忠译注:《淮南子》,中华书局 2012 年版。
126. (清)黄宗羲著,缪天绶选注:《宋元学案》,商务印书馆 2012 年版。
127. (三国)曹操著,中华书局编辑部编:《曹操集》,中华书局 2012 年版。
128. (唐)杜荀鹤:《杜荀鹤文集》,上海古籍出版社 2013 年版。
129. (宋)朱熹集注:《孟子》,上海古籍出版社 2013 年版。
130. (春秋)孔丘:《论语》,光明日报出版社 2013 年版。
131. (汉)戴圣:《礼记》,北方文艺出版社 2013 年版。
132. (清)王夫之著,舒士彦点校:《读通鉴论》,中华书局 2013 年版。
133. (清)毕沅校注,吴旭民校点:《墨子》,上海古籍出版社 2014 年版。
134. 汤漳平、王朝华译注:《老子》,中华书局 2014 年版。
135. 姜涛:《黄帝内经》,线装书局 2014 年版。
136. 杨倞注,耿芸标校:《荀子》,上海古籍出版社 2014 年版。
137. (清)曾国藩著,东篱子解译:《曾国藩全鉴》,北京时代华文书局 2014 年版。

138.(战国)韩非著,杨靖、李昆仑编:《韩非子》,敦煌文艺2015年版。

139.(明)洪应明著,乔克译注:《菜根谭译注》,北京联合出版公司2015年版。

140.(唐)房玄龄注,(明)刘绩补注:《管子》,上海古籍出版社2015年版。

141.(战国)墨子著,梁奇译注:《墨子译注》,北京联合出版公司2015年版。

142.汤化译注:《晏子春秋》(第2版),中华书局2015年版。

143.(战国)孟子:《孟子》,崇文书局2015年版。

144.(唐)孟郊著,华忱之、喻学才校注:《孟郊诗集校注》,人民文学出版社2015年版。

145.(汉)黄石公著,刘泗编译:《素书》,上海三联书店2015年版。

146.人民日报评论部编著:《习近平用典》,人民日报出版社2015年版。

147.冯梦龙:《东周列国志》,民主与建设出版社2015年版。

148.(宋)欧阳修:《新五代史》,中华书局2015年版。

149.时鑑:《至圣孔子传》,中国社会出版社2015年版。

150.李敖主编:《诗经　楚辞　曹操集　王勃集》,天津古籍出版社2016年版。

151.(西汉)司马迁著,陶新华译:《史记全译》,线装书局2016年版。

152.(战国)吕不韦著,蔡晓峰译注:《吕氏春秋》,中国工人出版社2016年版。

153.(西汉)刘安著,刘少影注:《淮南子》,中国工人出版社2016年版。

154.时鑑:《易经注译解读》,中国社会出版社2016年版。

155.(西汉)戴圣著,马吉照等校注:《礼记》,中州古籍出版社2016年版。

156.(三国)曹植著,赵幼文校注:《曹植集校注》,中华书局2016年版。

157.(南宋)朱熹注,王华宝整理:《四书集注》,凤凰出版社2016年版。

158.文景编著:《增广贤文》,中国人口出版社2016年版。

159.顾迁注译:《尚书》,中州古籍出版社2017年版。

160.(春秋)晏婴:《晏子春秋》,云南人民出版社2017年版。

161.雷原:《论语》,北京大学出版社2017年版。

162.(西汉)刘向校,耿天勤注:《战国策》,崇文书局2017年版。

163.郑若萍注译:《日知录》,崇文书局2017年版。

164.(宋)袁采:《袁氏世范》,上海人民出版社2017年版。

165.陈曦、陈铮铮译注:《司马法》,中华书局2017年版。